THÉATRE

DE

RENÉ-CHARLES

GUILBERT DE PIXERÉCOURT.

TOME QUATRIÈME.

PARIS,

CHEZ J. N. BARBA, LIBRAIRE, PALAIS − ROYAL,
DERRIÈRE LE THÉATRE FRANÇAIS, N°. 51.

TABLE DES PIÈCES

CONTENUES

DANS LE QUATRIÈME VOLUME.

LA FORTERESSE DU DANUBE, Mélodrame en trois actes et en prose.

ROBINSON CRUSOÉ, Mélodrame en trois actes et en prose.

LE SOLITAIRE DE LA ROCHE NOIRE, Mélodrame en trois actes et en prose.

KOULOUF, ou LES CHINOIS, Opéra comique en trois actes et en prose.

L'ANGE TUTÉLAIRE, ou LE DÉMON FEMELLE, Mélodrame en trois actes et en prose.

LA CITERNE, Mélodrame en quatre actes et en prose.

LA FORTERESSE DU DANUBE,

MÉLODRAME

EN TROIS ACTES, EN PROSE,

ET A GRAND SPECTACLE;

Par R. C. GUILBERT-PIXERÉCOURT,

Représenté, pour la première fois à Paris, sur le théâtre de la Porte St.-Martin, le 13 nivose an XIII. (3 janvier 1805.)

La Musique est del signor BIANCHI,

Les Ballets sont de M. AUMER, de l'Académie impériale.

A PARIS,

Chez BARBA, Libraire, palais du Tribunat, galerie du Théâtre Français, n°. 51.

AN XIII. (1805.)

PERSONNAGES.   ACTEURS.

Le Comte ADOLPHE, feld maréchal de l'Empereur Joseph II. — M. *Philippe.*

Le Chevalier EVRARD, prisonnier au château de Guntzbourg. — M. *Dugrand.*

CÉLESTINE, sa fille. — Mme *Quériau.*

VALBROWN, major de la garnison du château. — M. *Adnet.*

OLIVIER, lieutenant de la garnison et fils adoptif d'Evrard. — M. *Brion.*

ALIX, gouvernante de Célestine. — Mme *Descuyer.*

VINCENT, concierge et jardinier du château. — M. *Bourdais.*

PHILIPPE, vieux sergent, borgne. — M. *Fusil.*

THOMAS, jeune paysan, filleul de Vincent. — M. *Talon.*

PAULINE, sa femme. — Mme *Bourdais.*

Soldats de la garnison.
Paysans et Paysannes.

La scène est au château de Guntzbourg, petite ville de la Souabe autrichienne, sur le bord du Danube.

Permis, le jeudi 24 vendémiaire an 13, conformément aux intentions du ministre de l'Intérieur. FÉLIX NOGARET.

Vû l'approbation, permis d'afficher et de représenter le 7 nivose an 13. *Pour le conseiller d'État, préfet de police, le chef du* 3e *bureau de la* 1re *division.*

J. B. BOUCHESEICHE.

LA FORTERESSE DU DANUBE.

ACTE PREMIER.

Le théâtre représente une salle qui sert de parloir aux prisonniers. Elle n'occupe que les deux premiers plans; elle est en pierre et ne présente aucun ornement. A gauche, une fenêtre grillée donnant sur la campagne ; à droite, une porte qui mène dans la tour où sont renfermés les prisonniers. Au troisième plan, une grille en fer, à claire voie, mais très-élevée et posée sur un soubassement en pierre de la hauteur d'un pied, traverse le théâtre dans toute sa largeur. Dans le milieu une porte également grillée. Au-delà de la grille l'esplanade du château, couverte d'arbres et bornée par le mur du rempart qui s'étend obliquement de gauche à droite. Il est cinq heures du soir.

SCENE PREMIERE.

PHILIPPE, Soldats de la garnison.

(Au lever du rideau, une partie de la garnison st occupée à faire l'exercice sur l'esplanade. On voit près de la grille quelques recrues commandées par des caporaux. Philippe va, vient et donne partout son coup-d'œil.

PHILIPPE, *aux recrues.*

Gauche ! droite ! gauche ! droite !...

(Il les suit pendant quelques instans, ensuite il va vers une division qui est au repos dans le fond, il donne le signal du roulement et fait manœuvrer cette division qu'il exerce successivement à tous les tems de la charge. A la fin de la charge à volonté et du feu de file, le tambour bat, et le détachement porte les armes.)

SCÈNE II.

LES PRÉCÉDENS, ALIX.

ALIX, *sortant de la tour.*

Quel vacarme, bon Dieu ! ils semblent qu'ils aient juré de ne laisser ni trève, ni repos à mon malheureux maître. (*elle s'approche de la grille.*) Monsieur Philippe ?

PHILIPPE, *à sa troupe.*

Reposez-vous... armes !

ALIX, *à part.*

Il ne m'écoute pas. (*haut.*) Monsieur Philippe ?

PHILIPPE, *durement.*

Tout à l'heure.

ALIX.

Un mot.

PHILIPPE.

On ne parle pas sous les armes.

ALIX.

Je vous en supplie.

PHILIPPE.

Eh bien, donc, que me voulez-vous ?

ALIX.

Je désirerais parler à Monsieur le Major.

PHILIPPE.

Cela ne se peut pas. (*il s'éloigne.*)

ALIX.

Au nom du ciel, ne me refusez pas cette grace ; M. Philippe, vous n'avez point un mauvais cœur. (*Philippe se retourne et l'écoute avec intérêt.*) Je vous en conjure, faites-moi parler à M. Valbrown, il dépend de lui de rendre à mon maître un service important.

PHILIPPE.

(*A part.*) C'est singulier, ces femmes ont le secret de nous faire faire tout ce qu'elles veulent. (*haut.*) Je vais l'avertir. Il est là-bas, au bout de l'esplanade. (*à sa troupe.*) Repos ! (*à Alix.*) Attendez un moment, Mamselle Alix, je vous l'amène. (*il s'éloigne.*)

SCÈNE III.

LES PRÉCÉDENS, excepté PHILIPPE.

ALIX.

M. Valbrown est un peu brusque, son regard sévère est

fait pour intimider ceux qui ne le connaissent pas ; mais sous cet extérieur repoussant, il cache une âme honnête et généreuse, il porte un cœur franc et loyal. Inflexible sur tout ce qui tient à la discipline, il sait cependant allier les devoirs de son état aux égards que l'on doit à l'humanité souffrante. Depuis près d'un an que l'infortuné chevalier Evrard, victime de la haine d'un ennemi puissant, languit dans cette forteresse, loin de sa fille unique et chérie, c'est aux tendres soins du lieutenant Olivier, son fils adoptif, et aux bontés du major que je dois d'avoir soutenu jusqu'à présent sa frêle existence. Hommes sensibles et compatissans ! que ne puis-je vous récompenser dignement ? mais hélas ! la pauvre Alix ne possède rien au monde ; elle ne peut vous offrir qu'une place dans son cœur et l'éternel souvenir de vos bienfaits pour son maître.

SCENE IV.

Les précédens, VALBROWN, PHILIPPE.

PHILIPPE, *qui précède le Major et qui ouvre la porte de la grille.*

Voilà M. le Major. *(il se tient debout à côté de la porte.)*

VALBROWN, *d'un ton brusque à Alix.*

Vous m'avez fait appeler ?

ALIX.

Oui, M. le Major, j'ai osé prendre cette liberté.

VALBROWN.

Au fait, que voulez-vous de moi ?

ALIX.

Une grâce.

VALBROWN.

Un militaire ne connaît que son devoir.

ALIX.

Je ne crois pas que ma demande y soit contraire.

VALBROWN.

En ce cas ce n'est point une grâce, c'est un acte de justice, et je dois m'empresser de vous satisfaire. Expliquez-vous promptement et sans détour.

ALIX.

Le chevalier Evrard n'est pas bien...

VALBROWN, *avec intérêt.*

Je le sais.

ALIX.

Chaque jour ses forces s'épuisent, et je crains que bientôt

peut-être, il ne succombe aux chagrins cruels qu'il éprouve.

VALBROWN, *soupire.*

Il n'est point en mon pouvoir de les faire cesser.

ALIX.

Tant qu'il a pu goûter les douceurs du sommeil, quelques rêves de bonheur venaient par intervalles soulager sa misère ; mais depuis deux mois, une insomnie cruelle ajoute encore à ses souffrances ; il semble que la nature, d'accord avec ses ennemis, ait voulu lui enlever jusqu'à la dernière consolation des malheureux. Enfin, ce soir, après avoir parlé de sa chère Célestine, il s'était endormi, et je lisais sur son visage, devenu plus calme, la douce expression du plaisir. Un songe heureux lui présentait sa fille, il lui tendait les bras ; pour la première fois depuis bien long-tems, je voyais le sourire errer sur ses lèvres pâles et décolorées... je jouissais avec ivresse de cette illusion précieuse, qui faisait, pour un moment, trève à ses douleurs, lorsque le bruit du tambour s'est fait entendre et l'a réveillé en sursaut. » Les cruels, a-t-il » dit avec une voix déchirante, ils ne veulent pas même que » je sois heureux en songe ! »

VALBROWN, *avec émotion et se tournant brusquement vers le sergent.*

Philippe, faites retirer vos soldats ; vous les exercerez à l'avenir dans la cour ou sur l'autre esplanade ; mais je vous défends de les amener ici jusqu'à nouvel ordre. Allez...

PHILIPPE.

Cela suffit, Major. (*à part.*) Le récit de cette femme m'a attendri malgré moi. (*il se retourne pour essuyer ses larmes.*)

VALBROWN.

Ne rougissez pas des larmes que je vous vois répandre, Philippe, elles ne peuvent qu'embellir et honorer un vieux soldat.

PHILIPPE, *va rejoindre sa troupe.*

Garde à vous !... portez armes !... par le flanc droit... à droite ! par file à gauche... en avant... marche !

(La troupe part au pas accéléré, les tambours battent très-fort, Philippe se retourne vivement.)

Chut !

(Il leur indique qu'il y a dans la tour un prisonnier que ce bruit incommode, et leur ordonne de se retirer en silence. Alors la troupe défile avec la plus grande précaution et sans faire le moindre bruit. Alix exprime sa reconnaissance à Philippe qui s'éloigne avec ses soldats.)

SCENE V.
VALBROWN, ALIX.

VALBROWN, *avec intérêt.*

Pardon, bonne Alix, c'est ma faute ; j'aurais dû songer en effet, que ce voisinage était incommode pour votre maître ; exprimez lui bien le vif intérêt que je prends à son sort ; dites-lui qu'il exige de moi tout ce qu'il m'est permis de faire pour en adoucir la rigueur et qu'il l'obtiendra sans délai. Ah! quel homme, à moins qu'il ne porte un cœur tout-à-fait inaccessible à la pitié, quel homme voudrait être chargé des pénibles fonctions que j'exerce, si son devoir lui prescrivait de fermer toujours l'oreille à la plainte des malheureux confiés à sa garde?

SCENE VI.
LES PRÉCÉDENS, VINCENT.

VINCENT, *un peu ivre, dans le fond.*

Le sergent Philippe m'a dit que M. le Major était ici... Ah! oui... c'est juste, je crois que le voilà... (*haut et faisant tous ses efforts pour ne pas chanceler.*) M. le Major...

VALBROWN.

Qu'est-ce? Ah! c'est toi, Vincent. Dans quel état!

VINCENT.

Il me semble pourtant que je suis dans mon état naturel.

VALBROWN.

Toujours ivre!

VINCENT, *à part.*

C'est cela! il l'a deviné.

VALBROWN.

Tu dois te souvenir qu'hier je t'ai menacé de te chasser la première fois que cela t'arriverait.

VINCENT.

Aussi, M. le Major ne peut pas dire que depuis hier... (*à part.*) Il ne m'a pas encore vu de la journée. (*haut.*) Au reste, c'est bien excusable, vous savez que je m'appelle Ignace-Hilarion Vincent ; c'est demain ma fête...

VALBROWN.

Et tu l'as célébrée la veille...

VINCENT.

C'est l'usage dans ma famille, M. le Major.

VALBROWN.

Soit. Je te pardonne encore pour aujourd'hui.

VINCENT, *à part.*

Pour aujourd'hui ! c'est bien court. (*haut.*) Encore pour demain, M. le Major, je vous en prie.

VALBROWN.

Comment ?

VINCENT.

Oui, je vous demande grâce pour demain ; mon filleul Thomas et sa femme, viendront sûrement me voir et me faire leur petit compliment. Je ne peux pas me dispenser de les recevoir d'une manière distinguée. M. Vincent, concierge et jardinier de la citadelle de Guntzbourg, doit faire honneur à l'Empereur qui le paye, et au major Valbrown sous les ordres duquel il a l'avantage de servir ; mais passé cette circonstance là, je vous jure, foi de Vincent, de ne plus boire que tous les dimanches et à votre santé ; pour le coup, si je m'enivre un petit brin, vous ne pourrez pas m'en vouloir. Ah ! (*à part.*) Je crois que je m'en suis joliment tiré.

VALBROWN.

Que venais-tu faire ici ?

VINCENT.

Vous dire, M. le Major, qu'il arrive à l'instant une estafette chargée de vous remettre un paquet de la part du comte Adolphe, feld maréchal de l'Empereur.

VALBROWN.

Je vais le recevoir. Adieu, bonne Alix, consolez votre maître et dites-lui que s'il dépendait de moi de lui rendre la liberté, il se trouverait bientôt dans les bras de sa Célestine et des amis qui lui sont chers. (*il sort.*)

SCÈNE VII.

ALIX, VINCENT.

VINCENT, *regardant aller le Major.*

C'est qu'il le pense comme il le dit ! ah ! ah ! c'est cela un homme ; brave !... comme Tarquin, et bon... comme le vin que j'ai bu ce matin, au moins ! Par exemple, il est sévère sur cet article là.... il me gronde souvent ; ce n'est pas l'embarras, je le mérite quelquefois... Par exemple, aujourd'hui, c'est lui qui a tort, vous avez entendu, Mamselle Alix... Oh ! cela, il faut lui rendre justice, il a eu tort aujourd'hui ; mais, cela ne m'empêche pas de l'aimer de tout mon cœur, et de convenir que si jamais je me corrige de ce petit défaut là, ce sera à lui tout seul que j'en aurai l'obligation. Votre très-humble serviteur, Mamselle Alix ! vous n'avez besoin de rien, pas vrai ?

ALIX.

Non ; je vous suis obligée.

VINCENT.

Dans ce cas, je vais faire mon service. (*fausse sortie.*) A propos, Mamselle Alix, j'y songe, il est arrivé hier une petite caisse remplie de livres à l'adresse de M. le chevalier Evrard. C'est sûrement Mamselle Célestine, cette fille qu'il aime tant et que vous dites si gentille et si bonne, qui lui fait cette petite galanterie, car la caisse est absolument pareille à celles qu'il a déjà reçues et qui lui venaient d'elle.

ALIX, *à part.*

Peut-être a-t-elle trouvé le moyen de nous faire parvenir quelque nouvelle. (*haut.*) Vous seriez bien aimable, M. Vincent, si vous vouliez avoir la complaisance de l'apporter de suite à mon maître ; cette distraction lui ferait oublier un moment ses peines.

VINCENT.

Je ne demande pas mieux, Mamselle Alix, et je n'aurais pas attendu jusqu'à présent pour vous l'apporter, si M. le Major n'avait eu beaucoup d'occupations pendant la journée ; mais vous savez qu'il est dans l'usage de visiter exactement tout ce que l'on remet aux prisonniers, et quant à cela, il n'a pas tort ; j'approuve cette précaution là, par exemple, non pas précisément pour le chevalier Evrard, plutôt que pour un autre ; car depuis que j'ai l'honneur d'être concierge de cette forteresse, je n'ai jamais vu un prisonnier plus honnête, plus tranquille et plus résigné.

ALIX.

C'est le sentiment de son innocence qui soutient son courage.

VINCENT.

Ce n'est pas à moi qu'il appartient de le juger ; je fais mon devoir le mieux possible ; je bois le plus souvent possible, et du reste je m'en remets entièrement à ceux qui sont faits pour nous conduire et qui en savent plus que nous. Ma foi ! il y a beaucoup de gens qui devraient en faire autant. Au revoir, Mamselle Alix ; je vais prier M. le Major, de jeter un coup-d'œil sur la petite caisse, et je vous l'apporte tout de suite. Votre très-humble serviteur, de tout mon cœur.

(*il sort et ferme la grille.*)

La Forteresse du Danube. B

SCENE VIII.
ALIX.

Hâtons-nous de faire part de nos espérances à l'infortuné Evrard... Je crois l'entendre. (*Elle va près de la porte de la tour.*) Est-ce vous, Monsieur ?

EVRARD, *en dehors.*

Oui, bonne Alix.

ALIX.

Vous vous êtes donc décidé à venir prendre l'air dans cette salle ?

SCENE IX.
EVRARD, ALIX.

EVRARD *paraît. Il est faible et abattu par le chagrin.*

L'humidité de ma prison augmente mes douleurs, la vue continuelle de ces murs sombres et dégradés entretient dans mon âme de sinistres pressentimens qui l'obsèdent et me livrent chaque jour à des angoisses plus cruelles que la mort. Ici du moins l'haleine du zéphir vient rafraîchir mon sang ; mon âme s'élève jusqu'à son créateur ; l'aspect de la nature ravive mes esprits, ranime mes espérances. Oui, bonne Alix, juge à quel point je m'égare ! je vais jusqu'à me flatter que ma chère Célestine a franchi tous les obstacles, qu'elle est parvenue jusqu'à Joseph II, que sa voix touchante a plaidé victorieusement la cause de son père injustement opprimé, qu'elle a fait éclater mon innocence, confondu mes accusateurs, et que, rendu bientôt à la liberté par les ordres d'un Monarque toujours juste et bon, mais abusé cette fois, j'irai loin de la cour et des courtisans, passer le peu de jours qui me restent, dans les bras de cette fille chérie à qui je devrai le bonheur. Mais le reveil détruit bientôt ce charme mensonger ; l'illusion cesse, et la vérité se présente de nouveau dans toute son horreur. Depuis plus de deux mois, aucune nouvelle ne m'est parvenue, pas un mot de Célestine.

ALIX, *avec intention.*

Peut-être en recevrons nous bientôt....

EVRARD.

D'où te vient cet espoir ?

ALIX.

Le concierge vient de me dire à l'instant même qu'il est arrivé hier une caisse de livres à votre adresse. Déja deux fois l'adroite Célestine nous a instruits par ce moyen de ses démarches actives et réitérées, mais jusqu'alors infructueuses ; peut-être n'a-t-elle tardé si long-tems à vous écrire, que pour vous annoncer enfin une heureuse nouvelle.

EVRARD.

Il se pourrait !... (*il se jette à genoux.*) Dieu qui m'entends ; toi, qui connais mon cœur et qui sais si jamais il fut souillé par la pensée d'un crime, exauce mes vœux, confirme cet espoir, et je jure en ta présence de pratiquer jusqu'au dernier instant de ma vie, les vertus que tu m'as inspirées dès l'enfance, et auxquelles j'ai du, jusqu'à présent, sinon une félicité constante, du moins la paix de l'âme et le sentiment flatteur d'une conscience irréprochable.

SCÈNE X.

Les précédens, VINCENT, *moins ivre que dans la première scène.*

VINCENT, *dans le fond : il porte une petite caisse sous le bras.*

Ne vous impatientez pas, Mamselle Alix, me voici avec la caisse en question.

(*Evrard s'assied sur un siège placé à droite, près d'une petite table, sur laquelle il s'appuie.*)

ALIX.

Merci, Monsieur Vincent.

VINCENT, *après avoir ouvert la grille apperçoit Evrard.*

Votre serviteur, Monsieur Evrard.

EVRARD.

Bonsoir, Vincent.

VINCENT.

Voilà des livres que je vous apporte. Vous ne savez pas au juste combien il doit s'en trouver là dedans, pas vrai ?

EVRARD.

Non.

VINCENT.

Et bien, ni moi non plus. Mais c'est égal, vous en trouverez un de moins, parce que Monsieur le Major, en les examinant, en a mis un de côté, je ne sais pas pourquoi.

ALIX, *à part.*

Oh, ciel !

EVRARD, *à part.*

Peut-être celui qui renfermait des nouvelles de ma fille.

VINCENT.

Des nouvelles de votre fille?... c'est cela. Il y avait dans la caisse une lettre de votre fille, pour le commandant de la forteresse, c'est-à-dire pour M. le Major; et je dis qu'elle était joliment tournée cette lettre-là.

EVRARD, *à part.*

Je tremble !

ALIX, *à Vincent.*

Comment le savez-vous ?

VINCENT.

Pardine ! comment je le sais ? parce je l'ai entendu lire.

EVRARD.

Et que contenait-elle ?

VINCENT.

Des choses superbes, vrai ! et je m'y connais.

EVRARD, *à part.*

Je respire.

VINCENT.

Des prières au commandant de la forteresse d'avoir bien soin de vous; des recommandations au concierge de vous donner, ainsi qu'à la bonne Alix, sa gouvernante, tout ce que vous pourriez desirer.

ALIX.

Cette aimable enfant daigne aussi s'occuper de moi !

VINCENT.

Et de ce côté, je vous prie de me rendre justice, j'espère que je me comporte d'une manière satisfaisante ?

EVRARD et ALIX.

Sans doute. Ensuite ?...

VINCENT.

Des protestations... de la reconnaissance.... des égards que l'on doit au malheur, par rapport aux circonstances, qui font que.... enfin, c'est clair... vous n'avez pas besoin que je vous dise tout cela, cela se devine du reste. Tout ce que je peux vous dire, c'est que cela était si touchant, si triste, que les larmes m'en sont venues aux yeux. Vrai ! cela m'a fait pleurer. Ah ! que l'on doit être fier d'être le père d'une fille aussi bonne, aussi sensible ! je voudrais en avoir une pareille, moi, quand je devrais ne boire que de l'eau toute ma vie !.... C'est cependant bien dur.

EVRARD.

Vous seriez bien à plaindre si vous étiez séparé d'elle.

VINCENT.

Vous la reverrez, mon brave homme, vous la reverrez ; je l'espère et je le desire de tout mon cœur. En attendant, voilà vos livres. (*Il pose la caisse sur la table.*) Je vous souhaite bien du plaisir à déchiffrer tout ce qui est griffonné là dedans ; mais je suis sûr que cela ne m'amuserait pas du tout. J'ai là-bas, dans mon petit caveau, une bibliothèque qui est bien plus gaie que la vôtre. Elle ne contient guère qu'une centaine de volumes, mais qui sont tous du meilleur crû et d'un bon auteur, je m'en vante. Ceux-ci entretiennent et nourrissent votre mémoire ; au contraire les miens me la font perdre ; avec eux, j'oublie mes sottises et celles des autres. Ma foi ! c'est souvent fort heureux. Au plaisir de vous revoir, Monsieur Evrard.

EVRARD.

Je vous remercie.

VINCENT.

Votre serviteur, Mamselle Alix.

ALIX.

Votre servante, M. Vincent. (*Il sort et ferme la grille.*)

SCENE XI.
EVRARD, ALIX.

(*Evrard et Alix suivent Vincent des yeux ; dès qu'ils l'ont perdu de vue, Alix court à la caisse et en ôte tous les livres qu'elle pose sur la table. Après avoir bien examiné le dedans de la caisse, et s'être assurée qu'elle ne cache rien, elle prend tous les volumes les uns après les autres, les feuillète rapidement, et, à mesure qu'elle le remet, elle semble de plus en plus surprise et affligée de n'y rien trouver. Pendant ce tems, Evrard jette un coup-d'œil sur les titres.*)

ALIX.

Rien !

EVRARD.

(*Lisant.*) MORALE DE L'ÉVANGILE. Excellent ouvrage ! les hommes seraient meilleurs, s'ils voulaient pratiquer tout ce qu'il nous enseigne. (*Il remet le livre.*)

ALIX, *continuant sa recherche avec beaucoup d'action.*

Encore rien !

EVRARD, *prenant un autre volume.*

(*Il lit.*) PENSÉES DE SÉNÈQUE. Ce livre convient à ma situation. Ecrivain sublime et profond, tu portes la lumière dans les secrets replis du cœur; tu nous démontres par des exemples puisés dans l'histoire des hommes, qu'il n'est point de bonheur qui n'ait la vertu pour base. En lisant tes immortels écrits, l'âme s'élève, s'agrandit, reconnaît sa noblesse et soupire après la perfection. Célestine s'est rappelée mon goût pour cet auteur; elle a pensé, j'en suis sûr, que ce volume serait le premier que je lirais; peut-être l'at-elle arrosé de ses larmes! Ah! cette idée me le rend plus précieux encore. (*Il baise le livre.*)

ALIX.

Toujours rien!

EVRARD, *lit en parcourant le volume.*

« Le sage ne provoque jamais le courroux des grands, on » ne doit la vérité qu'à ceux qui veulent l'entendre. » Cette maxime est fausse; on la doit à tout le monde, et dans tous les tems. L'homme juste et éclairé, qui a reconnu des vérités utiles à son pays, lui en doit un compte exact et sévère; oui, dût-il encourir la haine de quelques méchans, il est coupable envers la société, s'il ne les produit pas au grand jour. » *De la Providence.* » Que vois-je?... quelques mots écrits... de la main de Célestine! (*Alix se rapproche vivement de lui.*) « Cherchez dans la couverture de la Bible. »

ALIX, *se retournant avec précipitation vers la table.*

Voyons... (*Elle cherche. Evrard en fait autant de son côté.*) Je la tiens.

EVRARD.

Cherche...

ALIX, *tirant un papier ployé de la couverture.*

Une lettre!

EVRARD.

Donne!

ALIX.

Que va-t-elle nous apprendre?

EVRARD, *s'arrêtant après avoir déployé le papier.*

Je tremble, Alix! cet écrit renferme peut-être le destin de ma vie.

ALIX.

Lisez, Monsieur.

EVRARD, *lit avec beaucoup d'émotion.*

« Malgré la constance et l'activité de mes démarches, je » n'ai pu parvenir encore jusqu'à l'Empereur; mes placets de» meurent sans réponse, toutes les voies me sont fermées. » J'ai appris seulement que le mémoire que vous aviez adressé » à ce Monarque bienfaisant, ce mémoire écrit avec les in-

» tentions les plus pures et qui ne contenait que les ré-
» flexions sages d'un observateur impartial, et fidèle ami
» de son pays, a été soustrait aux regards de l'Empereur;
» je sais encore que l'ennemi puissant qui vous poursuit est
» d'accord avec le ministre prévaricateur qui a surpris l'ordre
» de votre détention, et que tous deux, abusant de leur
» crédit et de la faveur dont ils jouissent à la cour, ont
» empoisonné vos intentions, présenté votre ouvrage comme
» un libelle diffamatoire, et qu'enfin Joseph est plus que
» jamais irrité contre vous. Dix mois de sollicitations et
» de prières n'ont pu ébranler ma constance ; mais enfin, je
» perds courage, je sens qu'il m'est impossible de vivre plus
» long-tems séparée d'un père que j'idolâtre, et si dans un
» mois, mes demarches n'ont point obtenu le résultat que
» j'ai droit d'en attendre, je pars, je franchis tous les obsta-
» cles et je vole auprès de vous, pour ne plus vous quitter.
» Votre bonne fille. » Oh ! oui, bien bonne ! bien aimante !
(*il baise la lettre qu'il a mouillée de ses pleurs pendant la lecture qui a été plus d'une fois interrompue par des soupirs et les regards qu'il portait vers le ciel.*) Tu l'as entendu, Alix ; c'en en fait, plus d'espoir, ma perte est jurée. Ah ! puissé-je être la dernière victime d'un pouvoir arbitraire et tyrannique ! (*il reprend la lettre et lit.*) » De Vienne, le 18 Septembre. » Et nous sommes au 23 octobre !... comment se fait-il que je ne reçoive qu'au bout d'un mois, ce qui aurait dû me parvenir en huit jours, au plus ?

ALIX.

Ce retard n'a rien qui doive vous surprendre. Plus vos ennemis sont puissans et plus il est difficile d'obtenir ce qui peut adoucir votre captivité.

EVRARD, *qui a toujours les yeux fixés sur la lettre.*

« Si dans un mois mes démarches n'ont point obtenu le
» résultat que j'ai droit d'en attendre, je pars, je franchis tous
» les obstacles, et je vole auprès de vous. » Le voilà donc écoulé ce terme fatal... affreuse perspective ! peut-être, hélas ! ne la reverrai-je un moment cette fille chérie que pour la perdre pour toujours.

ALIX.

Ne vous affligez pas, mon cher maître, espérez tout d'un meilleur avenir.

EVRARD.

L'avenir, dis-tu ! oui, maintenant l'avenir est clair pour moi. (*il tombe dans la rêverie.*)

(On entend en-dehors, à gauche, le son d'un chalumeau. Ce bruit frappe Alix qui prête l'oreille.)

ALIX.

Qu'entends-je ?... l'air favori des bergers de la Haute-Hongrie !... combien de fois je l'ai entendu en parcourant les domaines de l'infortuné chevalier. Je ne savais pas qu'il fut parvenu jusqu'en Souabe... c'est du moins la première fois qu'il frappe mon oreille depuis que nous habitons cette forteresse. *(elle s'approche de la fenêtre.)* En effet, je vois au bas de la tour un jeune pâtre qui garde son troupeau sur le bord du Danube... près de lui est un savoyard qui lève la tête et fixe ses regards sur cette fenêtre avec beaucoup d'attention... il me salue avec un air de connaissance... *(elle lui fait un signe de tête.)* Bonsoir, mon petit ami... il regarde de tous côtés pour s'assurer s'il n'est point observé... il me fait signe de rester... et s'éloigne rapidement... Où va-t-il ?... que va-t-il faire ? je ne le vois plus... Ah ! le voilà... le voilà qui revient avec une arbalète... il tire un papier de son sein, me le montre et l'attache à la pointe du trait en m'indiquant qu'il va le lancer de ce côté... *(elle réfléchit.)* Ce chant, cette lettre, ce concours de circonstances... *(avec transport.)* Monsieur, Monsieur ! c'est elle, c'est votre Célestine ! cette fille intéressante est seule capable de tant d'adresse et de courage.

EVRARD, *se lève vivement.*

Célestine ! *(il court vers la fenêtre et regarde en dehors.)* L'espoir brille dans ses yeux.

(Silence pendant lequel Evrard et Alix attendent que le trait soit lancé.)

ALIX, *retournant à la fenêtre*

Apparemment elle n'a pas réussi cette fois... la fenêtre est si élevée !... Elle ramasse le trait et s'apprête à le lancer de nouveau. Elle me fait signe de m'éloigner.

(Evrard et Alix se tiennent à l'écart ; un trait d'arbalète entre par la fenêtre et tombe au milieu de la salle ; il y a un papier piqué au bout du trait.)

ALIX, *le ramasse, prend le papier, court à la fenêtre pour faire voir qu'elle tient la lettre, et jette le trait en dehors.*

Nous le tenons. *(elle revient vivement près d'Evrard.)* Lisez. *(elle lui présente le papier.)*

EVRARD, *lit avec la plus vive émotion.*

» Tout espoir est perdu... vos ennemis l'emportent. Sau-
» vez-vous, mon père, fuyez, il est tems encore ; fuyez,
» ces murs abhorrés qui vont bientôt se teindre du sang du

» meilleur des pères et du plus vertueux citoyen. La tendresse
» filiale a doublé mes forces et m'a donné des ailes ; j'ai de-
» vancé le courrier, chargé de porter au comte Adolphe
» l'arrêt injuste qui vous condamne ; mais avant de partir de
» Vienne, j'ai tout bravé pour parvenir jusqu'à Joseph II ;
» j'ai embrassé ses genoux, il a vu mon désespoir, mes lar-
» mes; je lui ai remis un double de ce fatal mémoire qui cause
» tous nos malheurs, et l'ai supplié de le lire avant de signer
» votre condamnation. Il me l'a promis; mais vos persécuteurs
» sont là.... qui l'entourent, qui le trompent, et la vic-
» toire leur restera. J'ai donc cru devoir ne m'en remettre
» qu'à moi-même du soin de conserver vos jours. L'amour
» maternel a souvent opéré des prodiges, je veux être un mo-
» dèle de tendresse et d'amour filial. Je vous attends chez un
» bon paysan, dont la femme m'a recueillie et promet de nous
» servir. Si demain, au point du jour, vous ne m'êtes pas
» rendu ; en dépit des soldats, malgré tous les verroux, je
» parviendrai jusqu'à mon père, je l'arracherai de l'affreux
» séjour qu'il habite ou je mourrai dans ses bras en le défen-
» dant contre la rage de ses ennemis. »

Quelle âme brûlante!... fille courageuse et sensible ! ma bien-aimée Célestine ! va, tous tes efforts seront vains... je ne te presserai plus sur mon cœur...et, je l'avoue, ce sera la plus cruelle de mes souffrances.

ALIX.

Vous ne la verrez plus, dites-vous? Oh ! vous la reverrez, dût-il m'en coûter la vie. Vos pressans dangers nous font une loi de tout entreprendre, de tout oser pour parvenir à votre délivrance. Le courage de cette bonne Célestine a doublé le mien ; je me sens animée par sa présence ; oui, mon cher maître, nous vous sauverons, si j'en crois ce cœur qui ne bat que pour vous et mes pressentimens qui ne m'ont jamais trompée.

EVRARD.

Le vif intérêt que tu me portes, et le désir de me sauver, te font applanir les difficultés ; mais combien tu t'abuses, Alix ! En supposant qu'un ange protecteur voulut éblouir les soldats qui m'entourent, et les bercer d'un sommeil de mort, ce corps affaibli par tant de chagrins et de souffrances, est-il donc capable d'une action hardie qui demande de la force et du courage ? et quand je le pourrais, dois-je le vouloir ? le chevalier Evrard, l'ami de son pays, le plus fidèle sujet de l'Empereur, et qui n'a d'autre tort que de n'avoir point mis sous les yeux même de son souverain, les vérités utiles

La Forteresse du Danube.   C

qu'il lui adressait; le chevalier Evrard doit-il fuir comme un vil malfaiteur et charger sa tête de soupçon ? Doit-il déshonorer sa fille ? non, s'il faut que ma Célestine soit privée d'un père, je veux du moins qu'elle puisse s'honorer de la mémoire et du nom qu'il lui aura transmis.

ALIX.

A Dieu ne plaise que je vous propose une fuite honteuse et déshonorante ! en sortant de cette forteresse où vous retiennent depuis si long-tems l'intrigue et la jalousie; c'est à Vienne que vous vous rendrez, c'est aux pieds du Monarque que vous traînerez vos accusateurs pour les confondres, les anéantir, ou subir, en héros, l'arrêt qui vous condamne, si l'Empereur croit devoir le maintenir après vous avoir entendu.

EVRARD, *qui a paru frappé de cette réflexion.*

En effet, si je meurs ici, que devient ma fille ? qui prendra soin de réhabiliter ma mémoire flétrie par un jugement ? qui prouvera que cette condamnation injuste a été le résultat de la plus infâme calomnie ? oui, bonne Alix, tu m'éclaires; l'intérêt de Célestine et mon honneur exigent que je fuie de ces lieux, que je fasse briller mon innocence à tous les yeux et dans tout son jour, dussé-je mourir après, s'il le faut. Mais comment fuir ? qui m'ouvrira les portes ?

ALIX.

La reconnaisance.

EVRARD.

Je conçois ton espoir, tu comptes sur le lieutenant Olivier, mon fils adoptif ; mais loin de moi la pensée de l'entraîner dans le torrent de mes malheurs.

ALIX.

Ne se doit-il pas tout entier à celui qui lui a servi de père ? n'est-ce pas à vous qu'il doit son état, son existence ; n'est-ce pas vous qui lui avez ouvert le chemin de l'honneur ?

EVRARD

Pour ne s'en écarter jamais, et non pour y marcher en traître.

ALIX.

Est-ce donc trahir l'honneur que de sauver son père ?

EVRARD.

Oui, quand on ne le peut sans manquer à son devoir.

ALIX.

La reconnaissance est le premier de tous. Ce qu'Olivier a

déjà fait pour elle, prouve bien qu'il partage mon opinion. Il fera plus encore; il sera votre libérateur... Mais j'entends du bruit. Hélas! voici l'heure à laquelle on a coutume de fermer votre prison... C'est le sergent Philippe qui vient s'acquitter de son emploi... Olivier l'accompagne!... Il vient aussi vous faire sa visite du soir. (*Le jour baisse.*) Parlez lui, Monsieur.

EVRARD.

Je te le répète ; je ne lui demanderai jamais une action contraire à son devoir.

ALIX, *à part.*

En ce cas, je m'en charge.

SCENE XII.

LES PRÉCÉDENS, OLIVIER, PHILIPPE, Soldats.

(Pendant que Philippe referme la porte de la grille, Olivier s'approche d'Evrard et lui prend furtivement la main.)

OLIVIER.

Bonsoir, mon père.

EVRARD.

Bonsoir, Olivier.

PHILIPPE, *durement.*

Allons, il est l'heure de rentrer.

EVRARD.

Je suis prêt.

OLIVIER, *à Philippe.*

De la douceur, Philippe.

PHILIPPE.

Cela ne dépend pas de moi, mon lieutenant.

(Il ouvre la porte du donjon, y fait entrer ses soldats et attend sur le seuil de la porte qu'Evrard rentre.)

OLIVIER, *à Evrard à demi-voix.*

Qu'avez-vous, mon père ? vous paraissez ce soir plus triste que de coutume.

ALIX, *bas à Olivier.*

Vous le saurez.

PHILIPPE, *à Evrard.*

Allons, mon camarade...

EVRARD.

Je vous suis.

(*Philippe entre dans la tour. Evrard se retourne, se jette dans les bras d'Olivier et l'embrasse à plusieurs reprises.*)

Adieu, mon fils, adieu mon cher Olivier.

(*Il se détache d'Olivier et rentre dans la tour.*)

OLIVIER, *avec surprise.*

Que signifient ces adieux, mon père ?... (*Il veut suivre Evrard, Alix le retient.*)

ALIX.

Demeurez ; il faut que je vous parle.

OLIVIER, *très-haut.*

Philippe !

PHILIPPE, *reparaît.*

Mon lieutenant ?

OLIVIER.

Vous ferez sans moi la visite du donjon ; je vous attends ici.

PHILIPPE.

Il suffit, mon lieutenant. (*il rentre.*)

SCÈNE XIII.

OLIVIER, ALIX.

(Alix bien assurée que Philippe s'est éloigné, tire de son sein la dernière lettre de Célestine et la remet à Olivier qui la lit avec tout l'intérêt que lui inspire son attachement pour Evrard. Il manifeste tour-à-tour sa vive sollicitude, son effroi, son indignation. Alix suit ses mouvemens, et exprime qu'elle fonde tout son espoir sur lui.)

ALIX, *à part.*

Quel parti va-t-il prendre ?

OLIVIER.

(*A part.*) Non. Il n'y a point à balancer. (*Haut.*) Alix, vous m'avez souvent pressé de favoriser l'évasion du chevalier Evrard ; tant que j'ai pu croire qu'il parviendrait à faire éclater son innocence, j'ai dû, malgré ma tendresse, repousser des propositions que je regardais comme incompatibles avec la discipline. Mais aujourd'hui, ses jours sont menacés ; ses ennemis l'emportent ; j'oublie tout, pour ne plus me souvenir que de mon bienfaiteur et de ma reconnaissance; je manque à mon devoir pour obéir à l'irrésistible élan de la nature. Si l'un de nous doit périr, c'est celui qui tient tout de l'autre, et je dois tout à Evrard. Il m'a recueilli, il a dirigé mes premiers pas, élevé mon enfance, cultivé mon esprit et mon cœur, ma vie n'est donc point à moi ; il en peut disposer ; en la lui sacrifiant, je ne serai pas encore quitte envers lui, je lui devrai vingt-cinq ans de bonheur que je n'aurais jamais connu si sa généreuse pitié ne l'avait porté à me conserver l'existence, et s'il ne m'avait constamment dirigé vers le chemin de l'honneur et de la vertu.

ALIX.

Mais c'est à l'instant même qu'il faut agir. Demain, dans deux heures peut-être, il sera trop tard.

OLIVIER.

Nous n'avons pas le choix des moyens, c'est le premier qui se présente que nous devons saisir. Ecoutez-moi. L'escalier qui mène à la chambre d'Evrard, conduit également au bas de la tour. Quand la nuit sera venue, vous descendrez sans bruit et sans lumière ; à soixante marches au dessous du niveau de cette salle, vous trouverez une porte, c'est celle d'une petite chapelle ruinée qui servait jadis aux prisonniers. J'en ai la clef, la voilà ; au fond de cette chapelle est une fenêtre assez élevée qui donne sur le rempart ; à l'aide de quelques décombres, il sera facile à Evrard d'y atteindre et de la franchir. Cette partie du rempart est défendue par le Danube, qui en baigne le pied, et l'on n'y place presque jamais de sentinelle. Le désir de conserver sa vie, prêtera des forces à la faiblesse. Evrard s'élance dans le fleuve et le traverse à la nage. Parvenu sur l'autre rive, il adresse ses remerciemens au ciel, un regard à Alix, une pensée à Olivier, et gagne sans peine les états de Venise, d'où il peut aisément faire parvenir à l'Empereur ses moyens de défense et confondre ses accusateurs.

ALIX, *se jetant à genoux.*

Je te rends graces, ô ciel ! mon maître est sauvé. Mais vous, généreux Olivier.

OLIVIER.

Moi ! sauvons d'abord Evrard.

ALIX.

Mais....

PHILIPPE, *en dehors.*

Et bien, mademoiselle Alix, rentrez-vous ce soir ? vous vous faites bien attendre.

ALIX.

Me voilà, M. Philippe.

OLIVIER.

Allez, Alix, nous nous verrons demain. N'oubliez aucun des détails.

ALIX.

Tout ce que vous m'avez dit est gravé là.... au revoir, bon jeune homme.... Que tout mon sang ne peut-il payer un tel bienfait !.... je le repandrais jusqu'à la dernière goutte.

(Elle lui baise les mains en s'en allant.)

PHILIPPE, *paraissant.*

Eh bien, mademoiselle Alix, vous n'arrivez pas?

ALIX, *quittant Olivier, et se contraignant.*

Je vous demande pardon.

PHILIPPE.

Ah! bon! je ne m'étonne pas.... vous causiez avec mon lieutenant.... c'est qu'il est aimable au moins le lieutenant Olivier; vrai! tout le monde l'aime ici.

ALIX, *avec intention.*

Je le crois. Bonsoir, M. Olivier.

OLIVIER.

Bonsoir, Alix.

(Elle fait une révérence à Philippe et rentre. Les soldats sortent de la tour et Philippe en ferme la porte.)

PHILIPPE.

Nous n'avons plus affaire ici, que je sache? n'est-ce pas mon lieutenant?

OLIVIER.

Non, je te suis. Va.

PHILIPPE, *aux Soldats.*

Passez, vous autres.

(Comme Olivier va passer et que Philippe déjà sorti s'apprête à fermer la porte de la grille, le major paraît. Philippe se range, les soldats portent les armes.)

SCENE XIV.

LES PRÉCÉDENS, VALBROWN.

VALBROWN.

Je te cherchais, Olivier; j'ai à te parler.

OLIVIER.

A moi, M. le Major? (*à part.*) Qu'a-t-il à me dire? (*à Philippe.*) Laisse-nous, Philippe.

PHILIPPE.

Oui, mon lieutenant. (*Fausse sortie. Il revient sur ses pas.*) Vous n'oublierez pas de fermer la grille?

OLIVIER.

Je m'en charge. (*Philippe s'éloigne avec ses soldats.*)

SCENE XV.
OLIVIER, VALBROWN.

VALBROWN.

Je viens de recevoir du comte Adolphe, l'ordre exprès de me rendre sur-le-champ à Ulm, pour une affaire de la plus haute importance, qui, je crois, concerne le chevalier Évrard. Je serai de retour demain soir ou après demain matin au plus tard; mais pendant mon absence, je dois laisser, par interim, le commandement de la forteresse à un officier dont la droiture et l'honneur me soient bien connus, et c'est à toi que je le remets.

OLIVIER.

(*A part.*) O ciel! (*haut.*) A moi, M. le Major!

VALBROWN.

Oui, mon ami; cela t'étonne?

OLIVIER.

Je suis jeune, sans expérience....

VALBROWN.

Je connais ta vigilance et ton activité, cela suffit pour décider mon choix.

OLIVIER.

Songez donc, je vous prie, qu'il se trouve dans la garnison des officiers plus anciens, plus expérimentés que moi, et qu'ils s'offenseront de cette préférence.

VALBROWN.

Chacun d'eux estime tes talens, ta bravoure, et connaît mon affection pour toi. J'ai besoin dans cette circonstance d'un ami sûr, éprouvé, et personne ne sera surpris que je t'aie choisi pour me remplacer, lorsqu'il y va de ma tête, et que la moindre négligence peut-être regardée et punie comme un crime capital.

OLIVIER.

(*A part.*) O Dieu! (*haut.*) C'est me faire beaucoup d'honneur.

VALBROWN.

Non, mon ami, c'est te rendre justice. Il circule depuis quelques jours des bruits qui sont peu faits pour m'inquiéter, mais d'après lesquels cependant nous devons redoubler de surveillance. On dit qu'il existe un projet de faire évader notre prisonnier.

OLIVIER.

Et sur qui tombent les soupçons ?

VALBROWN.

Je l'ignore, et veux l'ignorer toujours. Il est trop pénible d'avoir à démasquer de faux camarades, des traîtres ; car quel que soit le motif qui les dirige, tout ce qui fait oublier au soldat son devoir est une trahison. Tout ce que je sais que mon Olivier que j'aime, dont la bravoure et la probité ne se sont pas un instant dementies depuis neuf ans que je le connais, est incapable de trahir ma confiance et de me traîner à l'échafaud ; car, je te le repète, je réponds du chevalier Evrard sur ma tête, et ce n'est qu'à toi seul que je puis, que je veux la confier. Tu acceptes, n'est-ce pas ?

OLIVIER.

Puisque vous l'exigez.

VALBROWN.

Je suis tranquille, et vais où le devoir m'appèle. La garnison est prévenue que c'est à toi seul qu'elle doit obéir jusqu'à mon retour. Adieu, Olivier. La voiture m'attend et je pars. (*Il l'embrasse et sort.*)

SCENE XVI.

OLIVIER, *seul.*

(*Il reste un instant immobile et accablé sous le poids des sentimens divers qui s'emparent de son âme et se succèdent rapidement.*)

» Je réponds du chevalier Evrard sur ma tête, et c'est à toi seul que je puis, que je veux la confier ». Ces paroles terribles sont gravées en lettres de feu dans mon cœur. Sans son aveugle confiance, je pouvais faire tomber sur moi seul la vengeance de l'Etat, et mourir regretté ; maintenant ce n'est pas seulement l'Empereur que je trahirais, c'est un ami qui m'a confié son poste, et qui remet sa tête entre mes mains ; ce n'est plus le devoir, c'est le sentiment le plus noble de l'humanité qui est dans la balance : en trahissant cet homme respectable, je le traîne au supplice, je deviens le plus vil, le plus lâche des mortels ; je couvre ma mémoire et mon nom d'un opprobre éternel et ineffaçable !.... Ah ! loin de moi cette horrible pensée !.. mais Evrard ! mon bienfaiteur !... mon père !... demain, cette nuit, peut-être, recevrai-je l'ordre affreux !... et si le Major lui-même n'était mandé à Ulm que pour recevoir des instructions relatives à ce fatal jugement.... O mon cœur se déchire !... fût-il jamais situation plus cruelle ? Mais dans ce moment l'honneur parle.. il parle en maître et je dois obéir. Il vaut mieux mourir accablé de la haine d'Evrard, que de vivre chargé de la honte de moi-même et du mépris universel..... S'il en est tems encore, hâtons-nous de le prévenir, afin qu'il ne pense pas que je lui ai tendu un piège.... (*Il va près de la porte, et cherche les clefs.*) Philippe a les clefs... comment faire pour l'instruire ?.... (*il appèle à voix basse.*) Chevalier Evrard !.... (*il frappe....*) Chevalier Evrard !.... Alix !... on ne répond pas.... (*il prête l'oreille....*) J'entends du bruit.... on ouvre une porte.... c'est celle de la chapelle.... Grand Dieu !.. encore quelques minutes, il sera trop tard et le major est perdu !... (*il appèle plus fort.*) Evrard !... Evrard !... où vas-tu ?... tu cours à ta perte.... reviens, c'est Olivier qui t'appèle.... Il ne m'entend pas.... Fatale extrémité !... il le faut.... (*éperdu, hors de lui, il va près de la grille et appèle...*) Hola !... soldats !... Philippe !... aux armes !... (*il revient.*) O mon Dieu ! tu sais tout ce que je souffre, prends pitié de moi.

SCENE XVII.

OLIVIER, PHILIPPE, SOLDATS, *avec des flambeaux.*

PHILIPPE, *accourant.*

Qu'est-il arrivé, mon lieutenant ?

OLIVIER, *extrêmement ému.*

Je ne sais.... j'ai cru entendre du bruit dans la tour.... il m'a semblé qu'on ouvrait la porte de la chapelle.

PHILIPPE.

Comment, mille bombes, la porte de la chapelle !.... (*à ses soldats*), vite.... vite, vous autres, au rempart de l'Ouest. (*Plusieurs soldats sortent rapidement.*) Vous, suivez moi....

(*Il ouvre la porte de la tour et entre suivi de quelques soldats, après en avoir placé deux à la grille.*

OLIVIER.

Suis-je assez malheureux !....

(*Silence pendant lequel l'orchestre exprime sourdement ce qui se passe en dehors. Olivier prête l'oreille.*)

La Forteresse du Danube. D

PHILIPPE, *en dehors.*

Arrêtez....

ALIX, *de même.*

O Ciel !...

PHILIPPE, *de même.*

Je le tiens, mon lieutenant, il est pris.

OLIVIER.

Que va penser Evrard? il devra me maudire, me regarder comme un traître.

SCÈNE XVIII.

LES PRÉCÉDENS, EVRARD, ALIX, Soldats.

PHILIPPE.

Ma foi, mon lieutenant, il était tems, je l'ai saisi comme il allait franchir la fenêtre de la chapelle. Si vous m'en croyez, afin que pareille chose n'arrive plus, et que nous soyons plus à même de le surveiller, on pourrait l'enfermer dans ce petit pavillon grillé qui donne sur la cour, vis-à-vis le corps-de-garde.

OLIVIER, *timidement et sans oser lever les yeux sur Evrard, dont la contenance est noble, fière et calme.*

Conduisez-le où vous croyez qu'il sera plus en sûreté....
(*à part.*) Je n'ose le regarder.

PHILIPPE.

Et bien, je ne vois rien de mieux que cela.

OLIVIER, *à part.*

Il ne daigne pas même m'adresser la parole !

PHILIPPE.

Allons, marche.

(*On emmène Evrard. En passant près d'Olivier, Evrard lui jette un regard qui peint tout le mépris qu'il lui inspire.*)

SCÈNE XIX.

OLIVIER, ALIX.

OLIVIER, *arrêtant Alix qui suit tristement son maître et qui regarde dédaigneusement Olivier.*

Bonne Alix, Evrard me croit un traître; en effet, les apparences sont contre moi, mais je ne suis point coupable et je n'ai fait dans cette fatale circonstance qu'obéir aux lois sacrées de l'honneur.

ALIX, *avec force.*

Vous invoquez l'honneur, quand, par une noirceur infâme, par la plus horrible perfidie, vous trahissez votre bienfaiteur ! Je croyais en implorant votre secours, m'adresser à un fils tendre et reconnaissant ; mais, ô funeste erreur, je parlais à un ingrat, à un traître, et n'ai trouvé dans le fils d'Evrard, que le plus lâche et le plus vil de tous les hommes. (*Elle sort.*)

OLIVIER, *attéré par les derniers mots d'Alix, la regarde sortir, lève les yeux au ciel, témoin de son innocence, se cache la figure dans les mains, puis sortant tout-à-coup de son accablement, il dit avec énergie et en sortant :*

Je saurai les forcer à me rendre justice.

Fin du premier Acte.

ACTE II.

Le théâtre représente la cour d'entrée de la forteresse, fermée par un mur très-élevé; en face une grande porte gothique à deux battans avec un guichet. A droite, le logement du concierge. Tout près de l'avant-scène, du même côté, le corps-de-garde. Vis-à-vis, au second plan, un pavillon en saillie dont la fenêtre grillée est en face du public, et la porte oblique. Il y a un banc de pierre au-dessous de la fenêtre du pavillon.

SCENE PREMIERE.

PHILIPPE, Quatre Soldats.

(Au lever du rideau huit heures sonnent. On entend de suite trois coups de tambour.)

PHILIPPE, *sortant du corps-de-garde.*

Aux armes!

(Quatre Soldats sortent du corps-de-garde, et s'éloignent conduits par Philippe.)

SCENE II.

VINCENT, *seul, sortant de sa loge. Il regarde les soldats.*

Où vont ils donc?... Ah! ils vont relever les sentinelles; c'est juste! il est huit heures sonnées. J'espère que nos jeunes gens ne tarderont pas à venir, et je n'en serai pas fâché, car je me sens bon appétit ce matin. Ma foi, cela ne se trouve pas mal du tout que M. le Major soit absent aujourd'hui, nous serons plus libres de nous réjouir. En déjeûnant avec ses amis, on s'excite, on s'échauffe, on boit à la santé de l'un, à la fortune de l'autre; et pour peu que l'on aime son prochain, je l'avoue, c'est mon faible; oh mon dieu! j'ai le cœur si tendre que je boirais volontiers toute la journée, à la santé de mes parens, de mes amis, et même des gens que je ne connais pas... pourvu que le vin fût bon, cependant;

alors cela vous mène plus loin que l'on ne pense; et puis je rencontre M. Walbrown, j'ai beau faire, dès que j'ai une petite pointe de vin de plus qu'à l'ordinaire, il s'en apperçoit tout de suite, alors ce sont des sermons, des remontrances, des reproches à n'en plus finir; aussi je suis grondé tous les jours. Oh! mon dieu, je compte là-dessus comme sur les appointemens que l'Empereur me donne.

SCÈNE III.
VINCENT, ALIX.

ALIX, *à la fenêtre du pavillon.*

M. Vincent, ouvrez-moi la porte, je vous prie.

VINCENT.

Très-volontiers, Mamselle Alix, vous savez bien que je n'ai rien à vous refuser... (*il ouvre.*) Comment va le prisonnier aujourd'hui?

ALIX.

Mal.

VINCENT.

Je le crois. La scène d'hier au soir n'a pas dû lui faire grand plaisir; mais aussi pourquoi diable veut-il fuir et nous mettre dans l'embarras? c'est qu'on n'attrape pas facilement le lieutenant Olivier; c'est un brave militaire, actif et surtout très-vigilant. Le Major savait bien ce qu'il faisait en lui confiant le commandement de la forteresse pendant son absence!... il se connaît en homme, M. le Major! c'est pour cela qu'il me garde malgré mes petits défauts; il sait que de père en fils, la famille des Vincent est d'une probité intacte, d'une fidélité à toute épreuve, et surtout incorruptible, oui, Mamselle Alix, incorruptible. Je verrais là, cent bouteilles de vin du Rhin, que cela ne me ferait pas manquer à mon devoir. (*à part.*) Il est vrai que je ne l'aime pas, le vin du Rhin. (*haut.*) Et voilà comme on se fait une réputation dans le monde.

ALIX.

M. Evrard m'envoie vous demander s'il lui sera permis de se promener ce matin.

VINCENT.

Je ne peux pas prendre cela sur moi, Mamselle Alix, il faut un ordre du lieutenant Olivier; mais je suis bien sûr qu'il ne vous refusera pas; voilà Philippe qui revient, il se chargera volontiers de cette commission.

SCENE IV.

LES PRÉCÉDENS, PHILIPPE, *revenant avec quatre autres soldats.*

PHILIPPE, *à ses soldats.*

Haut les armes !.... en place !... (*les soldats rentrent dans le corps-de-garde.*)

SCENE V.

LES PRÉCÉDENS, excepté les Soldats.

VINCENT, *à Alix.*

Allons, demandez-lui.

ALIX.

Obligez-moi de lui demander vous-même ; il a l'air encore plus brusque qu'à l'ordinaire.

VINCENT.

Soit. (*à Philippe qui rentre au corps-de-garde sans faire attention à Vincent ni à Alix.*) Philippe ?

PHILIPPE, *se retournant.*

Eh bien ?

VINCENT.

Tu es bien fier ce matin.

PHILIPPE.

J'ai de l'humeur.

VINCENT.

Ah ! cela ne doit pas t'empêcher d'être honnête.

PHILIPPE.

Comment ?

VINCENT.

Tu n'as pas seulement daigné me faire ton compliment.

PHILIPPE.

A quel propos ?

VINCENT.

N'est-ce pas aujourd'hui St.-Hilarion, ma fête ?

PHILIPPE.

Je te la souhaite bonne. (*il va pour rentrer.*)

VINCENT.

Un moment donc, que je sache au moins la cause de ta mauvaise humeur.

PHILIPPE.

Le lieutenant veut qu'on double tous les postes, jusqu'au retour du Major, comme si le service n'était pas assez dûr. C'est l'escapade d'hier qui en est cause.

ALIX, *à part.*

Le moment n'est pas favorable !

VINCENT.

Il n'y a pas là de quoi se désespérer. C'est l'affaire d'un jour ou deux, ainsi vous n'en mourrez pas.

PHILIPPE.

Cela t'est facile à dire, à toi, qui passes la nuit dans un bon lit ! mais tu le sais, la garnison n'est pas nombreuse, et nous sommes sur les dents.

VINCENT.

Bah ! un bon repas fait oublier tout cela. J'attends à déjeûner mon filleul Thomas et sa petite femme, tâche de te dérider un peu, tu nous tiendras compagnie.

PHILIPPE, *prenant un air plus riant.*

Ah ! ton filleul Thomas et sa femme viendront ?

VINCENT.

Oui. Tu sais bien qu'ils ont toujours du plaisir à t'entendre raconter tes campagnes ; et toi, tu n'es pas fâché de te rappeler de tes exploits... pas vrai ?

PHILIPPE.

Oui, cela fait plaisir. Eh bien, j'accepte, je serai des vôtres ; tu m'avertiras quand ils seront arrrivés.

VINCENT.

Ils ne doivent pas tarder à présent.

(*Philippe va pour rentrer.*)

ALIX, *poussant Vincent.*

Allons, Vincent.

VINCENT, *bas à Alix.*

C'est qu'il n'a pas l'air trop bien disposé en faveur de votre maître. (*haut.*) Dis donc, Philippe. (*il va le rejoindre et le mène à l'écart.*) Mamselle Alix, que voilà, me demandait tout-à-l'heure s'il serait permis au chevalier Evrard de se promener aujourd'hui.

PHILIPPE.

Qu'est-ce que tu as répondu ?

VINCENT.

Que je n'en savais rien.

PHILIPPE.

Tu as bien fait.

VINCENT.

Mais j'ai ajouté que cela dépendait du lieutenant Olivier, et que tu...

PHILIPPE.

Je te vois venir, tu veux que j'aille lui demander la permission ?

VINCENT.

Juste.

PHILIPPE.

Je n'irai pas.

VINCENT.

Bah !

PHILIPPE.

Non. Je lui en veux à ce maudit prisonnier. C'est lui qui est cause qu'on double notre service.

VINCENT.

Ne voudrais-tu pas me persuader à présent que tu as de la rancune, que tu es capable, pour une bagatelle, de refuser un petit service à un homme qui, dans le fond, ne fait que ce que nous ferions à sa place ? Ecoute donc, Philippe ; il a raison de chercher à se sauver, c'est à nous à prendre toutes nos précautions pour qu'il ne réussisse pas. Est-il vrai ?

PHILIPPE, *souriant*.

Au fait, je ne peux pas dire le contraire.

VINCENT.

Et bien, ne pense plus à ce qui s'est passé, et va demander au lieutenant la permission que ce pauvre diable sollicite. Ecoute, Philippe, tu ne m'as pas donné de bouquet ; je ne t'en demande pas d'autre que ce petit acte de complaisance. Ah ! tu ne peux pas me refuser.

PHILIPPE.

Allons donc, tu sais toujours me prendre par mon endroit sensible.

VINCENT.

Eh ! mon ami, il y a tant de gens qui n'en ont pas !

PHILIPPE.

Je reviens tout de suite.

ALIX.

Je vous remercie, M. Philippe.

(33)

PHILIPPE, *portant la main à sa casquette.*

Servir fidèlement l'Empereur et le beau sexe, Mademoiselle, est le devoir d'un soldat. (*Il sort.*)

SCENE VI.
VINCENT, ALIX.

VINCENT.

J'étais certain d'en venir à bout. Au fond, c'est un bon diable, il n'y a que manière de s'y prendre pour lui faire faire tout ce qu'on veut. (*On frappe à la porte du fond.*)

ALIX.

On frappe !

VINCENT.

C'est sûrement notre jeunesse !.... (*il regarde par le guichet avant d'ouvrir.*) C'est cela même. (*Il ouvre la porte.*)

SCENE VII.

LES PRÉCÉDENS, CÉLESTINE, *en savoyard, ayant sur le dos une caisse en forme de lanterne magique, et en avant une boîte où est sa marmotte,* THOMAS, PAULINE.

THOMAS.

Bonjour, mon parrain.

PAULINE.

} ensemble.

Bonjour, cousin.

VINCENT.

Bonjour, mes enfans, bonjour. Soyez les bien venus. (Il ferme la porte. Célestine s'approche doucement d'Alix et la tire par sa robe.)

ALIX, *à part, après avoir reconnu Célestine.*

Célestine !...

PAULINE, *bas et vivement.*

De la prudence !

ALIX, *à part.*

O mon Dieu ! veille sur elle et sur nous !

VINCENT, *revenant au-devant de la scène.*

Je commençais à m'impatienter de ce que vous n'arriviez

La Forteresse du Danube. E

pas. (*appercevant Célestine.*) Qu'est-ce que c'est que ce petit drôle là?

PAULINE.

Cousin, c'est un savoyard qu'est venu hier au soir nous demander à coucher, j'étais seule cheux nous, il m'a conté ses malheurs d'si bonne façon, qu'ça m'a fait pleurer, moi.

THOMAS, *avec humeur et à part.*

Oui, c'est ben intéressant l'histoire d'un savoyard !

PAULINE.

Et puis il m'a fait voir sa marmotte, sa lanterne magique, il m'a chanté trois ou quatre chansons ben jolies, et j'ly ai donné un p'tit coin dans not' grange, où ce qu'il a dormi tout d'un somme. Quand il a su c'matin qu'nous venions au château, il a demandé la permission d'nous suivre, dans l'espérance qu'en montrant aux soldats son savoir faire, ça pourrait l'y valoir quelqu'p'tit profit.

VINCENT.

Vous avez bien fait de l'amener, mes enfans.

PAULINE.

Pas vrai cousin, qu'il est gentil?

VINCENT.

Oui, vraiment.

THOMAS, *contrefaisant sa femme.*

Pas vrai qu'il est gentil?.... Je vous ai déjà dit, madame Thomas, que j'n'aimais pas qu'vous le regardissiez comme ça, ça m'déplaît, et il m'semble qu'vous ne devriez pas vous faire dire ces choses là deux fois.

PAULINE, *à Vincent.*

C'est qu'il danse joliment, allez !

VINCENT.

Tant mieux ; tu nous feras voir cela, mon garçon?

CÉLESTINE.

Avec plaisir, mon bon monsieur.

THOMAS, *piqué, et effeuillant le bouquet qu'il tient à la main.*

Il semble que c'soit un'merveille que ç'savoyard là ! comm'si on n'avait pas dès yeux, un nez, une bouche et une figure pus propre qu'la sienne, j'm'en vante. Comm'si on n'était pas la coqueluche du pays ! Comme si on n'savait pas remuer les jambes aussi ben qu'un savoyard !

PAULINE.

Allons, monsieur le raisonneur, au lieu d'faire vot' éloge, vous feriez ben mieux d'faire vot' compliment à vot' parrain et d'ly donner vot'bouquet.

THOMAS.

Mon bouquet!.. ah! c'est juste. (*Il le regarde, et paraît surpris de l'avoir déchiré.*)

PAULINE, *riant.*

Ah! ah! ah! voyez donc, cousin, l'beau bouquet qu'il vous apporte!

THOMAS.

Et bien, oui, j'ai d'l'humeur, beaucoup d'humeur. (*Il déchire entièrement son bouquet et le jette à terre.*)

PAULINE, *se moquant de Thomas.*

Ah! que j'serais honteuse d'venir souhaiter la fête à quelqu'un sans l'y apporter d'bouquet. (*Elle présente le sien à Vincent.*)

VINCENT.

Merci, mon enfant. (*il l'embrasse.*)

THOMAS.

C'est vous qu'en êtes cause; (*à part.*) mais tu m'payeras ça, va!... attends!

VINCENT.

Qu'est-ce que cela veut dire tout ça? il me semble que vous ne faites pas trop bon ménage.

PAULINE.

C'est pourtant toujours de même depuis deux mois qu'nous sommes mariés. Nous nous querellons du matin au soir.

THOMAS, *bas à Vincent.*

Oui, mais nous nous raccommodons du soir au matin. (*haut.*) Au reste, mon parrain, vous n'y perdrez rien; j'n'ai pas d'bouquet à vous offrir, mais j'vous répéterai mon compliment deux fois, ça reviendra au même.

VINCENT.

Je te dispense même de la première.

THOMAS.

Mon parrain, ça n'est pas honnête c'que vous dites là!

PAULINE.

D'autant plus qu'il est joli, son compliment. Attendez, j'vas vous dire l'commencement, car il m'la répété au moins vingt fois en venant... « Depuis plus de cinq cents ans que c'te forteresse existe, et que j'viens tous les ans.... »

(Vincent, Alix et Célestine se mettent à rire.)

THOMAS.

Ah! depuis cinq cents ans, j'viens tous les ans!... J'n'ai pas dit ça.... c'est une bêtise.

PAULINE.

Une d'plus, ça n'te fera pas grand tort.

THOMAS.

Vous l'entendez, parrain, vous l'entendez et vous n'l'y dites rien! Si ma femme ne m'respecte pas, qui est-ce qui m'respectera?

PAULINE.

Personne, nigaud. Les hommes ont toujours c'mot à la bouche; faites vous aimer, ça vaudra mieux.

THOMAS.

Oh! pour ce qu'est d'ça, j'n'ai pas besoin d'faire beaucoup d'frais; il suffit qu'on m'voie, et c'est fini.

PAULINE, *souriant malicieusement.*

On n'veut pus t'voir.

VINCENT, *à Pauline.*

Pauline! c'est toi qui le provoques, tu te fais un malin plaisir de le tourmenter.

PAULINE.

C'est pour rire, cousin; il sait ben que j'l'aime d'tout mon cœur; pas vrai, mon ami, qu'tu l'sais ben? tiens, embrasse ta femme et qu'la paix soit faite. (*elle le caresse.*)

THOMAS.

Et ben, oui; voilà c'que c'est. V'là comm'sont les femmes, elles vous tourmentent, elle vous font enrager, elles vous font... tout ce qu'elles veulent... et puis par après, il leur prend fantaisie d'venir vous caresser, vous passer la main sous l'menton... Mon bon ami par-ci, mon petit cœur par-là... embrassons-nous, faisons la paix... et nous donnons là dedans, nous autres benêts, et nous sommes assez sots pour leur pardonner.

PAULINE.

Tu sais ben qu'M. l'curé nous prêche toujours l'pardon des injures.

THOMAS.

Il a ben raison. C'est là vertu la plus nécessaire aux hommes qui s'marient.

(Pendant ce dialogue, Célestine et Alix, placées l'une à droite, l'autre à gauche, se sont fait des signes d'intelligence. Alix a montré à Célestine le pavillon où est renfermé son père; celle-ci a tiré de son sein une lettre qu'elle voudrait lui remettre; mais Vincent qui tourne la tête de tems en tems, dérange ce jeu de théâtre, et les force à prendre part à ce qui se passe en avant.)

SCENE VIII.
Les précédens, PHILIPPE.

ALIX, *allant au-devant de Philippe.*

Et bien, M. Philippe, que vous a répondu le lieutenant Olivier ?

PHILIPPE.

Il permet que le chevalier Evrard prenne l'air pendant une heure, à condition qu'il ne sortira pas de cette cour et que je ne le perdrai pas de vue. Mais qu'à cela ne tienne, j'ai bon pied, bon œil.

THOMAS, *à part, regardant Philippe.*

C'est juste; il n'en a plus qu'un.

PHILIPPE.

Et il faudrait être bien habile pour m'en donner à garder.

VINCENT.

Dans ce cas, je vais lui ouvrir la porte ?

PHILIPPE.

Oui. (*bas à Vincent.*) Cela ne dérangera-t-il pas nos projets ?

VINCENT.

Pourquoi donc ? Seulement nous mettrons la table ici, au lieu de déjeûner chez nous.

PHILIPPE.

Qu'importe, nous n'en boirons pas moins.

CÉLESTINE, *bas à Pauline.*

Que d'obligations je vous ai, ma bonne Pauline ! je vais le voir.

PAULINE.

Il en arrivera ce qu'il pourra, mais il m'a été impossible de résister à vos prières et à vos larmes.

CÉLESTINE.

Comptez sur une reconnaissance éternelle.

THOMAS, *venant à pas de loup entr'elles deux.*

Ah ! j'vous y attrape... qu'est-ce qu'vous avez tant à dire à c'p'tit vaurien-là ?

PAULINE.

Ça n'te regarde pas. Vas-tu recommencer ?

(*Pendant tout ceci, Vincent est allé ouvrir la porte du pavillon, y entre et en sort un moment après avec Evrard.*)

SCENE IX.

LES PRÉCÉDENS, EVRARD.

EVRARD.

Je vous remercie, Philippe. Bonjour mes braves amis. (*Pauline, Thomas, Philippe et Vincent saluent Evrard.*) Ah ! c'est aujourd'hui la fête de Vincent et vous êtes venus la célébrer ?... C'est bien.

ALIX, *bas à Evrard qui s'avance vers le banc qui est au-dessous de la fenêtre.*

Ne vous troublez pas... contenez votre joie... Célestine est ici.

EVRARD, *bas.*

Célestine !

ALIX.

Près de vous... à gauche... en savoyard.

(*Evrard s'assied, et, caché par Alix, il jette les yeux du côté où est Célestine, qui, de son côté, cherche à le voir. Au moment où leurs regards se rencontrent, ils paraissent au comble de la joie. La tendresse la plus vive se peint dans tous leurs traits; ils semblent avoir reçu une existence nouvelle.*)

PHILIPPE, *montrant Célestine.*

Qu'est-ce que c'est que ce petit gaillard-là ?

(*Célestine change d'intention sans changer d'attitude; elle entend Philippe, elle sait qu'on a les yeux sur elle, et dèslors sa figure n'exprime plus qu'une curiosité niaise et naturelle à un savoyard.*)

ALIX, *qui a vu le mouvement de Philippe.*

(*Bas à Evrard.*) On vous observe. (*Evrard cesse de regarder Célestine.*)

(Philippe regarde alternativement Célestine et Evrard pour savoir s'il y a de l'intelligence entre eux.)

PHILIPPE, *d'une voix forte à Célestine.*

Qui es-tu ?

PAULINE, *qui craint que Célestine ne se trahisse, s'avance vers Philippe et s'empresse de répondre.*

C'est un...

PHILIPPE.

Laissez le répondre. Qui es-tu ?

CÉLESTINE, *sans se déconcerter et affectant même de la gaîté.*

Savoyard.

PHILIPPE.

Tu t'appelles ?

CÉLESTINE.

Célestin.

PHILIPPE.

D'où viens-tu ?

CÉLESTINE.

De bien loin.

THOMAS, *grommelant entre ses dents.*

Tu aurais ben fait d'y rester.

PHILIPPE.

Qui t'a conduit ici ?

CÉLESTINE.

M. Thomas et sa femme.

THOMAS, *à part.*

C'est ben malgré moi, va !

PHILIPPE.

Qu'y viens-tu faire ?

CÉLESTINE, *avec intention.*

Vous distraire un moment.

PHILIPPE.

A la bonne heure. Combien te faut-il pour cela ?

CÉLESTINE, *avec âme et finesse.*

Je suis déjà payée.

PHILIPPE.

Pas mal. (*à Vincent.*) Il est gentil ce petit bon homme.

THOMAS.

J'voudrais ben savoir c'qu'il a d'extraordinaire.

PAULINE.

Justement, c'est c'que tu n'sauras pas.

PHILIPPE.

Qu'est-ce que tu portes-là ?

CÉLESTINE.

Ça, c'est une marmotte, et ceci, (*montrant la caisse qui est à terre à coté d'elle.*) c'est une curiosité. (*bas à Alix qui est auprès d'elle.*) Il y a là dedans un habit pour mon père.

THOMAS.

Une curiosité! ah! j'aime ça, moi. Voyons... (*il va pour ouvrir la caisse.*)

CÉLESTINE, *laisse tomber son bâton sur le pied de Thomas.*

Doucement!

THOMAS.

Et jarni! doucement vous-même.

PAULINE.

C'est ben fait. Ça t'apprendra à être si curieux.

VINCENT.

Allons, mon petit homme, en attendant le déjeûner, chante nous quelque chose...

PHILIPPE.

Danse nous la savoyarde.

THOMAS.

Montre nous ta curiosité.

CÉLESTINE.

Comme il vous plaira, mes bons messieurs.

(Elle se place au milieu du théâtre et fait danser sa marmotte. Thomas s'accroupit pour la voir de plus près.)

THOMAS.

Oh! la vilaine bête!

(Célestine en faisant sauter sa marmotte la jette au nez de Thomas.)

THOMAS, *se relevant en colère.*

Parrain! faites donc finir c'p'tit insolent-là!

PAULINE.

De quoi t'plains-tu? C'est une caresse qu'elle a voulu t'faire.

THOMAS.

Elles sont jolies ses caresses!... il devrait du moins lui couper les ongles.

CÉLESTINE.

Voilà, messieurs, mesdames, ce que j'ai d'abord l'honneur de vous faire voir, après ça vient la petite chansonnette.

(Elle remet sa marmotte et distribue des cahiers de chansons à tout le monde en commençant par la droite.)

THOMAS.

Qu'est-ce qu'tu veux que j'fasse d'ça ? je n'sais pas lire.

CÉLESTINE, *avec intention.*

D'autres liront pour vous.

(Elle arrive à son père, et au lieu de lui donner le petit cahier, elle tire furtivement de son sein un papier qu'elle lui présente. Philippe, la voyant près d'Evrard, quitte sa place, et vient brusquement entre les deux. Célestine qui s'est apperçue à tems de ce mouvement, remet adroitement la lettre dans sa ceinture, reprend de la main droite le cahier qu'elle destinait à son père, et le lui présente au moment où Philippe arrive)

PHILIPPE, *prenant vivement le cahier, et regardant fixement Célestine et Evrard.*

Qu'est-ce que cela ?

CÉLESTINE, *sans se déconcerter.*

Ça ? c'est un cahier comme les autres.

PHILIPPE, *parcourt le cahier, l'examine et le rend à Evrard.*

C'est bon. (*à Célestine.*) Allons, mon garçon, chante.

CÉLESTINE, *prend son cahier.*

LE BERGER DU DANUBE, histoire véritable.... C'est la première du cahier. Attention tout le monde (1) !

(*Evrard et Alix prêtent une oreille attentive.*)

Premier couplet.

A l'ombre d'un vieux chêne,
Un jeune pastoureau,
Chantait ainsi sa peine,
En gardant son troupeau ;
« Là-bas, tout ce que j'aime
» Languit sous les verroux ;
» Las ! par quel stratagême
» Tromper l'œil des jaloux ?

(à Evrard et à Alix avec intention et à demi-voix.)
M'entendez vous?
(à Vincent et aux autres avec beaucoup de gaîté.
M'comprenez vous ?

THOMAS.

Il nous prend donc pour des bêtes, mon parrain ? pardine ! ça n'est pas difficile à comprendre. C'est quelque mauvais

---

(1) Ces couplets pourront être chantés par Pauline dans le cas où l'actrice chargée du rôle de Célestine n'aurait pas de voix. Cependant il est préférable, à tous égards, que ce soit Célestine qui chante.

La Forteresse du Danube. F

sujet à qui on refuse un'fille que l'papa enferme pour qu'all' n'fasse pas des siennes avec son amoureux.

CÉLESTINE.

C'est étonnant comme vous devinez ça, dès qu'on vous l'a dit.

Second couplet.

En l'absence du père
Se présente un vieillard ;
L'amour, dieu tutélaire,
Tient Argus à l'écart.
La bergère s'habille
Comme son bien aimé ;
Sous des habits de fille
L'amant est enfermé.
M'entendez vous ?
M'comprenez vous ?

THOMAS.

Ma foi non ! pour celui-ci, j'n'y comprends rien.

PAULINE.

Nigaud ! comment tu n'comprends pas qu'c'est l'berger qu'était déguisé en vieillard, et qu'il a changé d'habit avec sa maîtresse ?

THOMAS.

A quoi qu'ça sert c'te mascarade-là ?

PAULINE.

Ça sert à faire échapper la fille.

THOMAS.

Ah ben ! par exemple ! il fallait que l'gardien fut ben bête pour s'y laisser prendre... Si j'avais été là, moi, ah ! ah !... ils auraient trouvé à qui parler.

CÉLESTINE.

Oh ! vous êtes fin, vous !

Troisième couplet.

Le pastoureau fidèle
Invente un nouveau tour,
Pour rejoindre sa belle,
Et fuir de ce séjour.
Le père outré, menace,
Il paraît sans pitié ;

Mais bientôt il fait grâce
Et tout est oublié.
M'entendez vous?
M'comprenez vous?

THOMAS.

Et ben, c'père là était un imbécille, et ta chanson n'a pas l'sens commun.... J'en sais d'ben plus jolies qu'ça, moi ; voulez-vous que j'vous en chante ?

VINCENT et PAULINE.

Non, non, ce n'est pas la peine.

PHILIPPE.

Allons, allons, je ne la trouve pas mal, et le petit bon homme la chante fort bien. (*à Célestine.*) Ah ça, est-ce que tu ne vas pas danser un peu à présent ?

CÉLESTINE.

Volontiers ; mais j'étais bien aise auparavant de vous faire entendre cette petite chanson.

PAULINE, *bas à Alix.*

Oui, nous avions nos raisons pour ça.

ALIX, *bas à Pauline.*

Nous avons bien compris ; mais comment réussir ?

PAULINE, *bas.*

Laissez-nous faire.

CÉLESTINE, *donnant son triangle à Thomas.*

Prenez ça, vous.

THOMAS.

Pourquoi faire ?

CÉLESTINE.

Ce qu'on fait d'un triangle.

THOMAS.

Comme ça ? (*il frappe de toutes ses forces.*)

CÉLESTINE.

Eh non !

(Elle le lui prend et le donne à Pauline qui en joue pendant que Célestine danse plusieurs pas gais et vifs, dans lesquels on fera figurer Thomas s'il est possible, mais toujours d'une manière plaisante. Les soldats, attirés par le chant et le bruit du triangle, sont sortis du corps-de-garde et augmentent le nombre des spectateurs ; quand Célestine a fini, elle fait le tour de l'assemblée en tenant son bonnet à la main. Chacun, à son tour, lui donne en lui faisant son petit compliment. Thomas qui est très-content de lui-même, se croit aussi en droit de demander une récompense ; en conséquence, il fait aussi le tour de l'assemblée en tenant son chapeau; mais au lieu de lui donner, on se moque de lui. Quand Célestine arrive près de son père, elle lui prend furtivement la main et la presse contre son cœur.

CÉLESTINE, *bas et vivement à Evrard.*

Rentrez dans le pavillon et tenez-vous près de la fenêtre. (*Elle voit Thomas qui s'approche d'elle par derrière, elle fait alors un grand salut, en alongeant la jambe de manière à atteindre Thomas. Haut à Evrard qui a feint de mettre quelque monnoie dans son bonnet.*)

Merci, mon bon monsieur.

THOMAS, *qui a manqué de tomber.*

Prenez donc garde à vous ! A quoi qu'ça sert toutes ces révérences-là ?

CÉLESTINE.

Ça sert à être poli, monsieur.

THOMAS.

Jarni ! vous l'êtes trop, pour ceux qui ne le sont pas assez.

CÉLESTINE.

Comme vous....

THOMAS.

Hein ?

CÉLESTINE.

Comme vous dites, monsieur.

THOMAS.

A la bonne heure.

VINCENT.

Allons, mes enfans, à la besogne, aidez moi tous, et mettons-nous à table.

PHILIPPE.

Va comme il est dit.

(*Il fait signe aux soldats de s'éloigner. Tous rentrent au corps-de-garde.*)

EVRARD.

Bien du plaisir, mes amis ; quant à moi je rentre.

VINCENT.

Pourquoi donc ça ?

EVRARD.

Je me trouve pas bien.

VINCENT.

Allez donc. (*Evrard rentre dans le pavillon.*) Et vous, Mamselle Alix, vous restez, n'est-ce pas ?

ALIX.

Oui, monsieur Vincent. Cette gaîté me plaît ; elle fait un moment diversion.

(Pendant ce tems, Célestine a porté sa caisse sur le banc qui est dessous la fenêtre du pavillon. Vincent, Pauline et Thomas sont occupés à mettre la table et à la couvrir de tout ce qu'ils vont chercher dans la loge de Vincent. Philippe se promène dans la largeur du théâtre, c'est-à-dire du pavillon au corps-de-garde. On voit Evrard dans le pavillon auprès de la fenêtre.)

ALIX, *à Célestine.*

Mon petit ami, montre moi donc ce qu'il y a dans cette boîte.

CÉLESTINE.

J'y consens, ma bonne dame ; mais à condition que vous ne direz à personne ce que vous aurez vu.

ALIX.

Je te le promets.

(La caisse a un double fonds, c'est-à-dire qu'elle est partagée dans toute la hauteur par une coulisse. La première partie qui s'ouvre en face du public, au moyen de deux petits volets, renferme des verres peints, etc. enfin tout l'attirail d'une lanterne magique. L'autre partie qui s'ouvre par-dessus contient un habillement complet de paysan.)

CÉLESTINE, *à Philippe.*

Est-ce que vous ne regardez pas, mon officier ?

(Philippe s'approche et regarde. Pendant qu'il est baissé, Alix ouvre le dessus de la caisse et appelle Evrard. Célestine en tire subtilement une des pièces de l'habillement et la présente à son père qui la prend à travers les barreaux et se cache. Philippe se relève et chacun reprend la contenance qu'il doit avoir. Le sergent s'éloigne, et le même jeu de théâtre se renouvelle chaque fois qu'il tourne le dos au pavillon ; au contraire, dès qu'il revient, Célestine et Alix ne paraissent occupées que de ce que renferme le devant de la boîte. Evrard, qui se prête à tous ces mouvemens, prend tout ce que lui donne Célestine. Cette pantomime doit être extrêmement vive et exécutée avec précision ; elle doit être terminée en même tems que les autres personnages ont fini de disposer tout pour le déjeûner.)

CÉLESTINE, *bas à Evrard.*

Habillez-vous sans perdre un moment „ et tenez vous près de la porte ; le rendez-vous est chez Pauline, place d'armes, n°........

VINCENT.

A table ! allons, allons, tout le monde à table. Etes-vous des nôtres, Mamselle Alix ?

ALIX.

Je vous suis obligée.

VINCENT, *à Célestine.*

Et toi, mon petit homme?

CÉLESTINE.

Je ne mérite pas tant d'honneur. (*bas à Pauline.*) Tâchez de placer Philippe de manière qu'il tourne le dos au pavillon. (*haut.*) Si j'accepte quelque petite chose, je le mangerai tout aussi bien là, sur ma caisse.

(Elle ôte la caisse de dessus le banc et la place à terre à quatre pas de la porte du pavillon. La table est dressée près du corps de-garde.)

VINCENT, *à Pauline.*

Fais les honneurs, cousine.

PAULINE, *montrant à Philippe un siège à gauche de la table.*

Allons, M. Philippe, placez-vous.

PHILIPPE.

Non, je préfère me mettre de l'autre côté, cela fait que je ne perdrai pas de vue le pavillon ; je n'ai pas oublié que le lieutenant a remis le prisonnier à ma garde.

(Il se place à l'autre bout de manière qu'il est en face de la porte du pavillon.)

CÉLESTINE, *à part à Alix.*

Quel contre-tems! comment faire?

PAULINE.

C'est comme il vous plaira. (*Elle s'assied près de Philippe.*)

VINCENT.

Allons, mes enfans, courage. (*Vincent est en face du public, Pauline à sa gauche, Thomas à droite de la table, en face de Philippe.*) Et bien, mamselle Alix, cela ne vous tente pas absolument? C'est votre dernier mot? allons donc, liberté toute entière....

THOMAS, *la bouche pleine.*

Oui, pourvu qu'on ne sorte pas d'ici. (*On boit, on mange.*)

VINCENT, *à Alix.*

Puisque vous ne faites rien, mamselle Alix, voulez-vous donner cela à notre petit gaillard?

ALIX.

Volontiers.

(Elle donne à Célestine un morceau de pain noir avec une petite tranche de jambon et un verre de vin.)

CÉLESTINE.

Je vous demande pardon de la peine. (*Elle prend ce qu'on lui donne, tire de sa poche un mauvais couteau et mange d'une manière plaisante.*) En vous remerciant, mon bon monsieur.

VINCENT.

Mange, mange, mon enfant, tu dois avoir bon appétit ; à cet âge là, je mangeais comme quatre.

PHILIPPE.

Et maintenant tu bois comme six.

(*Pendant que tout ceci se passe, on voit Evrard dans le pavillon, quitter l'espèce de redingotte qui le couvrait et se travestir en paysan.*)

VINCENT.

Que veux-tu, mon ami ? Quand on ne compte plus en amour...

THOMAS.

Bah ! mon parrain ?.... (*il lui parle bas.*)

VINCENT.

Patience ! Ton tour viendra.

PAULINE.

A propos, M. Philippe ; contez-nous donc quelqu'une d'ces batailles, où ce qu'vous vous êtes trouvé ; nous avons toujours l'pus grand plaisir à vous entendre....

THOMAS.

Et moi donc, je devore ces histoires-là.... C'est si vrai qu'chaque fois qu'vous nous en racontez, j'en rêve la nuit, je m'crois au milieu de l'armée d'la guerre, et puis j'tape comme un sourd à droite, à gauche ; ça réveille ma femme en sursaut, ell's'fâche, elle m'bat, nous nous battons, et ça fait pour lors un' bataille véritable.

VINCENT.

Et qui est-ce qui reste vainqueur ?

THOMAS.

En bon mari, moi, je cède. Mais revenons à not'affaire. M. Philippe, contez-nous donc encore un'fois, l'histoire de c'te fameuse bataille où ce qu'vous avez été tué, elle m'amuse plus qu'les autres, celle-là. (*Tout le monde rit de la naïveté de Thomas.*)

PAULINE.

Imbécille !

CÉLESTINE, *à Thomas.*

Oh! que je serais fâchée d'avoir dit ça!

PHILIPPE.

Il veut dire, où je fus laissé pour mort.

THOMAS.

C'est ça.... Ça revient à peu près au même. G'ny a pas grande différence, c'n'est pas la peine d'disputer pour si peu d'chose.

PHILIPPE.

Ce fut à la fameuse journée de Lissa, le 5 décembre 1757.
(*On frappe à la porte du fond.*)

VINCENT.

C'est une patrouille qui rentre.

PHILIPPE.

C'est juste, il y en avoit encore une dehors....

VINCENT, *qui verse à boire.*

Un moment! un moment! j'y vas.

THOMAS.

Eh non, parrain, à quoi qu'ça sert d'vous déranger? Ça n'est pas ben malin d'ouvrir une porte.... J'men acquiterai aussi ben qu'vous.

(*Il prend le trousseau de clefs à la ceinture de Vincent et va ouvrir la porte.*)

ALIX, *près de la fenêtre du pavillon, à Evrard.*

Place d'armes, n°. 10.

SCENE X.

LES PRÉCÉDENS, un Caporal, huit Soldats.

PHILIPPE, *au caporal.*

Ah! parbleu, tu arrives à propos pour m'entendre raconter cette terrible affaire où nous combattîmes l'un à côté de l'autre.... Il t'en souvient.... à Lissa.... il faisait chaud.

PAULINE.

Buvez un coup, (*elle donne à boire au caporal.*)

VINCENT.

Ça vous rafraichira.

PAULINE.

Depêche-toi donc, not'homme, on va boire sans toi.

THOMAS.

Alte ! me voilà, me voilà.

(Il referme la porte à double tour; mais il laisse le trousseau de clefs après la serrure. Il revient à sa place, on trinque. on fait chorus. Pendant le silence que ce mouvement occasionne, Alix s'approche de Célestine et lui dit vivement :

ALIX.

Les clefs sont après la grande porte.

(Célestine regarde, s'assure de la vérité et exprime sa joie. Alix prend sa place, pendant qu'elle va doucement au fond. Le caporal et ses huit hommes appuyés sur leurs fusils, sont debout derrière Vincent et rangés de manière à masquer la porte du fond à Philippe. Thomas et Vincent, les coudes sur la table, lui prêtent la plus grande attention.

PHILIPPE.

Comme je vous l'ai dit, mes amis, ce fut à la fameuse journée de Lissa, où nous fûmes si joliment étrillés par les Prussiens. (*au caporal.*) Tu t'en souviens; l'aile droite fut enfoncée, la gauche s'enfuit au premier choc, le centre seul tint ferme; j'étais du centre, moi, (*au caporal.*) et toi aussi : mais nous avions affaire à un ennemi trop supérieur en nombre, il fallut, bon gré, malgré, nous replier sur le corps de réserve; alors la déroute devint générale. Je fus assailli par trois cavaliers, contre lesquels je me défendis, en m'appuyant contre un arbre, jusqu'à ce qu'enfin mes munitions étant épuisées, je succombai ; alors ils s'enfuirent et me laissèrent parmi les morts, après m'avoir dépouillé.

THOMAS.

Ça fut ben heureux pour vous.

VINCENT.

Mais, je ne vois pas trop ce que tu trouves de si heureux dans tout cela.

THOMAS.

Tiens ! si ces enragés s'étaient aperçus qu'il faisait semblant d'être mort, ils l'auraient tué tout de bon, et pour lors nous n'aurions pas l'plaisir de l'entendre aujourd'hui.

PHILIPPE.

Il a raison.

THOMAS.

Non. Je suis bête, peut-être ?

PHILIPPE.

Oui, mes amis, je reçus dans cette affaire trente-deux blessures bien comptées.

THOMAS.

Ah ! qu'c'est joli ! trente-deux blessures. On est fier avec ça.

La Forteresse du Danube. G

VINCENT.

Ma foi, mon camarade, à ton œil près, il n'y paraît pas.
(Célestine est parvenue en prenant toutes les précautions convenables à ouvrir la porte du fond.)

THOMAS.

Comment? c'est c'jour-là aussi qu'vous avez perdu l'œil gauche?

PHILIPPE.

Par une balle qui vint s'amortir, et qui, fort heureusement, n'alla pas plus avant.

THOMAS.

Eh ben, il peut s'vanter qu'il n'était pas mal adroit celui-la.... Viser juste dans l'œil!

(Célestine est revenue en scène: tout-à-coup, comme frappée d'une inspiration subite, elle parle bas à Alix, l'envoie au fond, puis elle fait signe à Pauline de boucher l'œil de Philippe.

PAULINE, *qui a saisi cette intention.*

Et depuis c'temps, vous n'y voyez qu'd'un œil?

PHILIPPE.

Absolument.

PAULINE, *mettant la main sur l'œil droit de Philippe, tout le monde le regarde.*

Bah! ça n'est pas possible, vous devez toujours y voir un peu....

(Célestine fait signe à Evrard de fuir. Celui-ci sort rapidement du pavillon, se glisse vivement jusqu'à la porte du fond qui est entr'ouverte et s'évade. Alix qui est prévenue, referme la porte, puis elle revient au-devant de la scène. Ce mouvement doit être extrêmement vif et précis.

SCENE XI.

LES PRÉCÉDENS, excepté EVRARD.

PHILIPPE.

Ah! mon dieu, je n'y vois pas du tout.

PAULINE.

En vérité?

PHILIPPE.

Absolument.

PAULINE, *retire sa main, et dit avec intention, en regardant Célestine.*

C'est dommage!

THOMAS.

C'est triste d'n'y pas voir.

CÉLESTINE, *extrêmement emue, mais affectant de la gaîté.*

C'est souvent fort heureux.

PAULINE.

Mais tout ça est bel et bon, cousin ; pendant qu'nous nous amusons ici et qu'nous jasons, not' besogne ne s'fait pas, et il n'en manque pas chez nous. Thomas l'sait ben.

THOMAS.

C'est vrai.

VINCENT.

Allons, mes enfans, pas de gêne ; c'est juste cela, il faut que chacun remplisse sa tâche. (*On entend trois coups de canon.*) Qu'est-ce que cela?... On tire le canon sur le rempart. (*on se lève de table.*)

CÉLESTINE, *à part.*

Je tremble !

ALIX, *à part.*

O ciel !... est-ce un signal pour empêcher sa fuite ?...

(*Le caporal et ses huit hommes rentrent au corps-de-garde.*)

PHILIPPE.

Je ne devine pas ce que ce peut-être ; mais n'importe... débarrassez tout ceci, et qu'il ne reste aucune trace de la petite fête que Vincent nous a donnée.

VINCENT.

Philippe a raison, le lieutenant Olivier pourrait venir et trouver cela mauvais.

(*Chacun met la main à l'ouvrage ; en un clin-d'œil la table, les sièges, tout est enlevé et reporté chez Vincent.*)

PHILIPPE, *à Vincent.*

Tu fermeras le pavillon à la clef.

VINCENT, *à Thomas.*

Oui, oui ; mes clefs !...

THOMAS, *court les chercher et les lui apporte.*

Les voilà.

CÉLESTINE, *à Alix.*

Adieu, bonne Alix.

PHILIPPE, *à Célestine.*

Allons, mon petit homme, reprends tous tes ustensiles.

CÉLESTINE, *à Philippe.*

Voulez vous m'aider un petit brin, s'il vous plaît, mon Officier ?

PHILIPPE.

Je le veux bien.

(*Il aide Célestine à remettre sa caisse sur son dos.*)

VINCENT.

Rentrez-vous, Mamselle Alix ?

ALIX.

Oui, M. Vincent. (*Elle rentre.*)

VINCENT.

Bon ! voilà qui est bien. (*Il ferme la porte du pavillon.*)

PHILIPPE.

Tout est dans l'ordre. A revoir, vous autres. (*Il rentre au corps-de-garde.*)

TOUS.

Au plaisir, M. Philippe.

ALIX, THOMAS.

Au revoir, cousin.

THOMAS.

Au revoir, parrain.

CÉLESTINE.

A revoir, M. Vincent. Je vous remercie de tout mon cœur.

VINCENT.

Cela n'en vaut pas la peine, mon enfant.

CÉLESTINE.

Oh que si ! vous ne sauriez croire tout le plaisir que j'ai eu chez vous.... je m'en souviendrai long-tems, je vous en réponds.

VINCENT.

Ma foi, mon garçon, tu en as fait à tout le monde ici. Je te promets que tu seras bien reçu chaque fois que tu voudras y venir.

CÉLESTINE.

Je ne crois pas que je revienne sitôt dans ce pays.

VINCENT.

Adieu donc, bon voyage et bonne chance. Adieu, vous tous. Adieu.

PAULINE.

Vous viendrez bientôt nous voir ?

VINCENT.

Dès que je pourrai. Adieu mes enfans.

(*Tous s'éloignent. Vincent ferme la porte. On bat le rappel en dehors.*)

SCENE XII.
VINCENT, ALIX.

ALIX, *à part, dans le pavillon.*

Les voilà dehors !... pourvu qu'ils puissent sortir de la ville !

VINCENT.

Qu'est-ce que tout cela signifie ! il faut qu'il soit arrivé quelque chose d'extraordinaire. En tous cas, cela ne me regarde pas, je suis en règle ; du moins l'on ne m'accusera pas d'avoir trop bu ce matin.

SCENE XIII.
LES PRÉCÉDENS, OLIVIER, puis PHILIPPE, et toute la garnison.

OLIVIER.

Aux armes !...

PHILIPPE, *ouvrant la porte du corps-de-garde.*

Aux armes !... Qu'y a-t-il de nouveau, commandant ? ces coups de canon...

OLIVIER.

Sont le salut d'usage. Le comte Adolphe vient d'entrer dans la ville. Qu'une garde d'honneur aille à sa rencontre.

(On ouvre la grande porte, au-delà de laquelle on aperçoit une partie de la ville. Un détachement commandé par Philippe, sort et se range sur deux haies, entre lesquelles passent le comte Adolphe et le Major. Toute la garnison est sous les armes dans la cour. On bat aux champs.)

SCENE XIV.
LES PRÉCÉDENS, LE COMTE ADOLPHE, VALBROWN.

OLIVIER.

Déja de retour, M. le Major ?

VALBROWN.

A moitié chemin, j'ai rencontré M. le Comte. Un courier extraordinaire arrivé de Vienne, après le départ de l'estafette qu'il m'avait envoyée hier, lui a apporté l'ordre de se rendre sur-le-champ à la forteresse de Guntzbourg, pour y ouvrir, seulement en présence du chevalier Evrard, des dépêches dont il ignore le contenu.

OLIVIER.

(*A part.*) Malheureux ami ! c'est sa condamnation.

ALIX, *à part*.

Puisse-t-il être maintenant hors de tout danger !

LE COMTE, *tenant une lettre à la main*.

Conduisez-moi vers le chevalier Evrard.

LE MAJOR.

Veuillez me suivre, M. le Comte, il est au donjon.

OLIVIER.

Je vous demande pardon, M. le Major, il n'y est plus. Pour des raisons que vous saurez plus tard, j'ai cru devoir le transférer jusqu'à votre retour dans ce pavillon, où il a passé la nuit.

VALBROWN.

Fort bien. Vincent !

VINCENT.

M. le Major ?

VALBROWN.

Va prier le Chevalier Evrard de se rendre ici ; tu lui diras que le Comte Adolphe desire le voir et lui parler.

(*Vincent ouvre la porte. Alix sort et se présente avec assurance.*)

ALIX.

N'allez pas plus loin. Le Chevalier Evrard n'est point ici.

VINCENT.

Laissez donc ! c'est une plaisanterie.

ALIX.

Encore une fois, mon maître n'est plus ici.

VALBROWN.

Où est-il ?

ALIX.

Il s'est évadé.

TOUS.

Evadé !

LE COMTE.

Courez aux portes de la ville, et que dès ce moment elles soient fermées pour tout le monde jusqu'à nouvel ordre. (*Un officier sort avec plusieurs soldats.*)

ALIX.

Oui. L'amour l'a emporté sur la force. La ruse d'une femme l'a conduit hardiment à travers les grilles et les sentinelles.

VALBROWN.

Visitez le pavillon... (*Vincent y entre avec Philippe.*)

ALIX.

Epargnez-vous cette peine. J'ai dit la vérité.

OLIVIER, *à part.*

Juste ciel!...

VALBROWN, *à part.*

Est-il possible qu'Olivier ait à ce point abusé de ma confiance?

LE COMTE.

Qui l'a fait évader?

ALIX.

Moi.

VALBROWN et OLIVIER.

Vous, Alix?

ALIX.

Moi-même.

LE COMTE.

Par quel moyen?

ALIX.

C'est mon secret.

LE COMTE.

Vous n'avez pu seule mettre ce projet à exécution.

ALIX.

Je l'ai fait.

LE COMTE.

Nommez vos complices.

ALIX.

Je n'en ai point.

LE COMTE.

De quel côté a-t-il dirigé ses pas?.... Répondez.

ALIX.

Vous faites courir sur ses traces, peut-être parviendra-t-on à l'atteindre. Mais non, le ciel est juste, le dieu tout puissant qui a permis qu'il brisât ses fers après un an de souffrances, ne voudra pas qu'il retombe entre vos mains.

LE COMTE.

Ne me forcez pas à employer la violence pour vous arracher un aveu...

ALIX.

Que vous n'obtiendrez pas.

LE COMTE.

Redoutez...

ALIX.

Je ne redoute rien.

LE COMTE.

La vengeance de l'Etat.

ALIX.

Il ne peut m'ôter que la vie ; depuis dix-sept ans je l'ai consacrée au chevalier Evrard.

LE COMTE.

Vous ignorez donc qu'un édit de l'Empereur punit de mort quiconque favorise l'évasion d'un prisonnier détenu ou condamné pour crime capital ?

ALIX.

Je l'ignorais ; mais je n'en persiste pas moins dans tout ce que j'ai dit.

LE COMTE.

Et vous, M. le Major, n'imaginez pas vous soustraire à la responsabilité qui pesait sur votre tête.

VALBROWN.

M. le Comte...

LE COMTE.

Vous répondiez du chevalier Evrard...

VALBROWN.

Il est vrai...

OLIVIER.

(*A part.*) Et je souffrirais que cet homme respectable fut deshonoré ? Non. (*Haut.*) M. le Comte, le Major n'est point coupable ; cette femme est innocente, c'est moi qui ai fait évader le chevalier Evrard.

VALBROWN.

Vous, Olivier !

ALIX.

(*A part.*) Quelle générosité ! (*Haut.*) M. le Comte, ne le croyez pas ; il vous trompe, pour détourner le coup qui nous menace.

OLIVIER.

J'ai dit la vérité. Depuis long-tems j'en cherchais l'occasion.

ALIX.

Il vous trompe encore ; cent fois il a refusé de nous prêter son secours.

OLIVIER.

Oui, tant qu'un autre en répondait. Au prix de tout mon sang, je n'aurais pas voulu compromettre l'honneur et la réputation de mon ami. Mais en me confiant tous ses pouvoirs pendant son absence, il a transporté sur ma tête la responsabilité qui pesait sur la sienne ; c'est donc sur moi seul que doivent retomber la vengeance des loix et le courroux de l'Empereur.

ALIX.

Et cette nuit même, n'a-t-il pas, par sa vigilance, empêché la fuite de mon maître ? Répondez, Philippe.

PHILIPPE, *qui est sorti du pavillon.*

Il est vrai. Sans le lieutenant Olivier qui nous a appelés à tems, le prisonnier s'échappait.

OLIVIER.

Oui, mais je ne me suis conduit ainsi que d'accord avec Evrard, et pour exécuter plus sûrement aujourd'hui le plan d'évasion que j'avais conçu.

ALIX.

D'accord avec Evrard ! J'atteste le ciel, qu'ils ne se sont point vus depuis hier.

LE COMTE.

Quelle énigme !

VALBROWN.

Je m'y perds ; mais je n'en dois pas moins rendre un hommage éclatant à la bravoure et à la fidélité du lieutenant Olivier. Depuis neuf ans que nous servons ensemble, mes camarades et moi l'avons constamment reconnu pour un homme d'honneur, un brave soldat, aussi distingué par ses vertus que par ses talens militaires, et ce sont ces considérations réunies qui m'avaient décidé à lui remettre le commandement de la forteresse pendant mon absence. (*Il va vers Olivier qu'il presse contre sa poitrine.*) Olivier, mon cher Olivier, non, je ne puis me résoudre à te croire coupable ; sans doute un funeste délire égare ta raison ;

La Forteresse du Danube. H

reviens à toi ; c'est ton ami... ton meilleur ami qui te presse
sur son cœur... il lui serait affreux d'être obligé de te priver
de son estime, et de regarder comme un traître celui qu'il
voyait pour ainsi dire avec les yeux et le cœur d'un père, et
auquel il a voué depuis neuf ans une affection qu'il croyait
devoir durer autant que sa vie.

LE COMTE.

Répondez, Olivier, quel motif a pu vous porter à l'oubli
de vos devoirs?

OLIVIER.

La reconnaissance.

ALIX.

Et moi! ne dois-je donc pas aussi de la reconnaissance au
chevalier Evrard?

OLIVIER.

C'est vainement que vous vous accusez, Alix. Quand
même tout ce que vous avez dit, serait conforme à la vérité,
je n'en serais pas moins coupable, pour avoir manqué à la
discipline et aux devoirs qu'elle m'impose. N'augmentez donc
pas le nombre des victimes ; retournez vers Evrard, et dites-
lui qu'en mémoire de ses bienfaits, le reconnaissant Olivier
lui a sacrifié le seul bien qu'il fut en son pouvoir de lui
donner.

LE COMTE.

Comment démêler la vérité dans cette étrange discus-
sion?... Major, que le lieutenant Olivier, que cette femme
soient enfermés séparément et gardés à vue... que le conseil
s'assemble... lui seul peut m'éclairer et me mettre à même
de prononcer dans cette affaire.

[Le Comte et le Major s'éloignent avec quelques soldats.]

SCENE XV.

OLIVIER, PHILIPPE, ALIX, VINCENT, Soldats.

ALIX.

Cruel Olivier! qu'avez vous fait?

OLIVIER.

J'acquitte une dette sacrée. Je te remercie, mon Dieu, tu
m'as enfin procuré le bonheur auquel j'aspirais depuis si
long-tems, et me voilà quitte envers mon bienfaiteur, si un
moment de souffrance peut entrer en compensation avec ses
vertus, ses persécutions et la reconnaissance éternelle que je
lui ai vouée.

(Alix baise les mains d'Olivier qu'elle arrose de ses larmes.)

VINCENT.

Il faudra bien que cela se débrouille ; mais je veux que le diable m'emporte si j'y comprends rien, et si je conçois comment le prisonnier a fait pour s'échapper. En tous cas, je n'y suis pour rien... on ne pourra pas s'en prendre à moi !

PHILIPPE, *à Olivier.*

C'est à regret, mon lieutenant...

OLIVIER, *lui remettant son épée.*

Faites votre devoir.

(On emmène Olivier, Alix rentre dans le pavillon après avoir témoigné au fils adoptif d'Evrard, toute l'admiration dont elle est pénétrée et la reconnaissance que lui inspire ce dévouement généreux. Philippe, Vincent et les soldats le regardent avec attendrissement et paraissent ne remplir qu'à regret le devoir pénible que leur impose la discipline. Tableau.

Fin du second Acte.

ACTE III.

Le Théâtre représente la place d'armes de la ville. Au fond, à gauche, une porte extérieure de la citadelle. On y arrive par une allée d'arbres ; à droite, au quatrième plan, la maison où demeure Pauline, n°. 10 ; elle occupe en saillie un quart de la largeur du théâtre. Elle a deux portes, une sur la place et une autre dans le jardin, qui est en avant et qui occupe deux plans. Ce jardin est clos par une palissade ou haie vive de trois pieds de hauteur. Au premier plan est une petite cabane, couverte en chaume, et qui a deux portes, dont l'une donne dans le jardin et l'autre sur la place.

SCENE PREMIÈRE.
PAULINE, EVRARD.

PAULINE.

[Elle sort de chez elle par la porte qui donne sur le jardin, et regarde de tous côtés pour s'assurer qu'elle n'est point observée, ensuite elle va chercher Evrard qui est toujours vêtu en paysan, et s'avance mystérieusement dans le jardin.]

Suivez-moi, vous s'rez plus en sûreté dans c'te petite cabane que dans la maison où ce qu'vous courrez risque à chaque instant d'être reconnu par quelqu'un du château. Vous resterez-là jusqu'à la brune, alors j'viendrai vous chercher pour vous conduire hors d'la ville, car il est impossible d'songer à la traverser en plein jour. Jusques là, pas l'moindre mouvement ; sur-tout n'ouvrez à personne.

EVRARD.
Et ma fille ?

PAULINE.
De crainte qu'l'arrivée du gouverneur n'occasionne quelque précaution sévère, j'ai profité de l'absence d'mon mari, pour faire reprendre à vot'Célestine les habits d'son sexe.

EVRARD.
Comment ?

PAULINE.

Oui, j'l'y en ai prêté des miens. J'dirai qu'elle est une d'mes parentes; pour lors pas la moindre difficulté; vous passez l'premier; j'passe ensuite avec vot'Célestine, j'vous conduis jusqu'au près du pont; là, vous m'dites adieu, vot'fille m'embrasse; vous partez; je reviens chez nous et vous v'là sauvés.

EVRARD.

Croyez bien, généreuse Pauline, que je n'oublierai jamais.

PAULINE.

Est-ce qu'on n'se doit pas ces petits services là, donc? tant pis pour les cœurs durs qui n'savent pas compatir à la peine des autres! d'abord ils s'privent d'un bien grand plaisir; ensuite, s'ils deviennent malheureux à leur tour, car ça peut arriver à tout le monde, personne n'les plaint; chacun dit: bah! bah! c'est ben fait! ils n'ont que c'qu'ils méritent; ils n'ont eu pitié d'personne; qu'ils s'en tirent comm' ils pourront, v'là c'qu'on dit et on a raison.

THOMAS, *en dehors.*

Pauline! Pauline!

PAULINE.

J'entends mon mari... vite... vite... point de bruit, et n'ouvrez à qui que c'puisse être.

[Elle enferme Evrard dans la cabane, puis elle rentre dans la maison.)

SCENE II.
THOMAS, puis PAULINE.

THOMAS, *arrivant avec précipitation.*

Madame Thomas!... ma femme! madame Thomas!

PAULINE, *sortant par la porte qui donne sur la place.*

Qu'est-ce qu'tu as donc à crier si fort?

THOMAS.

Madame Thomas! vite! vite! mon habillement de noce... ma grande culotte jaune, mon plumet jaune, mon habit coquelicot, ma ceinture orange, ma veste puce, mes bas canelle, mes gants blancs, un gros bouquet et mon chapeau à cornes.

PAULINE.

Pourquoi faire tout ça? mon dieu?

THOMAS.

Tu sais ben, ma femme, que j'suis un des plus futés, un des plus malins du bourg, et que quand il s'trouve quelque compliment à décocher, quelque cérémonie à ordonner, quelque fête à diriger, quelque bêtise à faire...

PAULINE.

C'est toujours sur toi qu'ça tombe, j'sais ça. Au fait.

THOMAS.

Comme il y a ben long-tems qu'monseigneur l'Comte Adolphe n'est jamais venu ici, on veut lui faire une belle réception.

PAULINE.

Nigaud ! ce n's'ra plus une réception, puisqu'il est arrivé.

THOMAS.

N'vas-tu pas disputer pour un mot ? qu'est-ce qu'ça fait qu'on le reçoive avant ou après, voyons ?

PAULINE.

Allons, soit, on va lui faire une réception. Après ?

THOMAS.

Et ben, après ; comme il n'y en avait pas d'autre dans l'moment, c'est moi qu'ils ont nommé par préférence, pour marcher à la tête d'la jeunesse, et pour porter la parole à son Excellence.

PAULINE.

Qu'est-ce que tu l'y diras à son Excellence?

THOMAS.

Dam ! comme j'n'ai pas l'tems d'préparer mon discours, j'l'y dirai tout c'qui m'viendra dans la tête.

PAULINE.

Si tu as envie qu'ça soit bien, j't'é conseille d'l'y dire tout juste l'contraire de c'qui t'viendra.

THOMAS.

Laisse-moi tranquille, je tenais la plus belle phrase du monde ! tu me l'as fait échapper. (*On entend une ritournelle gaie.*) Tiens ! tiens ! les voilà déja qui viennent m'chercher. L'rendez-vous est cheux nous...

PAULINE.

Comment, cheux nous ?

THOMAS.

Sans doute, pour être plus près. Ah mon dieu ! je n'srai jamais requinqué assez tôt.

PAULINE.

Eh, va donc ! Va donc !...

THOMAS.

J'y vas. Ne m'rudoyez donc pas comm'ça, madame Thomas, vous savez ben qu'ça m'fait d'la peine.

SCENE III.

LES PRÉCÉDENS, Paysans et Paysannes.

[Le joyeux cortège arrive en dansant. A la vue de Thomas, chacun s'arrête et s'écrie :]

TOUS ENSEMBLE.

Oh ! le paresseux !.... il n'est pas encore prêt !.... Allons donc.

THOMAS.

V'là qu'j'y vas.... j'suis à vous avant qu'il soit deux petites heures. (*Il rentre.*)

TOUS.

Comment, deux heures !

PAULINE.

N'l'écoutez pas. Il s'ra bentôt revenu.

SCENE IV.

LES PRÉCÉDENS, CÉLESTINE en Paysanne.

PAULINE, *à part.*

J'crains ben que c'te fête là n's'en aille en fumée, quand on saura au château que l'prisonnier n'y est plus. Mais si l'on n's'en apperçoit que c'soir, il est sauvé.

CÉLESTINE, *dans le jardin et à demi-voix.*

Pauline !

PAULINE, *s'approche de la palissade.*

Plaît-il, Mamselle ?...

CÉLESTINE.

Que signifie le bruit que j'ai entendu ? Pourquoi ce monde rassemblé ?

PAULINE.

N'craignez rien, c'est toute not' jeunesse qui va saluer l'gouverneur. Puisqu'on vous a vue, venez aussi, vous vous mêlerez parmi elle ; j'dirai qu'vous êtes ma cousine.

(*Célestine rentre dans la maison. Pauline se tourne vers les paysans et paysannes.*) C'te jeune fille qu'vous avez vue là, c'est une d'mes parentes ; j'l'y dis d'venir aussi, elle f'ra nombre avec vous autres.

TOUS ENSEMBLE.

Volontiers, madame Thomas.

PAULINE, *à Célestine, qui revient par la porte qui donne sur la place, et la prenant par la main.*

Cousine, ce sont là toutes mes camarades, mes bonnes amies, faites connaissance avec elles.

(*Célestine fait une révérence niaise à chacune et leur dit quelques mots. Les jeunes filles paraissent flattées de sa politesse et lui font amitié.*]

CÉLESTINE, *bas à Pauline.*

Où est mon père ?

PAULINE.

Dans c'te p'tite cabane.

CÉLESTINE.

Est-il en sûreté ?

PAULINE.

J'en réponds.

CÉLESTINE.

Il n'a été vu...

PAULINE.

Par personne.

[*Les garçons s'avancent et viennent saluer Célestine qui reprend une contenance simple.*]

SCENE V.

LES PRÉCÉDENS, THOMAS, *en costume à prétention, mais plaisant.*

THOMAS.

Me v'là ! me v'là !... j'espère que j'n'ai pas été long-tems à ma toilette !

PAULINE.

On l'voit ben.

THOMAS.

Si j'suis mal arrangé, c'est vot' faute, madame Thomas. Si vous étiez venue m'habiller et m'coëffer comme ça s'pratique dans tous les bons ménages, on m'trouverait mieux. Mais il n's'agit pas d'ça ; mettez vous sur deux lignes, les garçons d'un côté, les filles d'l'autre, pour que j'compte mon monde, et que j'puisse régler l'ordre et la marche, et ordonnancer mes cérémonies d'une manière distinguée.

[Les garçons se rangent sur une ligne, les filles leur font face. Thomas se promène et les regarde avec importance, puis il va compter les garçons. Quand il se retourne pour compter les filles, il se trouve vis-à-vis de Célestine qui s'est placée la première.]

Une !...

[Il s'arrête tout court, la regarde d'un air stupide, et vient auprès de Pauline qu'il conduit à l'écart.]

PAULINE, *à part.*

Etourdie que je suis ! j'ai oublié de l'prévenir ; pourvu qu'il n'aille pas faire quelque sottise !

THOMAS.

Dis donc, ma femme, qu'est-ce que c'est qu'celle-là ? Je n'la connais pas.

PAULINE.

C'est not' cousine.

THOMAS.

Ça, not' cousine ! est-ce en ligne directe ou ben...

PAULINE.

J'te dis qu'c'est not' cousine.

THOMAS.

Depuis quand est elle dans not' famille ?

PAULINE.

De tout à l'heure ; j'te conterai ça tantôt.

THOMAS.

Ça fait une jolie parente qui nous est tombée là tout d'un coup ! (*Il la regarde.*) Dis donc, ma femme, plus que j'la reluque, et plus que j'trouve qu'all' ressemble... Mais, oui... je n'me trompe pas, c'est lui...

[Les garçons se sont rapprochés de Thomas et de sa femme et prêtent l'oreille avec curiosité. Il s'en apperçoit, se retourne et leur dit avec un ton qu'il s'efforce de rendre imposant.]

Comment !... quand je parle à ma femme ?...

[Il leur ordonne de s'éloigner, puis il revient auprès de Pauline et lui dit avec un air sérieux :]

Ah ça, Madame Thomas... permettez moi donc... vous savez ben qu'mon honneur m'est cher et que j'n'entends pas raillerie sur c't'article-là, regardez moi en face... et répondez moi *ad rem.* C'te fille-là... c'est un garçon... j'l'ai reconnu ; c'est l'savoyard d'tantôt...

La Forteresse du Danube. I

PAULINE, *lui imposant silence et le menant plus loin.*
Paix! paix donc, imbécile!...

THOMAS.

Comment imbécile! ça s'rait vrai si je n'm'en étais pas apperçu.

PAULINE.

Tu n'sais c'que tu dis ; j'te conterai tout ça ce soir.

THOMAS.

Ah qu'nenni! j'veux savoir tout d'suite, pourquoi ce p'tit vaurien...

PAULINE.

Tu te trompes.

THOMAS.

Eh ben, c'te fille...

PAULINE.

C'n'est pas ça.

THOMAS.

Ah, vous allez voir à présent, qu'ça n's'ra ni une fille ni un garçon! il serait fort par exemple!

PAULINE.

Tais toi, nigaud, j'te dis encore une fois qu'c'est une demoiselle de distinction qui a des raisons pour s'cacher ; comme on lui a dit que nous étions tous les deux d'bonnes gens, elle s'est adressée à nous d'préférence, j'lui ai promis qu'nous lui rendrions service, et nous en s'rons ben payés.

THOMAS.

Oui! combien donc qu'nous aurons pour ça ?

PAULINE.

Le plaisir d'avoir réuni une fille à son père, et d'savoir qu'il y a dans l'monde deux personnes qui nous doivent l'existence et nous bénissent tous les jours d'la leur avoir conservée.

THOMAS.

Ah! nous n'aurons qu'du plaisir!...

PAULINE.

Celui là vaut mieux que d'l'argent. N'fais semblant de rien, entends-tu! parle lui comme si all' était tout d'bon not' cousine.

THOMAS.

A qui l'dis tu ? tu sais ben que plus fin qu'moi n'est pas bête. (*Il revient vers les jeunes filles.*) J'vous demande ben pardon, c'est qu'j'avais queuqu'chose d'particulier à dire à ma femme. (*il compte les filles.*) Bon ! (*Quand il a fini, il revient au-devant de la scène.*) Ah ça, mes enfans, m'est avis que, pour n'pas être embarrassés quand nous serons devant monseigneur l'Gouverneur, nous devrions nous recorder un p'tit brin et faire comm' une manière d'répétition de c'que nous voulons exécuter en sa présence.

TOUS.

Il a raison ! il a raison !

PAULINE.

Oui, ça n'est pas mal pensé.

THOMAS, *à Célestine.*

Savez vous danser... cousine ?
(*Il regarde sa femme avec un air de satisfaction.*)

CÉLESTINE, *avec aisance.*

Un peu, cousin.

THOMAS.

Allons donc, en train. (*il tire son mouchoir et donne son chapeau à Pauline.*) Ah mon dieu ! que d'peine j'vas avoir pour faire marcher tout ça comme il faut ! il est quelquefois ben gênant d'avoir autant d'mérite. (*il va, vient, dispose des grouppes.*) Supposez qu'c'est moi que j'suis monseigneur le Comte Adolphe, et qu'c'est à moi qu'tout ça s'adresse. (*il se place sur un banc qui touche à la palissade.*) Viens, ma femme, mets toi là, à côté d'moi. Tu représenteras l'commandant d'la citadelle ; t'es la maîtresse d'la maison, ainsi ça revient à peu près au même.

(*Pauline s'assied à sa gauche. Tout le monde se met en face de lui, on lui présente des bouquets, on danse. On forme des tableaux et des groupes qu'il approuve ou qu'il improuve, selon son caprice ; quelquefois il rectifie ce qui ne lui paraît pas bien.*)

SCENE VI.

LES PRÉCÉDENS, VINCENT.

VINCENT, *sur le seuil de la porte de la citadelle.*

Thomas ! Thomas !

THOMAS.

Plaît-il, parrain ?

VINCENT.

Viens vite, vite, j'ai quelque chose de bien essentiel à te dire.

CÉLESTINE, *à part.*

Je tremble !

PAULINE, *à part.*

Quoiqu'ça peut-être ?

THOMAS.

J'y cours. C'est sûrement pour 'm'dire qu'M. l'Gouverneur veut ben nous recevoir.

VINCENT.

Et bien, viens-tu quand je t'appelle ?

THOMAS.

Me v'la, parrain. Continuez, vous autres, qu'ça n'vous dérange pas. Je reviens tout d'suite.
(Il court joindre Vincent et tous deux entrent dans la citadelle dont la porte se referme.)

SCENE VII.

LES PRÉCÉDENS, excepté VINCENT et THOMAS.

(Célestine quitte la danse ; elle paraît inquiète et se rapproche de Pauline pour l'entretenir de ce qui cause sa sollicitude ; mais celui avec qui elle dansait vient la chercher et la ramène malgré elle au milieu de la danse, et elle est forcée de continuer. Cependant son inquiétude la trahit ; à tout moment elle s'arrête et écoute comme si elle avait entendu du côté du château quelque bruit fait pour lui inspirer de l'effroi. Tous les danseurs et danseuses l'imitent et prêtent spontanément l'oreille, en se groupant. Chaque fois que cela arrive, il se fait un silence profond. Après la finale du ballet, Thomas sort de la forteresse et accourt au-devant de la scène, *)*

SCENE VIII.

LES PRÉCÉDENS, THOMAS.

THOMAS, *tout effaré.*

Paix ! paix donc !... en v'la assez !... c'est fini... plus d'danse... plus d'violon, v'la not' fête au diable !...

CÉLESTINE et PAULINE.

Qu'est-il donc arrivé ?

THOMAS.

J'ai été joliment grondé, allez ! qu'est-ce qu'c'est donc qu'tout c'tapage-là, qu'm'a dit mon parrain ? est-ce que t'es fou ?... tu n'sais donc pas c'qui s'passe ? — Non, mon parrain, je n'sais pas c'qui passe.—Et ben, dit-il... Ah ! mon dieu ! qu'c'est donc terrible !... le Gouverneur... M. le Major... la citadelle... le prisonnier...

CÉLESTINE et PAULINE.

Et bien, le prisonnier ?...

THOMAS.

Il est décampé.

PAULINE.

Sait-on qu'est-ce qui l'a fait sauver ?

THOMAS.

Pardine, sûrement.

CÉLESTINE et PAULINE.

O ciel !

THOMAS.

C'est un officier de la garnison... mais ça n'lui arrivera plus jamais... car le conseil de guerre...

CÉLESTINE et PAULINE.

Et bien, le conseil de guerre !

THOMAS.

Vient de l'condamner à mort

PAULINE et tous les PAYSANS.

A mort ! (*Célestine chancelle.*)

THOMAS.

A mort. C'est ici, sur c'te place que l'exécution va s'faire... Ah ! mon dieu ! c'que c'est que d'nous, pourtant ! une journée qui avait commencé si gaîment !... (*Célestine tombe dans les bras de Pauline.*) Qu'est-ce qu'aurait jamais dit ça ?... (*il voit Célestine.*) Et ben ! et ben !... en v'là ben une autre à présent !... Qu'est-ce qu'tout ça veut donc dire ?... Mais c'est pour en devenir fou. (*On emporte Célestine dans la maison de Pauline. Aux Paysans.*) Allez vous en, vous autres, car tout ça n'm'a pas l'air trop gai. (*Les Paysans s'éloignent.*) J'vous avertirai s'il arrive queuque chose d'nouveau. (*il rentre chez lui.*)

SCENE IX.

EVRARD, *seul.*

(Il ouvre avec précaution la porte de la cabane qui donne sur la place en ne montrant que la moitié du corps.)

Quels mots ont frappé mon oreille !... j'ai cru entendre parler de conseil de guerre.... de condamnation à mort....

Quel silence succède tout-à-coup à ces refreins joyeux et au son des instrumens? Mon évasion serait-elle la cause de quelque malheur?.... Cependant ce que j'ai entendu ne peut concerner Alix; il est même impossible que le gouverneur s'oppose à sa liberté; son attachement l'avait seul portée à me suivre, et je ne pense pas que l'on puisse, en aucune manière, la rendre responsable de ma fuite.... Quel autre pourrais-je avoir compromis?.... Olivier n'en avait point connaissance... et personne ne vient.... dans cette anxiété cruelle, je ne vois ni Pauline, ni ma fille.... tout le monde m'abandonne. (*la porte de la forteresse s'ouvre; le comte Adolphe et le major en sortent.*) J'entends du bruit.... on s'avance de ce côté.... Ecoutons sans cependant m'écarter de la prudence.

(*Il ferme la porte à moitié, et se tient derrière de manière qu'il est vu par les spectateurs.*)

SCENE X.

EVRARD, *caché*, LE COMTE, VALBROWN.

VALBROWN, *suivant le comte qui marche avec vivacité et paraît le fuir.*

Je vous le demande en grace, M. le Comte, un sursis de trois jours; d'ici-là peut-être aurons nous reçu quelque renseignement qui mettra le conseil dans le cas de revenir sur sa décision.

LE COMTE.

Major, vous savez comme moi, qu'un militaire ne compose point avec ses devoirs; je représente l'Empereur, je suis responsable de l'exécution des lois dans toute l'étendue de la province soumise à mon gouvernement, et il ne m'est pas permis, sans un ordre supérieur, d'apporter la moindre modification à un jugement revêtu, d'ailleurs, de toutes les formalités requises.

VALBROWN.

Pardonnez-moi, si j'insiste encore, mais vous avez daigné souvent me témoigner de l'intérêt, vous avez eu la bonté de m'offrir votre médiation auprès de l'Empereur, pour obtenir un avancement auquel quarante ans de travaux et des blessures honorables m'ont donné des droits incontestables; et bien, rendez-vous à mes prières, accordez-moi la grace que je sollicite pour mon ami, je la regarderai comme la récompense de mes longs et fidèles services, je n'en demanderai point d'autre ; que dis-je ? C'est moi qui vous serai redevable encore, puisque vous aurez satisfait à ma plus chère ambition, en conservant l'honneur et peut-être la vie à ce jeune homme, pour lequel je ressens toute l'affection, toute la tendresse d'un père.

LE COMTE.

Brave Major, je suis vraiment fâché de ne pouvoir vous accorder ce que vous me demandez, mais la discipline exige un exemple sévère....

VALBROWN.

Trois jours seulement !... un aussi court délai ne pourra le soustraire au glaive de la justice, s'il est réellement coupable.

LE COMTE.

N'insistez pas plus long-tems, Major, ou vous me feriez soupçonner que vous n'êtes pas tout à fait étranger à la faute qu'il a commise ; dites moi, avez vous rempli votre devoir ?

VALBROWN.

Oui, M. le Comte, mais je dois l'avouer ; je n'ai jamais tremblé devant l'ennemi, ce n'est que d'aujourd'hui que j'ai connu la crainte.

LE COMTE.

Je le crois sans peine ; risquer sa vie n'est pas toujours le plus difficile dans les services que l'on rend à sa patrie. Comment a-t-il entendu son jugement ?

VALBROWN.

Comme un héros. Ah ! M. le Comte, que restera-t-il à l'homme innocent et vertueux, si le criminel sait mourir ainsi ? Non, dussé-je attirer sur moi votre colère, je ne puis m'empêcher de le dire encore ; mon ami n'est point coupable.

LE COMTE.

Vous accusez donc le conseil d'injustice ou de partialité ?

VALBROWN.

A dieu ne plaise, que je fasse cette injure à mes camarades ! Je sais que tout se réunit pour condamner ce malheureux jeune homme ; lui-même avoue sa faute, et j'ai dû, en gémissant d'une inflexible rigueur, oublier tout autre sentiment pour ne me souvenir plus que de mon devoir ; mais il ne me parut jamais plus douloureux, plus pénible à remplir.

LE COMTE.

Il a oublié le sien ; vous ne pouvez, vous ne devez plus que le plaindre. Rassemblez la garnison sur cette place, et que le jugement soit exécuté dans une heure.

VALBROWN.

C'est mettre mon cœur à une épreuve trop cruelle. Au nom de l'amitié, au nom de tout ce qui vous est cher, n'exigez pas de moi ce barbare héroïsme, je n'en suis pas capable ; qu'un autre soit chargé de ces détails horribles ; mais n'espérez pas que je donne l'affreux signal ; faites moi mourir à sa place, j'y consens : j'ai fourni ma carrière, l'Etat n'a plus rien à attendre de moi ; mon âge, mes longs travaux, et la douleur d'avoir perdu ce jeune homme, auront bientôt abrégé le peu de jours qui me sont comptés ; mais, au nom du ciel, n'exigez pas que ce soit moi, son ami, son père... qui donne le coup de la mort au malheureux Olivier.

EVRARD, *ouvre la porte et s'élance vers le Comte.*

Olivier ! grand dieu !... arrêtez... voici votre victime.....

VALBROWN.

Evrard !

LE COMTE.

Evrard !

EVRARD.

Lui-même ! qui serait mort de douleur en apprenant que sa fuite aurait causé la perte de son fils innocent.

VALBROWN.

M. le Comte, les dépêches qu'il vous est ordonné de n'ouvrir qu'en présence du chevalier Evrard...

LE COMTE.

Je les ai ; mais, hélas !...

EVRARD.

Lisez, Monsieur, je m'attends à tout. Depuis long-tems je suis résigné.

SCENE XI.

LES PRÉCÉDENS, CÉLESTINE, PAULINE, THOMAS, VINCENT, PHILIPPE.

(Attirée par le cri d'Evrard, Célestine est sortie de la maison, elle voudrait s'élancer vers son père ; mais elle est retenue par Pauline et Thomas qui la forcent à demeurer dans le fond. Vincent et Philippe sont à la porte de la citadelle et écoutent.)

LE COMTE, *ouvre les dépêches.*

Elles sont signées de l'Empereur. (*à Walbrown.*) Il est perdu, c'est son arrêt. (*il lit.*) « Après avoir pris con-
» naissance du mémoire qui nous a été remis par la fille du
» chevalier Evrard ; après l'avoir relu et médité avec l'at-
» tention la plus sévère et la plus scrupuleuse, comme doit
» le faire un Monarque qui veut sincèrement connaître la
» vérité, nous sommes demeuré convaincu que l'homme au-
» quel nous avions autrefois supposé des vues utiles et le dé-
» sir de contribuer au bien de l'Etat, n'est qu'un ambitieux,
» un traître, et nous avons cru devoir donner dans cette cir-
» constance un exemple éclatant et terrible de notre justice;
» en conséquence, d'après toutes les preuves qui nous sont
» parvenues de la perfidie que cet homme a si long-tems ca-
» chée sous les dehors simples de la probité et de la vertu,
» nous condamnons...

CÉLESTINE.

(Elle pousse un cri déchirant, s'échappe des bras de Pauline et vient tomber sans connaissance aux pieds de son père.

Ah! mon père est mort!...

EVRARD, *la relève.*

Ma fille...

VALBROWN et LE COMTE.

Votre fille !... sous ces habits ?

EVRARD.

C'est elle qui m'avait sauvé. Reviens à toi, ma Célestine, mon enfant.

(Tout le monde est accouru et s'empresse autour de Célestine qui est totalement privée de l'usage de ses sens.

VALBROWN.

Ah! M. le Comte! cette scène est déchirante... Eh quoi! l'Empereur...

LE COMTE.

Voyez vous-même. (*il lui remet la lettre.*)

VALBROWN.

(Il la parcourt ; quand il arrive à l'endroit où le Comte s'est arrêté, sa figure change d'expression, il lit rapidement et sans aller jusqu'à la fin, mais il paraît dans l'ivresse.)

Chevalier Evrard, Mademoiselle, M. le Comte, mes amis... écoutez... écoutez tous. (*il lit.*) « En conséquence, nous
» condamnons à une prison perpétuelle le ministre prévari-
» cateur qui a abusé de notre confiance, nous nommons à sa
» place le chevalier Evrard, nous le réintégrons dans tous ses

La Forteresse du Danube. K

» biens, auxquels nous ajoutons ceux du traître auquel il suc-
» cède. Nous nous plaisons à le reconnaître pour un homme
» éclairé, intègre, irréprochable, et nous voulons que no-
» tre réparation envers lui, soit aussi éclatante, aussi uni-
» versellement connue que l'ont été ses persécutions. Qu'il
» vienne aussi promptement que je le désire, mon cœur et mes
» bras lui sont ouverts, je mettrai toute ma gloire à lui faire
» oublier les torts involontaires dont je suis coupable envers
» lui. JOSEPH. »

(Le Comte prend la lettre des mains du Major et la lit.)

EVRARD.

Célestine, mon amie... ouvre les yeux à la lumière...
Ma fille,... ma fille... *(Célestine ouvre les yeux.)*

CÉLESTINE.

Que me voulez-vous?... laissez-moi mourir la première....

EVRARD.

Notre sort est changé... lis, mon enfant... voilà ton ouvrage...

VALBROWN, *lui présentant la lettre.*

Lisez, mademoiselle....

(Célestine prend le papier, le parcourt, sa physionomie exprime d'abord la crainte, l'effroi, puis la surprise, la joie, le ravissement et l'ivresse; quand elle a fini, elle jette la lettre et se précipite dans les bras de son père qu'elle couvre de baisers et des larmes de la joie.

LE COMTE, *à Vincent et à Philippe.*

Allez, de ma part, annoncer cette heureuse nouvelle au lieutenant Olivier.

VALBROWN.

Non pas, M. le Comte, je ne puis céder cette commission
à personne; j'avais perdu mon courage pour le conduire à
la mort, mais pour lui rendre la liberté et la vie, j'ai recou-
vré les forces de ma jeunesse. *(il court vers la citadelle, Vincent l'accompagne.)*

THOMAS, *dans le fond et faisant des signes au dehors.*

Ohé! ohé! vous autres, arrivez, tout l'monde s'porte bien,
c'est fini, il n'est plus question de rien. Venez, venez.

SCÈNE XII ET DERNIÈRE.

Les précédens, OLIVIER, ALIX, Paysans, Paysannes, Soldats.

VALBROWN, VINCENT, *ramenant Olivier.*

Le voilà ! le voilà !...

OLIVIER, *court dans les bras d'Evrard.*

Mon père !

ALIX.

Célestine ! (*elles s'embrassent.*)

OLIVIER, *à Célestine.*

Mademoiselle, je sais tout ce que vous avez fait pour votre père, et il n'est en mon pouvoir que de vous admirer. (*au Comte.*) Pardonnez, M. le Comte, le premier mouvement était à la nature et à la reconnaissance, le second vous appartient. C'est par vous que mon ami, mon protecteur, recouvre l'honneur avec la liberté; le jour qui éclaire la délivrance et la justification de cet homme respectable est le plus beau de ma vie.

VALBROWN.

Embrasse-moi donc, Olivier, tu m'as fait bien du mal.

LE COMTE.

Chevalier Evrard, faites au plutôt vos dispositions pour notre prompt départ, je veux avoir le plaisir de vous conduire moi-même aux pieds de l'Empereur.

PHILIPPE.

Et bien, je suis encore à comprendre comment M. Evrard a pu s'évader.

PAULINE, *lui mettant la main sur l'œil droit.*

Comment, vous n'y voyez pas, M. Philippe ?

PHILIPPE.

Du tout !... Ah ! ah ! j'y suis. Espiègle !...

PAULINE.

Ça vous prouve, M. Philippe, qu'un homme n'a pas trop de ses deux yeux pour veiller sur les actions d'une femme.

VINCENT.

Souvent même, ce n'est pas assez.

EVRARD.

Mes amis, je vous dois beaucoup à tous,... à vous sur-tout Pauline.

PAULINE.

Vous n'me devez plus rien, puisque vous êtes libre et heureux.

THOMAS, *s'avançant en ordre de bataille à la tête des paysans et paysannes.*

Suivez-moi. (*avec emphase.*) Monseigneur le comte Adolphe, feld maréchal, gouverneur du Danube, M. le Major, M. Evrard, Mamselle Célestine, (*à Vincent.*) Mon par... madame Thomas... s'il était possible que les complimens d'un imbécile comme moi, et de ceux qui m'accompagnent, fussent de quelque prix à vos yeux.

VINCENT.

Veux-tu bien te taire!

PAULINE.

J'étais sûre qu'il finirait par quelque bêtise!

THOMAS.

Faut ben finir, puisque j'ai commencé.

VINCENT.

En voilà assez, tais-toi. (*aux paysans.*) Mes enfans, célébrez tous par des danses la joie que nous inspire l'heureuse issue des évènemens de cette journée.

THOMAS.

Va comme il est dit... En place.

(Chacun s'abandonne au plaisir et se livre à une gaîté vive et franche. Les soldats qui sont dans le fond paraissent prendre part à tout ce qui se passe. A la fin du ballet, Célestine et Olivier reviennent dans les bras d'Evrard. Alix, Vincent et Philippe se grouppent à la tête des paysans. Thomas, possédé de la manie de tout arranger, fait lever à l'un la jambe, à l'autre les bras ou la tête. Le Major est auprès du Comte et paraît jouir délicieusement en contemplant ce tableau. Pauline est près de Célestine qui tient sa main qu'elle presse sur son cœur. Tableau général. La toile tombe.

FIN.

ROBINSON CRUSOÉ,

MÉLODRAME EN TROIS ACTES,

A GRAND SPECTACLE,

Par R. C. GUILBERT-PIXERÉCOURT.

Représenté, pour la première fois à Paris, sur le théâtre de la Porte St.-Martin, le 10 vendémiaire an XIV, (2 octobre 1805.)

Musique de MM. *A. PICCINI*, de l'Académie Impériale de Musique, et *GERARDIN LACOUR*.

Ballets de M. *AUMER*.

Décorations de M. *MATIS*.

A PARIS,

Chez BARBA, Libraire, palais du Tribunat, derrière le Théâtre Français, n°. 51.

AN XIV. (1805.)

PERSONNAGES.	ACTEURS.
ROBINSON CRUSOÉ.	M. *Dugrand.*
D. DIEGO, armateur portugais, beau-frère et ami de Robinson.	M. *Adnet.*
EMMA, femme de Robinson et sœur de D. Diego.	Mme *d'Escuyer.*
ISIDOR, fils de Robinson et d'Emma, âgé de 19 ans.	Mme *Cous. Picard.*
VENDREDI, jeune Caraïbe, attaché à Robinson.	M. *Talon.*
ATKINS, anglais, contre-maître du vaisseau de D. Diego.	M. *d'Herbouville.*
LATROMBE, matelot provençal.	M. *Bourdais.*
OCROLY, vieux matelot anglais, faux brave, du parti d'Atkins.	M. *Fusil.*
JAMES, autre matelot, également dévoué à Atkins.	M. *Oudry.*
BÉATRIX, vieille gouvernante attachée à Emma.	Mme *Potier.*
IGLOU, père de Vendredi et chef des Caraïbes (1).	M. *Dugy.*
PAROUBA, chef d'une tribu de Caraïbes, ennemie d'Iglou.	M. *Parisot.*
Troupe de matelots.	
Troupe de Caraïbes.	
Mousses.	

La scène est dans une île déserte, située près l'embouchure de l'Orénoque.

Vu et approuvé au ministère de l'Intérieur, le 6 prairial an 13.
FÉLIX NOGARET.

Permis, par son excellence le Sénateur, Ministre de la police générale de l'Empire, le 12 prairial an 13. *Le chef du bureau du secrétariat général, chargé de la division de la liberté de la presse.* P. LAGARDE.

(1) Iglou, Vendredi et les autres Caraïbes ne sont pas noirs, mais seulement olivâtres ou légèrement basanés. Cette observation est importante, et je desire que l'on y ait égard partout où l'on montera la pièce.

ROBINSON CRUSOÉ.

ACTE PREMIER.

Le théâtre représente la partie de l'île que Robinson appelait sa métairie. Dans le fond est une colline riante, dont la pente douce, dirigée vers la droite, s'étend jusqu'au bord de la mer que l'on n'aperçoit pas. A moitié de la hauteur, dans l'angle à gauche, est la grotte de Robinson, adossée à un rocher: l'entrée en est défendue par un double rang de forts pieux de six à sept pieds d'élévation. On n'y arrive et on n'en sort qu'au moyen de deux échelles, dont l'une conduit au pied de la palissade et l'autre au bas de la colline. A gauche (1), *sur le devant, est l'enclos qui renferme son troupeau, on y voit des raisins suspendus à des branches d'arbres et à des lianes. A droite vis-à-vis, est l'entrée d'une forêt. Dans une enceinte cachée par des palmiers, des bananiers, des cocotiers, des lataniers et autres arbres du pays, est un gros cèdre coupé et dont une des extrémités est déjà travaillée dans la forme d'un canot. Dans le milieu du théâtre est un vieux tronc d'arbre. Toutes ces constructions doivent être faites avec assez d'art pour ne pas laisser soupçonner que l'île est habitée. L'action commence vers le milieu du jour.*

SCÈNE PREMIÈRE.

VENDREDI, *vêtu seulement d'un pantalon de matelot.*
(*Il sort de la grotte du fond, et en descend au moyen des échelles; il tient à la main un panier rempli de provisions qu'il va porter dans l'enceinte où est le canot, en écartant, pour y entrer, les branches qui ferment le passage.*)

VOILA deux gâteaux d'orge et une petite bouteille de rhum que Robinson charger moi d'apporter ici pour son dîner au

---

(1) Toutes les indications de scènes que l'on trouvera dans cette pièce et dans celles du même auteur, sont censées prises du parterre, c'est-à-dire relativement aux spectateurs.

retour de la chasse. Moi faire bien exactement tout ce que li ordonner, li si bon maître ! sauver pauvre Vendredi des Caraïbes qui allaient le manger. Aussi Vendredi n'être plus à moi, Vendredi sauvage, mais reconnaissant, être tout entier à Robinson, l'aimer de tout son cœur, donner son sang, tout, tout, jusqu'à dernière goutte pour son généreux maître. (*Après avoir vidé le panier, il va dans l'enclos qui est à gauche.*) Ces raisins, bonne provision pour nous quand vient la saison des pluies, et que nous falloir rester tout le jour sans sortir. (*Il remplit son panier des raisins qu'il ôte de dessus les lianes.*) Moi, passer déjà... (*Il compte avec ses doigts.*) douze lunes auprès de Robinson, et moi bien gai, bien content, toujours plus content... Pourtant moi pleurer tous les jours, en pensant à bon vieux père qui peut-être mourir de chagrin d'avoir perdu son fils. Oh ! si premier père à moi être ici avec second père qui a conservé la vie, Vendredi si heureux, tant heureux que li mourir peut-être à force de bonheur... J'entends marcher... c'est bon maître à moi.

SCÈNE II.
ROBINSON, VENDREDI.

(Robinson a la barbe longue et épaisse; il porte un haut bonnet fait de peau de chèvre, ainsi que sa veste et ses culottes qui descendent jusqu'à moitié des jambes qui sont nues. Sa chaussure consiste dans une forte semelle attachée avec des courroies en peau et liées jusqu'au-dessus de la cheville, à peu près comme un cothurne. Il a un ceinturon assez large, dans lequel est une paire de pistolets et auquel pend à droite une longue scie et à gauche une hache. Deux petites bandouillères de peau soutiennent d'un côté sa poire à poudre et de l'autre son sac à plomb. Il porte derrière le dos un panier d'osier en forme de hotte et qui lui sert à mettre le gibier qu'il tue. Il tient d'une main son fusil et de l'autre un parasol couvert de peau de chèvre. Son perroquet est perché sur le bâton du parasol (1).

Dès que Vendredi aperçoit Robinson, il court à lui, se jette à genoux, baise la terre, et prend un des pieds de Robinson, qu'il pose sur sa tête en signe de fidélité.

---

(1) Si l'on peut se procurer un chien intelligent et docile, on l'emploiera dans cette scène; il suivra Robinson en portant dans sa gueule un gros oiseau de mer que son maître a tué, puis il ira se coucher dans l'enceinte quand Vendredi lui aura pris son gibier pour le mettre dans la hotte de Robinson.

ROBINSON, *le relevant.*

Relève-toi ; ce n'est que devant Dieu que l'homme doit s'humilier.

VENDREDI.

Oui, mais toi m'as dit aussi que l'homme bon et bienfaisant être l'image de Dieu sur la terre ; c'est pour cela que moi me prosterner devant toi, parce que moi ne rien connaître de meilleur dans le monde... après père à moi.

ROBINSON, *l'embrasse.*

Excellente créature !... quel présent tu m'as fait, ô mon Dieu ! et combien je t'en remercie !

VENDREDI, *prend le parasol qu'il porte dans l'enclos à gauche, puis il caresse le perroquet qui bat de l'aile.*

Perroquet mignon, bon jour ! (*Il vient ensuite prendre la hotte de Robinson.*) Oh ! oh ! maître, toi faire bonne chasse aujourd'hui.

ROBINSON.

Oui, ma promenade a été heureuse. J'ai trouvé une petite tortue sur le rivage auprès de la baie ; puis en revenant, j'ai tué ces deux oiseaux de mer dont la chair est exquise. Tiens. (*Il lui présente son fusil.*)

VENDREDI, *recule.*

Non, maître ; moi pas toucher tonnerre.

ROBINSON.

Je t'ai déjà dit que cela s'appèle un fusil.

VENDREDI.

Li faire trop grand' peur à moi.

ROBINSON.

Pour quelle raison ?

VENDREDI.

Li tuer moi si moi toucher li.

ROBINSON.

Je t'ai plus d'une fois expliqué le mécanisme de cette arme, et tu n'as pas vû, depuis un an que nous habitons ensemble, qu'il me soit arrivé le moindre accident ; quoique je m'en serve à peu près tous les jours.

VENDREDI.

C'est égal, maître, moi, respecter li beaucoup, mais pas jamais toucher.

ROBINSON.

Et si quelque jour nous étions découverts, attaqués par les

hommes de ta nation, et qu'il fallût se servir d'une arme à feu pour nous défendre... tu n'oserais donc pas...

VENDREDI, *avec chaleur.*

Oh ! bien différent alors... Pour défendre bon maître, moi plus craindre rien ; moi, prendre fusil, charger fusil, puis donner à toi, toi tirer, pan ! pan !... tuer beaucoup Sauvages, les autres sauver à la nage, entrer dans canots et plus jamais remettre pied dans l'île... Ah !... ah !

ROBINSON.

Bien, mon enfant ! je te faisais injure en doutant de ton courage et de ton attachement pour moi... Pendant que je vais travailler au canot qui doit servir à notre délivrance, toi, va jusqu'à la grotte où sont renfermés nos troupeaux, tu leur donneras la nourriture dont ils ont besoin, puis tu viendras me retrouver ici... je t'attendrai pour dîner.

VENDREDI.

Oui, maître, moi courir.

ROBINSON.

Je t'avais dit ce matin d'apporter un chevreau, mais cela n'est pas nécessaire ; ma chasse nous a procuré des provisions pour plusieurs jours.

VENDREDI.

Oh ! tant mieux ! car moi bien chagrin quand toi commander de tuer pauvre petit ; la mère suivre moi jusqu'à la porte, lécher son enfant, puis regarder moi avec un air si triste, si triste, que moi plus trouver courage pour t'obéir ; laisser pour lors petit chevreau avec la mère, tous deux bien contens, se caresser, bondir, sauter et retourner avec la famille. Moi d'abord sauter aussi en voyant leur joie, puis après pleurer parce que moi penser à pauvre père à Vendredi, qui peut-être jamais plus revoir son enfant. (*Il sanglotte.*)

ROBINSON.

Console toi, mon ami, je t'en servirai, si le ciel ordonne que votre séparation soit éternelle. Mais pourquoi ne m'as-tu pas instruit de ta répugnance à remplir cette commission, je t'aurais épargné ce chagrin.

VENDREDI.

Pardon, maître ; mais moi pas oser.

ROBINSON.

Il suffit. C'est moi qui désormais me chargerai de ce soin. Va, et reviens bientôt.

VENDREDI.

Oui, maître. (*Il saute.*) Oh ! moi bien joyeux, bien content, moi, plus tuer chevreau. (*Il s'éloigne. Robinson entre dans l'enceinte et se dispose à travailler. Ses outils sont dans le canot. Le perroquet appèle* Vendredi! *Vendredi revient sur ses pas.*) Plaît-il, maître?

ROBINSON.

Je n'ai rien dit.

VENDREDI.

Toi m'appeler.

ROBINSON.

Tu t'es trompé.

(Vendredi s'éloigne. Le perroquet recommence, Vendredi se retourne et revient encore une fois sur ses pas, le perroquet l'appèle de nouveau, mais Vendredi s'en aperçoit et vient à lui.)

VENDREDI.

Maître! c'est perroquet à toi, cet oiseau malin s'amuser souvent à faire revenir moi. Li apprendre mon nom a tous les perroquets de l'île, et puis eux me poursuivre dans la forêt, et sauter d'arbre en arbre, en criant tous ensemble et de tous côtés : Vendredi! Vendredi!... (*Plusieurs perroquets dans le fond appèlent Vendredi.*) Entends-tu, maître?... Eux fâcher moi beaucoup (*Au perroquet de Robinson.*) Méchant! fi! pas beau! Oh! si moi pas peur tonnerre, moi faire taire bien vite vous autres tous. (*Il fait le geste d'un chasseur qui tire.*) Pan! pan!

ROBINSON, *à part.*

Sa colère m'amuse. (*haut.*) Ne te fâche pas, mon garçon, hélas! pendant quatorze ans, ces oiseaux et mon chien fidèle ont été les seuls êtres dans le monde qui aient répondu à ma voix.

VENDREDI.

A la bonne heure, maître; mais à présent que moi ton compagnon commencer à te comprendre et à te répondre, toi ordonner aux perroquets de se taire.

ROBINSON.

Eh! mon pauvre ami, cela est aussi impossible qu'il l'est, dans la société, d'empêcher bien des gens de parler mal-à-propos.

VENDREDI.

(*Au perroquet.*) Moi, t'en prie... ne plus appeler Vendredi, et toi bien beau, bien gentil. Moi donner à toi biscuit. (*Le perroquet répond,* Oui! oui! oui!) A revoir, maître. (*il sort.*)

SCENE III.

ROBINSON, seul.

Mettons nous à l'ouvrage. (*Il se débarrasse de tout ce qui le gêne et s'assied sur l'arbre pour travailler.*) (1). Trompeuse espérance, dernier bien des malheureux, c'est toi qui m'as fait entreprendre ce travail pénible et presqu'au-dessus des forces d'un homme ; depuis près de deux ans que j'emploie des journées entières et souvent une partie des nuits à façonner cet arbre et à lui donner la forme d'une chaloupe, mon ouvrage est à peine ébauché, et cependant que de sueurs et de fatigues pour le mettre à ce point ! combien m'en faudra-t-il essuyer encore avant de parvenir à lui donner la perfection nécessaire pour le mettre à flot, sans l'arrivée de mon cher Vendredi, j'aurais abandonné ce projet; mais il a ranimé mon courage presqu'éteint ; la présence d'un compagnon robuste tout prêt à seconder mon travail, m'a rendu les forces et l'énergie que j'avais perdues. L'espoir de recouvrer ma liberté, de revoir ma chère patrie, est rentré dans mon cœur ; des illusions flatteuses sont venues charmer ma solitude et mes ennuis ; je me suis crû plus d'une fois transporté, comme par miracle, au milieu de mes possessions dans le Brésil ; j'ai revu mon épouse, ma chère Emma, mon fils Isidor, et vous aussi, mon cher Diego, je vous ai tous embrassés, j'ai versé sur vous les larmes de la joie... que dis-je ? les larmes de la joie !... hélas ! elles se changeaient bientôt en larmes amères ; mon bonheur n'était qu'un rêve ; mais il me laissait du moins l'espérance et des forces pour le réaliser. (*il travaille.*)

SCENE IV.

ROBINSON, VENDREDI.

VENDREDI, *revient en courant.*

Maître ! maître !... (*il est hors d'haleine et peut à peine parler.*)

---

(1) Si l'on s'est procuré un chien tel que je l'ai indiqué plus haut, on le nommera *Fidele*, et Robinson l'enverra successivement chercher sa hache et sa scie qu'il aura ôtées en arrivant de la chasse et que Vendredi aura posées auprès de l'enclos qui est à gauche. Le chien sera dressé à rapporter ces deux outils, puis à revenir se coucher près de son maître.

ROBINSON.

Eh bien ! qu'as-tu donc ?... tu es tout tremblant... tu parais effrayé.

VENDREDI.

Oui ; et moi raison. Grand beaucoup hommes de nation à moi venir ici dans beaucoup canots... eux amener prisonnier pour manger.

ROBINSON.

Quelle horreur !... ne t'es-tu pas trompé ?

VENDREDI.

Non, maître, eux descendre bientôt dans l'île. (*il court au fond.*) Toi regarder. Tiens, moi les voir d'ici. (*il compte sur ses doigts.*) Un, deux, trois, quatre, cinq, six canots !...

ROBINSON.

En effet.

VENDREDI.

Nous partir bien vite, maître.

ROBINSON.

Au contraire ; ne nous éloignons pas. Rentrons à ma métairie, ou plutôt restons sur la colline, de là nous pourrons observer à notre aise. Peut-être le ciel nous mettra-t-il à même de secourir encore quelque infortuné.

VENDREDI.

Toi bien penser. (*Vendredi porte le parasol dans l'enclos, et serre tous les outils.*) Toi, là haut ; moi, ici ; moi cacher dans canot à nous ; eux pas voir moi, et moi tout voir et tout entendre.

ROBINSON.

Soit. (*il regarde vers la droite.*) Ils sont à terre... Les voilà qui viennent de ce côté.

VENDREDI.

Vite, vite, maître !

(Robinson monte sur la colline, tire l'échelle après lui et la cache : puis il se couche à plat-ventre sur la colline pour observer ce qui se passe en bas. Vendredi ôte également la seconde échelle qui sert à monter par dessus la palissade, puis il vient dans l'enceinte, se couche dans le canot et se couvre de feuillages pour n'être pas vu.)

Robinson.

SCÈNE V.

LES PRÉCÉDENS, IGLOU, PAROUBA, Troupe de Caraïbes.

(Les Caraïbes arrivent en dansant, en gesticulant, et en faisant mille contorsions bizarres, suivant l'usage de leur pays. Ils allument de grands feux et font les apprêts d'un festin. Quand tout est disposé, Parouba sonne de la conque marine, c'est le signal pour faire venir le prisonnier. En effet, quelques-uns se détachent et vont chercher Iglou, qu'ils ramènent au son des instrumens barbares, sur lesquels ils règlent leurs danses grotesques. Ils placent Iglou devant le tronc d'arbre, et expriment par leurs cris et des attitudes singulières tout le plaisir qu'ils vont avoir à le dévorer. Dans toutes leurs marches et contre-marches, ils sont toujours à la file l'un de l'autre et jamais en rang. Ils agitent des espèces de tambours de basque, en forme de tortue, dans lesquels sont enfermés des cailloux, ce qui produit un grand bruit. Quelques-uns ont des arcs, d'autres des espèces de massues faites d'un bois très-dur et qu'ils appellent *boutou;* d'autres enfin portent une pique courte, armée d'une dent d'acouti.

(1) PAROUBA, *à Iglou.*

N'es-tu pas de la tribu qui habite derrière la grande montagne, de cette méchante tribu ennemie de la nôtre, et qui a tué plusieurs de nos pères, de nos frères, de nos femmes et de nos enfans ?

IGLOU.

J'en suis le chef.

(A chaque réponse d'Iglou, Vendredi écoute avec plus d'attention.)

PAROUBA.

Tu te nommes ?

IGLOU.

Iglou.

VENDREDI, *se découvrant tout à fait sans se lever.*

Iglou !... c'est père à moi !

PAROUBA.

Eh bien ! Iglou, puisque nous sommes aujourd'hui maîtres de ta personne, tu ne nous échapperas pas.

IGLOU.

Je le sais.

---

(1) On trouvera dans l'ouvrage du P. *Lafittau,* intitulé : *Mœurs des sauvages Américains,* 2 vol. in 4°, fig. des détails très-circonstanciés et du plus grand intérêt sur la danse et les jeux des Caraïbes, lorsqu'ils mettent à mort un prisonnier, de même que sur la danse du calumet que je place à la fin du troisième acte.

PAROUBA.

Tu vas recevoir le coup de la mort.

IGLOU.

Quand tu voudras ; mais ceux de ma tribu me vengeront et ma mort vous coûtera cher.

(Tous les Caraïbes vont au fond prendre leurs armes.)

VENDREDI.

Malheureux Vendredi ! voir mourir pauvre père !... comment faire ?... moi pas assez fort... eux manger moi aussi... (*il aperçoit le fusil de Robinson*.) Ah ! voilà tonnerre ! c'est avec li que Robinson sauver Vendredi... Vendredi bien grand beaucoup peur de tonnerre, mais Vendredi mourir s'il le faut pour sauver père à li.

(Les Caraïbes reviennent; Vendredi prend le fusil, non sans faire quelques façons.)

PAROUBA, *à Iglou*.

Eh bien ! es-tu prêt à mourir ?

IGLOU.

Oui.

(Les Caraïbes ont formé un demi-cercle autour du tronc d'arbre; les uns lèvent leur *boutou*, les autres tendent leurs arcs. Parouba, avec une dent d'acouti à la main, va porter le coup mortel à Iglou, quand Vendredi lâche son coup de fusil et tombe à la renverse. Les Caraïbes effrayés se sauvent en désordre. Cependant deux d'entr'eux, plus intrépides ou plus cruels que les autres, reviennent sur leurs pas, terrassent Iglou, et lèvent leur massue pour l'assommer, quand Robinson se montre et tire ses deux coups de pistolet. Alors les deux Caraïbes effrayés, lâchent leur proie et se sauvent du côté de la mer. Robinson suit tous les mouvemens des Sauvages en-dehors; puis il descend après avoir témoigné qu'ils se sont rembarqués.)

SCENE VI.

ROBINSON, IGLOU, VENDREDI.

VENDREDI, *d'une voix lamentable et toujours étendu par terre.*

Au secours ! à moi, maître ! au secours !

ROBINSON.

Lui serait-il arrivé quelque malheur ?

VENDREDI.

Au secours ! au secours !

ROBINSON, *qui est accouru.*

Qu'as-tu donc, mon ami ? serais-tu blessé ?

VENDREDI.

Non, maître, moi sis mort !

ROBINSON, *qui a ramassé le fusil et l'a examiné.*

Relève-toi, ce n'est rien.

VENDREDI.

Moi pas oser.

ROBINSON.

Lève-toi, te dis-je, tu n'as rien à craindre. C'est le bruit qui t'a fait peur.

VENDREDI, *se tâtant à mesure qu'il se lève.*

C'est vrai !... voilà tête à moi, bras à moi, jambes à moi... ah ! tant mieux, moi bien content; moi vivre encore pour voir, pour embrasser bon père.... viens, viens maître... tiens... voilà... c'est li... c'est Iglou, c'est père à Vendredi ! (*il va près de son père et le voyant immobile.*) Ah ! malheureux ! moi tuer li peut-être... maître !... maître !... li mort aussi.... (*il se désespère.*)

ROBINSON.

Non pas, c'est la frayeur qui lui aura causé un saisissement assez fort pour le priver un moment de l'usage de ses sens. (*il relève Iglou et lui délie les mains.*)

VENDREDI, *le caresse.*

Papa Iglou ! dis donc que toi pas mort.... t'en prie, toi regarder moi... (*Iglou ouvre les yeux.*) Ah ! bon ! bon ! li pas mort !...
(*Il saute, danse, embrasse les genoux de son père, et fait mille contorsions plaisantes pour exprimer sa joie. Iglou aperçoit, reconnaît et embrasse son fils, regarde Robinson et paraît effrayé.*)
Toi pas peur... li bon maître à moi... sauver la vie quand méchante tribu vouloir manger moi. (*Iglou se jette aux pieds de Robinson qui le relève.*)

ROBINSON.

Que je suis heureux de vous voir réunis !...

VENDREDI, *ne peut se lasser de voir son père, de l'embrasser, de le caresser.*

Oh ! bon père !

IGLOU, *à Robinson.*

Quelle que soit ta nation, compte sur ma reconnaissance. Ordonne, je suis le chef d'une tribu nombreuse, tu m'as rendu mon fils, dispose de nous ; notre sang, nos bras, notre vie, tout est à toi.

VENDREDI, *à Robinson.*

Moi bien dire que père à moi être bon, aussi, li bien aimé dans tribu, parce que li savoir beaucoup choses.

IGLOU.

Quelques relations de commerce entre ceux de ma nation et les Colons de la Trinité, m'ont mis à même de connaître et de pratiquer quelques-uns des usages d'Europe : c'est pour cela qu'il m'ont nommé leur chef.

ROBINSON.

Mais comment vous trouvez-vous aujourd'hui entre les mains de ces féroces Insulaires ?

IGLOU.

J'ai été pris dans un combat qu'ils ont livré à ma tribu, et j'allais subir, sans me plaindre, le sort qu'une coutume établie de tems immémorial dans nos contrées, réserve aux vaincus.

ROBINSON.

Ces horribles apprêts et les mauvais traitemens que vous avez essuyés, ont affaibli vos forces ; venez, Iglou, venez vous reposer. Vendredi, cours à la métairie chercher une bouteille de rhum et quelques alimens pour ton père.

VENDREDI, *montrant l'enceinte.*

Maître, toi trouver là tout ce qu'il faut... moi apporter pour dîner à nous. Iglou manger la part de Vendredi.

(Il va prendre le panier de raisins qu'il a cueillis et l'apporte à son père : puis il ôte l'échelle du fond qu'il cache sous des broussailles.)

ROBINSON.

Eh bien ! asseyons nous à l'ombre de ces bananiers.

(Vendredi soutient son père, Robinson le précède, et tous trois vont s'asseoir dans l'enceinte devant le canot.)

SCENE VII.

LES PRÉCÉDENS, OCROLY, JAMES.

OCROLY.

Atkins a raison, cette île me paraît absolument déserte et parfaitement convenable à l'exécution de notre projet.

JAMES.

Du moins nous n'y avons encore apperçu aucune trace d'habitation... Cependant ces Sauvages que nous venons de voir sauter dans leurs pirogues et cingler à force de rames vers le continent, sembleraient indiquer...

OCROLY.

Qu'ils la visitent par fois pour y sacrifier quelques victimes, selon l'usage de ces barbares.

JAMES.

En effet, ces feux, à peine éteints, rendent ta conjecture plus que vraisemblable.

ROBINSON, *bas à Iglou et à Vendredi.*

On a parlé, ce me semble. (*Tous trois prêtent l'oreille.*)

OCROLY.

Conviens que nous avons sagement fait de nous cacher derrière les rochers, pour n'être point apperçus par ces Cannibales.

JAMES.

Sans contredit.

OCROLY.

Oh! la prudence est ma vertu favorite. J'ai toujours eu un talent merveilleux pour me mettre à l'abri du danger. Dans le fait, nous n'étions pas assez nombreux pour leur résister, et d'après le goût qu'ils ont pour la chair humaine, je t'avoue que je ne suis pas du tout curieux de tomber entre leurs mains.

JAMES.

Ni moi non plus.

ROBINSON, *à Iglou et à Vendredi.*

Ce sont des Européens. Ne nous découvrons pas avant de savoir quel dessein les amène.

OCROLY.

Je crois cependant que tu n'aurais rien à redouter de leur part; ta chair doit être tant soit peu dure et je la crois peu faite pour tenter des palais délicats et exercés comme doivent être ceux de messieurs les Caraïbes.

(Vendredi relève avec précaution les branches qui ferment l'enceinte et les dérobent à tous les regards. Robinson continue d'écouter.)

JAMES.

Le Capitaine et son fidèle Latrombe seront bien mieux leur fait.

OCROLY.

Oui. Tous deux sont d'un embonpoint piquant.

JAMES.

Le jeune homme a bien aussi son mérite.

OCROLY.

Dix-neuf ans! diable! c'est un morceau fin.

JAMES.

Quant à la vieille Béatrix...

OCROLY.

Coriace, mon ami ; ils n'en viendront jamais à bout.

JAMES.

Ah ! ça, dis-moi donc, Ocroly, car il est tems que je le sache, que prétend Atkins en nous ordonnant de mettre à terre notre Capitaine et ses trois autres acolytes ?

OCROLY.

Ce qu'il prétend ? et parbleu ! une chose toute simple, les abandonner dans cette île à la merci du ciel, à la dent des bêtes féroces ou à celle des Sauvages.

JAMES.

En effet, c'est une chose toute simple. Par ce moyen nous devenons maîtres du vaisseau.

OCROLY.

Vous !... un moment. Voilà pourtant ce que c'est que les subalternes ; on les emploie pour faire réussir une entreprise ; eh bien ! ils ne sont pas contens d'avoir été les instrumens du succès, la gloire ne leur suffit pas ; il leur faut une part dans les bénéfices. Ah ! mon Dieu ! quand donc verra-t-on les hommes ne se conduire plus par des vues intéressées ? et que je pense bien différemment ! Non, mon ami, ce n'est pas vous, c'est nous qui devenons les maîtres du vaisseau. Et dans le fait, c'est une chose juste, de toute justice. Atkins est amoureux de cette langoureuse Emma, qui s'avise d'aimer encore après vingt ans de mariage un homme qu'elle ne reverra probablement jamais, et de courir le monde pour le retrouver... il lui déclare sa flamme, elle s'en offense, se plaint à D. Diégo...

ROBINSON, *à part*.

Emma ! Diégo !... l'ai-je bien entendu ?

OCROLY.

Qui fait mettre Atkins à fond de cale pendant quinze jours ; celui-ci jure de s'en venger, c'est dans l'ordre ; il soulève une partie de l'équipage, et conçoit le projet de se défaire du frère pour avoir la sœur. Il me consulte, et j'approuve. Or, comme il ne veut pas s'abaisser jusqu'à commettre un crime, mais seulement mettre tous les opposans dans l'impossibilité de contrarier ses vues, il ne voit pas de moyen plus doux, plus conciliant que de faire mettre à terre dans une île déserte ou habitée seulement par des Sauvages, les trois personnes qui le gênent ; savoir : le capitaine Diégo, son neveu Isidor...

ROBINSON, *à part.*

Isidor !

OCROLY.

Et le Bosseman Latrombe. Il me consulte encore, et j'approuve ; mais attendu que la vieille Béatrix, malgré ses soixante ans, s'est montrée rebelle à mes vœux, et qu'elle a rejeté mes tendres propositions, en me disant que j'étais vieux, laid et méchant, j'ai conclu pour mon compte à ce qu'elle fut comprise, par-dessus le marché, dans l'envoi que nous faisons aux habitans de ces forêts. Ainsi comme tu vois, tout cela est bien, parfaitement bien, car enfin, c'est du fort au faible, et tout est relatif; si le Capitaine eut deviné notre projet, il nous eut fait pendre, c'est sûr. Nous avons été les plus fins, il est juste que nous en soyons récompensés, c'est donc pour cela qu'il convient que de contre-maître qu'il était, Atkins devienne capitaine ; que moi je devienne contre-maître, et qu'ainsi de suite jusqu'au plus petit mousse, chacun trouve son compte à cette affaire... parce que... dans le monde... Enfin, si c'est là ce que tu voulais savoir, te voilà maintenant aussi instruit que moi.

ROBINSON, *à part.*

Les scélérats !

JAMES.

Puis-je espérer du moins que ta nouvelle dignité ne te fera pas oublier notre ancienne amitié, et que tu me conserveras quelqu'attachement...

OCROLY, *avec importance.*

Compte sur ma protection... Tout bien examiné, il me semble que cet endroit est assez commode, et que nous pouvons, en toute sûreté, y déposer nos prisonniers.

JAMES.

Soit. (*ils remontent et font signe aux autres matelots de venir.*)

ROBINSON, *à part.*

Qu'il me tarde de les voir !

OCROLY, *à la cantonnade.*

Allons, arrivez, vous autres.

ROBINSON, *à part.*

O mon Dieu ! fais que ce ne soit point une illusion ! il me serait trop affreux d'être désabusé.

SCENE VIII.

LES PRÉCÉDENS, Troupe de Matelots, *qui amènent l'un après l'autre D. DIEGO, BÉATRIX, ISIDOR, puis LATROMBE. Tous quatre ont les mains liées ; chacun d'eux est conduit par deux matelots.*

DIEGO.

Misérables ! poursuivez le cours de vos honteux exploits, mais n'esperez pas qu'ils demeurent impunis.

ROBINSON, *à part avec transport.*

C'est lui ! c'est mon ami, mon frère ! (*il tombe à genoux.*)

DIEGO.

Vous éprouverez bientôt peut-être ce que les méchans ont à redouter de l'Être tout-puissant qui pèse dans sa balance les actions des hommes.

OCROLY.

Bah ! bah !

BÉATRIX, *lançant sur Ocroly un regard furieux.*

Oui, oui ! moque-toi. En effet, il a tant épargné de coupables, qu'on serait tenté de ne plus croire à sa justice.

OCROLY.

Ah !... la vieille s'en mêle aussi... Allez, belle indifférente, vous pourrez ici réfléchir à votre aise sur les vicissitudes humaines.

BÉATRIX.

Vieux coquin ! Que ne puis-je t'étrangler sur la place !

OCROLY.

Je le crois ! mais cela ne se peut pas.

ISIDOR, *se débattant et frappant du pied.*

Lâchez-moi, lâchez-moi, vous dis-je ; je veux, avant de mourir, me venger de cet infâme Ocroly.

OCROLY.

Bon ! et le petit Isidor aussi ?

ROBINSON, *à part.*

Serait-ce là mon fils ?

OCROLY.

Tais-toi, mon bon ami, va tranquillement tenir compagnie à ton oncle, et réserve ton courage pour une meilleure occasion.

Robinson.   C

ISIDOR.

Il est certain que tu ne mérites pas de mourir de la main d'un honnête homme.

OCROLY.

Tu peux dire tout ce que tu voudras. Heureusement les injures ne blessent pas.

BÉATRIX.

Oh ! nous savons bien que de ce côté tu es invulnérable.

(A mesure qu'ils arrivent, on les conduit sur le devant de la scène à gauche. On attache D. Diego à un arbre, on force les trois autres à s'asseoir par terre, et les matelots leur lient les jambes non sans éprouver de leur part beaucoup de résistance.)

LATROMBE, *entrant le dernier.*

Tron de l'air !... est-il bien possible que le brave Latrombe, le plus intrépide matelot de la marine du Brésil, soit coulé bas par ces enragés Corsaires ? (*à Ocroly.*) Ah ! vieille carcasse démâtée, prie de tout ton cœur les saints anges du paradis que je ne puisse jamais en venir à l'abordage avec toi, car je te jure par le grand St.-Nicolas, notre patron, que si je mets une fois le grapin sur ton individu, tu ne sortiras de mes mains que pour entrer incontinent dans le ventre d'un requin.

OCROLY.

Paroles inutiles. Vite ! qu'il soit lié comme les autres et placé à côté d'eux. Eh bien ! de quoi vous plaignez-vous ? vous êtes là d'une manière commode pour faire la conversation... Est-ce fini ?

JAMES.

Oui.

OCROLY.

Partons.

BÉATRIX.

Sainte vierge ! ils s'en vont sans nous donner à manger.

LATROMBE.

Traitre maudit ! laisse-nous du moins de quoi boire jusqu'à ce que nous ayons avisé aux moyens de pourvoir à notre subsistance.

OCROLY.

Mes ordres ne s'étendent pas jusques-là.

DIEGO.

Tes ordres ! et de qui en dois tu recevoir si ce n'est de ton Capitaine ?

OCROLY.

Mon Capitaine n'est pas ici, il est à bord et je vais le rejoindre.

LATROMBE.

Ton capitaine ! c'est un coquinasse comme toi.

OCROLY.

Adieu. Soyez tranquilles, je crois pouvoir vous assurer que vous ne souffrirez pas long-tems. *(bas à James.)* Je serais curieux d'entendre ce qu'ils vont se dire et de savoir quel parti ils prendront.

JAMES, *bas.*

Eh bien ! cache-toi, pendant que je vais rassembler nos camarades dont quelques-uns se sont répandus dans l'île; tu nous attendras à la chaloupe.

OCROLY, *bas.*

Bon. *(aux quatre prisonniers.)* Adieu donc.

JAMES.

Adieu.

LATROMBE.

Va! va! que mille tonnerres t'écrasent et puissent te réduire en poudre !

(James et les matelots s'éloignent. Ocroly revient doucement, et entre dans le tronc d'arbre par une ouverture à gauche. Indépendamment de cette ouverture, le tronc présente, en face du public, quelques crevasses et des trous assez grands pour que l'on distingue la figure d'Ocroly : cet arbre n'est mort que d'un côté, on voit encore sur la droite, une branche assez forte et suffisamment touffue pour porter un homme et le cacher.)

SCENE IX.

LES PRÉCÉDENS, excepté JAMES et les Matelots.

LATROMBE, *après un moment de silence.*

Couvenez-en, Capitaine ; la bourasque a été violente et nous voilà rudement engravés.

DIEGO.

Infâme Atkins !

LATROMBE.

Nous avons donné contre un banc de sable, et nous courons grand risque de demeurer long-tems en panne.

DIEGO.

Ma pauvre Emma ! ma sœur ! que vas-tu devenir, livrée à ces brigands ?

ROBINSON.

Vendredi, grimpe à cet arbre et vois si les méchans se sont éloignés.

VENDREDI.

Oui, maître.

LA TROMBE.

Et donc, Capitaine, vous m'avez tout l'air d'un vaisseau de quatre-vingts surpris en pleine mer par un calme plat. Que sont devenus ce courage intrépide, cette bravoure héroïque que vous avez déployés dans mainte et mainte circonstance périlleuse ? Allons, mon cher maître, emparez-vous du gouvernail, déployons les voiles et levons l'ancre s'il se peut, car cette position commence à me paraître diablement fatigante. (*Vendredi grimpe à un palmier qui est dans l'enceinte.*)

DIEGO.

Quel courage peut-on opposer à de pareils évènemens ?... quel parti prendre ?

LA TROMBE.

Eh, morbleu ! prenons en toujours un, n'importe lequel. Et vous, dame Béatrix, qui avez ordinairement la langue si bien pendue, vous ne dites mot ; voyons, que pensez-vous de tout ceci ?

BÉATRIX, *d'un air piteux*.

Ce que j'en pense ?... hélas !... que nous ne tarderons pas sans doute à être dévorés par quelque monstre du pays.

LA TROMBE.

Belle consolation, vraiment !

VENDREDI, *sur l'arbre*.

Maître, eux partis, bien loin, bien loin, dans l'île. Plus entendre nous.

ROBINSON.

Bon ! (*il écarte les branches pour se faire un passage et se présente aux prisonniers.*) Mes amis !

BÉATRIX, *jette des cris perçans*.

Ah !... ah !... la vilaine bête !

OCROLY, *à part*.

Qu'est-ce que ceci ?

LA TROMBE.

Eh ! quesacco !

ROBINSON.

Rassurez-vous et surtout point de bruit, vos ennemis sont encore trop près de nous. (*il appèle Vendredi et son père.*) Iglou, Vendredi, aidez-moi... détachons leurs liens. (*Tous trois s'occupent à délier les prisonniers.*) Je suis votre ami, votre meilleur ami, ce Robinson que vous cherchez.

DIEGO.

Vous Robinson !

ISIDOR.

Mon père ! (*ils s'embrassent.*)

ROBINSON.

Oui, mes amis.

OCROLY, *à part.*

C'est bien le diable !

LATROMBE, *riant.*

Ah ! ah ! ah ! voilà bien la plus drôle de rencontre !...

BÉATRIX, *tirant Latrombe à l'écart.*

Êtes-vous bien sûr que ce soit un homme ?

LATROMBE.

Eh ! allons donc, la vieille !... (*à Robinson.*) Mais comment se fait-il ?...

DIEGO.

Mon cher Robinson, mon frère... vous retrouvez un fils, mais, hélas ! votre Emma...

ROBINSON.

J'ai tout entendu. Occupons nous des moyens de la délivrer et de sortir de cette île... Où est votre vaisseau ?

DIEGO.

A l'ancre à une demi-lieue.

ROBINSON.

Et la chaloupe ?

LATROMBE.

A deux pas dans une petite baie.

ROBINSON.

Tout espoir n'est point encore perdu. J'ai des armes, des munitions, nous avons du courage, tâchons d'arriver à la chaloupe avant les matelots et de nous en emparer.

LATROMBE.

Bien vû.

ROBINSON.

Vendredi, monte à la métairie et rapporte nous toutes les armes que tu y trouveras.

VENDREDI.

Oui, maître. (*il va au fond, place l'échelle, monte et entre dans la grotte.*)

ROBINSON, *à Vendredi.*

Prends les avec précaution, elles sont chargées... (*à Diego.*) Je suis toujours en état de défense.

LATROMBE.
Où diable logez-vous donc ?

ROBINSON.
Ce n'est ici que ma maison de campagne.

LATROMBE.
Je vous en félicite, vous êtes en bon air.

ROBINSON.
Mais en supposant que nous soyons assez heureux pour arriver jusqu'à votre vaisseau, espérez-vous, mon frère, y trouver encore quelques amis ?

DIEGO.
Je le crois.

LATROMBE.
Moi, j'en réponds, Capitaine. Excepté Atkins et Ocroly, ces deux coquins que la foudre écrase, tout le reste se soumettra sans peine ; d'ailleurs, s'il faut en venir aux mains, le Capitaine m'a vû travailler, il sait que Latrombe vaut à lui seul tout un équipage. Les Ruyter, les Duquesne, les Jean-Bart, bagassasse ! Ce ne sont que des mousses en comparaison de moi. Procurez-nous seulement des armes et nous verrons beau jeu. Ah ! maître Ocroly ; fasse le ciel que j'aie le bonheur de te rencontrer, je promets de te faire passer un mauvais quart-d'heure.

VENDREDI, *reparaissant au-dessus de la palissade.*
Me voilà, maître ; mais moi, pas pouvoir descendre cela tout seul.

LATROMBE.
Attends-moi, mon enfant, je vais t'aider... Allons, à l'ouvrage.

(Il monte sur la colline, tout le monde va au fond ; Vendredi est sur la palissade, Latrombe sur la première échelle, Iglou sur la colline, Isidor sur la seconde échelle, Robinson, Diégo et Béatrix en bas. Il s'établit ainsi une chaîne au moyen de laquelle les armes nécessaires à chacun sont descendues en un instant. Diégo et Robinson les examinent et les mettent en faisceau.

OCROLY, *à part par une des ouvertures de l'arbre.*
Parbleu ! j'ai été bien avisé de me nicher ici !... maudite curiosité.

LATROMBE.
Eh là ! M. Robinson, vous avez là un arsenal tout entier : des sabres, des fusils, des pistolets.

VENDREDI.
Plus rien, maître, moi tout prendre. (*chacun redescend et*

revient en scène. En descendant le long de la palissade Vendredi se retourne, regarde du côté de la mer et s'écrie.) Maître !... maître !... (*mouvement spontané. Tout le monde se retourne.*) Moi voir gros canot venir vers nous.

DIEGO.

Il veut parler du vaisseau sans doute ?

VENDREDI.

Non, pas vaisseau ; li bien loin, là bas... autre grand canot.

LATROMBE.

Qu'est-ce à dire ?

(*Tous remontent. Latrombe grimpe sur la colline et regarde.*)

OCROLY, *à part*.

S'ils pouvaient s'éloigner, comme je décamperais !

ROBINSON ET DIEGO, *à Latrombe*.

Eh bien ?

LATROMBE.

C'est, parbleu, notre grande chaloupe.

OCROLY, *à part*.

Ils viennent me chercher, sans doute ; je commence à respirer.

LATROMBE.

Ce sont nos gens... Atkins est avec eux... je distingue son plumet rouge.

DIEGO.

Que viennent-ils faire ici ?

LATROMBE.

Ils cinglent à pleines voiles et se dirigent précisément vers la baie où nous sommes descendus. Vite, rentrons dans la rade et faisons ensorte de leur dresser quelque bonne embuscade qui nous en débarasse pour toujours.

(*Il descend ainsi que Vendredi ; on ôte les échelles et on les cache.*)

DIEGO.

Je ne devine pas ce qui peut les attirer dans l'île.

ROBINSON.

Peut-être sont-ils inquiets de ne pas voir revenir leurs camarades.

ISIDOR.

En effet, ce méchant Ocroly nous a fait tenir long-tems derrière les rochers, de crainte d'être apperçus par les Sauvages.

DIEGO.

Si c'était le remords de nous avoir maltraités injustement !

BÉATRIX.

Ah ! bien oui, des remords ! ce serait plutôt pour nous achever tout de suite.

LATROMBE.

Les voilà qui débarquent. Vite, tenons conseil. Capitaine, est-ce vous qui prenez le gouvernail, ou bien si c'est monsieur votre frère ? Je penche pour ce dernier avis, attendu qu'il connaît mieux que nous ces parages, et qu'il nous servira de boussole, hein ?

DIEGO.

Mon frère, chargez-vous de nous conduire.

ROBINSON.

J'y consens.

LATROMBE, *à Robinson.*

C'est dit, je vous reconnais pour le général de l'armée de terre... Qu'ordonnez-vous ?

ROBINSON.

Armons-nous d'abord.

LATROMBE.

C'est la première chose.

(Vendredi, Iglou et Latrombe apportent les armes qui sont appuyées contre le tronc d'arbre et les haies voisines.)

ROBINSON, *les distribuant.*

Tout cela est en bon état.

(Robinson, Diégo, Latrombe et Isidor prennent chacun un fusil et deux pistolets.)

VENDREDI.

Moi aussi vouloir tonnerre !... moi plus peur à présent. (*il prend un fusil.*)

IGLOU.

Moi, je prends une hache, et j'en ferai bon usage.

LATROMBE.

Et vous, mademoiselle Béatrix ?... Allons, armez-vous aussi, ne fut-ce que pour vous défendre en cas d'évènement, on ne sait pas ce qui peut arriver, écoutez donc, ce sont des enragés !

BÉATRIX.

Quelle journée ! Santa Madona ! c'est pour en mourir... Allons donc, puisqu'il le faut. (*Elle prend aussi une hache.*)

LATROMBE, *à Robinson.*

Maintenant, général, l'ordre de bataille ?... adoptez-vous l'offensive ou la défensive ?

PIEGO.

Je crois qu'il vaut mieux les attendre.

ROBINSON.

Oui, nous pourrons d'ici observer tous leurs mouvemens, et pour peu qu'ils s'enfoncent dans l'île, il nous sera facile de nous emparer de la chaloupe.

DIEGO.

Il est prudent, ce me semble, de nous partager en deux troupes.

LATROMBE.

Sans doute ; l'aile droite et l'aile gauche.

ROBINSON.

Mon cher Isidor, et vous Iglou, cachez-vous dans cette enceinte. (*ils entrent dans l'enceinte.*) Vous, mon frère, avec Vendredi, Latrombe et Béatrix, entrez dans cet enclos. (*Diégo, Vendredi et Béatrix entrent dans l'enclos.*)

LATROMBE.

Non pas ; il faut que les forces soient égales, je formerai le centre à moi seul. Où diable me cacherai-je ?... Eh ! parbleu ! j'avise cet arbre creux... (*il va à l'arbre.*) Non, toute réflexion faite, il serait facile de me bloquer là dedans... je préfère monter à la hune, je vous tiendrai lieu de sentinelle avancée. (*il monte sur l'arbre.*)

OCROLY, *à part.*

Où diable me suis-je fourré ?... si le champ de bataille s'établit ici, c'est fait de moi, il est impossible que j'en réchappe.

LATROMBE, *assis sur une branche.*

Me voilà hissé. L'ennemi s'approche, carguez les voiles et sitôt qu'il paraîtra, feu de bas bord et tribord.

OCROLY, *à part.*

Pourvu qu'ils ne tirent pas sur moi.

SCENE X.

LES PRÉCÉDENS, ATKINS, Troupe de Matelots, *dont quelques-uns sont armés de fusils.*

(Avant d'entrer en scène, les matelots crient pour appeler leurs camarades. On entend nommer successivement James ! Johnson ! Schmidt ! Ocroly !)

Robinson.

ATKINS.

Point de réponse !

OCROLY, *à part.*

Ah ! bien oui ! répondre ; vraiment je n'ai garde.

ATKINS.

Apparemment la voix est trop faible pour se faire entendre d'eux à la distance qui nous sépare... Mais où sont-ils donc ? et quelle peut-être la cause de ce retard ?... il fallait à peine deux heures pour l'expédition dont je les ai chargés, et en voilà bientôt sept qu'ils ont quitté le vaisseau. L'île serait-elle habitée ? auraient-ils rencontré quelque obstacle ?

OCROLY, *à part.*

Je t'en réponds, va !

ATKINS.

Il est plus vraisemblable qu'ils se seront égarés en cherchant une source d'eau vive... Cependant le tems presse, la mer devient houleuse et je crains les courans qui pourraient nous jeter à la côte ; il faut absolument qu'ils nous rejoignent au plutôt. Ah ! parbleu ! j'imagine un bon moyen pour nous faire entendre et les rappeler ; c'est de faire une décharge générale de notre mousqueterie.

OCROLY, *à part.*

Eh bien ! il est joli ton moyen ! je t'en fais mon compliment.

LATROMBE, *à part.*

Pourvu qu'il n'aillent pas me tuer au vol.

ATKINS.

S'ils ne répondent pas à ce premier signal, nous recommencerons.

OCROLY, *à part.*

Cela n'est pas sûr.

ATKINS.

Ensemble !... feu !...

(Ils tirent tous leur coup en l'air, puis ils écoutent. A peine la décharge est elle faite que Robinson, Isidor et Iglou se montrent et les couchent en joue.)

ROBINSON, ISIDOR, IGLOU.

Bas les armes !

(Les matelots stupéfaits font un mouvement pour fuir à gauche.)

DIEGO, VENDREDI, ET BÉATRIX, *s'avancent et les menacent de même.*

Bas les armes !

LATROMBE, *du haut de son arbre et les couchant en joue.*

Rendez-vous, Forbans !... ou nous faisons feu de toutes nos batteries.

BEATRIX, *grouppée comme les autres et tenant sa hache en l'air.*

Certainement nous faisons feu !

ATKINS.

O contre tems fatal !

LATROMBE.

Dépêchons, corbleu, ! ou je vous lâche ma bordée.

TOUS, ENSEMBLE.

Bas les armes !

ATKINS.

Imitez-moi, camarades, périssons en combattant plutôt que de nous rendre lâchement à des hommes qui exerceraient sur nous une vengeance terrible.

ROBINSON, LATROMBE, ISIDOR.

Le premier qui bouge est mort.

DIEGO.

Sur mon honneur, je promets la vie à tous ceux qui se rendront.

ATKINS.

Ne le croyez pas.

LATROMBE.

Croyez-le, c'est le plus sûr. (*Les matelots déposent leurs armes.*) Voilà ce que c'est. Capitaine, Général, ne les perdez pas de vue, je descends.

ATKINS.

Vous me trahissez, lâches ! eh bien, je me défendrai seul. (*Il se précipite sur Robinson, Vendredi le saisit par le milieu du corps, Diégo et Robinson le tiennent en respect avec leurs armes, jusqu'à ce que Latrombe, étant descendu, saute sur lui et lui arrache son sabre et sa hache. Isidor, Iglou et Béatrix prennent les fusils et les sabres des matelots.*)

LATROMBE, *à Atkins.*

Tes armes, voyons, vite, dépêche, je te prie.

ATKINS.

O rage !

LATROMBE.

O quelle grimace ?... eh ! mon ami, chacun son tour dans ce monde, les plus grands généraux ont éprouvé des revers, tu prendras ta revanche si tu le peux ; mais je ne pense pas que ce soit de sitôt. (*à Robinson.*) Mon général, le désarmement est opéré, qu'ordonnez-vous maintenant ?

ROBINSON.

Liez leur les mains.

BEATRIX.

Tenez, tenez, voilà les fers dont ils se sont servis pour nous. (*On leur attache les mains.*)

LATROMBE, *à Atkins en lui montrant la chaîne avec laquelle il va l'attacher.*

Par pari refertur, dit un vieux proverbe. (*à Robinson.*) Voilà qui est fini, qu'allons-nous en faire ?

ROBINSON.

Vendredi, va les conduire dans la grande caverne où ils seront à merveille jusqu'à ce que nous ayons prononcé sur leur sort.

VENDREDI.

Oui, maître, dans caverne noire, eux très-bien là, pas voir clair du tout.

LATROMBE.

Un moment, Capitaine, un moment. Il ne serait pas prudent de les confier à un seul homme, quoique notre frère d'armes me paraisse un garçon brave et intrépide ; les coquins n'auraient qu'à faire vent arrière et filer sur les cables, ce serait une affaire flambée. Je pense qu'il est à propos que j'escorte le convoi jusqu'à ce qu'il soit entré dans la rade ; qu'en dites vous ?

DIEGO.

Il a raison.

ROBINSON.

Vendredi, c'est à ma grotte que tu viendras nous retrouver. Iglou, accompagnez votre fils.

DIÉGO.

Toi, Latrombe, tu te rendras à la chaloupe dès que les prisonniers seront en sûreté.

LATROMBE.

Suffit, mon capitaine.

DIEGO.

C'est là que tu nous attendras.

LATROMBE.

Convenu. Allons, marche.

ATKINS.

Non ; vous ne m'arracherez d'ici que mort.

LATROMBE.

Bagasse ! laisse donc, faut-il qu'un grand cœur comme le tien se laisse abattre pour si peu de chose ? que risques-tu, je te prie ?... tout ce qui peut t'arriver de pis c'est d'être pendu ce soir à la grande vergue. Eh bien ! cela n'arrive jamais deux fois dans la vie. D'ailleurs ce sont de ces petits accidens qu'il faut souffrir lorsqu'on ne peut les empêcher.

(Atkins et les matelots sortent par la gauche. Ils sont conduits et escortés par Latrombe, Vendredi et Iglou qui ont une contenance fière et imposante.)

SCENE XI.
ROBINSON, D. DIEGO, ISIDOR, BÉATRIX et OCROLY, *caché.*

DIEGO.

Ne perdons pas un moment, mon frère ; rendons-nous à la chaloupe le plutôt possible, nous tenons bien le plus mutin, mais le plus dangereux peut-être est encore en liberté.

BEATRIX.

Ocroly, n'est-ce pas ?

ISIDOR.

Oh ! s'il se présentait devant moi maintenant, je lui ferais sauter la cervelle.

OCROLY, *à part.*

Bien obligé.

ROBINSON.

J'aime à te voir cette ardeur, mon fils.

DIEGO.

C'est un lâche coquin que cet Ocroly ! toujours prêt à semer la discorde dès qu'il peut en tirer quelqu'avantage ; du reste peu entreprenant et se laissant facilement intimider ; mais je redoute l'influence que son esprit inventif, et sa souplesse le mettent à même d'exercer sur ses camarades.

ROBINSON.

Cependant il est indispensable qu'avant de partir, je retourne à mon habitation.

DIEGO.

Point de retard, mon frère.

ROBINSON.

Peu d'instans suffiront pour y reprendre des effets précieux, de l'or et des papiers importans que j'ai sauvés du naufrage. Ensuite nous partirons pour revoir mon Emma.

DIEGO.

Votre habitation est elle éloignée de la mer ?

ROBINSON.

Non, elle est adossée au roc qui domine la petite baie... là bas, à gauche.

DIEGO.

Allons y promptement, car il est de la plus grande importance que nous arrivions au vaisseau avant Ocroly.

ROBINSON.

Il est imposible qu'il nous devance ; il s'est enfoncé dans l'île avec ses compagnons pour chercher une source. D'ailleurs, s'il se présentait avant nous à la chaloupe, Latrombe et Iglou seront là pour le recevoir.

DIEGO.

N'importe, partons, mon frere.

ROBINSON.

Partons. (*ils prennent leurs armes et celles qu'ils ont prises aux matelots, puis ils s'éloignent.*)

SCENE XII.

OCROLY, puis JAMES et les six premiers Matelots.

OCROLY, *passant d'abord la tête hors de l'arbre, puis une jambe après l'autre et enfin tout le corps.*

Ouf!... J'espère que je l'ai échappé belle. Il me semble que tout ceci prend une vilaine tournure ; en tout cas je ferai mon possible pour m'en tirer sans déficit. J'entends du bruit... vîte... à l'observatoire. (*il rentre dans l'arbre.*)

JAMES, *aux matelots.*

C'est à peu près de cette direction que sont partis les coups de fusil que nous avons entendus... c'est ici ce me semble que nous avons laissé Ocroly.

OCROLY, *par le trou.*

(*A part.*) C'est James. (*haut.*) Me voici.

JAMES.

Où donc ?

OCROLY, *par le trou.*

Ici. Regardez s'il n'y a personne sur les arbres d'alentour.

JAMES.

Non, personne. Mais que fais-tu donc là dedans ?

OCROLY, *sortant tout à fait.*

Chut! (*il les amène mystérieusement au-devant de la scène et leur parle à voix basse.*) Voyez-vous là bas cet homme qui ne ressemble pas mal à un orang-outang ? eh bien ! c'est précisément le mari d'Emma...

TOUS.

Robinson ?

OCROLY.

Lui-même ! c'est le diable, je crois, qui nous a conduits dans cette île. Le Capitaine est libre ; Atkins est entre leurs mains et Dieu sait ce qu'ils vont en faire. J'ai tout vû, tout entendu. Leur projet est de s'emparer de la chaloupe et de...

JAMES, *vivement.*

Il faut les prévenir et délivrer Atkins.

OCROLY.

Sans doute ; mais cela n'est pas facile.

JAMES.

Le courage triomphe de tous les obstacles.

OCROLY.

Je le sais bien ; mais ils sont aussi nombreux que nous pour le moins.

JAMES.

Et qu'importe le nombre ?

OCROLY.

Le nombre n'y fait rien ; mais ils sont mieux armés, et s'ils nous attaquent de vive force...

JAMES.

Eh bien ! nous périrons les armes à la main.

OCROLY.

C'est très-honorable ; mais ne vaut-il pas mieux trouver le moyen de vaincre sans mourir ?...

JAMES.

Je ne dis pas le contraire.

OCROLY.

La ruse, par exemple ?

JAMES.

Soit, on peut employer la ruse.

OCROLY.

Les suivre de loin pour découvrir la retraite d'Atkins, puis retourner au vaisseau et en ramener du monde pour délivrer nos camarades.

JAMES.

A la bonne heure. Eh bien ! charge-toi de les suivre.

OCROLY.

Non pas. Sans compliment tu t'en tireras infiniment mieux que moi. Tu possèdes au plus haut dégré toute l'intelligence nécessaire pour bien remplir cette commision.

JAMES.

Et toi, que feras-tu ?

OCROLY.

Comment, ce que je ferai ? vraiment ! c'est là le coup de maître ! je m'embarquerai bien vite avec deux ou trois de nos gens, pour retourner au vaisseau, donner l'alerte et tout disposer pour notre défense.

JAMES.

Un moment ! je ne veux pas demeurer seul dans l'île.

OCROLY.

Ah ! voilà ton courage qui baisse !...

JAMES.

Pas du tout ; mais encore est-il prudent de me ménager une retraite, dans le cas où nous ne serions pas les plus forts et si tu pars avec la chaloupe...

OCROLY.

Ne reste-t-il pas celle qui a amené Atkins ?

JAMES.

Tu as raison.

OCROLY.

Va donc ; prends la moitié de notre monde, et ne reviens au vaisseau qu'après avoir tout vû, tout observé et acquis une connaissance exacte des lieux. (*à part, pendant que James désigne ceux qui doivent le suivre.*) Si je ne suis pas le plus brave, je ne suis pas le moins adroit et surtout le moins prudent. Selon toute apparence, Atkins ne pourra s'échapper, James est perdu, dès lors, plus d'obstacle... l'équipage a besoin d'un maître... à défaut d'Atkins c'est moi qu'on désigne, ainsi sans coup férir me voilà capitaine, je cingle vers l'Angleterre et ma fortune est faite, grace au plus heureux hasard. Au hasard ! n'est-il pas le grand maître des choses d'ici bas ?.. n'est-ce point à lui que nous devons, le plus souvent, nos succès, nos revers, et les plus étonnantes métamorphoses ?

(*Ocroly sort par la droite avec trois matelots, James emmène le reste par la gauche, il paraît épier et suivre Robinson.*)

Fin du premier Acte.

ACTE II.

Le théâtre représente l'intérieur de la grotte de Robinson. Elle est demi-circulaire et taillée dans le roc. La toiture est faite avec des chevrons recouverts de feuilles de cocotier, de bananier, et autres arbres. Elle n'a que trois plans de profondeur. Sur la droite, au second plan, à six pieds environ de la porte du souterrain, est un pilier grossièrement travaillé, lequel est censé soutenir la voûte. Il y a une peau de lion suspendue à un clou enfoncé dans le pilier. En face des spectateurs, vers la gauche dans le fond, est l'entrée, au-delà de laquelle on apperçoit la palissade formée de pieux comme au premier acte. C'est par là que l'on monte et que l'on descend toujours au moyen d'une échelle. En avant, au second plan à gauche, est une petite barrière ou rampe en bois, qui indique la descente d'un caveau. A droite, au second plan, est une porte qui conduit à un passage souterrain, cette porte est faite d'une pierre plate adaptée dans le roc et tournant sur un pivot. La grotte est garnie de tablettes scellées, sur lesquelles sont étalés non seulement les meubles et ustensiles que Robinson a tirés du vaisseau, mais encore ceux que son industrie l'a mis à même de faire. On y voit des coffres, des tonneaux, des vases d'argile grossièrement travaillés; quelques vases en cuivre ou en fer; des cartes, des livres, des outils en fer et en bois; tels que haches, scies, tarières, besaigues, bêches, pioches, etc. des paniers et autres meubles usuels en osier, etc. Tout le côté gauche est garni d'armes suspendues à des chevilles. Dans un des coins est une cheminée et l'espèce de four qu'il avait imaginé pour cuire son pain. Il n'y a que deux chaises et une mauvaise table en bois couverte d'une espèce de tapis fait avec des peaux de chèvres ou du jonc.

Cette décoration est entièrement fermée.

SCENE PREMIERE.

ROBINSON, DIEGO, ISIDOR, BÉATRIX.

ROBINSON.

Vous le voyez, mes amis; dans quelque situation que l'homme soit placé, quelque revers qu'il éprouve, il peut se suffire à lui-même; échappé seul et par un prodige de la toute-puissance divine, à la fureur des flots, le désir de conserver ma vie a déployé les ressorts de mon imagination : dominé dès ma jeunesse par la passion des voyages, j'avais contracté l'habitude de l'oisiveté ; malgré les conseils de mon père que j'ai toujours repoussés, j'avais négligé d'acquérir la plus légère notion des arts mécaniques, qu'une opinion trop commune me faisait regarder au-dessous de l'homme né dans l'aisance : mais à peine jeté dans ce désert, sans secours, sans apparence et sans espoir d'en obtenir peut-être jamais, l'impérieuse loi de la nécessité s'est fait sentir ; elle a développé en moi des facultés jusqu'alors inconnues ; elle a centuplé mes forces et mon industrie. Le besoin de pourvoir à ma nourriture et de retrouver quelques-unes des aisances de la vie, a suppléé aux connaissances qui me manquaient ; je suis devenu tour-à-tour architecte, charpentier, menuisier, mécanicien ; avec du tems et une patience inépuisable, j'ai construit, embelli cette demeure, et me suis procuré tous les meubles que vous voyez ; j'ai cultivé la terre, je l'ai mille fois arrosée de mes sueurs et de mes larmes, elle a répondu à mes soins et m'a procuré constamment une nourriture abondante. Enfin, pendant quatorze ans que j'ai vécu seul dans cette île avant l'arrivée de mon cher Vendredi, tous mes jours se sont partagés entre la chasse, le travail et la prière. Oui, mes amis, mon cœur reconnaissant adressait chaque jour au ciel des actions de graces, pour les bienfaits dont il lui avait plû de me combler dans ma solitude ; mes vœux ardens lui recommandaient une épouse, un fils, un frère, des amis, mais il était sourd à mes prières et il devait l'être, j'avais mérité sa rigueur. Je reconnaissais trop tard, dans tout ce qui m'arrivait, la main invisible d'un Dieu qui m'infligeait ce cruel châtiment pour me punir d'avoir, par ma coupable obstination, abrégé les jours du plus respectable et du meilleur des pères. Puisse cet exemple terrible se graver dans ta mémoire, mon fils, et t'apprendre qu'un respect inviolable, une soumission aveugle aux ordres de ses parens, est la première vertu d'un enfant, et qu'elle est pour celui qui la pratique une source inépuisable de jouissances pures et de prospérité. (*il presse contre son sein Diego et son fils.*) Mais enfin je vous retrouve, je vais revoir, embrasser mon Emma !... peut-il être des souffrances dont un moment si doux ne fasse à jamais perdre la mémoire ?

DIEGO.

Mais comment t'es-tu procuré ces armes ?

ROBINSON.

Par une faveur insigne, le ciel permit que le vaisseau qui

me portait et qui avait échoué contre un banc de sable à la vue de cette île, ne fut submergé que trois mois après mon naufrage ; je m'y rendis à la nage, je parvins à construire un radeau avec des planches que je tirai du navire, et dans les différens voyages que j'y fis, jusqu'au moment où il fut englouti par une seconde tempête, je fus assez heureux pour en tirer ces armes, une ample provision de poudre et de plomb, quelques graines et un grand nombre d'ustensiles et d'outils qui m'ont été de la plus grande utilité.

BÉATRIX.

Vraiment ! j'admire l'ordre et l'arrangement de cette demeure, je n'aurais pas mieux fait, moi qui m'en pique ! Par exemple, je ne sais pas à quoi peut vous servir ce caveau.

ROBINSON.

Il me sert de magasin à poudre.

BÉATRIX.

Ah ! mon dieu ! (*elle s'éloigne.*)

ISIDOR.

Voyons. (*il descend.*)

BÉATRIX.

N'allez pas-là, M. Isidor ; quelle imprudence !

ISIDOR, *revenant de la cave.*

Venez donc voir, mon oncle ; en vérité, cela est arrangé à merveille... Comment tout cela est de la poudre, mon père ?

ROBINSON.

Oui, mon ami.

ISIDOR.

Parbleu ! il y a là de quoi brûler la moustache à plus d'un Atkins.

BÉATRIX.

Ah ! ça, mais où couchez vous donc ?

ROBINSON.

Ici près. (*il va ouvrir la porte pratiquée dans le roc.*)

BÉATRIX.

Quoi ! monsieur, c'est-là votre chambre à coucher ? elle doit être fraîche.

ROBINSON.

Du moins j'y dors sans inquiétude. Depuis la première visite que me firent les Caraïbes, il y a douze ans, je tremblais qu'ils ne vinssent à découvrir ma demeure ; et je résolus de m'assurer une retraite en cas de surprise. En conséquence j'imaginai de pratiquer dans le roc ce passage souterrain qui a deux issues également bien cachées, dont l'une aboutit sous le bois des cèdres au bord de la mer, et l'autre dans cette caverne. J'employai trois ans à ce travail pénible. La pierre plate qui ferme l'entrée du souterrain est, comme vous le voyez, adaptée au roc avec tant d'art qu'on habiterait long-tems cette demeure avant de soupçonner qu'il y eut là une porte. C'est dans cet endroit que j'ai serré les papiers essentiels que j'ai tirés du vaisseau, ainsi qu'une cassette remplie de bijoux et de pierreries.

DIEGO.

Sans doute celle que tu avais emportée de San Salvador et qui devait servir à nos échanges dans les comptoirs d'Afrique?

ROBINSON.

Précisément, mon frère. (*il va chercher un porte-feuille rempli de papiers et une cassette qu'il pose sur la table.*) Tu sais qu'elle contient au moins la valeur de six mille portugaises. Combien de fois je l'aurais échangée volontiers contre un simple outil ou un meuble grossier! maintenant que nous voilà réunis, nous ne serons pas fâchés de la retrouver intacte. Rassemblons promptement mes effets les plus précieux. Béatrix, apporte un de ces grands coffres, nous le remplirons de tout ce qui peut nous être utile, ou me rappeller des souvenirs agréables. N'oublions pas le journal de mon séjour dans cette île, cela t'amusera, mon fils.

(*Béatrix apporte un coffre dans lequel Robinson met effectivement des papiers et quelques petits meubles qu'il se fait apporter par Isidor et Béatrix pendant qu'il continue sa conversations avec Diego.*)

ISIDOR.

Dites qu'il m'intéressera vivement, mon père. Oh! je veux l'étudier et le savoir par cœur, pour le raconter à mes enfans.

BÉATRIX.

Quand vous en aurez.

ROBINSON.

Tout est prêt, nous partirions si Vendredi était de retour, car tu te souviens que c'est ici le lieu du rendez-vous.

DIEGO.

Il tarde bien, ce me semble.

ROBINSON.

A propos, n'oublions pas cette peau de lion, je lui ai de grandes obligations. La reconnais-tu, mon frère? c'est la même dans laquelle j'étais enveloppé, lorsque je m'enfuis de chez les Maures de Salé il y a vingt-six ans.

DIEGO.

Et que je te rencontrai en pleine mer, couché dans un frêle esquif, battu par les vents.

ROBINSON.

A moitié mort de fatigue et de faim. Sans toi, sans ta généreuse pitié, j'aurais inévitablement péri ; si je vis encore, si j'ai connu la fortune et le bonheur, c'est à toi, mon cher Diego, que j'en suis redevable...

DIEGO.

Ne t'es-tu par acquitté aujourd'hui ?

ROBINSON.

Mais dis moi donc quel hasard miraculeux vous a conduits dans ces parages.

DIEGO.

Peux-tu le demander ? quatorze ans s'étaient écoulés depuis ton départ du Brésil pour les côtes d'Afrique, et toutes les recherches que nous avions pû faire n'avaient servi qu'à nous donner l'affreuse certitude de ta perte, lorsqu'un vaisseau Danois, chargé pour San-Salvador, nous rapporta à son arrivée, qu'à la hauteur des Antilles, il avait essuyé une horrible tempête qui l'avait écarté de sa route et jeté vers l'embouchure de l'Orénoque ; qu'ayant apperçu la terre à une grande distance, il avait fait des signaux de détresse, auxquels on avait répondu en allumant des feux; mais qu'en approchant de l'île, on avait distingué sur la partie la plus élevée du roc, un homme qui faisait mouvoir un drapeau blanc, comme pour appeler à son secours.

ROBINSON.

Hélas ! c'était moi. Juge de ma douleur, quand au point du jour, je ne vis plus rien au sein de la vaste mer : le vaisseau sur lequel j'avais fondé mes espérances s'était éloigné, et son départ m'avait de nouveau plongé dans le plus vif désespoir.

DIEGO.

Le capitaine nous dit qu'il avait voulu s'approcher de l'île et t'envoyer une chaloupe, mais que la force du courant l'avait repoussé avec tant de violence vers la pleine mer, qu'il lui avait été impossible d'accomplir son dessein. Nous savions que ton vaisseau avait péri à cette hauteur, dès-lors l'espoir de te retrouver rentra dans notre âme et nous nous occupâmes des moyens de le réaliser. Secondé par Emma et ton fils, j'équipai à la hâte un bâtiment ; tous deux voulurent m'accompagner et m'aider dans cette pénible recherche, nous avons parcouru, visité toutes les côtes, chaque île, jusqu'au moindre rocher, depuis la rivière des Amazones jusqu'à la Trinité; enfin nous désespérions de réussir, quand la révolte d'Atkins, qui semblait devoir nous être si fatale, nous a rendu comme par miracle, l'ami que nous avons tant pleuré, et que je presse avec délice contre mon cœur.

LATROMBE, *en dehors.*

Où êtes-vous, capitaine?

DIEGO.

On appelle, je crois?

ISIDOR.

C'est la voix de Latrombe. (*il court au fond, monte à l'échelle et passe l'autre en dehors.*)

DIEGO.

Mais il devait nous attendre à la chaloupe; pourquoi donc l'a-t-il quittée?

BÉATRIX, *à part.*

Vous verrez que ce sera quelque nouvelle avanie!

ROBINSON.

C'est ce qu'il nous dira lui-même.

ISIDOR.

Par ici? par ici?... là... bon!

SCENE II.

Les précédens, LATROMBE.

LATROMBE.

Ouf! j'ai eu diablement de peine à vous retrouver.

DIEGO.

Pourquoi donc as-tu quitté la chaloupe? Si les matelots s'embarquaient pendant que tu es ici.

LATROMBE.

Défense à eux, capitaine.

DIEGO.

Qui les en empêchera!

LATROMBE.

Impossible, vous dis-je. Ils ne peuvent plus s'embarquer que pour l'autre monde. Ecoutez, je vous prie, le récit de mon expédition, si toute-fois vous êtes curieux d'en connaître les détails.

DIEGO, ROBINSON, ISIDOR.

Nous t'écoutons.

LA TROMBE.

Conformément aux instructions que m'avait données le général de l'armée de terre, après avoir escorté Atkins et ses camarades, je les laisse sous la garde de Vendredi et de son père, et je me rends en toute diligence sur le rivage. J'y trouve nos deux chaloupes amarrées ; je saute dans la première, et là je fais mes dispositions pour le combat en cas d'attaque. C'était le ciel qui m'avait inspiré, car à peine mes armes étaient en état, que je vois débusquer le long de la lisière d'un bois, trois de nos coquins conduits par Ocroly, et se dirigeant droit à la chaloupe. Je me dis : ils sont quatre et je ne suis qu'un, il me faut donc du courage pour quatre. Bref, je me couche à plat-ventre au fond de la chaloupe, le pistolet au poing, la hache à ma ceinture et la carabine à mes côtés. Mes gaillards approchent sans défiance ; le premier monte, pan ! mort ! le second, pan ! à bas ! le troisième allait infailliblement suivre les deux autres, quand il s'avisa d'une réflexion salutaire, et se mit à fuir avec le brave Ocroly, en poussant de grands cris pour attirer les matelots qui étaient restés en arrière. Je leur envoyai bien quelques dragées avec ma carabine, mais ils étaient déjà hors de la portée et ce fut un coup perdu. Voilà qui est très-bien, me dis-je, certes, je m'en suis joliment tiré ; mais ce n'est pas tout, s'ils reviennent en force, et cela n'est pas douteux, je ne pourrai leur résister ; cependant il est de la dernière importance de les empêcher d'arriver avant nous au vaisseau. D'un autre côté, si je m'éloigne un moment pour aller au quartier-général, prendre des ordres et chercher la réserve, les drôles peuvent profiter de mon absence pour revenir à la chaloupe, s'embarquer, retourner à bord et remettre à la voile, alors plus d'espérance !... Il faut bon gré, malgré, demeurer dans cette île maudite... Quel parti prendre ?... Convenez-en, général, la position était furieusement embarrassante, et il ne fallait pas moins qu'un trait de génie pour en sortir victorieux. C'est encore ce qui m'arriva.

TOUS, *vivement*.

Achève !

LA TROMBE.

Vous ne devinez pas ?

TOUS.

Non, achève.

LA TROMBE.

Avec ma hache je brise une des planches du fond et je fais ainsi dans chaque chaloupe un assez grand trou pour que l'eau puisse y entrer en abondance. Cela fait, je saute à bas, je coupe les cables, je pousse les chaloupes à la mer, et j'ai le plaisir de les voir submergées au bout de quelques minutes. (*Tous paraissent consternés.*) Vous allez me blâmer peut-être ; mais vous changerez d'opinion quand vous saurez que je ne me suis décidé à prendre ce parti vigoureux qu'après avoir mûrement réfléchi. Or donc, voici mon plan. Atkins et ses complices sont désarmés, enfermés, garottés, par conséquent nous n'avons rien à redouter de leur part. Nous n'avons donc affaire qu'à Ocroly et aux quatre hommes qui sont venus à terre avec lui, puisque j'en ai expédié deux vers les sombres bords. Nous sommes cinq aussi, sans compter la vieille Béatrix, qui a fait ses preuves ce matin. Nous nous rendons au bord de la mer, nos coquins ne tardent pas à y revenir, croyant y retrouver les chaloupes, nous fondons sur eux, nous les tuons tous... tous sans miséricorde ! après cet exploit, je grimpe sur le rocher le plus élevé, je fais des signaux, le bâtiment approche, et nous envoie une barque, nous arrivons à bord, chacun est ravi de nous revoir, le canon retentit jusqu'aux sources de l'Orénoque, on se réjouit, on s'embrasse, grand gala, fête complette, ivresse générale, et c'est à moi que vous devez tout cela. Etes-vous contens ? dites.

DIEGO.

Pourquoi ai-je consenti à vous suivre, mon frère ! cet instant de retard nous sera peut-être bien fatal.

LA TROMBE.

Vous n'approuvez donc pas ?... (*à part.*) Il me paraît que j'ai fait une faute. (*Haut.*) Eh bien, qui est-ce qui n'en fait pas ?

DIEGO.

Mon frère, armons-nous, sortons d'ici, mettons nous sur-le-champ à la poursuite de ces misérables et ne lâchons prise qu'après les avoir exterminés.

ROBINSON.

C'est le seul parti qui nous reste à prendre. (*Tout le monde s'arme.*)

(On entend deux coups de fusil dans l'éloignement. Chacun des personnages témoigne sa surprise.)

DIEGO.

Qu'est-ce que cela ?

LATROMBE.

Quelque escarmouche peut-être.

ROBINSON.

Entre les matelots et Vendredi.

DIEGO, ISIDOR, LATROMBE, ROBINSON.

Volons à son secours.

(Mouvement pour partir. A peine sont ils au bas de l'échelle que l'on entend crier:)

VENDREDI, *en dehors*.

Maître ! maître !

SCENE III.

LES PRÉCÉDENS, VENDREDI, IGLOU.

(On passe l'échelle en dehors, Vendredi et Iglou descendent précipitamment.)

VENDREDI.

Maître ! maître ! les matelots tous libres.

TOUS.

Libres !

BÉATRIX.

Ah ! mon Dieu !

VENDREDI.

Ce n'est pas faute à nous, maître ; nous bien fâchés, mais pas pouvoir empêcher cela.

DIEGO.

Comment se peut-il ?

VENDREDI.

Nous enfermer tous matelots dans caverne noire, comme toi l'avoir ordonné à nous, puis revenir tranquillement avec Iglou, pendant que li, (*il montre Latrombe.*) aller trouver grand canot pour partir tous ensemble. Au bout d'un moment nous entendre grands cris par derrière, tourner vivement la tête et voir un, deux, trois, quatre matelots qui avaient suivi nous, courir à la grotte, briser la porte et délivrer camarades. Nous vouloir d'abord combattre, puis après penser que nous être les plus faibles et revenir en courant du

Robinson. F

côté du château pour avertir toi : pour lors eux poursuivre nous en tirant coups de tonnerre pour tuer nous ; mais nous bonnes jambes, courir plus fort, et arriver dans petit bois avant eux. Voilà tout, maître.

ROBINSON.

Comment résister à tant de monde ? S'ils découvrent cette retraite, tout espoir est perdu.

SCENE IV.
LES PRÉCÉDENS, ATKINS.

(Atkins paraît en haut de la palissade. On le voit descendre avec précaution l'échelle intérieure et se glisser vivement dans l'enceinte formée par la palissade et qui entoure la caverne.)

DIEGO.

Comment la découvriraient-ils ? Des arbres touffus l'environnent et la dérobent à tous les yeux. Tu m'as dit toi-même que les Caraïbes avaient cent fois parcouru l'île sans se douter qu'elle fut habitée.

ROBINSON.

Il est vrai ; mais les matelots en ont la certitude et s'ils ont pénétré dans le petit bois, ils remarqueront infailliblement la palissade.

(*Vendredi va au fond, retire l'échelle extérieure et revient.*)

DIEGO.

Nous ne pouvons demeurer dans cette incertitude. Combattons, mon frère.

ISIDOR.

Oui, oui ; je serai bien aise de voir l'ennemi en face.

ROBINSON.

J'ai partagé cette opinion tant que j'ai cru entrevoir pour nous un avantage à peu-près certain ; mais maintenant que cet Atkins, que vous paraissez redouter plus que les autres, se trouve en liberté, il me semble au moins imprudent de jouer notre existence contre celle de pareils misérables, avant d'avoir épuisé tous les autres moyens de nous en défaire.

IGLOU, *à Robinson.*

Brave homme ! veux-tu accepter mes services ?

ROBINSON, DIEGO.

Volontiers.

LATROMBE.

Pourquoi pas?

BÉATRIX.

Cela se demande-t-il, monsieur le sauvage?

IGLOU.

La tribu, dont je suis le chef, habite sur le bord du continent. Quelques heures suffisent pour m'y rendre ; les hommes de ma nation sont braves et surtout reconnaissans ; quand ils sauront que c'est à toi que mon fils et moi devons la vie, et que tes jours sont menacés par de méchans Européens, ils s'offriront d'eux-mêmes à voler à ta défense. La nuit avance, les matelots ne peuvent rien entreprendre contre vous avant le point du jour, je te jure par le Dieu que nous adorons, d'être de retour avant le lever du soleil, avec des forces suffisantes pour te délivrer ainsi que ta famille et te remettre en possession de ton vaisseau. J'ai trop long-tems éprouvé ce que l'on souffre séparé de ceux qu'on aime, pour ne pas compatir à ta peine. Je te parle sans art et d'après mon cœur, mes offres sont franches, prouve moi ton estime en les acceptant.

ROBINSON.

Avec reconnaissance. (*à Vendredi qui pleure.*) Qu'est-ce donc qui t'afflige, Vendredi?

VENDREDI.

Affliger, maître, au contraire ; moi pleurer de joie de ce que bon père à moi, penser comme Vendredi, et vouloir exposer sa vie pour sauver généreux bienfaiteur. (*Il saute au col de son père.*) Tiens, père, moi t'aimer encore une fois plus pour si bonne action.

BÉATRIX, *à part.*

C'est un bien aimable garçon que ce monsieur Vendredi!

LATROMBE.

Il est vraiment gentil le petit Caraïbe !

DIEGO.

Comment vous rendrez-vous au continent? nos chaloupes sont submergées.

ROBINSON.

Vous trouverez dans une petite anse, sous une pointe de rocher, un canot que j'ai construit il y a douze ans et avec lequel j'ai fait le tour de mon île.

IGLOU.

Il me suffira pour la traversée.

DIEGO.

Allez, brave indien ; puisse le ciel exaucer vos vœux et les nôtres !...

ROBINSON.

Nous allons vous conduire jusqu'à l'extrémité du souterrain.

LATROMBE.

Je vous suis ; je ne serai pas fâché de connaître ce passage.

ISIDOR.

Et moi aussi.

BÉATRIX.

Vous allez donc me laisser seule ?

DIEGO.

Qu'as-tu à craindre ? Il n'y a point d'issue par laquelle on puisse arriver ici.

ROBINSON.

D'ailleurs nous revenons bientôt. Et tenez, bonne Béatrix, vous trouverez-là des gâteaux d'orge, des raisins secs et d'autres provisions ; préparez, en nous attendant, un repas frugal dont nous aurons besoin, puisqu'il nous faut encore passer cette nuit dans l'île.

BÉATRIX.

Cela suffit, monsieur, soyez tranquille ; vous aurez lieu d'être satisfait de mon adresse et de mon intelligence.

(Robinson ouvre la porte du souterrain, tout le monde sort et on referme la porte.)

SCENE V.

BÉATRIX, puis ATKINS.

BÉATRIX, *parlant après que tout le monde est parti, comme si l'on pouvait l'entendre.*

Oh ! certainement, monsieur, on n'a jamais douté de mon habileté, de ma dextérité, de ma sagacité, dans tout ce qui concerne l'ordre et la tenue d'un ménage... Ah ! ah ! il fallait me voir à San Salvador !... Une maison immense, des détails à n'en plus finir.... Il n'y avait qu'une tête comme la mienne qui pût résister à tout... Mademoiselle Béatrix par-ci ! mademoiselle Béatrix par-là ! monter, descendre, ordonner, répondre à des facteurs, à des commis, à des matelots, à tout le monde enfin !... Eh bien ! je m'en tirais avec une aisance, une prestesse, une souplesse, une adresse, une grâce!... Réellement je puis dire sans vanité, que je possède en ce genre des qualités essentiellement rares, précieuses, introuvables peut-être!... Mais je ne suis pas ici pour faire mon éloge, parce que la modestie étant la première vertu du beau sexe.... Enfin, suffit... voyons ces provisions.

(Elle va, vient et cherche dans les coffres et les paniers.)

ATKINS, *se montrant dans le fond, sans être vu de Béatrix.*

Je n'entends plus rien... (*Il regarde dans la grotte.*) La vieille est seule... Où sont-ils donc?... Sans doute dans une grotte voisine.... le moment est favorable, profitons-en.

(Il monte à l'échelle, replace l'échelle extérieure et fait signe à ses camarades de venir, puis il descend.

BÉATRIX, *apportant sur la table un panier rempli de gâteaux.*

Ce sont-là sans doute ces gâteaux d'orge dont monsieur Robinson m'a parlé... (*elle y goûte.*) Ah fi! le mauvais ragoût!... j'aurai bien de la peine à m'accoutumer à une pareille cuisine.

(Elle en met sur la table, puis elle retourne au fond.)

SCÈNE VI.

Les précédens, *puis* OCROLY, JAMES et les Matelots.

(Sept ou huit matelots franchissent la palissade et descendent dans l'enceinte. Ocroly paraît ensuite. Il reste à moitié de l'échelle intérieure, et on voit James qui passe la tête au-dessus de la palissade.)

ATKINS, *à voix basse.*

C'est assez de huit hommes avec nous. Toi, James, avec le reste de la troupe, va du côté du bois des Cèdres, et demeure-là pour observer.

JAMES.

Et où est-il, ce bois des Cèdres?

ATKINS.

Sur le bord de la mer. Va.

JAMES.

Faudra-t-il vous attendre, ou revenir ici?

ATKINS.

Tu nous attendras.

BÉATRIX, *apportant des raisins secs et un flacon.*

Voilà des raisins secs et un flacon, je crois que c'est du rhum.

(James disparaît. Les matelots se tiennent à l'écart.)

SCENE VII.

LES PRÉCÉDENS, excepté JAMES.

BÉATRIX, *débouche le flacon et en verse dans une tasse de coco.*

Effectivement et du bon !

ATKINS, *bas aux matelots.*

Saisissons-nous de la vieille.

BÉATRIX.

Je puis bien sans indiscrétion prendre un à compte sur la collation de ce soir. C'est que vraiment ces vilains matelots m'ont fait une frayeur, mais une frayeur inimaginable, j'en ai encore les nerfs dans un état !... oh ! les méchantes gens ! les coquins ! les scélérats !

OCROLY, *bas.*

Elle parle de nous.

ATKINS, *se montrant ainsi que les autres qui la cernent.*

Grand merci ! dame Béatrix.

BÉATRIX, *effrayée.*

Ah ! mon Dieu !

OCROLY.

L'éloge est tout à fait aimable.

BÉATRIX.

Ah ! mon Dieu !

ATKINS, *du côté droit.*

Paix !

BÉATRIX.

Monsieur Robin...

OCROLY, *du côté gauche.*

Silence !

BÉATRIX.

Monsieur le cap...

ATKINS.

Chut !

BÉATRIX.

Au secours...

OCROLY.

Pas le mot!...

BÉATRIX.

Voudriez-vous me tuer, messieurs?

OCROLY.

Peut-être bien.

ATKINS.

Cela dépend de toi.

BÉATRIX.

Que faut-il faire pour ne pas mourir?

OCROLY.

Parler.

BÉATRIX.

Je ne demande pas mieux.

OCROLY.

J'en étais sûr.

ATKINS.

Où est le capitaine?

OCROLY.

Et Latrombe?

BÉATRIX.

Ils n'y sont pas.

OCROLY.

Nous le voyons bien.

ATKINS.

Où sont ils?

BÉATRIX.

Je l'ignore.

ATKINS.

Ils étaient ici tout à l'heure.

BÉATRIX.

C'est vrai.

OCROLY.

Où sont-ils maintenant?

BÉATRIX.

Je n'en sais rien.

ATKINS.

Ah! tu es vieille et discrète.

OCROLY.

C'est étonnant!

BÉATRIX.

N'est-ce pas? oh! j'ai toujours passé pour un prodige.

ATKINS.

Nous ne plaisantons pas. Réponds.

OCROLY.

Non, certainement nous ne plaisantons pas.

BÉATRIX.

Je vous assure, messieurs, que je ne vous trouve pas du tout plaisans.

ATKINS.

Répondras-tu ?

BÉATRIX.

Je vous ai dit tout ce que je savais.

ATKINS.

Nous allons t'enfermer dans ce caveau.

BÉATRIX.

Dans le magasin à poudre. Je suis perdue !

ATKINS ET OCROLY.

Ah ! c'est le magasin à poudre... c'est bon à savoir.

BÉATRIX, *à part*.

Qu'ai-je dit ? Santa Madona !... Ils vont me faire sauter.

ATKINS, *aux matelots*.

Voilà des armes, prenez en tous, nous trouverons ici des munitions. Visitons ce caveau... emmenons la vieille et ne la perdons pas de vue... au premier mot. (*les matelots prennent des fusils et des sabres.*)

OCROLY.

Au moindre geste...

ATKINS.

Au plus petit cri...

OCROLY.

Nous te brûlons la cervelle.

BÉATRIX.

Cela suffit, messieurs : je me tiens pour avertie.

ATKINS.

Allons, montre nous le chemin.

OCROLY.

Descends la première.

ATKINS.

Malheur à toi si tu nous trompes, ou si tu nous conduis dans quelque piège... (*ils descendent et entraînent Béatrix.*)

SCENE VIII.

VENDREDI, *rentrant par la porte du souterrain.*

C'est moi, mazelle. Maître dire à moi : mazelle Béatrix pas brave, mazelle Béatrix peur toute seule, va toi tenir compagnie à elle ; et moi répondu bien volontiers maître, et puis revenir pour aider vous à préparer repas, parce que vous pas savoir où sont toutes provisions... Oh ! bien drôle !... elle faire encore l'enfant... jouer à cachette avec Vendredi... (*il fait le tour du pilier ; ne la trouvant pas, il va vers le fond.*) Elle pas là... (*il regarde.*) Non... ah ! elle dans caveau à nous... moi tout doucement, tout doucement surprendre... (*il va en tapinois vers l'entrée du caveau.*) C'est drôle, elle parler beaucoup toute seule... Oh ! moi distinguer encore autre voix... (*il écoute.*) Matelots entrer peut-être... nous perdus... la vieille tout dire à eux... moi courir et tout raconter à maître. (*il va droit à la porte du souterrain.*) Eux remonter !... eux entendre moi... moi pris... moi pas aller plus loin.

SCENE IX.

VENDREDI, puis ATKINS, OCROLY, Les Matelots, *excepté deux qui sont censés garder Béatrix.*

VENDREDI, *blotti à droite contre le pilier qui soutient la voûte et de manière à n'être pas vu.*

Si moi pouvais sortir par passage souterrain... Oh ! non, Vendredi, toi montrer à eux la seule retraite qui rester à Robinson... Cependant si eux voir toi... Eh bien ! si eux voir toi, toi bien défendre ; eux tuer toi peut-être, à la bonne heure ; mais du moins Vendredi pas trahir secret à maître. (*il se glisse sous la peau de lion qui est accrochée au pilier.*)

ATKINS.

Je te le répète, ils étaient tous là... à cette place... j'étais trop éloigné pour bien entendre leur conversation : tout ce que j'ai pu distinguer c'est qu'ils se donnaient rendez-vous à l'entrée du bois des Cèdres, et James y est allé, ainsi il nous en donnera des nouvelles.

OCROLY.

Mais enfin comment ont ils pû sortir d'ici sans que tu les aies vus ?

Robinson. G

ATKINS.

Je n'y comprends rien. Et la vieille qui s'obstine à se taire !

OCROLY.

En vérité, c'est jouer de malheur.

ATKINS.

Il faut qu'il y ait dans cette caverne quelque issue secrète que nous n'avons point apperçue.

OCROLY.

Quelque trappe... cherchons... sous cette table par exemple... (*il regarde sous la table.*) Rien.

ATKINS.

Dans le fond... là bas... derrière ces grands coffres...

(Ils vont au fond et cherchent. Les matelots se répandent au dehors.)

VENDREDI, *à part, se montrant un peu du côté gauche.*

Comment échapper à eux ?

OCROLY.

Eh ! mais... ce pilier pourrait bien être creux, et cacher une échelle ou un escalier...

VENDREDI, *à part.*

Moi pris.

ATKINS.

Quelle idée !... comment veux-tu qu'un homme seul ait pû construire...

OCROLY.

Et qui sait ?... voyons toujours.

(Pendant qu'ils redescendent et qu'ils visitent le derrière du pilier, Vendredi se glisse sous la table qui est placée à gauche à un pied de distance du pilier et sur le même plan. Le tapis qui la couvre doit être un peu plus court du devant que des trois autres côtés.)

ATKINS, *qui a frappé le pilier avec la poignée de son sabre.*

Tu vois bien qu'il n'y a rien.

OCROLY, *venant tout à fait sur le devant.*

Et tiens, sous cette peau... (*il lève la peau.*) Ma foi !... rien non plus... il faut cependant qu'ils soient sortis par un endroit ou par l'autre... en tout cas ce ne peut-être par les fenêtres, car il n'y en a point.

ATKINS.

Au demeurant, tout annonce que c'est ici qu'habite ce Robinson ; quelque part qu'ils soient allés, il est certain qu'ils reviendront... ces effets rassemblés, ces coffres, tous ces apprêts annoncent, à n'en pas douter, l'intention de quitter cette demeure. Puisqu'un heureux hasard nous a rendu les maîtres de la place, attendons les de pied ferme; nous sommes en force, nous tenons les armes, les munitions...

OCROLY.

Et les vivres ?

ATKINS.

Ainsi la victoire ne sera pas long-tems disputée. Camarades, buvons à la mort de D. Diego.

OCROLY.

De Latrombe !

ATKINS.

De Robinson !

OCROLY.

D'Isidor! et de Vendredi!

VENDREDI, à part.

Merci pour moi !

(On verse du rhum dans des tasses de coco que les matelots ont dans leur ceinture, et on boit en chorus autour de la table.)

TOUS.

A la santé d'Atkins, notre nouveau capitaine !

ATKINS.

Vous vous engagez par serment à me seconder de toutes vos forces et à ne jamais souffrir surtout, quoiqu'il arrive, que D. Diego reprenne le commandement ?

TOUS.

Par serment !

ATKINS.

Je nomme Ocroly capitaine en survivance si je péris dans le combat : jurez-vous de le reconnaître ?

TOUS.

Nous le jurons !

OCROLY, à part.

Dépêche toi de mourir.

ATKINS.

Allons, mes amis, distribuons-nous les différens postes, entourons cette retraite de manière qu'aucun d'eux ne puisse nous échapper. Les chaloupes sont coulées à fond, il ne leur reste donc pas plus de moyen qu'à nous, de sortir de l'île ; ainsi c'est au plus brave ou au plus rusé que doit appartenir la victoire. Trois hommes aux poudres avec la vieille.

OCROLY.

Il y en a déjà deux.

ATKINS.

Un de plus. (*un matelot descend dans le caveau.*) Trois là, cachés dans l'enceinte... les deux autres en dehors avec moi, savoir un à l'entrée du petit bois pour communiquer avec James, un au pied de la colline et moi sur l'échelle.

OCROLY.

Oui, tu resteras sur l'échelle.

ATKINS, *à Ocroly.*

Toi ?...

OCROLY.

Je reste ici pour voir s'il ne se trouverait pas dans tout cela quelque chose qui pût nous convenir.

ATKINS.

Le camarade Ocroly est un homme prévoyant... ah! ça, point de fraude au moins; nous partagerons loyalement tout ce que tu prendras.

OCROLY.

Parole d'honneur!

ATKINS.

J'y compte... à vos postes. Silence, adresse, courage! alerte au moindre signal.

(*On exécute les dispositions ci-dessus ordonnées. Atkins sort avec deux hommes, et trois autres se cachent derrière l'entrée de la caverne, à droite et à gauche.*)

SCÈNE X.

OCROLY, VENDREDI, *sous la table, mais toujours vu par le public.*

OCROLY.

Partager !... ah! bien oui, compte là dessus... nous avions tous deux les mêmes droits dans cette circonstance, et c'est lui seul qui en tire avantage puisqu'il s'empare du vaisseau. Or, si les honneurs sont d'un côté, il est juste que le profit soit de l'autre. Cherchons d'abord et trouvons, le partage sera bientôt fait. (*il fouille dans les coffres qui sont sur la table.*)

VENDREDI, *à part.*

Eux perdus si eux reparaître.

OCROLY.

Il n'y a là que des papiers ; passons à un autre. (*il prend la cassette où sont les bijoux.*)

VENDREDI, *à part.*

Comment faire pour prévenir eux ?

OCROLY, *faisant de vains efforts pour l'ouvrir.*

Ah ! de la résistance ? (*il fait sauter la serrure avec son sabre.*) Bonne découverte !... des bijoux !... des pierres précieuses !... de l'or !... il ne serait pas juste de tout prendre... d'ailleurs, l'or est trop lourd, il me gênerait. Il peut y avoir là cinq cent Portugaises environ... les pierreries en valent au moins six mille... je prends les pierreries et je laisse l'or, j'espère que c'est là de la délicatesse.

VENDREDI, *à part.*

Li pas difficile ! prendre meilleure part... Oh ! toi rendras tout à moi, coquin !

OCROLY, *tirant une espèce d'écrin de la cassette.*

Où cacherai-je tout cela ? il ne serait pas prudent de porter ces bijoux sur moi avant le partage... je trouverai bien le moyen de les reprendre après... le tout est de choisir une cachette.

(Il va au fond à gauche et cache la petite boîte dans un vase de terre placé sur une des tablettes.)

SCENE XI.

LES PRÉCÉDENS, D. DIEGO, ROBINSON et LATROMBE.

(Pendant ce mouvement d'Ocroly, on entr'ouvre la porte du souterrain, c'est D. Diégo qui paraît le premier. Le pilier qui est entre lui et Ocroly le cache entièrement aux regards de ce dernier. D'ailleurs la porte s'ouvre en dedans, et ne laisse voir que par les spectateurs ceux qui sortent du souterrain.)

VENDREDI, *qui a les yeux fixés de ce côté.*

Oh ! mon Dieu ! voici maître !

(Il fait un geste expressif à D. Diégo pour lui indiquer de faire silence et de ne pas aller plus loin. Robinson et Latrombe témoignent leur étonnement.)

OCROLY.

Quelle excellente aubaine !

(Robinson, Diégo et Latrombe prêtent l'oreille ; mais dociles aux avis de Vendredi, ils demeurent immobiles. Vendredi cherche à leur faire comprendre, en pantomime, que les matelots ont découvert la caverne, qu'ils sont cachés dans le caveau, qu'ils sont dix, qu'il n'y a pas moyen de leur résister, et qu'ils n'ont d'autre parti à prendre que de fuir sans bruit. Diégo lui fait signe de venir avec eux, il témoigne qu'il ira les rejoindre dès qu'il le pourra sans être vu. Ils cèdent aux instances de Vendredi et rentrent dans le souterrain. Vendredi exprime combien il est satisfait d'avoir pu les avertir à tems et les soustraire au péril qui les menaçait.)

SCENE XII.

VENDREDI, OCROLY, puis ATKINS, et les Matelots.

OCROLY, *revenant près de la table.*

Cherchons encore... peut-être n'ai-je pas tout découvert... (*il cherche dans le fond de la cassette.*) Diable! mais j'y songe... si quelqu'un de ces vauriens m'avait vû soustraire ces bijoux, il me ferait un mauvais parti ; car ce sont réellement de vilaines gens... des coquins à pendre !... je suis là en détestable compagnie.

(En regardant autour de lui s'il n'est point épié, il fait tomber un des coffres. Au même instant les trois hommes qui sont dans le caveau, et les trois qui sont dans l'enceinte paraissent en montrant seulement la moitié du corps. Atkins paraît également au-dessus de la palissade.)

ATKINS.

Qu'est-ce ?

OCROLY.

Rien. Sinon que j'ai trouvé de l'or.

ATKINS et les Matelots.

De l'or, partageons.

(Tous viennent se ranger autour de la table et tendent la main.)

ATKINS.

L'un après l'autre et que personne ne bouge.

OCROLY.

Il faudra faire la part des absens.

ATKINS.

Les absens ont tort.

OCROLY, *à part.*

J'ai donc bien fait de me servir.

ATKINS.

Procédons.

OCROLY, *à part.*

Oui, procède. J'ai procédé.

(Il prend une poignée d'or, se donne la première, donne la seconde à un matelot, puis revient à lui, ensorte qu'il en a deux pour lui chaque fois qu'il en donne une.)

Pour moi, pour toi, pour moi.

OCROLY.

C'est fort bien ; mais à ce train-là, je ne crois pas qu'il y en ait pour tous ceux qui sont présens.

ATKINS.

Je n'aime pas les observations.

OCROLY.

Non, quand elles te sont défavorables.

ATKINS, *d'un ton menaçant.*

Paix !

OCROLY.

Avant de trancher du maître, attends donc que tu le sois.

ATKINS.

Pour le punir de son insolence, je confisque sa part... à votre profit.

OCROLY, *à part.*

Heureusement ils n'auront pas la meilleure.

ATKINS.

Prenez. (*il abandonne le reste aux matelots qui paraissent satisfaits.*) Vous le voyez, mes amis, rien ne me coûte pour récompenser dignement les braves qui me secondent.

OCROLY, *à part.*

Il est sûr que cela ne te coûte pas cher.

(Un coup de feu part du côté du souterrain, tout le monde paraît surpris et écoute. On entend un grand bruit, des cris confus, un cliquetis d'armes.)

ATKINS.

C'est de ce côté.

(Guidé par le bruit, il s'avance vers la porte, ses matelots le suivent.)

VENDREDI, *à part.*

Eux découverts ! (*Le bruit redouble et approche.*)

ATKINS.

Cette pierre me semble mobile... elle tourne sur un pivot !... (*il ouvre la porte.*) elle nous cachait un souterrain !... quatre hommes avec moi, les autres à leur poste.

(Il entre dans le hommes avec quatre hommes, les autres retournent à leur poste.)

OCROLY, *à part.*

Voici le mien !... tenons-nous à l'écart jusqu'après l'évènement, afin d'en profiter.

(On se bat dans le souterrain, tumulte, confusion.)

VENDREDI, *à part.*

Oh ! moi, bonne envie pour battre ; mais sans armes, moi bientôt battu, et pour lors plus utile à maître... Allons, moi, rester encore sans mot dire.

SCENE XIII.

LES PRÉCÉDENS, ROBINSON, D. DIEGO, LATROMBE, JAMES et le reste des Matelots.

(Ils entrent en combattant.)

ROBINSON.

Misérables !

DIEGO.

Infâmes !

LATROMBE.

Corsaires maudits ! (*Il aperçoit Ocroly.*) S'il faut que je meure, que j'aie du moins le plaisir de te pourfendre auparavant. (*il fond sur lui le sabre à la main.*)

OCROLY, *l'évitant.*

Non pas, s'il vous plaît. (*On désarme Robinson, Diégo et Latrombe.*)

JAMES.

Ah ! ah ! vous comptiez vous échapper, n'est-il pas vrai ? Mais James était là ; je les ai aperçus qui sortaient d'une espèce de caverne située effectivement sous le bois des Cèdres ; ils marchaient mystérieusement et en silence, quand je me suis brusquement présenté devant eux ; ils ont rebroussé chemin et sont rentrés dans le souterrain ; mais il était trop tard, j'ai fondu sur eux... nous avons combattu...

OCROLY, *d'un air conquérant.*

Et nous avons vaincu !

ATKINS, *à James.*

Tu es un brave.

OCROLY.

Je le sais bien.

(57)

ATKINS.

Compte sur une récompense proportionnée au service que tu nous a rendu.

DIEGO.

Sommes-nous destinés à entendre long-tems de pareilles injures?

ATKINS.

Non, sois tranquille ! sous deux heures tu ne nous entendras plus. Qu'on amène la vieille... (*on va chercher Béatrix.*) et qu'on les conduise tous sur le roc escarpé qui domine sur la mer, là... près de l'endroit où nous sommes descendus. Une fois arrivés leur affaire ne sera pas longue.

OCROLY.

Non, ils seront tous portés... Il n'auront qu'un saut à faire.

SCENE XIV.

LES PRÉCÉDENS, BÉATRIX.

BÉATRIX.

Santa Madona? qu'est-ce que je viens d'entendre? Monsieur Atkins, grâce ! grâce !

DIEGO.

Viens, Béatrix ; ne t'abaisse point à prier de pareils brigands. Hâtez-vous de mettre le comble à vos forfaits en portant une main criminelle sur un homme qui n'eût d'autre tort envers vous, que de vous avoir traités avec trop de bonté.... Hâtez-vous, je vous le répète.

LATROMBE.

Eh ! non, de par tous les diables !... je ne suis pas pressé, moi.

ATKINS.

Mais à propos, où donc est le petit bonhomme ?

OCROLY.

Il se sera échappé.

ATKINS.

Nous le retrouverons ; d'ailleurs, il n'est pas dangereux.

ROBINSON, *à part*.

Je te rends grâce, ô ciel ! d'avoir sauvé mon fils !

ATKINS.

Allons, camarades, rendez vous aux vœux de votre ci-devant capitaine et ne le faisons pas languir ; il est beau d'avoir des procédés pour un ennemi vaincu.

Robinson. H

LATROMBE.

Ecoute, Ocroly, mon ami, fais moi un plaisir; laisse-moi t'étrangler avant de partir... (*il s'élance sur Ocroly.*)

OCROLY, *se sauvant.*

Je ne suis pas pressé.

ATKINS, *se plaçant entre deux.*

Tout doux, maître Latrombe... Chacun a son tour, me disais-tu ce matin... Profite de l'avis et montre-toi plus docile. Partons....

(Les matelots entraînent Robinson, D. Diégo, Latrombe et Béatrix.)

ATKINS, *à Ocroly.*

Est-ce que tu ne viens pas ?

OCROLY.

Va toujours devant, je te rejoins bientôt. (*Atkins sort.*) Je veux avant de partir jeter un dernier coup-d'œil sur tout ceci.

SCENE XV.
OCROLY, VENDREDI.

(Tandis que Ocroly, qui est resté dans le fond, s'assure que ses camarades s'éloignent, Vendredi sort de dessous la table et aperçoit les pistolets de Ocroly qu'il a posés sur cette même table quand il a voulu mettre l'écrin dans sa ceinture.)

VENDREDI.

Oh ! voilà petits tonnerres !... eux bons pour faire peur à li sans faire mal à moi.

OCROLY, *revenant en scène.*

Les voilà partis... Reprenons mon trésor. (*il se frotte les mains.*)

VENDREDI, *à part.*

Attends, attends, moi frotter toi tout-à-l'heure.

(Il se met devant le pilier avec un pistolet à chaque main.)

OCROLY, *reprend la boite qu'il met dans sa ceinture.*

M'est avis que je ne ferais pas mal de visiter la chambre à coucher de M. Robinson, peut-être y trouverai-je encore quelque chose à prendre.

VENDREDI, *se présentant brusquement à lui et cachant ses pistolets.*

Non pas, au contraire, toi trouver quelque chose à rendre.

OCROLY.

D'où diable sort-il donc, celui-là ?

VENDREDI.

Toi rendre trésor à maître.

OCROLY, *élevant la voix.*

Qu'est-ce que c'est que rendre. A moi, mes armes !... (*il court à la table.*)

VENDREDI.

Les voici !... toi, parler bas, toi, rendre trésor, ou moi brûler cervelle. (*il lui présente vivement les pistolets.*)

OCROLY.

Bah ! bah ! je n'ai pas peur.

VENDREDI.

Ah ! toi pas peur... prends garde à petits tonnerres.

OCROLY.

Oui, oui, tire. Cela fera du bruit... mes camarades reviendront, et si tu me manques c'est fait de toi.

VENDREDI.

(*A part.*) Li raison. (*haut.*) Eh bien, moi prendre grand couteau à maître et couper tête à toi sans faire bruit du tout.

OCROLY.

Un moment ! un moment ! ce n'est pas là mon compte. Peste, comme il va !

VENDREDI, *a remis les pistolets dans sa ceinture, et a pris un sabre suspendu à une cheville. Il le tient à deux mains et l'élevant au-dessus de sa tête, se prépare à fondre sur Ocroly.*

Trésor à maître !... voyons... vite !

OCROLY, *l'évite et fait le tour du pilier.*

Oh ! si j'osais !...

VENDREDI.

Toi oser pas.

OCROLY.

Si je pouvais !...

VENDREDI.

Toi peux pas ! vite !

(*Il le poursuit en frappant la terre à grands coups de sabre.*)

OCROLY.

Un moment !... écoute-moi...

VENDREDI.

Rien, trésor à maître !...

OCROLY.

Il n'y a pas moyen... C'est un enragé que ce sauvage. composons...

VENDREDI.

Pas composons.

(Après plusieurs lazzis, Ocroly se voyant serré de près, tire la boîte de sa ceinture et la pose à terre.)

A la bonne heure !...

(Pendant que Vendredi va ramasser la boîte, Ocroly se sauve et grimpe à l'échelle ; Vendredi s'en aperçoit, court au fond et tire l'échelle par le pied ; mais Ocroly qui se trouvait presqu'en haut, s'accroche à l'extrémité des pieux et franchit la palissade. Vendredi replace l'échelle, y monte rapidement, mais il ne peut atteindre Ocroly.)

Ah ! poltron, toi pas vouloir attendre... Moi, pas jambes assez longues pour attraper toi ! tiens, voilà petit plomb qui courir plus vite que Vendredi. (*Il lui lâche ses deux coups de pistolet.*) Li, bien loin ! trop loin ! moi, manquer !... Allons, Vendredi, courir à présent au secours de bon maître. (*il redescend, revient en scène, et se met à genoux.*) Dieu de Robinson ! toi qu'il m'a appris à adorer comme grand maître de toutes choses, écouter prière à pauvre sauvage : toi, ordonner aux Caraïbes de venir délivrer Robinson, ou bien donner à Vendredi assez de force pour combattre et tuer, à li seul, tous les méchans qui vouloir faire du mal à bon maître. (*il sort vivement par le souterrain.*)

Fin du second Acte.

ACTE III.

Le théâtre représente la plage où Robinson a été jeté par la tempête. Sur le devant, à gauche, est un poteau, sur lequel sont gravés ces mots : Je suis venu dans cette île le 30 septembre 1659. On voit à chaque angle du poteau les crans au moyen desquels il comptait les jours. A gauche dans le fond s'élève un roc escarpé qui donne sur la mer, et au sommet duquel on arrive par un sentier tortueux. Toute la droite est occupée par le bois des Cèdres qui, vers le fond, s'élève en amphithéâtre et s'étend à perte de vue, toujours en longeant la côte. Tout près de la mer, sous le bois des Cèdres, on voit l'entrée du passage souterrain qui communique à la grotte de Robinson. La mer occupe tout le fond de la scène et baigne le pied des rochers à droite et à gauche. En général cette décoration doit offrir l'aspect d'un site âpre et sauvage. On n'y voit que des rochers et des cèdres. Elle n'est éclairée, au lever du rideau, que par le crépuscule du matin.

SCENE PREMIERE.

ISIDOR, *seul, dans le fond, sur le sommet du rocher et attisant un grand feu dont la flamme s'élève à plusieurs pieds.*

Mon père m'a ordonné de rester ici jusqu'au retour d'Iglou et d'allumer un grand feu sur ce rocher, pour éclairer de loin les Caraïbes qui doivent venir nous délivrer. J'ai ponctuellement obéi ; mais, hélas ! pendant cette nuit, qui m'a paru bien longue, j'ignore ce qui s'est passé dans l'île ; des cris confus, un bruit sourd et quelques coups de feu partis dans l'éloignement, m'ont seulement donné lieu de craindre qu'il ne soit engagé un nouveau combat entre les matelots et mes malheureux parens, et personne ne vient à moi ; il semble que l'on m'ait totalement oublié. J'ai beau regarder, Iglou n'arrive pas : peut-être a-t-il trop présumé du courage et de la générosité des Caraïbes, peut-être ont-ils refusé de le suivre et de combattre pour des Européens.. O mon dieu ! tire-moi de cette affreuse incertitude !

SCENE II.
ISIDOR, VENDREDI.

VENDREDI, *sortant de la caverne de Robinson par l'issue qui est sous le bois des Cèdres.*

Ah ! voilà moi dehors, et moi pas sans peine, car faire

nuit si grande dans souterrain que moi briser à tous momens pauvre tête contre roc bien dûr. A présent chercher Robinson et imaginer quelque moyen pour délivrer li... Oh! oh! moi voir du feu sur montagne voisine... tout près un homme, moi pas peur, mais vouloir connaître li avant de montrer moi.

ISIDOR, *se retournant.*

On a parlé, je crois.

VENDREDI, *sautant.*

O joie! ô bonheur! c'est petit maître à moi! c'est fils à maître!

ISIDOR.

C'est Vendredi!

VENDREDI.

Viens, toi, petit maître, viens vite.

ISIDOR, *descendant précipitamment.*

Me voilà.

VENDREDI, *l'embrassant.*

Moi bien content de voir toi.

ISIDOR.

Tu m'apportes donc quelque nouvelle heureuse?

VENDREDI, *avec tristesse.*

Au contraire, moi bien triste; matelots méchans entrer dans grotte à Robinson, prendre li prisonnier, prendre tout le monde, jusqu'à vieille mazelle.

ISIDOR.

Qu'en ont-ils fait?

VENDREDI.

Emmener eux pour manger.

ISIDOR.

Non pas; mais sans doute pour les faire mourir.

VENDREDI.

Toi pas peur; père à moi venir bientôt avec grands beaucoup Caraïbes.

ISIDOR.

Hélas! je les attends envain depuis le milieu de la nuit: sans doute ils nous ont abandonnés.

VENDREDI.

Comment eux pas venir encore? Dieu, toi, pas bon, toi pas exaucer prière à Vendredi.

ISIDOR.

Ne l'accuse pas, mon ami, ses desseins sont impénétrables

à l'œil des mortels. Qui sait si ce n'est pas pour nous employer à la délivrance de ma famille, qu'il a permis que nous ayons échappé seuls aux pièges de nos ennemis. Prions, espérons, mettons en lui notre confiance entière.

(Vendredi se prosterne contre terre, mais Isidor lui montre le ciel et lui indique que c'est lui qu'il faut implorer. Vendredi regarde attentivement son jeune maître, suit tous ses mouvemens et les imite. Tous deux se mettent à genoux et adressent à Dieu leur fervente prière. On entend en dehors le son de la conque marine. C'est le signal dont les Caraïbes se servent à la guerre.

VENDREDI, *se lève.*

Ecoute... (*le son recommence.*) C'est Iglou! c'est père à moi! (*il saute de joie.*)

ISIDOR.

Eh bien, tu le vois, l'Éternel ne repousse jamais l'hommage d'un cœur pur et sincère.

VENDREDI, *courant au bord de la mer. Il est dans l'ivresse.*

Oui, oui, jeune maître! voilà beaucoup canots, beaucoup Caraïbes. Eux débarquer là-bas de l'autre côté du bois.

ISIDOR.

Cours à leur rencontre et amène-les de ce côté. Moi, je vais éteindre ce feu qui pourrait nous trahir.

VENDREDI.

Au contraire, nous faire briller la flamme bien haut pour attirer matelots par ici. Nous cacher, nous bien forts, et nous surprendre eux tous, pour délivrer bon maître.

ISIDOR.

Non pas, il serait imprudent d'en agir ainsi avant de nous être concertés avec ton père. Va.

(Isidor monte sur le rocher et éteint le feu, Vendredi gravit la colline qui couvre la caverne et s'enfonce dans le bois des Cèdres. On le perd de vue un instant.)

SCENE III.

LES PRÉCÉDENS, IGLOU, Troupe de Caraïbes, *dont quelques-uns sont armés de sabres.*

(On voit bientôt reparaître Vendredi et son père, tous deux précèdent et dirigent les Caraïbes que l'on voit défiler dans le bois, descendre devant l'entrée du souterrain et se grouper sur la droite. Isidor descend et vient embrasser Iglou.

IGLOU.

Tu le vois, j'ai tenu ma parole.

ISIDOR.

Brave Iglou, ton secours nous est bien nécessaire.

IGLOU.

J'ai choisi, de préférence, ceux de ma tribu qui, par suite de nos échanges avec les Européens, possèdent des armes de ton pays, et qui ont appris à les manier avec assez d'adresse pour résister à ceux de ta nation.

ISIDOR.

Mais ils auront sur nous l'avantage des armes à feu.

VENDREDI.

C'est vrai ! eux prendre tous les tonnerres à maître, si n'est deux petits là qui plus rien dedans. (*il montre les pistolets qui sont à sa ceinture.*)

IGLOU, *aux Caraïbes.*

Entrez dans la forêt et que chacun de vous y coupe une branche assez forte et assez touffue pour le cacher.

ISIDOR.

Quel est ton dessein ?

IGLOU.

Tu le sauras. (*Les Caraïbes s'enfoncent à droite dans la forêt. On entend le bruit qu'ils font en coupant les branches avec leurs sabres.*) Les moyens d'attaque et de défense, que les peuples, soi-disant civilisés, ont inventés pour se détruire, sont inconnus dans nos climats ; mais nous avons aussi notre art de la guerre, qui consiste à nous tendre des pièges et à nous surprendre par des ruses plus ou moins ingénieuses. Rejoignons seulement tes ennemis et je doute qu'il puissent résister à cette nouvelle tactique.

ISIDOR.

Je m'abandonne à toi, brave Iglou, mais au nom de tout ce qui t'est cher, je te supplie de préserver ma malheureuse famille de la fureur de ces méchans.

VENDREDI.

Laisse faire père à moi, li premier capitaine de toutes les tribus du continent.

(*Les Caraïbes rentrent en scène, tous portent une grosse branche de cèdre.*)

IGLOU.

C'est bien !

OCROLY, *en dehors à droite.*

Atkins !... James !

ISIDOR.

J'entends Ocroly... Tenez-vous à l'écart, je vais l'attirer de ce côté. (*il déguise sa voix et crie :*) Eh bien ?

OCROLY, *de même.*

Ne partez pas sans moi.

ISIDOR, *toujours en diminuant sa voix pour faire croire qu'il est très-éloigné.*

Nous t'attendons. Viens vite.

OCROLY, *de même.*

C'est ce que je fais.

(Iglou, Vendredi et les Caraïbes se tiennent dans le fond. Le plus grand nombre même entre dans la caverne.)

SCENE IV.

LES PRÉCÉDENS, OCROLY.

OCROLY, *traversant le théâtre de droite à gauche.*

Ah ! parbleu ! je ne suis pas tenté de demeurer plus long-tems dans cette île maudite, j'y ai couru trop de risques, les dangers se renouvellent à chaque instant pour moi, je ne puis faire un pas sans rencontrer des gens tous prêts à me brûler la cervelle. Je ne vois partout que des fusils et des pistolets dirigés contre moi...

(Pendant ce couplet Isidor a pris un des pistolets de Vendredi et lui a expliqué l'usage qu'il doit faire de l'autre. Quand Ocroly touche au poteau qui est à gauche vis-à-vis le deuxième plan, Isidor qui s'est tenu derrière, lui présente son pistolet.)

Ah ! mon dieu, encore un pistolet.

ISIDOR.

Silence ! ou tu es mort

OCROLY.

Il est décidé que je ne sortirai pas d'ici. (*il veut faire demi tour à gauche.*)

VENDREDI, *se trouve là et lui présente également son pistolet.*

Silence, ou toi morte !

IGLOU, *s'approchant et parlant bas à Isidor.*

Il faut le forcer d'appeler ses camarades.

ISIDOR.

Excellente idée !

Robinson. I

OCROLY.

Que voulez-vous faire de moi ?

ISIDOR.

Tu vas le savoir. Appèle tes camarades et crie-leur de venir te rejoindre.

OCROLY.

Mais c'est une trahison infâme.

ISIDOR.

Crie, coquin !

VENDREDI.

Crie, coquin !

OCROLY.

Lequel faut-il que j'appèle ?

ISIDOR.

Tous !

VENDREDI.

Tous !

OCROLY.

Mais c'est un guet à pens !

ISIDOR.

Répète après moi, ou morbleu !

VENDREDI.

Répète, coquin, répète.

OCROLY.

Allons donc puisqu'il n'y a pas moyen de faire autrement.

ISIDOR, *à demi voix*.

Camarades !...

OCROLY.

Camarades !

ISIDOR, *de même*.

Plus haut !... Atkins !

OCROLY, *plus fort*.

Atkins !

ISIDOR.

Encore plus haut.

OCROLY.

Je ne le peux pas ; je suis enrhumé.

ISIDOR.

Tant pis pour toi, crie toujours. James !

OCROLY, *plus haut*.

James !

JAMES, *en dehors.*

Ohé !... est-ce toi, Ocroly ?

ISIDOR, *soufflant à Ocroly.*

Oui, c'est moi.

OCROLY.

Oui, c'est moi.

ISIDOR.

Je me suis égaré dans la forêt.

OCROLY.

Je me suis égaré dans la forêt.

ISIDOR.

Viens me chercher, je t'en prie.

OCROLY.

Je ne veux pas dire cela.

ISIDOR.

Comment tu ne veux pas ? (*il fait un geste menaçant.*)

VENDREDI, *imite en tout Isidor.*

Ah ! toi veux pas !

OCROLY.

Si fait !... je le veux !... Viens me chercher, je t'en prie.

JAMES, *en dehors.*

J'y vais...

OCROLY, *à part.*

Encore un d'attrapé ! c'est toujours autant de pris.

JAMES, *en dehors.*

Justement j'ai affaire du côté de la petite baie où nous sommes débarqués.

ISIDOR, *à Ocroly.*

Tâche de savoir par lui quels sont les projets des matelots ; fais en sorte de les attirer de ce côté, emploie tous les moyens possibles de séduction pour détacher James du parti d'Atkins, aide-nous enfin à sauver mon père et ton capitaine, ta vie est à ce prix. Songe que nous ne te quittons pas de vue ; cachés derrière ce buisson, nous ne perdrons pas un mot de votre conversation : si tu fais la moindre tentative pour t'échapper, si j'aperçois le moindre signe, le plus petit geste, nous t'envoyons rejoindre tes ancêtres.

VENDREDI.

Pan ! pan !

IGLOU.

Bien !

ISIDOR, *à part en riant à Iglou et à Vendredi.*

Nous serions bien embarrassés pour lui tenir parole! (*haut.*) Tu m'entends?

OCROLY.

Oui, soyez tranquilles, je ferai tout ce que vous exigez.

(Isidor, Iglou et Vendredi se cachent derrière un buisson à droite.)

SCENE V.

Les précédens, JAMES.

JAMES.

Où donc es-tu?

OCROLY, *toujours tenu en respect par Isidor, Iglou et Vendredi, et n'osant bouger de sa place.*

Me voici.

JAMES.

Pourquoi es-tu resté en arrière?

OCROLY.

Ah! mon ami, ne me parle pas de cela, tu renouvelles ma douleur. C'est, je crois, le diable qui s'en mêle, mais rien ne me réussit aujourd'hui, j'avais trouvé dans la grotte de Robinson une cassette remplie de pierreries... que je comptais partager avec toi.

JAMES.

Eh bien?

OCROLY.

Eh bien! mon ami, il m'a fallu la rendre.

JAMES.

A qui?

OCROLY.

A Vendredi, ah! c'est un vrai démon. Je m'estime fort heureux d'avoir pu m'échapper sain et sauf, car au train dont il y allait, j'ai vu le moment où je lui laissais au moins une de mes oreilles. C'est en fuyant de cette grotte infernale que je me suis perdu dans le bois. Et vous autres, qu'avez-vous fait?

JAMES.

Rien.

OCROLY.

Qu'avez-vous résolu?

JAMES.

Pas grand'chose.

OCROLY.

Encore?

JAMES.

Atkins était d'avis qu'on se débarassât pour toujours de nos captifs en les jetant à la mer; mais il a trouvé de l'opposition parmi nos gens. « Qu'on les abandonne dans l'île, qu'ils deviennent ce qu'ils pourront, qu'ils meurent de faim... à la bonne heure, ont-ils dit, mais nous ne voulons pas être complices d'un assassinat prémédité, d'un crime inutile, car tu n'as pas besoin de leur mort pour t'emparer du vaisseau puisque nous consentons à te reconnaître pour notre capitaine. » Atkins contraint de céder à la volonté presque générale, m'a désigné comme étant l'un des plus intrépides nageurs de l'équipage, pour aller au vaisseau annoncer ce qui se passe et chercher une barque qui nous reconduise tous à bord.

ISIDOR, *à part.*

Bonne découverte!

OCROLY.

Cela n'est pas mal imaginé!

JAMES.

C'est en exécution de cet ordre que je m'acheminais vers la baie où nous sommes descendus, afin d'avoir moins d'espace à parcourir et d'arriver plus vite au bâtiment. Sais-tu si nous sommes encore loin de cette baie? J'avais remarqué, près de la mer, un poteau qui servirait à me la faire reconnaître s'il fesait jour.

OCROLY.

J'ai cru l'appercevoir un peu plus loin... à ta droite... là... encore... (*James s'éloigne en cherchant le poteau.*)

ISIDOR, *s'approchant vivement d'Ocroly et à voix basse.*

Charge toi d'aller au vaisseau à sa place, et dis lui d'amener ses camarades en ce lieu.

OCROLY, *à Isidor.*

Comment?...

ISIDOR.

Obéis si tu veux vivre encore. (*il se retire*)

JAMES.

Le voilà ce poteau, j'y suis, la mer doit être tout près dans le fond.

OCROLY, *à part.*

Oui, j'obéirai, mais il ne s'attend pas au tour que je vais lui jouer.

JAMES.

Que dis-tu donc là?

OCROLY.

Je dis que je puis aussi bien que toi me charger de ce message.

JAMES.

Quoi, tu voudrais aller à ma place ?

OCROLY.

Oui vraiment, si toute fois cela ne te déplait point.

JAMES.

Au contraire, tu ne saurais me faire un plus grand plaisir.

OCROLY.

Et bien ! c'est une affaire convenue. Toi, retourne vers nos camarades et dis leur de se réunir tous ici pour y attendre l'arrivée de la barque que je vais leur envoyer.

JAMES.

Bon ! hâte-toi, car il me tarde de me retrouver à bord.

OCROLY, *à part*.

Pas plus qu'à moi ! (*haut.*) Sois tranquille. Au revoir.

(Il accompagne James jusqu'au fond du théâtre à gauche : pendant qu'ils paraissent s'entretenir encore un moment à voix-basse, Iglou, qui est convenu avec Isidor de toutes les dispositions ultérieures, le quitte, va vers la caverne et en fait sortir les Caraïbes. On les voit défiler le long de la mer, et occuper la gauche du théâtre de manière à cerner Ocroly. Le jour commence à poindre.)

SCÈNE VI.

LES PRÉCÉDENS, excepté JAMES.

ISIDOR, *à Vendredi*.

Pendant que ton père exécutera tout ce dont nous sommes convenus, viens avec moi, jetons nous dans une des pirogues qui ont amené les Sauvages, cinglons à force de rames vers le navire pour rassurer ma pauvre mère et chercher du secours.

VENDREDI.

Toi commander, jeune maître, moi toujours obéir, tant que cœur battre à moi.

(Ils remontent : on les voit gravir la montagne et s'enfoncer dans le bois des Cèdres.)

SCENE VII.

OCROLY, IGLOU, Caraïbes.

OCROLY, *à part, revenant en scène.*

O fortuné hasard !... pour cette fois je ne laisserai point échapper l'occasion qui se présente. Oui, oui, j'y vais au vaisseau, mais c'est pour annoncer à l'équipage la défection totale d'Atkins et de nos camarades. Je dirai que tout le monde, jusqu'à la vieille Béatrix, a péri dans ce massacre, et que les habitans de l'île ont passé la nuit entière à rassembler leurs forces pour venir attaquer le bâtiment à la pointe du jour. La frayeur s'empare des esprits, la consternation est générale, j'en profite pour donner le signal du départ, on lève l'ancre et je suis au comble de mes vœux.

IGLOU, *à part.*

Tu n'es pas encore parti !

(*Pendant ce monologue, Iglou qui tient la droite a dirigé la manœuvre des Caraïbes. Ils ont formé un demi-cercle qui occupe toute la largeur du théâtre et se sont cachés derrière la branche qu'ils portent, en sorte que l'on n'apperçoit plus qu'un bois taillis de sept à huit pieds d'élévation et assez épais pour qu'on ne puisse le franchir.*)

SCENE VIII.

LES PRÉCÉDENS, ISIDOR, VENDREDI.

(*On voit Isidor et Vendredi dans un canot traverser le théâtre de droite à gauche et se diriger vers le vaisseau qui est censé à gauche.*)

SCENE IX.

OCROLY, IGLOU, Caraïbes.

OCROLY, *qui a fait un mouvement sur la droite pour aller vers la mer et qui se trouve arrêté par les arbres:*

Eh bien ! je me croyais hors de la forêt ! (*il retourne sur ses pas pour s'en aller par la gauche et y rencontre le même obstacle.*) Voilà un bois qui a poussé bien vite... ouais ! que veut dire ceci. (*il veut sortir par le milieu et n'y trouve point de passage.*) Où suis-je donc ? mais, quand le diable y serait, il n'y avait point d'arbres à cet endroit lorsque j'ai reconduit James... (*il fait le tour de l'enceinte à plusieurs reprises et se désespère.*) Me voilà bien s'il faut rester ici long-tems... Allons, à tout hasard et au risque de ce qu'il en peut arriver, essayons de couper quelques-uns de ces arbres et de me frayer un passage à travers.

(Il tire son sabre, comme il va pour frapper sur une des branches, les Caraïbes les baissent spontanément et se montrent en faisant des grimaces horribles. Ocroly tombe à genoux et se cache la figure.)

Haï! haï! haï! les vilaines figures!

IGLOU.

Tais toi et suis nous.

OCROLY.

J'y consens! mais pour vous suivre il faudrait vous regarder et je n'en ai pas le courage.

IGLOU.

Donne moi la main.

OCROLY.

Pas possible.

IGLOU, *la lui saisissant avec force.*

Donne, te dis-je.

OCROLY, *se couvre les yeux avec sa main droite.*

Où me conduisez-vous?

IGLOU.

Dans les entrailles de la terre.

(Les Caraïbes l'escortent en marchant d'une manière grotesque et le conduisent dans la caverne où on le laisse sous la garde de quelques-uns.)

SCENE X.

LES PRÉCÉDENS, excepté OCROLY.

(On entend à gauche en dehors un bruit qui annonce que les matelots s'approchent. Tous les Caraïbes se groupent et écoutent.)

IGLOU, *qui a prêté l'oreille.*

Ce sont les matelots qui s'approchent, vîte, exécutez mes ordres...

(Les Caraïbes se placent indistinctement dans tout le théâtre par groupes de cinq et six. Ils s'accroupissent et se cachent derrière leurs branches de manière à former comme des bouquets d'arbres isolés. Il ne fait encore que demi-jour.)

SCENE XI.

Les précédens, ATKINS, JAMES, puis ROBINSON, DIEGO, LATROMBE, et BÉATRIX, *conduits par les matelots.*

JAMES.

Et bien, que faisons nous de nos prisonniers ?

ATKINS.

Leur sort est décidé, nous les laissons dans l'île.

JAMES.

C'est bien !

(Pendant ce dialogue on amène successivement les quatre prisonniers gardés chacun par deux matelots, et on les place assez près des groupes d'arbres figurés par les branches des Caraïbes ; de manière que chacun d'eux se trouve vis-à-vis d'un de ces groupes.)

ATKINS.

N'est-ce point ici que nous sommes descendus hier ?

JAMES.

Précisément. C'est aussi là que j'ai rencontré Ocroly et qu'il m'a dit que nous devions l'attendre. Oui; c'est bien ici, voilà un poteau que j'ai remarqué en débarquant et qui sans doute a été planté par quelque navigateur.

ATKINS.

A quoi peut-il servir ?

JAMES.

Je me suis déjà fait la même question.

ATKINS ET JAMES, *s'approchent.*

Voyons.

ATKINS, *lit.*

» Je suis venu dans cette île le 30 septembre 1659. » Ah! ah ! c'est le mémorial de notre solitaire.

JAMES.

Que signifient ces crans gravés sur tous les angles ?

ATKINS.

Ce sont les jours peut-être. (*il compte.*) En effet celui-là plus grand que les autres et placé de sept en sept indique assurément le dimanche. Il faut en convenir, cet almanach est assez curieux.

(Les matelots font quelques pas en avant pour regarder le poteau. Les quatre prisonniers sont restés seuls à leur place. Iglou se montre vi-

Robinson. K.

vement à eux, leur fait un signe d'intelligence, puis, par un geste il désigne les prisonniers aux Caraïbes, en leur ordonnant de les entourer. En effet, chaque groupe s'ouvre et se referme vivement après avoir reçu dans le milieu un des prisonniers qui se trouve entièrement caché par les branches. Iglou fait un autre geste, sur lequel les groupes s'éloignent insensiblement en reculant vers le bois et finissent par disparaître entièrement à la vue des spectateurs.)

SCENE XII.

ATKINS, JAMES, Matelots.

JAMES, *cessant de regarder.*

Vraiment, c'est assez drôle !

ATKINS, *se retournant.*

Où sont donc nos prisonniers ?

JAMES.

Là. (*il se retourne.*) Eh bien ?

ATKINS, *aux matelots.*

Mal-adroits ! vous les avez laissé s'évader !... volez à leur poursuite.

JAMES, *à la tête des matelots va jusqu'à l'entrée du bois.*

Les voilà libres et accompagnés d'un grand nombre de Sauvages.

ATKINS.

Préparons-nous au combat. En bataille !

(Ils se rangent en bataille sur une ligne qui occupe toute la gauche en bordant la coulisse. Il fait grand jour.)

SCENE XIII.

ROBINSON, DIEGO, LATROMBE, ATKINS, JAMES, BÉATRIX, IGLOU. Matelots et Caraïbes.

(Les Caraïbes s'avancent aussi sur une seule ligne qui occupe toute la droite et fait face aux matelots. C'est Iglou qui les commande. Robinson, Diégo et Latrombe, armés chacun d'un sabre, viennent ensuite. Dès que les deux lignes sont en présence, Atkins ordonne à ses gens de faire feu. Au moment où les matelots tirent, Iglou et les Caraïbes se jettent ventre à terre, puis se relèvent en poussant de grands cris, fondent sur leurs ennemis et les forcent à reculer. Robinson, Diego et Latrombe se mêlent au combat. Tout le monde s'éloigne.)

BÉATRIX, *passant la dernière et traversant le théâtre un sabre à la main.*

Où sont-ils, ces coquins-là ?... où sont-ils ?

(Elle voit revenir les combattans de son côté et se sauve aussi précipitamment qu'elle est venue.

Robinson, Diégo, Latrombe, Iglou et quatre sauvages rentrent en se battant à outrance contre un nombre égal de matelots, à la tête desquels sont Atkins et James. On se bat de tous côtés. Les Caraïbes se sauvent en désordre ; on les voit regagner les montagnes voisines et fuir à travers la forêt, poursuivis par les matelots qui leur tirent de tems en tems des coups de fusil.)

SCENE XIV.

LES PRÉCÉDENS, EMMA, ISIDOR, VENDREDI, Matelots, Mousses.

(La fortune paraît avoir entièrement abandonné Robinson et ses amis, lorsque, au moment le plus désespéré, Isidor, suivi de quelques matelots fidèles, s'élance du haut des rochers de gauche, fond sur Atkins et délivre son père. Vendredi, qui a rallié une bande de Caraïbes, entre également par la gauche et se précipite sur ceux des matelots qui allaient frapper Diego vaincu.

Les Caraïbes enhardis par ce renfort, font volte-face et redescendent la montagne en poursuivant les matelots qui, à leur tour, prennent la fuite et reviennent sur le devant où ils sont vaincus, désarmés et terrassés. Atkins et ses gens, surpris à l'improviste, ont fait un mouvement pour fuir vers la droite, mais ils sont arrêtés par les sauvages et se trouvent pris des deux côtés. C'est Vendredi qui s'est chargé d'Atkins ; mais au moment où il le saisit, Béatrix sort de la forêt et le prend au collet. Tableau général. Tout est groupé depuis le fond du théâtre jusqu'à l'avant-scène.

Isidor est dans les bras de son père, de son oncle, et leur montre le vaisseau qui paraît et sur lequel on voit Emma entourée de matelots et de mousses qui poussent des cris de joie en voyant leur capitaine et leur maître.)

EMMA.

Robinson !

ROBINSON.

Emma !

DIEGO.

Ma sœur !

LATROMBE

Que Dieu et notre patron soient bénis ! la victoire nous reste, mais corbleu ! ce n'a pas été sans peine.

BÉATRIX.

Certainement, ce n'a pas été sans peine !

(*Une petite barque s'est avancée sur le flanc du vaisseau ; on y a jetté une planche qui sert à débarquer. Emma se trouve dans les bras de Robinson, de Diégo et de son fils.*)

EMMA.

Cher époux ! après seize ans d'une séparation cruelle, il m'est enfin permis de te revoir, de te presser contre mon sein. Ah ! le jour qui nous réunit après tant de périls et de chagrins, est le plus beau de ma vie !

ROBINSON.

Brave Iglou ! et toi, mon cher Vendredi, que vous m'avez bien payé le faible service que je vous ai rendu ! (*Il les presse contre son cœur.*)

DIEGO, *aux matelots fidèles.*

Vous avez vu, mes amis, quel sort ce monstre et ses dignes complices réservaient à votre capitaine et à mon malheureux frère. Je pourrais, usant de représailles, leur faire subir à tous une mort prompte et terrible, mais je veux bien leur accorder la vie. Qu'ils demeurent dans cette île ; grace aux travaux de l'industrieux Robinson, ils pourront s'y procurer une nourriture abondante. Qu'ils y vivent en paix, si la chose est possible : mais, non, tout leur instinct se dirige vers le mal et sans doute ils ne tarderont point à se détruire entr'eux : du moins leur méchanceté ne s'exercera point sur des victimes innocentes. C'est rendre service à la société que de la purger de ces êtres turbulens qui n'aiment que la confusion et la licence, parce que ce n'est qu'à la faveur des troubles et des orages qu'ils peuvent parcourir avec audace le vaste champ de l'intrigue, donner une libre carrière à leur ambition et se livrer impunément à leur affreuse perversité. Quant à vous qui m'êtes restés fidèles, vous pouvez tout attendre de ma reconnaissance.

LA TROMBE.

Mais où diable s'est donc fourré le brave Ocroly ? aurait-il péri dans la bagarre ? ce serait bien dommage.

IGLOU.

Non pas : il est là-bas qui écoute et qui probablement n'est pas fort à son aise. (*Il va à la caverne.*) Paraissez, tout est fini.

SCENE XV ET DERNIERE.

LES PRÉCÉDENS, OCROLY.

(Ocroly sort de la caverne et s'avance lentement ; il a l'air confus, ne dit mot et regarde tristement ses camarades.)

LATROMBE.

Arrive, arrive, mon brave. Eh bien ! tu le vois, il n'y a rien à gagner en servant les méchans. Il faut toujours se ranger du parti des braves gens, toujours ! Il arrive bien par-ci, par-là quelque grain, quelque bourasque, mais morbleu ! ils finissent toujours par prospérer. Va te jeter à la mer.

DIEGO.

Qu'il aille tenir compagnie à ses dignes camarades. — Mon frère, le tems est favorable, le vent enfle les voiles, partons.

(On emmène Atkins, Ocroly, James et les autres matelots.)

IGLOU.

Permets qu'avant de te quitter, pour ne plus te revoir sans doute, nous t'offrions le calumet de paix ; c'est le plus grand honneur que nous puissions faire à ceux que nous aimons et dont nous recherchons l'alliance.

DIEGO.

J'y consens.

ISIDOR, *à Robinson*.

Mon père, l'équipage demande aussi à célébrer votre délivrance et la victoire de son capitaine.

ROBINSON.

Oui, mes amis, livrez-vous à l'épanchement de vos cœurs, unissez vos danses et vos jeux et qu'après tant de traverses ces heureux instans soient consacrés au plaisir.

VENDREDI, *tristement*.

Maître, moi fâché, moi bien triste.

ROBINSON.

Pourquoi, mon enfant ?

VENDREDI.

Toi plus aimer Vendredi, toi partir sans li.

ROBINSON.

Non pas : j'espère bien que nous ne nous quitterons qu'à la mort.

(78)

VENDREDI.

A la bonne heure ! moi plus chagrin. (*par ressouvenir.*) Oui, mais père à moi ?... Comment faire pour suivre toi sans quitter li ?... Ah ! moi trouver un moyen. (*à Iglou.*) Donner ma personne à bon maître, mais laisser mon cœur à bon père, pour lors tous trois contens.... hein ?

ROBINSON.

Consolez-vous, Iglou, vous ne le perdrez que pour un tems ; je vous le ramenerai. J'espère avant de mourir, revoir encore cette île, témoin de mes longues souffrances.

VENDREDI.

Maître, laisser dans pays à moi, bien bonne amie, si nous pouvoir emmener elle aussi ?

BÉATRIX, *avec une prétention comique.*

Soyez tranquille, Monsieur Vendredi, vous en trouverez d'autres à San-Salvador.

LATROMBE.

Prens-y garde, mon garçon : si tu veux une femme sauvage, je te conseille d'emmener celle-là, car je ne crois pas que tu en trouves beaucoup en Europe, heureusement pour nous !

(Les matelots s'avancent et exécutent une danse vive et bien caractérisée. Les Caraïbes viennent offrir le calumet de paix à Robinson et à D. Diégo : ensuite les uns et les autres se mêlent, s'entrelacent et offrent un tableau très-animé. A la fin du ballet, Vendredi et Isidor qui sont allés dans la grotte chercher la cassette, le perroquet, le parasol de Robinson, la peau de lion et les divers objets qu'il avait mis de côté au second acte, les rapportent ; on s'embrasse, on se donne tous les témoignages possibles d'affection. Robinson fait ses adieux à son île, puis il monte sur le vaisseau ; les matelots sont à leur poste, les mousses sont grimpés aux cordages. Latrombe dirige la manœuvre. Robinson est sur le tillac entre les bras de sa femme et de son fils. Vendredi grimpe à la hune pour voir plus long-tems son père et les Caraïbes qui sont groupés dans le bois et devant la grotte, de manière à occuper toute la droite du théâtre. Atkins, Ocroly, James et leurs camarades viennent sur le rocher, et témoignent par leur attitude suppliante, tout le repentir qu'ils éprouvent. Diego rejette leur prière. Tableau complet et général. La toile tombe.)

FIN.

LE SOLITAIRE
DE
LA ROCHE NOIRE,
MÉLODRAME
EN TROIS ACTES,
A GRAND SPECTACLE;

Par R. C. GUILBERT-PIXERÉCOURT.

Représenté, pour la première fois à Paris, sur le théâtre de la Porte St.-Martin, le 14 mai 1806.

Musique de M. A. PICCINNI, attaché à la musique particulière de l'Empereur.

Ballets de M. AUMER, artiste de l'Académie Impériale.

Décorations de MM. MATIS ET DESROCHE.

A PARIS,

Chez BARBA, Libraire, Palais du Tribunat, derrière le théâtre Français, n°. 51. Et Galerie des Libraires, n°. 14.

1806.

PERSONNAGES.	ACTEURS.
EDMOND, sire de Morwan, sous l'habit d'un solitaire, et connu seulement sous le nom de Maurice.	M. *Dugrand.*
ROMUALD, cru seigneur de Morwan.	M. *Adnet.*
ULRIC, châtelain des tourelles et père d'Eginhard.	M. *Dugy.*
EGINHARD, fils d'Ulric.	M. *Philippe.*
ROGER, chef de partisans.	M. *D'Herbouville.*
GONTRAN, métayer de Romuald.	M. *Bourdais.*
CLOTILDE, crue fille de Gontran.	Mlle *Adèle.*
HUGO, homme d'armes attaché à Ulric.	M. *Fusil.*
BERTHE, vieille femme.	Mme *Potier.*
GALOUBET, jeune pâtre.	M. *Talon.*
UN ENFANT.	Mlle *Descuillés.*
UN HOMME d'armes.	M. *Parisot.*
Chevaliers, Dames.	
Hommes d'armes de Roger.	
Hommes d'armes d'Ulric.	
Paysans, Paysannes.	

La scène se passe au pied des Alpes, dans le val d'Alloz, à la fin du 15e siècle.

Vu et approuvé, en vertu de l'autorisation de son excellence le ministre de l'Intérieur, le 12 février 1806.

FÉLIX NOGARET.

Vu l'approbation, permis d'afficher et représenter, ce 14 mai 1806. Le conseiller d'Etat, Préfet de Police. DUBOIS.

LE SOLITAIRE
DE LA ROCHE NOIRE.

ACTE PREMIER.

Le théâtre représente une partie du hameau de Morwan. A gauche, au deuxième plan, une aile du château gothique habité par Romuald. On voit au premier étage un balcon en saillie, ombragé par quelques arbres élevés. Le château est entouré de murs très bas qui en fermaient jadis les fossés. A droite, au quatrième plan, la métairie de Gontran; en avant, est un couvert en vigne, qui se prolonge jusqu'au bord de la scène et forme un berceau épais au premier plan. Au-delà de la métairie, le lac d'Alloz, qui baigne les murs du château d'Ulric, que l'on voit s'élever de l'autre côté du lac, sur le sommet d'une montagne. Dans le lointain, les Alpes qui s'étendent à perte de vue, et dont la cime blanchâtre se confond avec les nuages.

SCÈNE PREMIÈRE.

CLOTILDE, BERTHE, L'ENFANT, Paysans, Paysannes.

(*Au lever du rideau, tous sont groupés dans l'attitude de gens qui écoutent vers la gauche.*)

BERTHE, *appuyée sur sa béquille.*

Eh! non, non, vous dis-je; il ne vient pas. Continuez, je suis là pour avertir. D'ailleurs, notre messager n'est pas de retour, et vous savez bien qu'il est convenu de devancer sire Romuald, de manière à nous donner le tems de compléter la surprise que nous lui ménageons, ainsi qu'au jeune Eginhard.

CLOTILDE, *soupirant.*

Eginhard, hélas !

BERTHE.

Allons, ma pauvre Clotilde, un peu de courage. Il est vrai qu'il va nous quitter, cet aimable damoisel ; un prisonnier, c'est tout simple.

CLOTILDE.

Il y a bientôt un an qu'il est ici, et...

BERTHE.

Que vous vous aimez, n'est-ce pas ?... Dam ! j'ai éprouvé cela aussi jadis, moi. Oh ! il y a bien long-tems ! je sais qu'il est cruel de se séparer de celui que l'on préfère... mais, mon enfant, les convenances et les lois nous imposent des privations continuelles..... Ah ! on voit bien que ce sont les hommes qui les ont faites.... et c'est ce qui prouve, comme je l'ai dit souvent, qu'ils sont tous des ingrats.

CLOTILDE, *vivement.*

Oh ! non, Berthe, Eginhard n'est point un ingrat.

BERTHE.

Aujourd'hui, peut-être ; mais demain !... Moi, qui vous parle, j'en ai tant rencontrés, j'en ai tant vus !.... Ah ! mon dieu ! mon dieu !

(Pendant cette scène on a orné de fleurs les cordes d'une balançoire suspendue entre les deux arbres qui sont près du château ; elle se hausse et se baisse à volonté. On tresse des guirlandes, on fait des couronnes, des bouquets, en un mot chacun s'occupe des préparatifs de la petite fête que l'on veut donner à Romuald et à Eginhard. Tout est en mouvement.

SCENE II.

LES PRÉCÉDENS, GALOÜBET.

GALOUBET, *ouvrant la porte du château et passant la moitié du corps.*

Chut !

BERTHE.

Ah ! voici Galoubet !

TOUS, *avec bruit et quittant l'ouvrage.*

Bon !

GALOUBET, *fermant la porte et s'avançant d'un air mystérieux.*

Chut !

BERTHE.

Eh bien! que vas-tu nous apprendre?

GALOUBET.

Paix!

BERTHE.

As-tu vu Monseigneur?

GALOUBET.

Oui. J'ons vu Monseigneur.

TOUS.

Qu'il est heureux! il a vu Monseigneur!

GALOUBET.

Paix donc, vous autres, ou je n'dis pus rien.

BERTHE.

Il a raison!... parle, mon garçon.

GALOUBET, *à demi-voix.*

En vous quittant, j'sis entré au château comm' vous avez vu; j'ai d'mandé à parler au sire Romuald; un petit page ben gentil m'a mené dans une grand'chambre, là où c'qu'il y avait tout autour tout plein de biaux chevaliers armés d'pied en cap, et qui me r'gardaient d'un air si terrible, qu'j'ons baissé les yeux ben vite pour n'pus les voir.

BERTHE.

Nigaud! c'est la galerie d'armes. Tous ces chevaliers qui t'ont fait peur et qui jadis ont pu être très-redoutables, ne le sont plus aujourd'hui pour personne.

GALOUBET.

Pour personne! c'est bon... j'aurais voulu vous voir à ma place.

BERTHE.

Encore une fois, je te dis que ce sont les portraits des ancêtres d'Edmond, notre ancien seigneur, de ce pauvre sire de Morwan, que vous n'avez pas connu vous autres, et qui fut condamné à mort il y a dix-huit ans... (*à voix basse et mystérieusement.*) On disait dans le tems que feu le père de Romuald avait fait rendre ce jugement inique à force d'intrigues, et personne ne s'en étonnait; car il passait dans toute la contrée pour un méchant homme.

GALOUBET, *qui n'a point écouté la dernière phrase.*

C'est-il possible, c'qu'vous dites-là, mère Berthe?... Comment, tout ça n'est qu'des hommes de bois?...Oh! soyez tranquille, allez! ils me l'paieront; j'leur rendrai ben la peur qu'ils m'ont faite; j'vous réponds que j'leur ferai une fière grimace à mon tour la première fois que j'les verrai.

BERTHE.

Mais achève donc... Que t'a dit Monseigneur?

GALOUBET.

Le p'tit page qu'était allé demander si Monseigneur voulait ben me recevoir, est revenu et m'a dit que j'pouvais entrer. Me v'là pour lors dans un'autre chambre où c'que l'sire Romuald était tout seul avec l'jeune Eginhard; j'm'avance ben respectueusement; Monseigneur m'dit avec un air... enfin, avec c't air qui fait que j'l'aimons tous : Quoiqu'tu veux, mon enfant? J'li réponds : Monseigneur, c'est moi, j'sis Galoubet, pâtre de votre métairie; j'sis chargé par tous les habitans du hameau d'Morwan, d'vous faire part d'not' satisfaction par rapport à l'objet du rétablissement d'vot'chère santé; pour laquelle j'avons tremblé tretous, ni pus ni moins qu'si vous étiez not'père ou not'mère.

BERTHE.

C'est bien, ça!

GALOUBET.

Pas vrai que c'est bien?... Oh!... j'sommes tretous là d'vant la porte du château où c'que j'vous préparons un' fière surprise.

BERTHE.

Allons, je gage que tu lui as raconté ce que nous voulons faire.

CLOTILDE.

Il en est capable.

GALOUBET.

Non, mamzelle Clotilde, je n'sis pas capable d'une balourdise pareille. Est-ce que je n'sais pas que c'qui fait l'plaisir d'une surprise, c'est quand on est surpris?... J'continue donc, car vous m'interrompez toujours. J'vous prions, Monseigneur, d'prendre tant seulement la peine d'venir un p'tit brin sur l'balcon qui donne du côté du lac; vous nous verrez tous rassemblés et attendant le bonheur d'vous voir, ni pus, ni moins que j'soupirons après le retour du soleil, quand la grêle a ravagé nos vignes, ou que l'mauvais vent fait dépérir nos troupeaux. Hein?... j'espère qu'c'est joli c'te comparaison-là?

TOUS.

Oui, oui.

BERTHE.

On ouvre la croisée du balcon... Vite, mes enfans, vite.

(Chacun court à son poste; on place l'enfant sur la balançoire. Groupes et Tableau.)

SCENE III.

Les précédens, ROMUALD, EGINHARD, *sur le balcon.*

(*Au moment où Romuald paraît, on hausse la balançoire et l'enfant se trouve au niveau du balcon; il tient à la main un bouquet d'immortelles qu'il présente à Romuald. Des paysans sont grimpés sur les arbres des deux côtés du balcon et posent des couronnes sur la tête de Romuald et d'Eginhard.*)

L'ENFANT, *chante.*

C'est au nom du village,
Que j'offre à Monseigneur
Ce bouquet, faible gage
D'amour et de bonheur ;
Il est fait d'immortelles,
Image d'vos bienfaits,
Dont l'souvenir, comme elles,
Chez nous n'mourra jamais.

(*Romuald prend le bouquet et embrasse l'enfant.*)

BERTHE.

Pardon, Monseigneur, cette idée là n'est pas bien neuve ; mais nous n'en avons pas trouvé de plus vraie pour exprimer ce que nous ressentons pour vous.

ROMUALD.

Qu'importe l'expression, mes amis, pourvu que la pensée vienne du cœur !

GALOUBET.

Est-ce qu'vous n'nous ferez pas l'honneur d'venir un tantinet au milieu d'nous ?... je n'saurions jamais vous voir de trop près.

CLOTILDE.

Oh ! oui, Monseigneur, ayez cette bonté.

ROMUALD.

Je te devine, bonne Clotilde, et j'excuse ton motif. (*regardant Eginhard avec intention.*) Dans un moment nous descendrons ; Eginhard, tu feras tes adieux à cette aimable enfant. (*ils rentrent.*)

CLOTILDE.

Ses adieux ! hélas ! (*elle va s'asseoir sous le berceau et s'abandonne à sa rêverie.*)

SCENE IV.

LES PRÉCÉDENS, excepté ROMUALD et EGINHARD.

GALOUBET, *sautant de joie*.

Monseigneur va v'nir! sire Eginhard va v'nir! que d'bonheur!... Dansons, sautons, réjouissons-nous. Oh! quelle bonne journée!

BERTHE.

Mais, tais toi donc; ne vois-tu pas que cette pauvre Clotilde se désole du départ de son cher Damoisel?

GALOUBET.

Dans tout ça, mère Berthe, il n'est pas juste, parce que mademoiselle Clotilde a du chagrin, que j'pleurions tous quand j'avons envie d'rire ; tout c'que j'pouvons faire pour elle, c'est d'rire tout bas, et d'danser sans faire semblant de rien, pour n'pas la troubler dans ses réflexions. Allez l'y tenir compagnie. (*Aux paysans.*) Ecoutez, vous autres, mamzelle Clotilde n'est pas contente, elle n'veut pas s'réjouir avec nous ; ainsi j'vous recommande de n'pas faire de bruit, dansez incognito.
(Ballet court exécuté très-légèrement et sans bruit; l'orchestre joue avec des sourdines. De tems en tems on se rapproche du berceau pour regarder Clotilde. Berthe est assise auprès d'elle et paraît faire tous ses efforts pour la consoler, mais en vain ; Clotilde les yeux fixes, et la douleur sur le front, ne songe qu'au départ de son cher Eginhard.)

SCENE V.

LES PRÉCÉDENS, EGINHARD.

EGINHARD, *aux paysans*.

Mes amis, sire Romuald vous attend dans la grande salle du château où il a fait préparer quelques rafraîchissemens. Allez, il sera bien aise de vous recevoir et de vous témoigner combien il est touché de votre attachement.

BERTHE.

Monseigneur est bien bon!

GALOUBET.

Pardon, sire Eginhard, un mot. C'te grande salle, est-ce celle-là où c'que j'ai vu tout à l'heure ces méchans chevaliers qui m'ont fait la grimace?

EGINHARD, *souriant*.

Oui, mon ami, c'est la même : mais tu n'as rien à craindre cette fois ; vous êtes en force suffisante pour leur résister.

GALOUBET.

C'est vrai, j'sommes à-peu-près quatre contre un ; avec ça on peut s'risquer au combat. Grand merci, sire Eginhard. Allons, mère Berthe, avec vot'béquille, en tête d'la colonne ; c'est ça.

(Ils entrent au château; tous saluent Eginhard en passant devant lui. Clotilde les regarde aller.)

SCENE VI.
EGINHARD, CLOTILDE.

EGINHARD.

Eh quoi ! Clotilde, vous pleurez ?

CLOTILDE.

Vous partez, Eginhard.

EGINHARD.

Croyez, Clotilde, que mon cœur ne vous quittera jamais.

CLOTILDE.

Nous avions tant de plaisir à nous voir !... Et demain, après demain, tous les jours qui suivront... plus d'Eginhard pour moi.

EGINHARD.

Ah! Clotilde! absent comme présent je te jure pour la vie, amour, franchise et loyauté. Mais prends courage, avant peu, j'espère, nous serons réunis... chaque jour je renouvellerai mes instances auprès de mon père.

CLOTILDE.

Pouvons nous nous flatter de vaincre l'orgueil d'un chevalier?

EGINHARD

Gontran n'est-il pas noble aussi ? son origine est au moins égale à la nôtre.

CLOTILDE.

Hélas ! je ne suis qu'une pauvre fille ; jamais Ulric ne consentira...

EGINHARD.

Gontran n'est pas riche, il est vrai ; des malheurs inséparables de la guerre l'ont privé de sa fortune et l'ont contraint d'accepter l'emploi de métayer qui n'a rien que d'honorable, certes, je ne vois là aucun motif dont puisse s'appuyer Ulric pour refuser de nous unir. Ah ! plût au ciel que la fortune ou la naissance fussent les seuls obstacles à notre union !... Mais !... Pardon, Clotilde, mon intention n'est pas de t'affli-

Le Solitaire.   B

ger, la réputation équivoque de Gontran, ses liaisons avec des hommes sans aveu, le mystère qui enveloppe ses actions... Voilà les écueils contre lesquels viendront peut-être échouer tous mes efforts.

CLOTILDE.

Et votre amour aussi, peut-être ?

EGINHARD.

Oh ! jamais, jamais ! il est aussi nécessaire, aussi étroitement attaché à mon existence que la vie à tout ce qui respire. Eginhard et Clotilde sont unis à jamais. Tu ne connais pas l'âme brulante de ton ami. C'est envain qu'on prétendra s'opposer à ses vœux ; les périls, les obstacles, la volonté d'Ulric, je braverai tout pour parvenir à la possession de ma bien-aimée. La voir, l'aimer, le lui dire, et lui consacrer jusqu'au dernier instant de sa vie, telle est la volonté d'Eginhard, elle sera remplie, je le jure par mon épée, le ciel témoin de nos sermens et qui les eut repoussés s'ils eussent été contraires à l'honneur.

(Clotilde se jette dans les bras d'Eginhard. On ouvre la porte du château.)

SCENE VII.

LES PRÉCÉDENS, ROMUALD, BERTHE, GALOUBET. Paysans, Paysannes.

ROMUALD.

Oui, bonnes gens, à défaut des héritiers que le ciel m'a refusés, sans doute parce qu'il veut que, dans la suite, ces domaines retournent à leur maître légitime, vous serez mes enfans ; vous me tiendrez lieu de parens, d'amis, de famille ; je mettrai mon bonheur à soulager vos peines, à prévenir, à combler vos desirs. (*à part.*) Mais, quoique je fasse pour eux, je ne réparerai jamais l'injustice de mon père.

TOUS.

Vive Romuald ! vive le bon sire de Morwan !

ROMUALD.

De grace, mes amis, ne m'appelez que Romuald. Le titre de sire de Morwan ne m'appartient pas, il ne m'appartiendra jamais. (*à part.*) Il est le fruit d'un crime.

BERTHE.

Comment, seigneur, vous ne voulez plus être notre maître?

ROMUALD

Votre ami, votre père, toujours! votre maître jamais! ah! cher Eginhard, tu ne sais pas tout ce que j'ai souffert depuis que le vieux compagnon d'armes de mon père m'a révélé, il y a trois jours, au lit de la mort, que l'accusation intentée contre Edmond, sire de Morwan, était fausse, et que ce fut par suite d'une haine invétérée que mon père, abusant de la confiance de Charles d'Anjou, dernier comte de Provence, fit proscrire, il y a dix-huit ans, le maître de ce château, et confisqua ses biens à son profit. Je fesais mes premières armes alors, et ne connus dans le tems aucun de ces détails; mais depuis que j'ai découvert ce fatal secret, l'image d'un vieillard errant et fugitif, devenu bien plus malheureux encore par la perte de sa fille unique en bas âge, et qui périt misérablement dans ce lac, me poursuit en tous lieux; elle m'obsède, elle me déchire!... Ah! qu'un bien mal acquis pèse sur la conscience!

EGINHARD

Ce fut le tort d'un père et non le vôtre, seigneur.

ROMUALD.

Il n'importe, Eginhard; je dois tout faire pour découvrir le véritable sire de Morwan, et lui rendre ses domaines usurpés. Si mes efforts sont vains, ou s'il n'existe plus, ma vie entière sera employée à appaiser ses mânes irrités; je ne suis plus que le dépositaire de ces biens immenses; tant qu'ils demeureront entre mes mains, le produit en sera consacré tout entier au soulagement des malheureux; puissé-je, par ce moyen, obtenir du ciel et des hommes le pardon de mon père!

EGINHARD.

Qui pourrait résister à un cœur comme le vôtre!

ROMUALD.

C'est pour commencer à les remplir, ces devoirs rigoureux, que je consens à me séparer de toi, mon cher Eginhard. Le le sacrifice est pénible sans doute, mais il sera plus méritoire. Tu devais rester en ôtage à Morwan, pour garantir la fidélité d'Ulric à observer le traité conclu entre nous il y a un an; mais je sais combien il est cruel d'être séparé des objets de son affection, et je te rends à ton père.

EGINHARD.

Vous lui avez donc entièrement pardonné?

ROMUALD.

Je ne pardonne jamais à demi.

EGINHARD.

Vous avez oublié combien il fut coupable envers vous?

ROMUALD.

Ce que je pardonne, je l'oublie aussi.

EGINHARD.

Ah! Clotilde, quelle âme!

ROMUALD.

Bon Eginhard! tu regardes comme générosité ce qui n'est, de ma part, que prudence et intérêt; j'ai gagné en toi un ami que j'envoie à mon ennemi pour l'observer; ici, tu ne peux m'être utile, là, tu veilleras à mon repos.

EGINHARD.

Toujours! ah! que ne suis-je assez puissant pour espérer de reconnaître tout ce que je dois à vos bontés.

ROMUALD.

Qui sait? la fortune est inconstante; peut-être un jour me faudra-t-il chercher un asyle auprès de toi; j'éprouverai alors qu'il est sage de conserver un trésor dans le cœur d'un ami.

EGINHARD.

Seigneur, Eginhard est à vous jusqu'à la mort!

ROMUALD.

Oui, bon jeune homme, l'un à l'autre, tous deux jusqu'à la mort! prends cette épée, donne-moi la tienne, et que ce gage d'amitié garantisse l'inviolabilité du serment que nous faisons. (*Ils changent d'épée et s'embrassent.*) Bonne Clotilde, le départ de votre ami vous afflige, je le conçois, et vous m'en voulez sans doute, de séparer deux cœurs aussi bien faits l'un pour l'autre; mais consolez-vous. Je vous promets d'employer auprès d'Ulric tout ce que je puis avoir d'empire sur son esprit, ou d'autorité sur un vassal, pour le faire consentir à votre union. Mais avant de partir, j'aurais désiré voir Gontran. Où donc est-il, votre père, Clotilde?

CLOTILDE.

Seigneur, il est à la métairie.

ROMUALD.

Comment, si près, et il n'a point pris part à la joie commune?... Aurait-il à se plaindre de moi?...

CLOTILDE.

Pourriez-vous le penser, seigneur? sans doute, des occupations pressantes... (*à part.*) Il est encore avec ce méchant Roger, qui me fait frémir chaque fois qu'il me fait les yeux doux.

BERTHE, *s'approchant de Romuald.*

Seigneur, vous êtes trop confiant. C'est un fin renard que ce Gontran; il y a long-tems que nous vous le disons : chacun s'en méfie ici : tout le voisinage pense et dit du mal de lui.

ROMUALD.

Bonne mère, ce ne sont pas toujours de méchantes gens ceux dont les voisins disent du mal.

BERTHE.

Il reçoit souvent chez lui des vauriens qui viennent de je ne sais où, et qui ont des figures...

GALOUBET.

Patibulaires, Monseigneur.

BERTHE.

On les voit roder aux environs pendant la nuit. Tenez, Dieu veuille qu'il ne vous arrive rien de fâcheux, mais nous croyons tous que votre confiance est mal placée.

ROMUALD.

Vous le jugez trop sévèrement; tous les hommes ne sont pas également affectueux et prévenans : Gontran était le métayer de mon père, et je lui conserverai ma confiance, tant qu'il ne m'aura pas prouvé qu'il est indigne d'en jouir.

BERTHE.

Il sera trop tard; vous direz après l'évènement : « la vieille » Berthe avait raison, ce Gontran était un coqu...

ROMUALD, *l'interrompant.*

Paix, bonne mère, sa fille pourrait vous entendre. Chargez-vous, Clotilde, d'annoncer à votre père, que je suis allé conduire Eginhard au château d'Ulric; dites lui de veiller ici aux intérêts de mon cœur et de me remplacer auprès de tous mes enfans pendant mon absence, qui ne sera pas longue; je serai de retour demain matin au plus tard.

CLOTILDE.

Il suffit, Monseigneur.

ROMUALD.

Allons, Eginhard, prends congé de Clotilde, et partons.

EGINHARD, *embrassant Clotilde.*

Adieu, chère Clotilde!

CLOTILDE.

Que mon souvenir t'accompagne et te ramène fidèle auprès de ton amie.

ROMUALD, *aux paysans.*

Au revoir, mes enfans. (*Il tend la main à quelques-uns.*)

GALOUBET, *s'avançant pour prendre la main de Romuald et retenu par le respect.*

Bon voyage, Monseigneur.

BERTHE.

Revenez-nous bien vite.

ROMUALD.

Ce ne sera jamais aussitôt que je le desire.

(Romuald et Eginhard sortent par la gauche. Les paysans les regardent aller, font un dernier salut et disparaissent à droite. Clotilde est montée sur un des rochers qui bordent le lac, afin de voir plus long-tems Eginhard ; elle se lève tant qu'elle peut sur la pointe des pieds. Pendant qu'elle regarde à gauche, on voit paraître sur les rochers auxquels est adossée la métairie, un vieillard vénérable ; il a la barbe et les cheveux blancs, il est vêtu simplement (1), il porte une besace sur l'épaule, et s'appuie sur un bâton. Clotilde disparaît un moment.)

SCENE VIII.

EDMOND, *il s'arrête devant la métairie et regarde du côté où était Clotilde.*

J'avais cru voir ma jeune bienfaitrice sur ces rochers.... apparemment je me suis trompé.... malheureux Edmond, tes yeux sont affaiblis à force de verser des larmes, hélas ! tout s'affaiblit en toi, excepté le sentiment du malheur... J'ai cru entendre de loin des chants et des cris d'allégresse, et j'ai attendu pour me présenter à la métairie, que ces bons villageois se fussent éloignés....Depuis un an que je suis de retour à Morwan, j'évite autant que je puis leur présence. Cependant qu'ai-je à craindre ?... qui d'entr'eux reconnaîtrait sous la livrée de l'indigence, son ancien seigneur, l'infortuné Edmond, cet Edmond tant aimé, si chéri jadis de tous ses vassaux ?... ah ! quand même dix-huit ans de souffrance n'auraient pas altéré mes traits au point de me rendre méconnaissable, aucun d'eux ne se souviendrait de moi ; sans doute. On oublie aisément le bienfaiteur dès qu'il n'a plus rien à

---

(1) Il ne doit pas avoir l'habit d'hermite, mais une tunique grise, serrée par une ceinture de cuir.

donner.... Oh! ma fille! mon Emma! c'est toi seule que je désire, c'est toi seule que je voudrais retrouver.... attiré par je ne sais quel espoir qui ne s'éteint qu'avec la vie dans le cœur d'un père, c'est pour te chercher, qu'après avoir traîné pendant dix-sept ans ma douloureuse existence, de contrée en contrée, je suis revenu dans ces lieux. La mort du père de Romuald m'offrait les moyens de rentrer en possession de mes domaines; mais aucun intérêt, aucune ambition n'a dirigé mes pas; c'est ma fille que je veux, voilà le seul bien que je regrette et qui puisse me faire attacher encore quelque prix à la vie; vain espoir!... elle est perdue pour moi. Plus rien, tout a péri!... Il est trop vrai que l'impitoyable mort à tout englouti. Je ne vois plus dans l'avenir, que douleur amère et regrets éternels.... Eh bien! qu'attends-tu, malheureux Edmond, pour fuir encore une fois ces lieux où tu n'as plus rien à espérer.... Les fuir!... moi!... jamais! c'est sur les bords du lac d'Alloz, sous la Roche Noire, où j'ai fixé ma retraite, que je veux mourir en arrosant de mes larmes la place où des barbares ont assassiné mon enfant.... On vient!... je ne m'étais pas trompé... c'est Clotilde.

SCENE IX.

EDMOND, CLOTILDE.

CLOTILDE.

Bon vieillard, soyez le bien venu.

EDMOND.

Bonjour, mon aimable bienfaitrice!

CLOTILDE.

Ne m'appelez pas ainsi; vous me faites rougir en attribuant quelque mérite à ce que je fais pour vous.

EDMOND.

Les bons cœurs sont si rares!

CLOTILDE.

L'intérêt que vous m'inspirez me semble si naturel!... par exemple lorsque je vous rencontrai pour la première fois il y a un an, assis au pied d'un arbre dans le petit bois d'érables, là-bas... derrière la métairie, vous me parûtes si faible, si abattu, qu'il y aurait eu de la cruauté à ne pas vous offrir de partager mon frugal repas.

EDMOND.

J'acceptai avec reconnaissance.

CLOTILDE.

Oh! oui ; je lus dans vos regards attendris combien vous étiez pénétré de ce léger service. Lorsque ensuite je vous demandai si vous habitiez ce pays, vous me répondîtes d'une voix émue et avec un accent qui pénétra jusqu'à mon cœur. « Mon enfant, je l'ai habité jadis.... il y a bien long-tems, et » je viens mourir près des lieux où j'ai connu le bonheur. » En finissant ces mots, votre voix s'affaiblit, je vis vos larmes couler en abondance, je ne pus retenir les miennes.

EDMOND.

Je m'en souviens, nous pleurâmes ensemble.

CLOTILDE.

Je vous demandai la cause de tous vos malheurs.

EDMOND.

C'est un secret que j'ai juré de ne révéler à personne....

CLOTILDE.

Je vous pressai d'accepter un asyle chez mon père.....

EDMOND.

J'avais résolu de vivre seul, et vous eûtes la bonté de me promettre que vous pourvoiriez à ma subsistance. Aussi depuis un an, chaque semaine...

CLOTILDE.

J'acquitte une promesse sacrée et chère à mon cœur. Eh bien ! dites, bon vieillard, tout autre à ma place n'en eût-il pas fait autant, et n'est-ce pas moi au contraire qui vous suis redevable de m'avoir procuré l'occasion d'être utile à un être souffrant et malheureux ? Mais vous devez être fatigué, car il y a loin d'ici à votre cabane ; je ne vous propose pas d'entrer à la maison, parce que mon père est en compagnie ; mais reposez-vous sous cette treille, votre panier est tout près depuis hier soir, je vous l'apporterai dans un moment ; (*fausse sortie*) si vous l'aimez mieux, entrez dans le verger, vous y cueillerez quelques fruits en attendant.

EDMOND.

Excellent enfant ! je vous remercie. (*conduit par Clotilde il entre dans le verger.*)

SCÈNE X.

CLOTILDE, GONTRAN, ROGER, HUGO. *Ils sortent de la métairie.*

GONTRAN, *d'une voix sévère à Clotilde qui s'est cachée sous la treille, pour n'être pas vue par son père.*

Toujours hors de la maison. Rentrez.

CLOTILDE.

Mon père....

GONTRAN.

Point de réflexions.

CLOTILDE, *avec timidité*.

Sire Romuald, qui vient de partir pour le château d'Ulric avec le chevalier Eginhard....

GONTRAN.

Tu dis que sire Romuald vient de partir avec le chevalier Eginhard pour le château d'Ulric ?

CLOTILDE.

Oui, mon père.

GONTRAN.

Pour long-tems ?

CLOTILDE.

Jusqu'à demain, mon père.

GONTRAN, *bas aux autres.*

Bon !... (*à Clotilde.*) Eh bien ?

CLOTILDE.

Il m'a chargée de vous dire de le remplacer pendant son absence.

GONTRAN, *aux autres avec une intention marquée.*

De le remplacer ! c'est mon intention. (*à Clotilde.*) Rentrez, il suffit, et ne sortez plus sans ma permission.

CLOTILDE.

J'obéis ! (*à part.*) Pauvre vieillard ! comment faire ?

(*Toute cette scène se passe dans le fond.*)

SCÈNE XI.

GONTRAN, ROGER, HUGO.

GONTRAN.

(*A part.*) Romuald, absent jusqu'à demain !.. heureux

Le Solitaire   C

événement qui sert mes projets au-delà de toute espérance et qui doit en hâter l'exécution ! (*haut.*) Hugo, cours auprès d'Ulric, fais ensorte de devancer Romuald et Eginhard au château, cela te sera facile en traversant le petit bois. Dis à ton maître de ne point laisser échapper l'occasion qui se présente et de profiter du fortuné hasard qui remet entre ses mains son ennemi mortel ; dis lui que nous agirons ici pendant ce tems et qu'une immense fortune sera le prix de notre audace. (*Il lui parle bas.*) Va.

HUGO.

J'y vole. (*Il sort par la gauche.*)

SCÈNE XII.
GONTRAN, ROGER.

GONTRAN, *à Roger qui témoigne sa surprise.*
Ceci vous étonne, Roger ?

ROGER.
Je l'avoue.

GONTRAN.
Ce que je vais vous apprendre vous surprendra bien davantage. Je voulais différer quelque tems encore de vous confier mon secret, je voulais m'assurer encore mieux de votre caractère ; mais l'absence de Romuald et surtout d'Eginhard, dont je redoute la bravoure, est trop favorable à mes desseins pour que j'en remette l'exécution à un autre moment.

ROGER.
Ce début excite vivement ma curiosité. Parlez, Gontran.

GONTRAN.
Vous n'êtes qu'un obscur chevalier, sans fortune, vivant d'adresse et....

ROGER.
C'est vrai.

GONTRAN.
Voulez-vous devenir riche et puissant ?

ROGER.
Si je le veux !.. n'est-ce pas pour cela que les faibles humains s'agitent en tout sens sur cette terre où le hasard les a jetés ?

GONTRAN.
Voulez-vous devenir possesseur légitime des immenses domaines de Morwan ?

ROGER.

Possesseur légitime de la seigneurie de Morwan, moi !

GONTRAN.

Vous.

ROGER.

J'y consens.

GONTRAN.

Je le crois ! — Vous le serez.

ROGER.

Ah ! Gontran, comptez sur une reconnaissance....

GONTRAN.

Je vous en dispense ; c'est pour moi que j'agis.

ROGER.

Pour vous !... et comment ?

GONTRAN.

Vous allez le savoir. Mais auparavant vous soumettez-vous à toutes les conditions que je vais vous prescrire ?

ROGER.

Aveuglément.

GONTRAN.

(*A part.*) J'en étais sûr ! (*Haut.*) Jurez de ne pas révéler mon secret avant d'y être autorisé par moi.

ROGER.

Je le jure.

GONTRAN.

Jurez, sur votre tête, que si je tiens ce que je viens de vous promettre, la moitié de votre bien m'appartiendra jusqu'à ma mort.

ROGER.

Je le jure.

GONTRAN.

Etes-vous également déterminé à revêtir du sceau de vos armes, l'acte qui constatera votre consentement à cette dernière demande ?

ROGER.

Je le suis.

GONTRAN.

Maintenant apprenez un secret que, depuis dix-huit ans, je renferme dans mon sein. Cette Clotilde qui vous plaît tant, et dont vous me demandez la main....

ROGER.

Votre charmante fille ?

GONTRAN.

Elle n'est pas ma fille.

ROGER.

Elle ne l'est pas !

GONTRAN.

C'est Emma, demoiselle et héritière de Morwan.

ROGER.

L'héritière de Morwan !

GONTRAN.

Chût !.. écoutez. (*Un silence pendant lequel il s'assure que personne ne peut l'entendre.*) Edmond, sire de Morwan, faussement accusé d'un crime capital par le père de Romuald, fut condamné à perdre la vie.

ROGER.

On m'a raconté cette tragique histoire. Il s'enfuit avec sa fille unique, un serviteur fidèle, et parvint à se soustraire à la mort.

GONTRAN.

Au contraire, il la trouva sur les bords du lac d'Alloz.

ROGER.

Comment le savez-vous ?

GONTRAN.

J'avais alors sous mes ordres une troupe de mécontens, qui, après la guerre d'Italie, s'étaient réunis à moi, et nous exercions notre souveraineté dans les montagnes et les forêts voisines.

ROGER.

Fort bien.

GONTRAN.

Un soir que je rodais avec mes gens de l'autre côté du lac, nous apperçûmes notre fugitif qui descendait péniblement les rochers, suivi d'un écuyer qui portait le berceau de sa fille. Nous l'attaquâmes.... il périt ainsi que son valet.

ROGER.

Sans défense ? ah ! Gontran !...

GONTRAN.

Il me paraît que tu as des scrupules... je ne les aime pas... rompons cet entretien. Mais que dis-je ? il n'est plus tems de le rompre... tu es maître de mon secret... C'est t'en dire assez.

ROGER.

Rassurez-vous Gontran, je n'ai point de scrupules.

GONTRAN.

A la bonne heure. Je croyais que le proscrit emportait en fuyant des trésors immenses, et je ne trouvai sur lui qu'un rouleau de vieux parchemins soigneusement cachés sous ses vêtemens. De leur côté, mes gens visitèrent scrupuleusement le berceau que portait l'écuyer, et ils n'y trouvèrent qu'un enfant en pleurs. C'était Emma. Ils étaient d'avis de s'en défaire, l'un d'eux s'en était déjà saisi, et sourd aux cris de cette innocente et faible créature, il allait la jeter dans le lac: j'arrêtai cet homme : « Non, lui dis-je, laissons-lui la vie. » Cette petite fille avec ses parchemins, peut me valoir un » jour beaucoup plus que des joyaux ou de l'or. Je la garde. » En effet, je pris soin d'elle, je l'élevai comme ma fille, et lorsqu'au bout de quelque tems la dispersion de ma troupe me força de renoncer à ma vie vagabonde, je m'établis ici et sollicitai l'emploi de métayer de cette seigneurie, afin de veiller de plus près sur mon bien futur, et d'épier le moment où je pourrais tirer parti de mon trésor.

ROGER.

Rusé vieillard ! Je pénètre ton plan.

GONTRAN.

Tant que le père de Romuald a vécu, je me suis bien gardé de concevoir la moindre espérance de réaliser mes projets ; mais le caractère faible du fils, me donne une libre carrière, et depuis deux ans qu'il a succédé à son père, je n'ai cessé de chercher un homme propre à me seconder. Je crois enfin l'avoir trouvé, la circonstance d'ailleurs ne me permet pas d'attendre ; c'est à vous, heureux Roger, que le hasard destinait un brillant héritage et la main d'une fille charmante. Je cède à son influence, et je vous mettrai ce soir en possession de l'un et de l'autre.

ROGER.

Vous avez des preuves ?

GONTRAN.

Tous les titres de sa famille. Cette nuit je remets Clotilde entre vos mains, vous vous rendez à la cour de Charles VIII, vous sollicitez auprès du monarque la révision d'un procès injuste. Vous faites réhabiliter la mémoire du sire de Morwan ; Romuald détenu par Ulric, qui ne cherche qu'une occasion de se venger de lui, ne pourra rien opposer à vos projets, et je prends en votre nom possession provisoire de cet immense héritage. Tout réussit au gré de nos desirs, le roi consent à votre union avec Clotilde, et vous revenez bientôt jouir au sein de vos domaines, des hommages de vos vassaux, et de la gloire d'avoir fait, en apparence, une belle action. Que vous semble du projet?

ROGER.

Admirable, cher Gontran!
(*Ils vont s'asseoir sur un banc qui se trouve près du château et qui est ombragé par quelques arbres.*)

SCENE XIII.

LES PRÉCÉDENS, CLOTILDE, *un panier à la main.*

CLOTILDE, *sur le seuil de la porte et regardant de tous côtés sans voir Gontran.*

Je ne vois plus personne; sans doute, il s'est éloigné avec ces gens de mauvaise mine. (*elle descend.*) Je voudrais bien pouvoir donner à mon vieux Solitaire sa provision de la semaine. (*elle vient près de la treille et tourne le dos au château.*) Je m'avise d'une bonne idée pour savoir si mon père est aux environs. (*très-haut.*) Plaît-il, mon père?

GONTRAN, *se lève et dit d'un ton sévère.*

Je n'ai point appelé!

CLOTILDE, *se retournant vivement et déconcertée.*

Je l'avais cru, mon père. (*à part.*) Oh! mon dieu! ils sont encore là!

SCENE XIV.

LES PRÉCÉDENS, EDMOND, *revenant sous le berceau.*

EDMOND.

Il me semble avoir entendu la voix de ma jeune amie.

GONTRAN, *remontant du côté de la métairie.*

Vous avez toujours quelque prétexte pour sortir de la maison. Rentrez.

CLOTILDE.

Je rentre. (*à part.*) Ils ne s'en iront pas! (*Elle rentre en marchant à reculons et en tenant son panier derrière elle.*)

EDMOND.

C'est Gontran! il a de l'humeur, je ne crois pas devoir me montrer à lui. (*il s'assied sous le berceau.*)

SCÈNE XV.

EDMOND, GONTRAN, ROGER.

(Gontran et Roger se trouvent alors dans le milieu du théâtre ; en redescendant pour continuer leur conversation, ils se rapprochent du berceau de vigne sans voir Edmond, qui est caché par le feuillage.)

GONTRAN.

Ainsi vous m'avez bien compris ?

ROGER.

Parfaitement.

GONTRAN.

Et vous êtes bien résolu à remplir toutes les conditions du traité ?

ROGER.

Toutes. Préviendrez-vous Clotilde ?

GONTRAN.

Non ; cela n'est pas nécessaire.

ROGER.

Mais qui vous empêche de la remettre de suite, entre mes mains ?

EDMOND, *à part.*

Qu'entends-je ?

GONTRAN.

La prudence. Ses cris attireraient du monde sur votre passage.

ROGER.

Des cris quand on la met en possession de la plus brillante fortune !

GONTRAN.

Elle aime le fils d'Ulric, et vous savez ce qu'est l'amour dans le cœur d'un enfant ; il lui fait préférer une chaumière et des fruits sauvages avec l'objet aimé, à tous les trésors de la terre s'il fallait les acheter par le sacrifice de ses affections. Trouvez-vous ici à minuit, avec une bonne litière, et quelques-uns de vos braves bien armés ; je reçois de vos mains l'acte en question, scellé et en bonne forme... et vous livre Clotilde.

EDMOND, *à part.*

Quelle horreur !

GONTRAN.

Vous partez en suivant la route la moins fréquentée, vous pressez votre marche pendant la nuit, et demain, avant que le jour paraisse, vous êtes loin de ces lieux et à l'abri des poursuites.

ROGER.

Si la belle fait résistance?

GONTRAN.

Vous employez tour-à-tour la crainte et l'amour, l'indulgence et la sévérité, et parvenez enfin à vous la rendre favorable.

EDMOND, *à part.*

Les misérables!

GONTRAN.

D'ailleurs, vos desseins sont honnêtes, et vos vues légitimes; vous n'attendez rien que de l'hymen; vous faites un action louable, au moins en apparence; ainsi, tout est pour vous.

ROGER.

Bien, père Gontran.

EDMOND, *saisi d'horreur et s'oubliant.*

Lui, père!... ah!

ROGER.

Qu'est-ce?

GONTRAN.

On a parlé!

(Ils remontent la scène du côté opposé à Edmond en cherchant. Edmond fait semblant de dormir.)

ROGER, *regardant sous la treille.*

Quelqu'un est là.

GONTRAN.

Ah! c'est Maurice, un pauvre diable qui habite ces contrées et qui vit des aumônes que nous lui faisons.

ROGER, *la main sur son poignard.*

Il a surpris notre secret, il faut nous en défaire.

GONTRAN, *l'arrêtant.*

A quoi bon?

ROGER.

Ces prétendus mendians ne sont autres, souvent, que des espions adroits.

GONTRAN.

Celui-là n'est pas dangereux. (*il passe derrière le banc sur lequel Edmond feint de dormir. A demi-voix.*) Eh! bonhomme! bonhomme! (*Edmond change de position sans ouvrir les yeux. Gontran revient à Roger.*) Vous voyez, il dort profondément, n'ayons aucune inquiétude. Allez, Roger, faites au plutôt les préparatifs nécessaires, et soyez exact à remplir ponctuellement toutes nos conventions.

ROGER.

Mon intérêt vous répond de mon exactitude.

GONTRAN.

A minuit.

ROGER.

Convenu. Au revoir, Gontran.

GONTRAN.

Afin qu'on ne vous voie pas dans le village, je suis d'avis que vous sortiez par la porte du verger.

ROGER.

Bien pensé !

GONTRAN.

En voici la clef... Mais, non... toute réflexion faite, je pourrais en avoir besoin d'ici à ce soir, je préfère vous l'ouvrir moi-même.

ROGER.

Je crois qu'il est prudent, en tout cas, de ne pas perdre de vue ce vieillard. (*il montre Edmond.*)

GONTRAN.

J'y pensais à l'instant. A mon retour, je le réveillerai et le tiendrai enfermé chez moi jusqu'à demain.

ROGER.

Excellente précaution.

GONTRAN.

Par ici. (*il lui montre la droite et tous deux s'éloignent.*)

SCÈNE XVI.

EDMOND, puis CLOTILDE.

EDMOND.

Quels scélérats !

CLOTILDE, *ouvrant avec précaution la porte de la métairie, et suivant des yeux son père et Roger.*

Les voilà partis ! vite, vite.

(*Elle prend le panier et descend précipitamment.*)

EDMOND, *se levant.*

Hâtons-nous de prévenir Clotilde.

CLOTILDE, *court vers Edmond.*

Bon vieillard, je n'ai pas pu venir plutôt....

Toute cette scène doit être joue avec mystère, à demi-voix, et avec

Le Solitaire.

une extrême agitation ; effroi du côté de Clotilde, et le plus vif intérêt de la part d'Edmond.)

EDMOND.

Laissons cela, mon enfant. Parlons de vous, de l'affreux danger auquel vous êtes exposée.

CLOTILDE

Quoi ! quel danger ?

EDMOND.

Connaissez-vous ce misérable en habit de chevalier qui causait avec votre père ?

CLOTILDE.

Non.

EDMOND.

Il vient de vous acheter.

CLOTILDE.

Moi ?

EDMOND.

Pour une somme considerable.

CLOTILDE.

Vous me faites trembler !

EDMOND.

C'est ce soir, à minuit, que Gontran vous livre à lui.

CLOTILDE, *pleurant.*

Oh ! mon Dieu ! sauvez-moi !

EDMOND.

Point de larmes, les scélérats y sont insensibles... Du courage.

CLOTILDE.

J'en aurai. Mais que faire ?

EDMOND.

Fuir ! venez dans ma caverne.

CLOTILDE.

Par où ? par quel chemin ? on m'aurait bientôt rattrapée ! quel parti prendre ?... O mon cher Eginhard !

EDMOND.

Vous parlez d'Eginhard ; quel est-il cet Eginhard ?

CLOTILDE.

Le bien-aimé de mon cœur.

EDMOND.

Où est-il ?

CLOTILDE.

Au château des Tourelles, chez son père, le châtelain Ulric.

EDMOND.

Eginhard !... au château des Tourelles !

CLOTILDE.

Ah ! s'il était instruit des dangers de Clotilde, il quitterait tout pour voler à sa défense.

EDMOND.

J'y cours.

CLOTILDE.

Mais votre âge...

EDMOND.

Et ma reconnaissance !... Mais Eginhard ne me connaît point ; s'il refusait de m'entendre, s'il doutait de la vérité....

CLOTILDE.

Cet anneau que je tiens de lui servira à l'en convaincre. (*elle lui donne une bague.*) Allez, mon père ! Oui, mon père, car c'est bien vous qui l'êtes aujourd'hui.

EDMOND.

Son père ! Ah ! ce nom que j'avais presque oublié, me donnera des forces pour gravir les rochers escarpés du château d'Ulric. Si cette tentative ne réussit point, je reviens près de ma bienfaitrice ; je m'attache à ses pas jusqu'à ce que les ravisseurs se soient délivrés de mes plaintes, en me donnant la mort.

(Elle se jette dans les bras d'Edmond. Invocation courte et vive. Ils s'embrassent, se séparent. Edmond sort par la gauche, Clotilde remonte devant la porte de la métairie et ne le perd de vue que lorsqu'il s'est éloigné.)

(*La toile tombe.*)

Fin du premier Acte.

ACTE II.

Le théâtre représente une galerie d'armes, dans le château d'Ulric. Il y a deux portes latérales, dont l'une conduit à l'appartement d'Ulric, et l'autre au donjon de la vieille tour.

SCENE PREMIERE.
ULRIC, HUGO.

HUGO.

Tels sont, seigneur, les faits que Gontran m'a chargé de vous communiquer, en me recommandant sur-tout d'arriver au château avant sire Romuald.

ULRIC.

Je te remercie de l'empressement que tu as mis à me servir. Cet homme prétendra donc toujours l'emporter sur moi! non content de m'avoir vaincu il y a un an, et de m'avoir fait souscrire un traité déshonorant, il veut encore m'humilier aujourd'hui, en me rendant, sans rançon, en me ramenant lui-même mon fils, qui devait rester en ôtage près de lui, pour garantir l'exécution de mes promesses. Car, je ne m'y trompe pas, Hugo, cette apparente modération cache un excès d'orgueil ; je ne vois, dans cette prétendue générosité, que le desir de rabaisser un rival, dont il affecte de redouter trop peu les efforts, pour devoir prendre envers lui les précautions dont on use contre un ennemi puissant.

HUGO.

J'avoue qu'il est difficile de ne pas voir une intention offensante dans la démarche qu'il fait aujourd'hui.

ULRIC.

J'entends vanter partout sa bonté, sa bienfaisance, son humanité; Romuald semble un Dieu descendu sur ces contrées pour leur donner le bonheur et la paix ; tandis que moi, relégué dans mon château solitaire, moi, jadis aimé par tous mes vassaux, je n'inspire plus que la méfiance et la crainte ; on s'éloigne, on me fuit, chacun tremble à ma vue, comme à l'aspect d'un tyran farouche et cruel. Eh bien! odieux rival, je justifierai pour toi, l'opinion que tu as donnée d'Ulric. La haine que je te porte me rendra tout facile pour me venger de la préférence que l'on t'accorde sur moi.

HUGO.

Sans doute votre haine est bien légitime, seigneur ; mais pour mieux assurer les coups qu'elle dirigera, il est prudent de dissimuler.

ULRIC.

A quoi bon ? Romuald ne vient-il pas se livrer de lui-même, et sans défense, aux mains de son ennemi ? ne suis-je pas le maître absolu dans ces lieux ? qui oserait s'opposer à ma volonté ?

HUGO.

Sire Eginhard.

ULRIC.

Mon fils !

HUGO.

Il a voué la plus tendre affection à votre ennemi. Vous concevez dès-lors ce que vous avez à redouter de l'exaltation d'une tête comme la sienne.

ULRIC.

Eh bien ! nous dissimulerons en présence d'Eginhard. Quoiqu'il m'en coûte, je saurai faire à mon ennemi l'accueil le plus affable et le plus gracieux.

HUGO.

Il faut l'engager à passer la nuit au château.

ULRIC.

Et s'il refuse ?

HUGO.

Eh bien ! alors, ce sera pendant la fête que vous lui donnerez...

ULRIC.

Tu te chargeras d'éloigner Eginhard.

HUGO.

Et de prévenir vos hommes d'armes d'être prêts au premier signal. Reposez-vous sur moi.

ULRIC.

Pour justifier cette violence aux yeux de mes gens, tu leur diras que j'agis ainsi par l'ordre de Charles VIII, qui, voulant signaler son avènement au trône par des actes de justice, exige la révision du procès, par suite duquel le vieux sire de Morwan fut condamné à perdre la vie, et qu'il a ordonné, qu'avant tout, on s'assurât de la personne de l'usurpateur.

HUGO.

Or, à défaut du père, sa rigueur s'étend sur le fils, c'est bien juste. (*On entend un son de cor.*)

ULRIC.

Le garde de la tour a sonné du cor ; quelqu'un se présente aux portes du château.

HUGO, *regardant à une croisée.*

Ce sont eux.

ULRIC.

Va, dispose tout pour une réception brillante ; cependant, ne me perds pas de vue, afin que nous puissions saisir le premier moment favorable.

HUGO.

Vous serez ponctuellement obéi. (*il sort.*)

SCENE II.

ROMUALD, ULRIC, EGINHARD.

(*Eginhard entre le premier, et court dans les bras de son père.*)

ULRIC.

C'est toi, cher Eginhard ! à quel heureux hasard dois-je la faveur de t'embrasser sitôt ?

ÉGINHARD.

Ce n'est point le hasard que nous devons remercier, mon père, c'est un homme bienfaisant, généreux ; (*montrant Romuald qui entre.*) sire Romuald enfin.

URIC, *se prosternant devant Romuald.*

Ah ! seigneur, tant de clémence envers un vassal indocile...

ROMUALD.

Je ne viens point ici vous parler de vos torts, Ulric, j'ai tout oublié depuis long-tems. J'y viens pour vous rendre un fils et solliciter votre amitié.

ULRIC.

Le vainqueur qui offre la paix à d'aussi douces conditions, quand il pourrait en imposer de rigoureuses, n'est-il pas certain de conquérir l'amour même de ses ennemis ?

ROMUALD.

Si votre cœur est disposé à m'entendre, embrassons-nous, Ulric, et que cette franche accolade soit le gage sincère de l'alliance durable qui va s'établir désormais entre nous.

ULRIC.

J'y souscris de grand cœur ! (*ils s'embrassent.*)

ROMUALD, *à Eginhard lui montrant son cœur.*

Eh bien ! Eginhard, viens donc prendre ta place.

(Eginhard se précipite vers Romuald, qui le presse contre son sein, tandis que, de la main droite, il tient Ulric embrassé. Celui-ci exprime, à part, la haine qu'il porte à Romuald.)

EGINHARD.

Généreux bienfaiteur !

ULRIC, *à part.*

Que je le hais !

ROMUALD.

Je dois cependant vous dire, Ulric, que la démarche que je fais aujourd'hui, près de vous, n'est pas tout-à-fait exempte d'intérêt, mais c'est un intérêt bien cher ; il s'agit du bonheur d'Eginhard, et j'espère vous trouver aussi disposé à y souscrire, que vous vous êtes montré favorable à notre réconciliation.

ULRIC.

N'en doutez pas, seigneur.

ROMUALD.

Eginhard aime passionnément Clotilde.

ULRIC.

La fille de Gontran, de votre métayer !... (*à part.*) Quelle humiliation !

ROMUALD.

On ne peut contester à Gontran la noblesse de son origine, ainsi, sous le rapport de la naissance, cette alliance n'a rien qui doive vous déplaire ; sous celui de la fortune, il est vrai que le hasard n'a point favorisé Clotilde ; mais aux qualités, aux vertus qu'elle possède, elle eût mérité de naître de la fille d'un prince... Elle est douce, sage, modeste...

EGINHARD.

Elle est bonne, surtout !...

ULRIC.

Pardon, sire Romuald ; c'est avec le plus vif regret que je me vois dans l'impossibilité absolue d'accueillir votre demande, mais j'ai depuis peu fait un choix pour mon fils.

EGINHARD, *vivement.*

Eginhard et Clotilde sont unis pour la vie, ils l'ont juré par le ciel et l'honneur.

ROMUALD.

Modérez-vous, Eginhard; la volonté d'un père est sacrée. Fut-elle injuste même, il est du devoir d'un bon fils d'y souscrire aveuglément.

ULRIC, *à part.*

Encore un motif de plus pour le haïr ! il m'a aliéné le cœur de mon fils. (*haut.*) Eginhard, vous étiez plus soumis autrefois.

ROMUALD, *bas à Ulric.*

J'ai peut-être eu tort de commencer cet entretien en sa présence ; nous le reprendrons plus tard, et j'espère être assez heureux pour vaincre vos préventions.

ULRIC.

J'ose me flatter, seigneur, que vous me ferez l'honneur de passer la nuit au château ?

ROMUALD.

C'était mon intention ; mais je me suis rappelé que ma présence est nécessaire à Morwan ce soir, et je vous prie de trouver bon que je n'accepte point aujourd'hui votre gracieuse invitation. Mais nous nous reverrons souvent, j'espère.

ULRIC.

Vous permettrez du moins à mes vassaux de vous présenter leurs hommages. (*Sans attendre la réponse de Romuald, il appelle.*) Hugo ?

SCÈNE III.

Les précédens, HUGO.

HUGO.

Seigneur !

ULRIC, *bas.*

Il ne reste pas. Tout est-il disposé ?

HUGO, *bas.*

A-peu-près.

ULRIC.

Fais entrer tous mes gens, et qu'ils rendent au sire Romuald les honneurs que des vassaux soumis et respectueux doivent à leur suzerain.

SCÈNE IV.

LES PRÉCÉDENS, Chevaliers, Hommes d'armes, Ecuyers, Pages, Femmes.

(Des pages et des femmes entrent, viennent saluer Romuald, le désarment, lui ôtent l'éperon, et lui donnent à laver. Pendant ce tems, on apporte une table magnifiquement servie. Ulric engage Romuald à s'y asseoir, et se place à sa droite ; Eginhard est à gauche. On voit entrer des chevaliers armés de pied en cap, tenant chacun leur dame par la main, et suivis d'écuyers qui portent leurs bannières sur lesquelles on lit les devises suivantes :)

CONSTANCE ET LOYAUTÉ.
AMOUR POUR ELLE.
ELLE BRILLE ENTRE TOUTES.
JAMAIS A D'AUTRE.
DIEU ET MA DAME.
AMOUR ET GLOIRE.
JE LA VOIS PARTOUT.
JE CHÉRIS MES LIENS.
LOIN D'ELLE JE LANGUIS.

(Les chevaliers exécutent un tournois, après lequel on danse pour célébrer le triomphe des vainqueurs. Vers la fin du ballet quelques hommes d'armes, conduits par Hugo, entrent mystérieusement et se cachent dans l'embrasure des croisées.)

HUGO, *bas à Eginhard.*

Une personne qui vous intéresse, se présente aux portes du château, et demande à parler en secret à sire Eginhard.

EGINHARD, *à Romuald.*

Permettez, seigneur, que je vous quitte un moment.

(*Il sort.*)

ULRIC.

Chevaliers, la fête est terminée.

(*Tout le monde se retire, il ne reste plus que les hommes d'armes.*)

HUGO, *bas à Ulric.*

Quand vous voudrez, seigneur.

SCÈNE V.

ROMUALD, ULRIC, HUGO, Hommes d'armes.

(Ulric se lève, fait un signe aux hommes d'armes, qui se précipitent sur Romuald, et le désarment.)

Le Solitaire. E

ROMUALD.

Eh ! quoi, seigneur ! est-ce ainsi que vous me prouvez la sincérité de vos promesses ? vous ! un chevalier violer aussi lâchement les droits de l'hospitalité...

ULRIC.

Je ne puis vous entendre, seigneur ; ce n'est point à moi de vous juger ; c'est en présence du monarque que vous ferez valoir vos moyens de défense, puissent-ils vous être aussi favorables que je le desire !... Allez, Hugo, conduisez sire Romuald au donjon de la vieille tour ; ayez pour lui tous les égards dus à son rang et au malheur. (*Bas.*) Qu'il soit chargé de fers et plongé dans le cachot le plus obscur. (*Haut.*) Allez.

(On entraîne Romuald vers une porte à droite. Il s'écrie avec force :)

ROMUALD.

Eginhard ! à moi ; Eginhard !

(On le pousse avec violence dans le corridor. Pendant cette scène on a enlevé la table.)

ULRIC.

Etouffez ses cris.

EGINHARD, *en dehors et de loin*.

Me voilà !

ULRIC.

Mon fils ! ô contretems !

SCENE VI.

LES PRÉCÉDENS, EGINHARD.

EGINHARD, *entre avec la rapidité de l'éclair, et s'élance sur les hommes d'armes.*

Me voilà !... infâmes ! Rendez moi Romuald.

(Il embrasse son ami et le pousse de l'autre côté de la scène en le couvrant de son corps.)

ULRIC.

Que faites-vous, mon fils ?

EGINHARD.

Mon devoir ! (*Il tient Romuald d'une main, et de l'autre, son épée nue avec laquelle il écarte les hommes d'armes.*) Je vous ordonne de le traiter avec respect.

HUGO.

Nous ne devons obéir qu'à votre père.

ULRIC.

Quel excès d'insolence ! Eh ! quoi, mon fils, vous avez donc oublié tous vos devoirs ?

EGINHARD.

Je ne me souviens que de ma reconnaissance.

ULRIC.

Livrez-nous Romuald.

ROMUALD.

Obéissez, Eginhard.

EGINHARD.

Livrer mon bienfaiteur à ces misérables ! il leur faudra marcher sur mon corps avant de parvenir jusqu'à lui.

ULRIC.

Ne me forcez point à employer la violence.

EGINHARD.

Que m'importe ? armé par lui, mon bras est invincible.

ULRIC, *à Hugo*.

Qu'on désarme mon fils. (*Les hommes d'armes font un mouvement.*)

EGINHARD.

Tremblez, traîtres !... c'est l'épée de Romuald, vous ne l'aurez qu'avec ma vie.

ULRIC, *à Eginhard*.

Encore une fois, Eginhard, obéis à ton père.

EGINHARD.

En demandant une bassesse, il m'a dispensé de l'obéissance.

ULRIC.

Abandonne Romuald, et je promets de te donner Clotilde.

EGINHARD.

Elle me mépriserait, si notre union était le prix d'un crime.

ULRIC.

Obéis.

ROMUALD.

De grâce, Eginhard, abandonne ton malheureux ami.

EGINHARD.

Ne vous souvient-il plus du serment que nous avons fait ? Non, mon bienfaiteur, je ne vous quitterai qu'à la mort.

ULRIC.

Eh bien, tu le veux. (*à ses gens.*) Ne respectez plus rien, désarmez mon fils et entraînez Romuald.

(*Tous les hommes d'armes font un mouvement, l'un d'eux s'avance trop près d'Eginhard, qui lui arrache son arme et la donne à Romuald.*)

ÉGINHARD.

Oui, qu'ils viennent le prendre dans mes bras.

(*Romuald et Eginhard s'adossent l'un à l'autre : d'une main, ils se tiennent embrassés, et de l'autre, ils combattent en tournant, et renversent tous ceux qui se présentent.*)

Sortons par cette porte.

ULRIC, *tire son épée et se présente au-devant d'Eginhard.*

Eh bien, immole aussi ton père.

ÉGINHARD, *comme frappé de la foudre, s'arrête et laisse échapper son arme.*

Mon père! (*il se cache la figure dans ses mains et tombe à genoux devant Ulric.*) O malheureux ami!

ULRIC, *satisfait, à part.*

Ah! (*il fait signe à ses gens de ramasser l'épée d'Eginhard.*)

ROMUALD.

Ne crains rien pour moi, cher Eginhard, le ciel est juste et je suis innocent. (*Il s'arrête et remet son épée à Hugo.*) Disposez de moi.

ULRIC.

Exécutez mes ordres. (*On emmène Romuald.*)

ÉGINHARD.

Laissez-moi le suivre...

ULRIC.

Non, demeurez.

SCENE VII.

ULRIC, EGINHARD.

ÉGINHARD.

Au nom du ciel, apprenez-moi, seigneur, le motif de cette violence.

ULRIC.

Quoique je ne doive compte à personne de mes actions, je veux bien cependant descendre à vous instruire des motifs de ma conduite. J'agis par ordre du souverain.

ÉGINHARD.

Le Roi n'a point ordonné cette infamie.

ULRIC.

Vous pourriez, ce me semble, qualifier autrement...

EGINHARD.

Pardonnez-moi, seigneur, si je sors des bornes du respect que je vous dois ; mais c'est votre honneur, le mien que je défends. Je le répète, vous commettez une action déloyale, contraire au droit des gens, aux lois de la chevalerie, et qui vous couvrira votre nom d'un opprobre éternel.

ULRIC.

Eginhard !...

EGINHARD.

Je connais la haine que vous portez depuis long-tems à Romuald, c'est elle qui vous a suggéré l'horrible projet que vous mettez à exécution.

ULRIC.

Mon fils !...

EGINHARD.

Lorsque vous fûtes vaincu et fait prisonnier, il y a un an, dans le combat que vous lui livrâtes par trahison, et qu'on vous amena devant lui, désarmé et tremblant ; qu'il vous en souvienne, seigneur, cet homme généreux vint au-devant vous, détacha vos fers, vous rendit votre épée, et vous dit avec bonté : « Allez, Ulric, allez en paix, soyez à l'avenir mon fidèle châtelain, c'est là toute ma vengeance. » Vous vous attendiez à recevoir le châtiment que méritait votre rébellion, et vous restâtes anéanti, confondu sous le poids de tant de générosité.

ULRIC.

Vous osez !...

EGINHARD.

Je le sais, sa grandeur vous blesse, et vous voulez vous délivrer pour jamais d'un rival dont l'aspect vous irrite. Mais quel moment choisissez-vous ? celui où, avec la plus noble confiance, il vous ramène lui-même, sans rançon, sans la moindre réserve, le fils qui devait lui garantir votre fidélité !

ULRIC.

Vous vous trompez, Eginhard, l'intérêt personnel, ou les passions que vous me supposez, n'entrent pour rien dans l'action que je fais aujourd'hui. La justice sollicite un exemple sévère... Romuald est le fils d'un usurpateur, d'un criminel...

EGINHARD.

La justice, ô ciel !

ULRIC.

Oui, elle doit punir, jusques dans les enfans, les crimes de leur père.

EGINHARD, *avec énergie.*

Rétractez-vous, seigneur, vous venez de prononcer mon arrêt. (*Ulric s'arrête et reste confondu.*) Vous êtes ému!... de grace, ne résistez point au mouvement qui vous parle en faveur de mon ami. Quel fruit retirerez vous de sa mort? l'aggrandissement de vos domaines peut-être? Mais croyez-vous pouvoir jouir en paix d'un bien acquis au prix du sang d'un homme? Non... l'ombre de votre victime sera sans cesse errante au milieu de ces murs abandonnés, ses derniers soupirs retentiront sans cesse à votre oreille, les remords d'une conscience irritée empoisonneront votre existence, ils abrégeront vos jours. C'est en vain que vous appellerez auprès de vous des hommes pieux, que vous leur demanderez des consolations; l'image de Romuald ne vous quittera pas, elle sera là pour vous tourmenter; ils auront beau demander au ciel qu'il vous pardonne, la voix de Romuald parlera plus haut qu'eux. Jusqu'à votre dernière heure vous aurez devant les yeux sa figure menaçante. Lorsqu'enfin l'ange de la mort voudra trancher le fil de votre vie, c'est un spectre sanglant qui viendra vous saisir et vous entraîner avec lui dans la nuit éternelle. (*Ulric fait un mouvement d'horreur.*) Vous frémissez?...

ULRIC.

Mais c'est d'indignation.

EGINHARD.

Eh quoi! rien ne saurait vous émouvoir!

ULRIC.

J'exécuterai sans crainte les ordres que j'ai reçus.

EGINHARD.

Vain détour qui ne saurait m'abuser. Eh bien! dites donc aussi: j'avais un fils.

ULRIC.

Qu'entends-je?

EGINHARD.

Celui-là seul est mon père, qui, par son exemple et ses leçons, m'a enseigné la vertu.

ULRIC.

Eginhard...

EGINHARD.

Je me sépare de vous.

ULRIC.

Mon fils!...

EGINHARD.

Je vous fuis pour jamais!

ULRIC.

Mes ordres sont donnés, tu ne saurais sortir d'ici.

EGINHARD.

J'en sortirai pour défendre et sauver mon bienfaiteur ou périr avec lui. (*fausse sortie.*)

ULRIC.

Vaine audace que je saurai réprimer. (*voyant Hugo qui rentre par le corridor à droite.*) Eh bien ! Hugo ?

EGINHARD, *frappé de ce mot s'arrête et se retourne.*

(*A part.*) Hugo !... Ecoutons.

(Il feint de sortir ; mais ne se voyant pas observé, il revient et se glisse vivement derrière un des trophées d'armes qui sont de chaque côté de la porte du fond.)

SCENE VIII.

LES PRÉCÉDENS, HUGO, Hommes d'armes.

HUGO.

Seigneur, vous êtes obéi.

ULRIC, *aux hommes d'armes.*

Redoublez de vigilance, que l'on place des sentinelles sur les remparts, que l'on veille exactement toute la nuit pour empêcher qui que ce soit de sortir du château sans mon ordre, mais surtout, mon fils ! Vous laisserez entrer tous ceux qui se présenteront sans armes. (*à Hugo.*) Nous avons besoin d'un homme sûr et dévoué ; choisis celui dont le courage et la fidélité te sont le mieux connus.

HUGO, *en choisit un.*

Demeure.

(Un homme d'armes équipé de pied en cap, le casque en tête, la visière baissée et la lance à la main, reste debout dans un coin de la galerie, les autres se retirent.)

SCENE IX.

ULRIC, EGINHARD, HUGO, Homme d'armes.

ULRIC, *au soldat en indiquant la porte du fond.*

Ferme cette porte. (*Le soldat obéit.*) Parlons de Romuald.

HUGO.

Sa résignation m'a presque touché. Cet homme a vraiment une belle âme.

ULRIC.

Ne vas-tu pas aussi faire son éloge ?

HUGO.

Pardon, seigneur, j'oubliais... Qu'avez-vous décidé ?

ULRIC.

Je ne sais. Mon fils a singulièrement ébranlé ma résolution. Je n'ai plus le courage d'ordonner sa mort de sang-froid.

HUGO.

Qu'à cela ne tienne, seigneur.

ULRIC.

Non, Hugo, le tableau qu'Eginhard m'a tracé des suites de ce crime, est épouvantable, il m'a fait frissonner... A moins qu'une circonstance imprévue ne l'exige impérieusement, Romuald ne mourra point.

HUGO.

Qu'en ferez-vous ? vous ne pouvez le garder long-tems ici.

ULRIC.

Connaissant sur-tout la tendre affection que lui porte Eginhard. Voici ce que j'ai résolu. Vers les confins de l'état de Gênes et du comté de Nice, est un vieux château fort, bâti sur la cime d'un roc escarpé, qui regarde la mer ; c'est là, dans cette retraite silencieuse, jadis habitée par mes pères, et que j'ai donnée pour récompense à un homme qui m'est entièrement dévoué, que tu vas conduire Romuald. C'est là qu'il vivra captif et ignoré. C'est cette nuit, à l'instant même qu'il faut partir, accompagné par ce soldat fidèle, car tu es bien sûr de lui, n'est-ce pas ?

HUGO.

Comme de moi.

ULRIC.

Il est capable...

HUGO.

De tout.

ULRIC.

Bien armés tous deux, vous conduirez Romuald à sa destination ; vous ne marcherez que la nuit, et en suivant les chemins détournés. Vous vous reposerez le jour, et choisirez un abri dans un antre désert ou dans une épaisse forêt. Cependant, je ferai répandre dans la contrée le bruit que Romuald, mandé par la cour, est parti sous une bonne escorte ; je supposerai même cet ordre dont j'ai parlé.

HUGO.

L'adroit Gontran vous secondera, fiez-vous à lui. Mais... (car il faut tout prévoir) s'il arrivait, pendant ce voyage, que Romuald voulut nous opposer de la résistance, ou qu'un ami courageux tentât de nous l'enlever ?

ULRIC.

Alors, et dans ce cas seulement, je te laisse maître d'agir. Viens, suis moi, je vais te donner une lettre qui contiendra mes instructions, et que tu remettras au châtelain de la montagne en même tems que le prisonnier.

HUGO, *à l'homme d'armes.*

Demeure là, je reviens bientôt.

(*Il entre avec Ulric dans l'appartement qui est à gauche.*)

SCENE X.

EGINHARD, Un Homme d'armes.

EGINHARD, *à part.*

Ma démarche est téméraire, sans doute, mais je n'ai que ce moyen pour sauver Romuald.

(Au bruit qu'il fait, le soldat se retourne, le voit, lève la visière de son casque, et fait un mouvement comme pour appeler. Eginhard l'arrête.)

Que vas-tu faire ? Ecoute-moi, soldat. Je suis Eginhard, le fils de celui que tu sers et je viens m'opposer à l'action infâme qu'on veut te faire commettre. C'est pour combattre vaillamment et dans les champs de l'honneur que tu as embrassé la carrière des armes, et non pour égorger lâchement un homme sans défense. Eh bien, ce prisonnier que vous allez ravir à tout ce qui lui est cher, à qui ton complice te forcera peut-être d'arracher la vie, il est innocent, il est mon ami, mon bienfaiteur, il serait le tien s'il te connaissait; toute la contrée le chérit, le révère; mon père seul le hait; mais ses motifs sont injustes et je ne souffrirai pas qu'il se déshonore par un crime. Caché derrière ce trophée, j'ai tout entendu ; je veux prendre ton armure et accompagner Hugo à ta place. Il le faut, je le veux ; voilà de l'or ou un poignard. Choisis.

(*Il fait d'une main un geste menaçant et de l'autre présente une bourse.*)

L'HOMME D'ARMES.

Je ne veux ni l'un, ni l'autre.

EGINHARD.

Eh ! quoi, tu ne cèdes ni à l'intérêt, ni à la crainte ?

Le Solitaire. F

L'HOMME D'ARMES.

Non, je cède à ma conscience qui me dit que je fais bien.
(Il ôte son casque qu'il pose sur la tête d'Eginhard, il défait sa casaque, ses gantelets, et donne à mesure chaque pièce à Eginhard qui s'en revêt.)

EGINHARD.

Brave homme ! le ciel ne laissera pas cette action sans récompense. Va, fuis, derobe-toi à tous les regards; tout serait perdu si l'on s'apercevait de cette supercherie.
(Eginhard armé de pied en cap ouvre la porte du fond à l'homme d'armes, qui s'éloigne. Au moment où Eginhard veut refermer la porte, Edmond se présente.)

SCENE XI.

EGINHARD, EDMOND.

EDMOND, *mystérieusement*.

Sire Eginhard ?

EGINHARD.

Que voulez-vous ?

EDMOND.

Lui parler en secret d'une chose qui l'intéresse.

EGINHARD.

Il ne peut vous entendre.

EDMOND.

C'est Clotilde qui m'envoie...

EGINHARD.

Clotilde !... (*il lève sa visière.*) Parlez : je suis Eginhard. (*avec défiance.*) Mais si c'était une ruse pour m'éloigner d'ici. Laisse-moi, vieillard, je ne te crois pas.

EDMOND.

En croirez-vous cet anneau, qu'elle m'a confié pour vous prouver la vérité de ma mission ?

EGINHARD.

Je le reconnais; mais parlez bas. Eh bien, Clotilde...

EDMOND.

Doit être enlevée cette nuit et livrée à un de ces misérables qui fréquentent la maison de Gontran.

EGINHARD.

Livrée !... vous me faites frémir !... Et par qui ?

EDMOND.

Par un père dénaturé. J'ai été, sans le vouloir, le témoin de cet horrible marché.

EGINHARD.

Grand dieu !

EDMOND.

C'est à minuit...

EGINHARD.

Minuit ! ô ciel !

EDMOND.

Tout moyen de fuir lui est ôté; elle n'a d'espoir qu'en vous.

EGINHARD.

En moi !

EDMOND.

Son père doit la tenir enfermée; mais, aidé par l'amour et l'audace, vous viendrez à bout de la sauver.

EGINHARD.

Je puis la sauver !

EDMOND.

Si vous tardez, elle est perdue pour vous.

EGINHARD.

Perdue pour moi !

EDMOND.

Eh ! quoi, vous balancez !

(Eginhard se cache la tête dans les mains comme un homme au désespoir et vivement combattu par des sentimens opposés.)

M'auriez-vous trompé ? ne seriez-vous point Eginhard ?

EGINHARD.

Je le suis.

EDMOND.

Vous n'aimez donc plus Clotilde ?

EGINHARD.

Si je l'aime ! ah ! plus que ma vie.

EDMOND.

Eh bien ! suivez-moi, il est tems ; nous avons beaucoup de chemin à faire.

EGINHARD.

Je ne le puis.... devoir ! amour ! amante ! bienfaiteur !.... Non, non, je ne puis te suivre.

EDMOND.

Que signifie le trouble où je vous vois ?

EGINHARD.

Vieillard, qui que tu sois, tu mérites ma confiance puisque tu es envoyé par Clotilde. Apprends donc que le brave Romuald est ici, détenu par ordre injuste de mon père, et que l'on doit cette nuit, à l'instant même, le transférer dans une prison lointaine, pour le faire périr : il est mon ami, mon bienfaiteur, mon père ! je lui dois tout ; sa délivrance est entre mes mains ; si je diffère, si je m'éloigne, il est perdu, il expire peut-être sous le fer des assassins. Retourne vers Clotilde, fais ensorte de la voir, de lui parler ; dis-lui bien que la reconnaissance est un devoir sacré, le premier de tous; que c'est en ce moment que je dois me rendre digne de tout son amour, et que quand j'aurai réussi dans la plus belle action de ma vie, je volerai vers elle pour la sauver ou mourir à ses yeux. (*Il le pousse doucement vers la porte du fond, puis par réflexion, il l'arrête.*) Mais j'y songe, ô grand dieu ! comment aller trouver Clotilde ? tu ne peux sortir de ce château, mon père vient d'en faire à l'instant la défense formelle.

EDMOND.
Que me dites-vous ?

EGINHARD.
La vérité.

EDMOND.
Comment ! il n'est pas de moyens....

EGINHARD.
Aucun. On obéit aveuglément aux ordres de mon père.... On vient !.. ne dites point que je suis Eginhard.

(*Il baisse la visière de son casque, et se tient à la place où était l'homme d'armes.*)

SCÈNE XII.

LES PRÉCÉDENS, ULRIC, HUGO.

HUGO.
Que demande cet homme ?

EDMOND.
Je demande à parler au châtelain Ulric.

ULRIC.
Qui es-tu ?

EDMOND.
Un pauvre solitaire qui habite une humble cabane sous la Roche Noire, près la source du Verdon. C'est de la com-

passion des habitans de cette contrée que je tiens ma subsistance. Je revenais de la tournée que j'ai coutume de faire chaque semaine, quand j'ai été surpris par la nuit. Je me trouvais alors à peu de distance de votre château, et j'ai osé m'y présenter pour demander un gîte. Vos hommes d'armes m'ont ouvert la porte et m'ont envoyé vers vous pour solliciter moi-même cette permission que vous ne refuserez pas, j'espère, à mon âge et à ma faiblesse.

HUGO.

Il dit vrai. Il se nomme Maurice ; je me souviens de l'avoir vu venir plusieurs fois à la métairie de Gontran.

ULRIC, *bas à Hugo.*

A la métairie de Gontran, dis-tu ?.. si c'était un envoyé de cette Clotilde, que mon fils aime.... qui sait ?... il vient peut-être ici pour parler à Eginhard. (*à Edmond.*) Ne serais-tu pas porteur de quelque message ?

EDMOND.

Moi, seigneur châtelain !

ULRIC.

On ne t'a pas remis de lettre pour une personne qui habite ce château ?

EDMOND.

Il ne tient qu'à vous de vous en convaincre.

ULRIC.

Il a l'air de bonne foi. D'ailleurs, on le surveillera. J'y consens, vieillard, tu peux passer la nuit au château.

EGINHARD, *à part.*

Clotilde ! que vas-tu devenir !

HUGO.

A quoi bon conserver des motifs d'inquiétude, quand on peut s'en délivrer à l'instant même ? Si vous m'en croyez, seigneur, vous renverrez cet homme. Dans la conjoncture où nous nous trouvons, il me semble au moins imprudent de permettre l'entrée du château à des étrangers.

ULRIC.

Tu as raison. Appèle mes gens.

HUGO.

Holà !

SCENE XIII.

LES PRÉCÉDENS, deux Hommes d'Armes.

ULRIC.

Que l'un de vous conduise cet homme hors des remparts, et qu'on l'observe bien afin qu'il ne parle à personne ; mais surtout à mon fils si le hasard le lui faisait rencontrer.

EGINHARD, *à part.*

O Dieu ! je te rends grâce !

EDMOND.

Eh quoi ! seigneur châtelain ?...

ULRIC.

Qu'on obéisse.

EDMOND, *bas à Eginhard.*

Je vais trouver Clotilde et la sauver s'il se peut.

(Il s'incline respectueusement et sort, conduit par un homme d'armes.)

SCENE XIV.

ULRIC, EGINHARD, HUGO,
Un Homme d'armes.

ULRIC.

Maintenant, Hugo, va chercher Romuald et emmène-le promptement. Pressez votre marche, afin d'être loin d'ici quand le jour paraîtra. (*Hugo entre dans le corridor et rentre un instant après avec Romuald.*)

SCENE XV.

LES PRÉCÉDENS, ROMUALD.

ULRIC, *à Eginhard en lui prenant la main.*

Soldat, sois fidèle et brave, je te récompenserai au retour.
(*Eginhard met la main sur son cœur.*)

HUGO.

Oh ! je réponds de lui. Partons.

ULRIC.

Pour plus de sûreté, prends encore cet homme avec toi.
(*Il montre l'homme d'armes qui est resté dans le fond.*)

EGINHARD, *à part.*

O ciel !

(Ils sortent par la porte du fond, Hugo marche le premier ; Romuald le suit, puis l'homme d'armes et Eginhard. Celui-ci rentre dans son appartement.)

Fin du second Acte.

ACTE III.

Le théâtre représente le val de la Roche Noire, éclairé par la lune. Les trois premiers plans sont occupés par des rochers noirâtres qui forment comme une espèce de voûte, qui sert d'encadrement au tableau du fond. A gauche, au second plan, dans l'angle du rocher, est une mauvaise hutte en chaume qui sert de retraite à Edmond. Au cinquième plan, est une chaussée élevée et traversée par un petit pont ruiné en pierres et d'une seule arche. Au-delà de la chaussée une chaîne de montagnes qui se dégradent et se perdent dans l'horizon.

SCENE PREMIERE.

ROGER, GONTRAN, Hommes d'armes.

(*On les voit traverser le fond de la scène.*)

GONTRAN, *montrant à Roger la Roche Noire.*

C'EST là, si je ne me trompe, sous la Roche Noire, qu'il a établi sa retraite.

ROGER.

En effet, j'aperçois une mauvaise hutte, dans l'angle du rocher... Approchons-nous sans bruit, et écoutons. (*Tous approchent, entourent la cabane et écoutent.*)

GONTRAN.

On n'entend rien. Frappons. (*il frappe et recommence à plusieurs reprises.*) Holà ! répondez !

ROGER.

On ne répond pas, il faut briser la porte.

GONTRAN.

A quoi bon ? on n'entend pas le moindre bruit... point de lumière dans l'intérieur.

ROGER.

N'importe, je veux savoir à quoi m'en tenir. C'est pour avoir usé de modération ce matin que Clotilde nous échappe;

car c'est à coup sûr ce mendiant maudit qui a déconcerté nos projets. Si j'avais suivi mon premier mouvement, nous n'aurions pas la peine de courir après la belle fugitive ; mais malheur à ce vieil hypocrite s'il se présente devant moi.
(*Il enfonce la porte de la cabane et y entre avec Gontran.*)

SCENE II.

LES PRÉCÉDENS, EDMOND, CLOTILDE.

(*Clotilde, conduite par Edmond, paraît dans le fond sur la chaussée ; ils entendent le bruit que l'on fait sous la roche, et s'arrêtent.*)

EDMOND, *à Clotilde.*

Vos persécuteurs sont là ! (*ils se cachent derrière des buissons pour observer ce qui se passe en bas.*)

ROGER, *sortant de la cabane.*

Personne ! mais son absence même prouve qu'il n'est point étranger à l'évasion de ma future épouse.

GONTRAN.

C'est pendant notre conversation que Clotilde a disparu. Ainsi, quelque part qu'elle soit allée, il est certain qu'elle ne peut être loin de Morwan. Divisons nos gens par petites bandes et parcourons la campagne pendant toute la nuit.

EDMOND, *à Clotilde.*

Fuyons vers le château d'Ulric.

ROGER.

Je vais me présenter au château d'Ulric, pour savoir si elle ne s'est point réfugiée près du cher Eginhard.

EDMOND, *frappé par les mots de Roger change d'avis et désigne la droite, comme leur offrant une voie plus sûre.*

Non, non, du côté du lac.

GONTRAN, *à Roger.*

Moi je vais parcourir les bords du lac.

EDMOND, *à Clotilde.*

Nous ne pouvons leur échapper ; c'est fait de nous.

ROGER.

Ah ! ça, Gontran, ce petit incident ne change rien à nos conventions ?

GONTRAN.

Pas la moindre chose : au contraire, Clotilde vous appar-

Le Solitaire. G

tiendra plus que jamais, puisque vous l'aurez conquise les armes à la main.

ROGER.

Je vole à sa poursuite.

GONTRAN.

Et moi aussi. Convenons, avant de nous séparer, que si la nuit se passe sans que nous l'ayons retrouvée, nous nous réunirons, au point du jour, à la métairie, pour y concerter les mesures à prendre.

ROGER.

J'espère y être auparavant et y ramener votre fille.

GONTRAN, *gaîment*.

Ma fille! si elle l'était vous ne mettriez pas autant d'empressement à la retrouver; convenez-en, brave chevalier.

ROGER.

Je ne dis pas...

GONTRAN.

Au demeurant, comme je n'agis pas pour vous seul, peu m'importe ce que vous pensez au fond de l'âme, pourvu que tout aille au gré de mes desirs.

(Pendant cette dernière partie de la scène, Edmond, qui a d'abord paru désespéré, imagine de se cacher sous l'espèce de pont qui est sous la route; en conséquence, il descend avec Clotilde par le côté de la chaussée qui regarde les montagnes, et reparaît bientôt sous l'arche, où ils se tiennent blottis tous deux. Roger et Gontran sortent de la grotte, et partagent leur troupe en petits détachemens. Roger monte sur la chaussée et s'éloigne par la gauche : Gontran avec ses gens se dirige vers la droite.)

SCENE III.

EDMOND, CLOTILDE.

(Dès que Gontran et Roger sont hors de la vue, Edmond conduit Clotilde sous la roche, elle se jette dans ses bras.)

CLOTILDE.

O mon libérateur! que ne vous doit point la pauvre Clotilde!...

EDMOND.

Ne nous félicitons pas tout-à-fait encore; vous n'êtes qu'à demi sauvée.

CLOTILDE.

Oh! de grâce, fuyons... éloignons-nous.

EDMOND.

Les gens de Roger sont répandus de tous côtés, et je crois que, sans une extrême imprudence, vous ne pouvez vous éloigner de ces lieux ; d'ailleurs, la rapidité de notre course, les mauvais chemins que nous avons traversés, l'inquiétude bien naturelle dans ce pressant danger ; tout a affaibli vos forces.

CLOTILDE.

J'en aurai pour fuir les scélérats qui veulent me séparer de mon cher Eginhard.

EDMOND.

Mon enfant, parlez avec plus de ménagement de celui qui vous a donné l'être. Gontran est bien coupable, sans doute ; mais enfin il est votre père.

CLOTILDE.

Non, il ne l'est pas.

EDMOND.

Et de qui donc êtes-vous la fille ?

CLOTILDE.

Hélas ! je l'ignore.

EDMOND, *à lui-même, et paraissant occupé d'une idée qui le flatte.*

Se peut-il bien que Gontran ne soit pas son père ! (*à Clotilde.*) Depuis quand la connaissance de ce mystère est-elle parvenue jusqu'à vous ?

CLOTILDE.

Ainsi qu'il avait été convenu avec Gontran, Roger est arrivé à minuit à la métairie. Ils me supposaient dans ma chambre, et livrée au sommeil ; dès lors ils crurent pouvoir s'entretenir librement et sans réserve de l'horrible marché qu'ils allaient conclure ; mais je m'étais adroitement glissée dans un petit corridor voisin de la salle basse, et là, j'ai entendu ces mots sortir de la bouche de Gontran : « Encore une fois, vous
» dis-je, Roger, elle n'est pas ma fille, je n'ai aucuns droits sur
» elle ; c'est ce qu'il faut surtout que vous lui cachiez soigneu-
» sement, jusqu'à ce qu'elle ait consenti à devenir votre
» femme. Vous concevez que si elle avait le moindre soupçon
» de la vérité, elle nous échapperait à tous deux. » Cette confidence me fit frémir ; mais en même tems, elle soulagea mon cœur, elle me donna le courage de fuir. Cette démarche, que je regardais auparavant comme imprudente, comme criminelle peut-être, et que je ne faisais qu'en tremblant, me parut nécessaire et légitime. J'ai profité du moment où ils sont

entrés dans la chambre de Gontran, pour ouvrir la croisée du corridor et sauter dans le jardin. Vous m'attendiez là, bon Maurice, je me suis jetée dans vos bras, vous avez guidé mes pas tremblans, soutenu ma faiblesse; de grace, achevez votre ouvrage en ne me laissant pas retomber au pouvoir de mes persécuteurs.

EDMOND.

Ma vie vous est consacrée, chère enfant ! Mais, dites-moi, quel est votre nom ?

CLOTILDE.

Clotilde.

EDMOND.

Vous n'en avez pas d'autre ?

CLOTILDE.

Du moins, on ne me l'a jamais dit.

EDMOND.

Et votre âge ?

CLOTILDE.

Vingt-deux ans.

EDMOND, *douloureusement*.

Ah ! je m'étais abusé ; ma fille en aurait à peine vingt !

CLOTILDE.

Quoi ! bon vieillard, vous eûtes une fille ?

EDMOND.

Hélas ! elle est morte, et depuis dix-huit ans je la pleure. Attiré par je ne sais quel pressentiment, j'étais revenu dans ces lieux où je l'ai perdue; mais tous les renseignemens que j'ai pu recueillir, n'ont servi qu'à me confirmer sa perte irréparable.

CLOTILDE.

Irréparable, dites-vous ? oh ! non, je veux vous tenir lieu de cet enfant chéri ; unissons nos destinées ; si vous y consentez, Maurice, nous ne nous quitterons plus ; je vous suivrai partout ; bientôt courbé sous le poids des ans, vous aurez besoin d'un appui, d'un guide ; je vous en servirai, je travaillerai pour vous nourrir ; ah ! quoique fasse la reconnaissante Clotilde, elle ne sera jamais quitte envers vous.

EDMOND, *avec beaucoup d'émotion*.

Oui, Clotilde, oui, j'accepte vos offres. (*Il la presse sur son cœur.*) Viens, mon enfant, viens dans mes bras, sur mon cœur !.... ô mon dieu ! tu n'as pas voulu me laisser descendre au tombeau sans goûter encore une fois le bonheur d'être père !.. mais, que dis-je ? insensé vieillard ! aulieu de te livrer à une joie prématurée, pense plutôt aux dangers de ta fille adoptive, et redouble d'efforts pour la sauver. Vous avez vû par l'empressement avec lequel les gens de Roger ont couru sur vos traces, quel prix ils attachent à votre possession. La visite qu'ils viennent de faire ici a dû dissiper une partie des soupçons qu'ils avaient pu concevoir sur notre intelligence; mais pour les détruire entièrement, je crois qu'il est à propos que je me rende à la métairie, que je me présente à Gontran, dut-il me retenir quelques instans pour s'assurer de moi, il n'imaginera pas du moins que vous êtes cachée dans ma cabane.

CLOTILDE.

Comment! vous voulez me laisser seule ici?

EDMOND.

Vous y serez plus en sûreté que partout ailleurs.

CLOTILDE.

Mais si pendant votre absence ce méchant Roger se présentait....

EDMOND.

Cela n'est pas à présumer. En tout cas vous n'ouvrirez à personne. Au moindre bruit que vous entendrez, ou si l'on fait quelque tentative pour entrer de force, vous vous sauverez dans un renfoncement obscur, pratiqué à l'extrêmité de la cabane et où vous ne pourrez être apperçue.

CLOTILDE.

Je tremble!

EDMOND.

Rassurez-vous, mon enfant! vous ne courez ici aucun dangers. Je vais à Morwan aussi vîte que mon âge, mes forces et le desir de vous être utile, pourront me le permettre; peut-être y apprendrai-je des nouvelles du cher Eginhard.

(*Il l'embrasse et s'éloigne.*)

SCENE IV.

CLOTILDE.

Ne trahis pas, ô mon dieu! l'aveugle confiance que nous mettons en ta bonté; permets que ce bon veillard, qui veut bien m'adopter et me tenir lieu de père, soit aujourd'hui le protecteur de mon innocence. J'entends du bruit, (*elle va au fond.*) à la clarté de la lune, je crois distinguer plusieurs hommes..... je ne me trompe point, ce sont des soldats.... ils viennent de ce côté!... grand dieu,! veille sur la pauvre Clotilde! (*Elle entre dans la cabane.*)

SCENE V.

CLOTILDE, ROMUALD, EGINHARD, HUGO,
Un Homme d'armes.

(*Eginhard, Hugo et l'homme d'armes la visière baissée, paraissent sur la chaussée du fond, conduisant Romuald.*)

ROMUALD.

Soldats, permettez que je me repose un moment.

HUGO.

Non, nous sommes trop près de Morwan. Je vous devine; vous espèrez peut-être qu'en nous arrêtant sur cette route, nous serons rencontrés par quelques amis qui vous délivreront; mais je n'ai garde de donner dans le piège.

ROMUALD.

Oh! non, je n'ai point cet espoir. Puisque mon cher Eginhard n'a pu sauver son ami, quel autre y parviendrait?

HUGO.

C'est assez. Vous ne vous reposerez que lorsque nous aurons gagné le sentier des montagnes.

(*Ils continuent leur chemin et on les perd de vue.*)

SCENE VI.

CLOTILDE, *entr'ouvrant la porte de la hutte, et s'avançant avec précaution pour les voir aller.*)

Heureusement ils s'éloignent! Dans quelle affreuse anxiété, dans quelles angoisses cruelles je vais passer la nuit. (*on entend du bruit.*) Ce sont eux.... ils reviennent sur leurs pas...ô ciel! c'est fait de moi.

(*Elle rentre dans la cabane, dont elle ferme la porte.*)

SCENE VII.

EGINHARD, ROMUALD, HUGO.
un Homme d'armes.

HUGO.

(*Il tient Romuald par la main, lui montre sous la roche un bloc de pierre qui se trouve à droite.*)

Soyez satisfait, reposez-vous; mais rendez grace à la nécessité qui me force d'y consentir. (*Hugo rémonte au fond, en regardant si personne ne vient et place l'homme d'armes en sentinelle à l'entrée de la roche.*

EGINHARD, *à l'avant-scène et à part.*

Ah! que je souffre de voir ainsi traiter mon bienfaiteur, et qu'il me tarde d'être assez près de Morwan pour lui rendre la liberté!

HUGO, *bas à Eginhard.*

As-tu vû briller à peu de distance de nous des armures et des lances? (*Eginhard fait un mouvement de tête.*) Ecoute, camarade: la commission dont nous a chargé sire Ulric n'est pas sans quelque danger. J'imagine un moyen sûr pour l'abréger, nous débarrasser de toute inquiétude et gagner, sans coup férir, la récompense qui nous est promise; si toute fois tu y consens. (*Eginhard lui répond par un signe d'approbation.*) Le Châtelain m'a dit que si nous éprouvions la moindre résistance de la part du prisonnier et de ses amis, je serais maître alors de disposer de sa vie.... tout nous favorise, si tu m'en crois...

EGINHARD, *se découvrant, et levant la visière de son casque.*

Scélérat!

HUGO, *avec effroi.*

Sire Eginhard!

ROMUALD.

Mon ami!

EGINHARD, *embrassant Romuald.*

Jusqu'à la mort.

ROMUALD.

Et j'ai pu croire qu'il m'avait abandonné!

HUGO, *à part.*

Tâchons de lui échapper à la faveur de l'obscurité.

EGINHARD.

J'attendais pour me faire connaître que nous fussions près de Morwan. Mais l'horrible projet de ce traître m'a contraint à me découvrir. (*Il tourne la tête et voit Hugo qui cherche à s'évader, il lui coupe le chemin.*) Ne pense pas m'échapper, misérable!.... ta dernière heure a sonné. (*Hugo, tremblant tombe à genoux.*)

ROMUALD, *arrête Eginhard.*

Eginhard, tu souillerais ton épée; garde-là pour un plus noble usage.... Laisse vivre ce malheureux, qu'il retourne vers Ulric, c'est lui qui se chargera de le récompenser.

EGINHARD.

Y songez-vous, Romuald?

ROMUALD.

Qu'avons-nous à redouter ? nous sommes près de mes domaines. Une fois dans les bras de mes vassaux, je défie toutes les forces d'Ulric de m'en arracher.

EGINHARD, *à Hugo.*

Rends grace à cet homme généreux, si tu respires encore; retourne au château, tu diras à mon père qu'Eginhard est perdu pour lui. (*Il lui prend son épée et la donne à Romuald.*)

HUGO, *à part.*

Oui, j'y vais au château, mais pour instruire Ulric de ce qui se passe, et l'exciter encore à la vengeance. (*il sort.*)

SCENE VIII.
ROMUALD, EGINHARD.

EGINHARD.

Volons à Morwan, peut-être arriverai-je à tems pour soustraire ma chère Clotilde aux infâmes projets de son père et de Roger. (*Fausse sortie.*) Mais nous sommes sous la Roche-Noire, c'est ici que demeure ce bon Solitaire, qui m'a promis de sauver ma bien aimée.... voyons.... peut-être pourra-t-il m'instruire. (*il frappe très-fort à la porte de la cabane.*) Il n'y est pas.... sans doute, il est à Morwan.... pendant que je sers ici l'amitié, il veille aux intérêts de l'amour. Partons, ami, allons retrouver tout ce qui nous est cher.   (*ils sortent en se tenant embrassés.*)

EDMOND, *en-dehors.*

Par ici ! par ici ! (*Eginhard et Romuald s'arrêtent au fond et regardent du côté où vient la voix.*)

SCENE IX.
LES PRÉCÉDENS, EDMOND.

EGINHARD.

C'est le bon Maurice !

EDMOND.

C'est vous, sire Eginhard !

EGINHARD.

Et Clotilde ?

EDMOND.

Elle est ici... dans ma cabane. Venez, venez, Clotilde.

SCENE X.

LES PRÉCÉDENS, CLOTILDE.

CLOTILDE, *sort et se jette dans les bras d'Eginhard.*
Eginhard !

SCENE XI.

LES PRÉCÉDENS, GALOUBET, BERTHE, Paysans Paysannes, *ils sont armés de piques, de bâtons, de fourches.*

GALOUBET.

Nous voici tous à votre service, not' brave seigneur ! Y a-t-il quelqu'un à tuer ici ? non, il n'y a personne. Eh bien ! ils n'ont qu'à v'nir à présent, ces vauriens, ces ravisseurs, ils s'ront ben reçus.

SCENE XII.

LES PRÉCÉDENS, ROGER, Hommes d'armes.

ROGER, *du haut de la chaussée.*

Que vois-je ? Clotilde !... venez m'aider à l'arracher à son amant.

GALOUBET, *gagnant le côté de la cabane avec les paysans.*

Encore c'maudit Roger !... pourvu qu'il n'ait pas entendu.

EGINHARD.

Roger ! qu'il vienne recevoir le châtiment qu'il mérite. (*Tout le monde se porte sur la gauche. Clotilde est au milieu des paysans. Romuald, Eginhard et Edmond sont en avant et prêts à la défendre.*) Que viens-tu chercher ici, déloyal chevalier ?

ROGER.

Mon épouse.

EGINHARD.

Clotilde, ton épouse, jamais ! elle s'est donnée à moi, et je ne la céderais pas pour tous les trésors de l'univers.

Le Solitaire. H

ROGER.

Je saurai bien vous y forcer.

EGINHARD.

Combattons pour la conquérir.

ROGER.

Combattons.

SCENE XIII.

LES PRÉCÉDENS, GONTRAN, Hommes d'armes.

GONTRAN.

Quelle fureur vous anime !... arrêtez, Roger, et n'exposez pas sans nécessité des jours que la fortune et l'amour vont incessamment embellir.

ROGER.

Clotilde mérite bien qu'on la dispute.

GONTRAN.

Au nom des droits que me donne sur vous notre alliance, je vous défends de combattre. Clotilde est ma fille, je puis disposer d'elle ; je la donne à Roger et ma volonté sera remplie.

EDMOND.

Gontran, tu en imposes ; Clotilde n'est pas ta fille.

TOUS.

Elle n'est pas...

CLOTILDE.

Non, je ne suis pas sa fille. C'est de sa propre bouche que j'ai entendu cette nuit s'échapper cet aveu.

GONTRAN.

Clotilde, vous osez...

CLOTILDE.

Tout pour me soustraire à votre odieuse domination.

GONTRAN.

Si je ne suis pas son père, je n'en n'ai pas moins sur elle des droits sacrés, incontestables, et que je ferai valoir. Elle est l'enfant de mon adoption, je l'ai élevée, faut-il vous le dire enfin ? elle me doit plus que la vie, elle va me devoir un état brillant, des biens immenses... car ce n'est point Clotilde que vous voyez, c'est Emma, fille du vieux sire de Morwan.

TOUS.

Emma !

EDMOND, *ravi et pouvant parler à peine.*

Emma !

ROMUALD.

C'est impossible !

GONTRAN.

Impossible ! — Voilà les titres trouvés dans son berceau et qui prouvent la vérité de tout ce que vous venez d'entendre. (*Il tire les titres de sa poche et les présente à Edmond*) Voyez!

EDMOND, *tombant à genoux et dans l'ivresse.*

Ce sont les miens. O providence ! tu as conservé ma fille !

TOUS.

Sa fille !

EDMOND.

Emma ! viens embrasser ton père !

CLOTILDE, *se jetant dans ses bras.*

Nos cœurs s'étaient reconnus !

GONTRAN, *à Roger.*

C'est lui.

ROMUALD, *aux paysans.*

Mes enfans, tombez tous aux genoux de votre bon, de votre digne seigneur. (*Edmond les fait relever.*)

GONTRAN, *bas à Roger.*

Comment me tirer de là ?

ROGER.

C'est votre affaire ; quant à moi, je me retire. (*fausse sortie.*)

EGINHARD, *s'apercevant du mouvement de Roger.*

Demeurez, Roger. (*Roger s'arrête au fond. Les paysans lui ferment le passage.*)

GONTRAN, *à part.*

Faisons contre fortune bon cœur. (*Haut.*) Bon sire, je joins mes félicitations...

EDMOND.

Avant que je les reçoive, il est nécessaire que tu dissipes l'affreux soupçon qui plane sur ta tête.

GONTRAN, *à part.*

Je suis perdu !

EDMOND.

Tu as, dis-tu, trouvé ces titres dans le berceau de ma fille ?

GONTRAN, *troublé.*

Il est vrai.

EDMOND.

Tu en imposes. Je les portais là, sur mon sein, quand je me les sentis ravir par la main homicide qui m'avait frappé de plusieurs coups.

GALOUBET, *qui est allé près de Gontran et qui examine sa figure.*

Oh ! comme il a l'air déconcerté ; on dirait à l'voir que c'est là c'te main dont parle Monseigneur. (*il lui prend la main droite. Gontran fait un geste furieux.*)

ROMUALD, EDMOND, EGINHARD.

Comme il se trouble !

ROMUALD, *à Roger.*

Vous, qu'il avait associé à ses nobles desseins, et qui possèdez sans doute sa confiance, dites-nous ce que vous savez.

EDMOND.

Ma clémence est à ce prix.

(*Gontran jette sur Roger un regard expressif.*)

GALOUBET, *qui les observe.*

Oh ! il n'y a rien à faire, j'sis là, j'vous guette.

ROGER.

Je dois donc, pour rendre hommage à la vérité, convenir que ce n'est pas dans le berceau...

GONTRAN.

Ah ! Roger !

ROGER.

Vous agissiez pour vous, j'agis pour moi.

EDMOND.

Roger, vous êtes libre de vous retirer. (*Aux paysans en leur montrant Gontran*) Vous autres, veillez sur ce misérable.

GALOUBET.

Oui, mes amis, emmenez le ben vite. (*Les paysans emmènent Gontran.*)

SCENE XIV ET DERNIERE.

LES PRÉCÉDENS, excepté ROGER et GONTRAN.

EDMOND.

Rendons-nous au château d'Ulric, j'espère qu'il n'aura plus

d'obstacle à opposer à l'union de nos enfans. Romuald, vous ne me quitterez plus, vous demeurerez à Morwan, mes vassaux vous chérissent comme un tendre père, un ami, je ne veux pas les priver de la présence de leur bienfaiteur.

ROMUALD.

Eh ! quoi ! vous daignez oublier les torts affreux dont mon père fut coupable envers vous ?

EDMOND.

Le seul que je ne pouvais lui pardonner, était de m'avoir privé de ma fille, le voilà réparé.

(*Il serre dans ses bras Clotilde et Eginhard.*)

GALOUBET.

Avant d'quitter cette demeure, souffrez, bon sire, que not'joie éclate en liberté, je r'trouvons un bon seigneur, j'sommes tous heureux, vous l'êtes itou ; par ainsi, j'conclus que c'qu'on a d'mieux à faire, quand on est content, c'est de s'réjouir.

BALLET.

FIN.

On trouve chez le même Libraire,

La Famille Luceval, ou Mémoires d'une jeune Femme qui n'était pas jolie, 4 vol. in-12, par Pigault-Lebrun. 7 l. 50 c.

Souvenirs d'un Voyage en Livonie, à Rome et à Naples, par Auguste Kotzebue, 4 gros vol. in-12. 12 l.

Le Cuisinier Impérial, ou l'Art de faire la Cuisine pour toutes les fortunes, avec différentes Recettes d'Offices et de Fruits confits, et la manière de servir une table depuis vingt jusqu'à soixante couverts, etc. Un gros vol. in-8º. 6 l.

Contes Moraux pour l'instruction de la jeunesse, par madame le Prince-de-Baumont, extraits de ses ouvrages, et publiés pour la première fois en forme de recueil. 3 vol. in-12. 5 l.

Contes Moraux d'Imbert, de l'Académie des Sciences et Belles-lettres. 2 vol. in-12. 3 l. 60 c.

Instructions de la Jeunesse, ou Notions élémentaires sur la Langue Française, la Géographie, la Mythologie, l'Histoire Grecque et Romaine, et l'Histoire de France. 2 vol. in-12. 3 l. 60 c.

Le Galoubet du Vaudeville, ou le meilleur des Chansonniers, Recueil choisi de Chansons, Vaudevilles et Couplets les plus nouveaux, avec un Calendrier pour la présente année 1806. In-18, fig. 1 l. 20 c.

Grammaire en Vaudevilles, ou Lettres à Caroline, sur la Grammaire Française. In-12, fig. 2 l.

Heur et Malheur, suivis de quelques Soirées historiques, par l'auteur du Nouveau Diable Boiteux, et des Fêtes et Courtisannes de la Grèce. 2 vol. in-12. 3 l. 60 c.

Romans de Pigaut-Lebrun. 30 vol. in-12. 55 l.

Les Chevilles de Maître Adam, menuisier de Nevers, ou les Poètes Artisans, Comédie en un acte et en prose, mêlée de Vaudevilles, par MM. Francis et Moreau. Seconde édition, corrigée et augmentée. 1 l. 20 c.

M. des Chalumeaux, ou la Soirée de Carnaval, opéra-bouffon, en trois actes, par M. Auguste. 1 l. 20 c.

Le Pont du diable, en trois actes, de Hapdé. 1 l. 20 c.

Le Testament de l'Oncle, en trois actes, en vers, par Charlemagne. 1 l. 50 c.

Ma Tante Urlurette, vaudeville. 1 l. 20 c.

Agnès Sorel, en 3 actes, de Bouilly et Dupaty. 1 l. 50 c.

Les Dejeûners de Garçons, opéra en un acte, de Auguste. 1 l. 20 c.

La nuit d'Auberge, vaudeville, de Moreau. 1 l. 20 c.

La Fille de la Nature, com. en 3 act. de Caigniez. 1 l. 20 c.

Voltaire chez Ninon, comédie-vaudevilles en un acte, par MM. Moreau et Lafortelle. 1 l. 20 c.

KOULOUF,

ou

LES CHINOIS,

OPÉRA-COMIQUE

EN TROIS ACTES ET EN PROSE,

Paroles de R. C. GUILBERT-PIXERÉCOURT.

Musique de N. DALAYRAC, membre de la Légion d'honneur et de l'Académie royale de Stockholm.

Représenté, pour la première fois, à Paris, sur le théâtre de l'Opéra-Comique, rue Feydeau, le 18 décembre 1806.

Prix 30 s.

A PARIS,

Chez BARBA, Libraire, Palais du Tribunat, derrière le théâtre Français, n°. 51.

1807.

PERSONNAGES.	ACTEURS.
HIRCAN, grand Colao, gouverneur de la province de Chensi.	M. *Gavaudan.*
TAZHIN, premier mandarin de la province.	M. *Solié.*
ZALIDA, jeune orpheline protégée par le grand Colao.	Mlle *Pingenet.*
KOULOUF, garde du parc de Thiboul.	M. *Martin.*
MALIKA, mère de Koulouf et de Ganem.	Mlle *Desbrosses.*
GANEM, frère de Koulouf.	M. *Lesage.*
KALEB, chef des Eunuques.	M. *St.-Aubin.*
KIOUSS, tartare dévoué à la favorite du grand Colao.	M. *Darancourt.*
Deux Tartares parlants.	{ M. *Allaire.* M. *Prevost.* }

Tartares affidés de Kiouss.
Femmes du Palais.
Eunuques et Esclaves.
Chasseurs.
Gardes.

La scène est à Thiboul, maison de plaisance du grand Colao, près de la ville de Singan, capitale de la province de Chensi.

Vu au Ministère de la Police générale de l'Empire, conformément aux dispositions du décret Impérial du 8 Juin dernier. Paris, le 21 aout 1806.

Le Secrétaire général. *Signé* SAULNIER.

Vu l'approbation, permis d'afficher et représenter le 19 novembre 1806.

Le Conseiller d'Etat, Préfet de Police. *Signé* DUBOIS

KOULOUF,
OU
LES CHINOIS.

ACTE PREMIER.

Le théâtre représente le parc du grand Colao d Thiboul. A droite (1) et à gauche, une forêt touffue qui s'éclaircit dans le milieu. Dans le fond, une colline. Au bas serpente une petite rivière, sur laquelle on voit des ponts jetés de distance en distance. A droite, au deuxième plan, une vieille pagode abandonnée, en avant de laquelle est une jolie cabane en bambou, habitée par Koulouf et sa famille. Dans le milieu de la scène quelques arbres isolés.

SCÈNE PREMIÈRE.

CHASSEURS.

(Vers la fin de l'ouverture on lève le rideau, et l'on voit un grand nombre de chasseurs groupés sur la colline et dans la forêt. Les uns tiennent la lance en arrêt, les autres ont l'arc tendu ; tous guettent l'animal que l'on poursuit.)

CHŒUR.

Ier. Groupe de CHASSEURS, *qui entre précipitamment par la droite.*

Amis, suivons la chasse
A travers ces forêts ;
Et qu'un heureux succès
Couronne notre audace.

Ier. CHASSEUR.

Hâtons nous, rendons nous
Auprès de notre maître ;
C'est là bas qu'il doit être,
Volons au rendez-vous.

(*Tous sortent par la gauche.*)

---

(1) Toutes les indications sont prises du parterre, c'est-à-dire relativement aux spectateurs.

IIe. Groupe, *qui entre comme le premier.*
Amis, suivons la chasse, etc.

IIe. CHASSEUR.
Hircan nous a promis
Une ample récompense;
Voyons, par sa vaillance,
Qui gagnera le prix.

(Ils sortent aussi par la gauche.)

IIIe. Groupe, *entrant avec plus de vivacité que les deux autres.*
Amis, suivons la chasse, etc.

(Comme ils se disposent à sortir du même côté que les deux premiers groupes, le premier Chasseur rentre à la tête de son peloton, et dit aux autres :)

Ier. CHASSEUR.
Amis, du haut de la montagne,
S'élance un tigre furieux.

IIe. CHASSEUR, *qui rentre également.*
Une panthère l'accompagne,
Ils se dirigent vers ces lieux.

(Les trois groupes se réunissent, remontent la scène en regardant du côté où sont les animaux qu'on vient de leur signaler.)

CHŒUR, *à demi-voix.*
Voyez! du haut de la montagne,
S'élance un tigre furieux!
Une panthère l'accompagne,
Ils se dirigent vers ces lieux.
Amis, bravons leur rage,
Marchons avec courage.

(Tous redescendent et chantent avec force, sur un mouvement très-animé.)

Attaquons, poursuivons,
Lions, tigres, panthères;
Jusque dans leurs repaires,
Avançons, pénétrons.

(Ils s'enfoncent à gauche dans la forêt, en marchant serrés et en se tenant sur la défensive.)

SCENE II.

GANEM, *sortant de la cabane.*

Oui, mes amis, allez et tuez jusqu'au dernier de ces hôtes malfaisans. Il faut en convenir, c'est une idée singulière que de faire venir de bien loin des animaux féroces, et de les lâcher dans ce parc;

pour amuser les mandarins que le grand Colao invite aux fêtes de sa naissance. Passe encore si ce prétendu divertissement était sans danger; mais chaque année, ce jour est signalé par quelque événement tragique. L'an dernier, par exemple, la belle Zalida... sans mon frère, ce pauvre Koulouf!... Mais... (*il regarde autour de lui.*) me voilà resté seul. Pourvu que la chasse ne revienne plus par ici. Je crois qu'il serait prudent de m'éloigner... (*Il va comme pour sortir à droite. On entend un son de cor.*) Ah! mon dieu!.... (*Il va à gauche ; même bruit.*) Encore!... de tous côtés le danger est le même. Que faire?... le plus sûr est de rentrer à la maison, et de m'y barricader de manière à n'avoir rien à redouter de leur part. (*Il s'avance vers la chaumière, puis tout-à-coup il s'arrête en témoignant de l'effroi et se blottit contre un arbre.*) Quel est cet homme qui s'approche avec un air mystérieux? Je ne sais, il y a parmi ces chasseurs des gens de bien mauvaise mine; j'en ai vu roder plusieurs aux environs...

SCENE III.
GANEM, Un Tartare.

(*Un Tartare sort du bois à droite ; il tient un rouleau à la main, regarde de tous côtés pour s'assurer s'il n'est point observé, fait le tour de la pagode en l'examinant attentivement, puis appelle ceux de sa suite qui sont restés en-dehors ; mais comme ils tardent à paraître, il rentre dans le bois et on le perd de vue un moment.*)

SCENE IV.
GANEM.

Oh! oh! en voici bien une autre! c'est quelque voleur, sans doute. Bon!... un jour de chasse, quelle apparence!... Cependant ses regards curieux se portaient alternativement sur la pagode, sur notre chaumière, puis sur ce papier qu'il tenait à la main. A coup sûr ceci cache quelque dessein perfide, et je me garderai bien de rentrer. Cependant je voudrais savoir ce qui nous attire cette visite importune. Si je pouvais, sans être découvert.... Eh! cet arbre m'offre à-la-fois un abri et le moyen de connaître leurs projets... Je n'ai point d'autre parti à prendre. Les voici... je ne balance pas.

(*Il grimpe sur un arbre qui se trouve à-peu-près dans le milieu du théâtre.*)

SCENE V.
GANEM, *sur l'arbre*, SIX TARTARES.

(*Ils portent un arc, un carquois et un cimeterre.*)

LE 2e TARTARE AU 1er.

Où donc nous conduis-tu?

LE 1er. TARTARE.

Vous allez le savoir.

LE 2e. TARTARE.

Arriverons nous bientôt à notre destination?

LE 1er. TARTARE.

Nous y sommes.

GANEM, *à part.*

C'est cela. Il est clair que c'est à nous qu'ils en veulent.

LE 1er. TARTARE.

Oui. Voilà bien la vieille pagode que Kiouss m'indique dans sa lettre, comme le lieu du rendez-vous.

LE 2e. TARTARE.

Kiouss! le confident de Sélima, cette africaine que le grand Colao a tant aimée, et qu'il a reléguée depuis six mois dans un vieux château fort, à trois journées de Thiboul?

LE 1ᵉʳ. TARTARE.

Lui-même. Ecoutez ce qu'il m'écrit.

LE 2ᵉ. TARTARE.

Nous écoutons.

GANEM, à part.

J'écoute.

LE 1ᵉʳ. TARTARE, lit.

« Fidèle ami, j'ai des projets importans à te com-
» muniquer. J'arriverai à Thiboul le deuxième
» jour des fêtes de l'anniversaire, et me rendrai,
» une heure avant le coucher du soleil, près de la
» vieille pagode située vers le milieu du parc. Tu
» t'y trouveras avec quelques braves bien détermi-
» nés, que tu choisiras parmi ceux de nos amis qui
» ont reçu des bienfaits de Sélima, pendant qu'elle
» jouissait de la faveur d'Hircan. Vous serez tous
» vêtus en chasseurs Tartares. J'ai choisi ce lieu
» et ce jour précisément, parce que, à travers la
» confusion et le mouvement de la chasse, nous ne
» serons point remarqués. C'est sous l'habit d'un
» Bonze que je me présenterai à vous. Discrétion,
» fidélité. »

GANEM, à part.

Qu'est-ce que tout cela signifie ?

LE 1ᵉʳ. TARTARE.

J'ai ponctuellement suivi ses instructions. Nous
voilà exacts au rendez-vous.

LE 2ᵉ. TARTARE.

Il me tarde de connaître ce projet qu'il enveloppe d'un si grand mystère.

GANEM, à part.

Pas plus qu'à moi.

LE 1ᵉʳ. TARTARE.

On vient de ce côté. *(Il indique la gauche.)*
A travers le feuillage, je crois distinguer l'habit des
ministres de Fo. *(Tous regardent.)* C'est lui-
même !

SCENE VI.

Les précédens, KIOUSS, *sous l'habit d'un Bonze.*

KIOUSS.

Oui, mes amis, c'est Kiouss qui vient armer vos bras, pour punir un parjure.

LES TARTARES.

Ordonne.

GANEM, *à part.*

Un parjure! cela ne nous regarde pas.

KIOUSS.

L'entreprise est hardie...

LE 1er. TARTARE.

Tant mieux.

KIOUSS.

L'exécution dangereuse.

LE 1er. TARTARE.

Et la récompense ?

KIOUSS.

Proportionnée au service.

LE 1er. TARTARE.

Nous voilà prêts.

KIOUSS.

Le traître est puissant.

LE 1er. TARTARE.

Qu'importe.

KIOUSS.

Êtes-vous bien déterminés à l'immoler quelqu'il soit ?

LE 1er. TARTARE.

Quelqu'il soit.

KIOUSS.

C'est au nom de Sélima, de votre bienfaitrice outragée, que je vous demande vengeance.

LE 1ᵉʳ. TARTARE.

Elle l'obtiendra.

KIOUSS.

Hircan...

LE 1ᵉʳ. TARTARE.

Le grand Colao !

LE 2ᵉ. TARTARE.

Quoi ! c'est lui !...

GANEM, *à part.*

Le Gouverneur !

KIOUSS.

Eh bien ! vous hésitez ?

LE 1ᵉʳ. TARTARE.

Non. Poursuis.

KIOUSS.

Hircan est dans l'usage de célébrer le jour de sa naissance par une grande chasse, à l'issue de laquelle il se renferme dans les appartemens intérieurs du palais, pour y donner une fête où l'on n'admet aucun étranger. Dans ces occasions, la garde n'est pas nombreuse.

LE 1ᵉʳ. TARTARE.

Par conséquent, nous avons peu de résistance à craindre. Mais comment pénétrer jusqu'à ces appartemens ?

KIOUSS.

En escaladant les murs du Harem. Une fois dans le jardin cette clef nous ouvrira le chemin de la vengeance.

LE 1ᵉʳ. TARTARE.

Cette clef !...

KIOUSS.

C'est celle d'une obscure galerie qui communique au bâtiment des femmes, et par laquelle l'amour guidait la tendre Sélima, chaque fois que le perfide l'appelait auprès de lui.

LE 1er. TARTARE.

Ton plan?...

KIOUSS.

Le voici.

(Les Tartares se rapprochent davantage de Kiouss, qui, en jetant ses regards vers la droite, aperçoit la cabane de Koulouf)

Que vois-je ? une habitation ! je n'en connaissais point dans ce parc. Depuis quand cette cabane est-elle construite ?

LE 1er. TARTARE.

Depuis fort peu de tems.

KIOUSS.

Sait-on par qui elle est habitée ?

LE 1er. TARTARE.

Mais, à ce que je crois, par un certain Koulouf et sa famille.

KIOUSS.

Il faut la visiter.

GANEM, *à part.*

Heureusement je n'y suis plus.

KIOUSS.

Malheur à qui aurait surpris notre secret !

GANEM, *à part.*

Pourvu qu'ils ne lèvent pas la tête !

MORCEAU D'ENSEMBLE.

LES TARTARES, *vont frapper à la porte de la chaumière.*

Hola ! quelqu'un ! ouvrez ! ouvrez !
C'est le Colao qui l'ordonne.
(après un silence.) Point de réponse.

KIOUSS.

Eh bien, entrez.

GANEM, *à part.*

Oui, mes amis, entrez ;
Mais vous n'y trouverez
Personne.

LES TARTARES.
Entrons, cherchons.
KIOUSS.
Cherchez.
(Il reste près de la porte, et tourne le dos à l'arbre sur lequel est Ganem.)
GANEM, à part.
Entrez.
Si je pouvais, en leur absence,
D'ici m'éloigner en silence,
Ce serait agir prudemment.
(Il descend.)
Essayons... là... tout doucement...
Bien !... *(Il est à moitié descendu.)*
LES TARTARES, *sortant de la chaumière.*
Nous n'avons trouvé personne.
GANEM, *à part, et remontant avec précipitation.*
Haï ! haï !
KIOUSS.
Personne ?
LES TARTARES.
Absolument.
KIOUSS.
Approchez, écoutez.
(Les Tartares entourent Kiouss.)
GANEM, à part.
Je frissonne !
Pauvre Ganem ! ah ! quel moment !
KIOUSS.
Lorsqu'après cette fête
Que le perfide apprête,
Chacun chez soi rentré,
Au repos est livré ;
Armés, en petit nombre,
Vers la fin de la nuit,
Nous pénétrons sans bruit,
Jusqu'en l'asile sombre,
Par le traître habité.
Là, tandis qu'il sommeille,
Ivre de volupté,
La vengeance qui veille,
Vient et frappe à la fois,
Et cet amant parjure,
Et l'objet de son choix.
LES TARTARES.
Là, tandis qu'il sommeille, etc.

GANEM, *à part.*

Qu'ai-je entendu ?

KIOUSS, *tirant son poignard et leur montrant une petite idole posée sur des ruines au pied de l'arbre.*

Jurez...

GANEM, *à part.*

Maudits coquins !

LES TARTARES, *étendant la main sur le poignard de Kiouss.*

Je jure...

(*Dans son effroi, Ganem fait un mouvement assez fort pour casser la branche sur laquelle il est appuyé ; il jette un cri, et son chapeau tombe sur les Tartares. Tous lèvent la tête et l'aperçoivent.*)

Qu'est-ce ?... on nous écoutait !... il a tout entendu ! Descends.

GANEM, *en descendant.*

O funeste aventure !
C'est fait de moi.

LES TARTARES.

Descendras-tu ?

GANEM.

Ah ! je succombe à ma frayeur mortelle !

KIOUSS.

Sur cet arbre, que faisais-tu ?

GANEM.

Hélas ! j'y faisais sentinelle.
Mais, vrai ! bien vrai ! ce n'est pas vous que j'attendais.

KIOUSS.

Tu n'as pas moins surpris tous nos secrets.

LES TARTARES, *tirant leurs cimeterres, et menaçant Ganem qui tombe à genoux.*

Tu vas périr.

GANEM.

Je n'en vaux pas la peine.
Grace !

LES TARTARES.

Non, ta prière est vaine.

GANEM.

Un pauvre diable tel que moi
Peut-il vous causer quelqu'effroi ?
Des gens honnêtes,
Tels que vous êtes,
Voudraient-ils inutilement
Verser le sang
D'un innocent ?

LES TARTARES.
Notre salut ici l'exige,
C'est lui qui nous en fait la loi.
Frappons! (*Ils lèvent leurs cimeterres.*)
GANEM, *la face contre terre.*
Je suis mort!
(*Un changement de motif dans l'orchestre annonce l'arrivée de Tazhin.*)
LES TARTARES.
Paix! tais-toi:
(*A voix-basse et en prêtant l'oreille.*)
Vers ces lieux quelqu'un se dirige.
KIOUSS, *va regarder au fond.*
Un Mandarin!... Tazhin!...
LES TARTARES, *remontant la scène.*
Eh! quoi!
Lui-même!
KIOUSS.
Ici que vient-il faire?
GANEM, *à part, toujours dans la même attitude.*
Il vient fort à propos pour me tirer d'affaire.
KIOUSS, *revenant auprès de Ganem.*
Misérable, relève-toi.
(*Aux Tartares.*)
Vous, demeurez, et prenez l'attitude
De vrais chasseurs. Vite! l'arc, le carquois.
Je vous attends à l'autre extrémité du bois.
LES TARTARES, *montrant Ganem.*
Et lui?
KIOUSS.
N'ayez aucune inquiétude.
GANEM, *gaîment et se croyant libre.*
N'ayez aucune inquiétude.
KIOUSS.
Je l'emmène, et vous en réponds.
GANEM.
Me voilà bien.
KIOUSS, *à Ganem.*
(*Au Tartares.*)
Suis-moi. Silence!
Avant peu, nous nous reverrons.
Discrétion! prudence!
LES TARTARES.
Adieu. Silence!
Avant peu, nous nous reverrons.
(*Ils se placent dans l'attitude de chasseurs qui attendent le gibier. Kiouss s'enfonce dans le bois à gauche, et il emmène Ganem.*)

SCÈNE VII.

TAZHIN, Tartares, Eunuques et Chasseurs.

TAZHIN, *aux Tartares.*

Amis, la chasse est terminée ;
Pour couronner cette journée,
Allez prendre place au festin
Qu'Hircan fait donner à sa suite.
C'est en son nom, qu'un Mandarin
A cette fête vous invite.

Ensemble.

LES TARTARES, *entr'eux à voix basse.*	EUNUQUES ET CHASSEURS,
Là, tandis qu'il sommeille,	Allons, amis, de la gaité,
Ivre de volupé,	A ce festin, rendons-nous vite
La vengeance qui veille,	Nous y boirons à la santé
Vient et frappe à la fois,	Du Colao qui nous invite.
Et cet amant parjure,	
Et l'objet de son choix.	

(Tous saluent Tazhin, et s'éloignent par le fond à gauche, en remontant la colline.)

SCÈNE VIII.

TAZHIN, Un Esclave.

(*A un Esclave.*) Va prévenir le grand Colao que j'ai fait éloigner tout le monde, et qu'il peut approcher sans crainte d'être aperçu. (*L'Esclave sort par la droite.*) J'espère que la vue de cet original (*Il indique la cabane de Koulouf.*) le distraira de sa mélancolie. Tout ici lui rappelle que, pendant plusieurs années, Sélima fit le principal ornement de ces fêtes qu'il avait établies pour elle, et le souvenir de cette favorite ambitieuse et perfide le rend insensible aux témoignages de notre amour, et indifférent aux plaisirs qui l'environnent. Quelle faiblesse ! mais au lieu de le blâmer, je dois plutôt le plaindre et redoubler d'efforts pour apporter quelque adoucissement à ses chagrins. Le voici.

SCÈNE IX.
HIRCAN, TAZHIN.

TAZHIN.

Seigneur, d'après vos ordres, j'ai envoyé tous les chasseurs vers le lieu désigné pour le festin de la halte, ainsi vous ne serez point troublé dans l'exécution de votre projet.

HIRCAN.

C'est donc ici qu'habite Koulouf?

TAZHIN.

En le nommant garde de ce parc, vous avez paru désirer qu'il établît sa demeure à la place même où il a exposé sa vie pour sauver Zalida, et j'ai rempli vos intentions. *(Il montre la chaumière.)*

HIRCAN.

Fort bien.

TAZHIN.

Si ce qu'on en dit est vrai, ce doit être un personnage très-amusant.

HIRCAN.

J'avoue qu'il me tarde de le voir et de lui parler.

TAZHIN.

Cet habit militaire vous déguise assez pour n'être point reconnu par un homme qui ne vous a vu qu'une seule fois il y a un an.

HIRCAN.

Présentons nous chez lui comme deux officiers du grand Colao. Va, frappe.

SCÈNE X.
HIRCAN, TAZHIN, MALIKA.

(Au moment où Tazhin frappe à la porte de la chaumière, Malika paraît à gauche.)

MALIKA, à part.

Deux militaires à notre porte!... que demandent-ils? *(haut.)* Qu'y a-t-il pour votre service?

HIRCAN.

Bonne femme, nous cherchons Koulouf.

MALIKA.

Il est absent; mais vous voyez Malika, sa mère; si je puis le remplacer...

TAZHIN.

Non, c'est à lui-même...

MALIKA.

Ne puis-je savoir du moins à qui j'ai l'honneur de parler?

HIRCAN.

A deux de ses meilleurs amis.

MALIKA.

Ah! vous êtes les amis de mon fils!... soyez les bien venus.

HIRCAN.

Nous ne l'avons pas vu depuis le jour où il a terrassé ce lion furieux...

MALIKA.

Plût au ciel qu'un autre en ait eu la gloire!

HIRCAN.

Pourquoi donc? cette action courageuse lui a fait infiniment d'honneur.

MALIKA.

Fort bien; mais vous ne savez peut-être pas que depuis ce fatal événement le pauvre garçon a perdu la tête.

HIRCAN.

En vérité?

MALIKA.

Oui, l'amour a troublé son cerveau.

TAZHIN.

Et quel est l'objet de cette grande passion

MALIKA.

Zalida.

HIRCAN, *à part.*

Zalida!

MALIKA.

Oui, la fille du brave Hoamby, cette intéressante orpheline que le grand Colao a recueillie depuis la mort de son père et qu'il a promis d'établir Je vous laisse à penser quelle extravagance! Avant cette malheureuse époque, Koulouf faisait le charme de ma vie; mais depuis que cette funeste passion l'occupe, l'ambition s'est glissée dans son ame; il ne rêve plus que grandeurs, que dignités; il n'aspire plus qu'à devenir riche et puissant, afin d'obtenir celle qu'il aime.

HIRCAN.

Cette espèce de folie n'a rien de blâmable; j'y vois au contraire une noble émulation.

MALIKA.

Sans doute, si elle ne lui faisait pas négliger ses devoirs; mais je tremble que le peu de zèle qu'il apporte à les remplir, ne lui fasse perdre bientôt les bonnes graces du grand Colao.

HIRCAN, *s'oubliant.*

Ne craignez rien, je serai là...

TAZHIN, *interrompant Hircan.*

Oui, nous serons là pour le défendre.

MALIKA.

Vous approchez donc quelquefois de sa grandeur?

TAZHIN.

J'ai... nous avons l'honneur d'être attachés à sa personne.

MALIKA.

Oh! que je suis heureuse! (*Elle passe entre deux et leur parle familièrement.*) S'il arrivait que l'on cherchât à nuire à Koulouf auprès de notre gouverneur, je vous en prie, dites lui bien que l'état n'a point de sujet plus fidèle et plus dévoué que mon fils, qu'il a l'ame noble, les sentimens élevés, que l'amour est son seul crime, et qu'il ne lui manque que l'occasion de se distinguer pour faire parler de lui. Me promettez-vous d'avoir cette bonté ?

HIRCAN.

C'est comme si vous le disiez à Hircan lui-même.

TAZHIN.

Soyez tranquille, bonne femme, c'est déjà fait; je puis même vous assurer que Koulouf n'est pas mal dans l'esprit du grand Colao.

MALIKA.

Est-il possible !

HIRCAN.

Oui, bonne mère. Mais où donc est-il votre fils? mon ami et moi désirons également de le voir.

MALIKA.

Il est allé à Thiboul chez le grand astrologue.

HIRCAN.

Pourquoi faire ?

MALIKA.

Pour savoir s'il retrouvera sa chère Zalida.

HIRCAN.

Il croit donc à l'astrologie ?

MALIKA.

Hélas ! depuis un an, il ne passe pas un seul jour sans visiter les devins du pays, qui tous semblent s'être donné le mot pour lui débiter mille extravagances. Il est d'une crédulité !... Enfin, mes braves seigneurs, il donne le peu que nous possédons à ces prétendus sorciers, ensorte que nous manquons souvent des choses les plus nécessaires à la vie... Il va jusqu'à croire qu'il sera quelque jour Mandarin, Gouverneur d'une province, que sais-je ?...

KOULOUF, *en-dehors, et de loin.*

Soyez tranquilles, mes amis, je ne vous oublierai pas... comptez sur ma protection.

MALIKA.

Le voici. Vous l'entendez! sa protection!... Allons, ce maudit astrologue a fait comme les autres.

SCENE XII.

LES PRÉCÉDENS, KOULOUF.

KOULOUF, *accourant vers sa mère, sans voir Hircan et Tazhin qui se tiennent à l'écart.*

Ma mère! ma mère! réjouissez-vous... me voilà riche... vous ne manquerez plus de rien, nous serons tous heureux. Oh! je suis au comble de la joie.

MALIKA.

Toujours le même!

KOULOUF.

Vous avez pu en douter jusqu'à présent, je le conçois; je ne m'étais adressé qu'à des devins subalternes; mais aujourd'hui, ma mère! c'est bien différent. Il est certain que je vais devenir un grand personnage.

MALIKA.

Qui te l'a dit?

KOULOUF.

L'homme le plus versé dans les sciences occultes, un homme qui possède tous les secrets de la magie, de l'astrologie, de la nécromancie..... en un mot, le grand astrologue de la cour. *(Hircan et Tazhin rient à part.)*

MALIKA.

C'est un charlatan comme les autres.

KOULOUF.

Un charlatan! lui! quel blasphême! Ecoutez ce qu'il m'a prédit.

QUATUOR.

HIRCAN, TAZHIN.
Voyons, sachons ce qu'il a dit.
KOULOUF.
Ecoutez ce qu'il m'a prédit.
Et vous croirez à sa science.

MALIKA.	HIRCAN, TAZHIN.
Oh! vraiment! je perds patience!	J'attends avec impatience.

KOULOUF.
Sous les plus brillantes couleurs,
Pour toi l'avenir se présente;
Les dieux t'accordent leurs faveurs,
La fortune devient constante.
Bientôt au faîte des grandeurs,
Guidé par sa main bienfaisante,
Tu parviens aux plus grands honneurs,
Et tu possèdes ton amante.

MALIKA.	HIRCAN, TAZHIN.
Les belles choses qu'il prédit!	Les belles choses qu'il prédit!

KOULOUF.
Eh bien, ai-je perdu l'esprit?
MALIKA.
Oui.
KOULOUF.
Qui? moi, j'ai perdu l'esprit!
MALIKA.
Oui.
KOULOUF.
Non, je crois ce qu'il m'a dit.

MALIKA, *avec ironie.*	KOULOUF.	HIRCAN, TAZHIN, à *Malika.*
Le sort, si long-tems contraire,	Le sort, si long-tems contraire,	Appaisez-vous, bonne mère,
Se lasse d'être sévère,	Se lasse d'être sévère,	Ne soyez pas si sévère,
Et cède enfin à tes vœux.	Et cède enfin à mes vœux.	Pour lui, le sort généreux,
(*Avec tristesse.*)		
Tu t'abuses, malheureux!	Nous allons tous être heureux.	Peut, un jour, combler ses vœux,
Le sort trahira tes vœux;	Oui, tout succède à mes vœux.	En vous rendant tous heureux.
Afflige-toi, pauvre mère.	Réjouissez-vous, ma mère.	Appaisez-vous, bonne mere.

MALIKA.
Peste du charlatan maudit!

KOULOUF.
Quoi ! vous doutez de sa science ?
MALIKA.
Oh ! vraiment, je perds patience.
KOULOUF.
Croyez, croyez ce qu'il prédit.

MALIKA.	HIRCAN, TAZHIN.
Que m'importe ce qu'il prédit !	Croyez, croyez à ce qu'il dit,
Oh ! vraiment, je perds patience.	Pourquoi douter de sa science ?

KOULOUF.
Respectez cet homme érudit,
Je lui dois l'espérance
De posséder un jour
L'objet de mon amour.

MALIKA.	HIRCAN, TAZHIN.
Ah ! quelle extravagance !	La bonne extravagance !

MALIKA.
Pauvre Koulouf, réveille-toi.
Mon fils, mon fils, écoute-moi.

KOULOUF.
Oui, Zalida, dans mon cœur a fait naître
Pensers d'amour pour la première fois ;
Las ! n'aimais rien avant de la connaître ;
Mais l'ai juré ; sous ses aimables lois,
Toujours fidèle,
Vivrai pour elle.

MALIKA.
Pauvre Koulouf, réveille-toi,
Mon fils, mon fils, écoute moi.

MALIKA.	KOULOUF.	HIRCAN, TAZHIN.
Pauvre Koulouf !	Elle est l'arbitre de ma vie,	Voyez ! voyez !
Voyez son trouble,	Seule, elle est pour moi l'univers,	Voyez son trouble,
Comme il redouble !	Ces biens, ces honneurs que j'envie,	Comme il redouble !
Mon pauvre fils !	Qui, par le sort, me sont offerts,	Vous l'entendez !
	Si mon amante m'est ravie,	
	Ah ! sans nul regret je les perds.	
	(Il s'enflamme de plus en plus.)	
	C'est pour toi seule, chère amante,	
	Que du destin je brigue les faveurs.	
	Je parviens aux plus grands honneurs	
O ciel ! son délire augmente.	Et je possède mon amante.	Vraiment, sa gaîté m'enchante.

KOULOUF.
Ah ! Zalida !

MALIKA.
Reviens à toi.
Mon fils, mon fils, écoute-moi.
KOULOUF.
Oui, Zalida, dans mon cœur a fait naître
Pensers d'amour pour la première fois ;
Las ! n'aimais rien avant de la connaître ;
Mais l'ai juré ; sous ses aimables lois,
Toujours fidèle,
Vivrai pour elle.
Je parviens aux plus grands honneurs.
MALIKA.
Toi, des honneurs !
KOULOUF.
Oui, des honneurs
Du destin j'obtiens les faveurs.

MALIKA.	KOULOUF.	HIRCAN, TAZHIN.
Le sort t'accorde ses faveurs !		Du sort, il obtient les faveurs !
	Oui, du sort, j'obtiens les faveurs, Je parviens aux plus grands honneurs.	
Son délire augmente !	Et je possède mon amante.	Son délire augmente !
Ah ! qu'il me tourmente !	Oui, oui, tout succède à mes vœux,	Sa gaîté m'enchante.
Qu'il est malheureux !	Oui, nous allons tous être heureux.	Il se croit heureux !

MALIKA.

Ça, fais trêve à toutes tes folies, et réponds à ces deux officiers qui ont la bonté de prendre intérêt à ton sort.

KOULOUF.

Ah ? pardon, seigneurs. Soyez les biens venus. En quoi puis-je vous être utile ?

HIRCAN, *bas à Tazhin.*

Amusons-nous en flattant sa chimère. (*haut après avoir fait un signe d'intelligence à Malika.*) Nous sommes envoyés vers vous par un Prince puissant, le célèbre Idamir, l'un des initiés aux mystères profonds de la science occulte.

KOULOUF.

J'ai souvent entendu parler de lui, et toujours

avec l'admiration qu'inspirent ses vastes connaissances.

HIRCAN.

Il sait, par le moyen de son art, que vous devez incessamment parvenir...

KOULOUF.

Comment! il le sait déjà! *(à Malika.)* Vous l'entendez, ma mère! Idamir est dans la confidence, et vous doutez encore! *(à Hircan.)* Eh bien, seigneur...

HIRCAN.

Jaloux de s'attacher un homme de votre mérite, et craignant, lorsque vos destinées seront connues, qu'un autre ne lui ravisse l'honneur de votre alliance, il vous offre la main de la belle Irma, sa fille.

KOULOUF.

Renoncer à Zalida! jamais. Qu'Idamir demande mes biens, mes trésors...

MALIKA, *bas à Koulouf.*

Tes trésors! insensé!...

KOULOUF.

Quand j'en aurai... il obtiendra tout de moi, excepté de me faire manquer à la foi promise. Allez, mes braves seigneurs, retournez vers votre maître, et peignez lui toute ma reconnaissance ainsi que mes regrets sincères de ne pouvoir accepter une proposition qui me flatte autant qu'elle m'honore. *(à part.)* Que n'es-tu là, chère Zalida, et tu verrais avec quel plaisir je te fais ce sacrifice!

HIRCAN, *bas à Tazhin.*

Son originalité m'amuse.

TAZHIN, *de même.*

On pourrait en tirer parti pour la fête que vous donnez cette nuit.

HIRCAN.

Tu crois?

TAZHIN.

Il serait plaisant de lui persuader que l'astrologue a dit vrai.

HIRCAN.

Mais comment...

TAZHIN.

J'ai conçu certain projet. Tout est disposé... si vous le permettez...

HIRCAN.

Je connois ta prudence et m'en rapporte à toi.

MALIKA, *tirant Koulouf à l'écart.*

Comment! tu ne vois pas que c'est une plaisanterie? Ces deux seigneurs ont bien voulu pour un moment se prêter à ta manie, mais il est tems de leur montrer que tu n'as pas tout-à-fait perdu la raison.

KOULOUF, *toujours rempli de son objet.*

De la raison! ah! je ne veux avoir que de l'amour.

MALIKA.

Que je suis à plaindre! mais encore une fois, ces officiers...

KOULOUF, *de même.*

Savent ma réponse; ils peuvent s'éloigner quand bon leur semblera.

HIRCAN.

Seigneur...

KOULOUF.

Qu'on ne parle plus.

HIRCAN.

Nous allons donc prendre congé de vous?

KOULOUF.

Oui... allez. *(à part.)* Cependant je voudrais bien leur faire quelque politesse. *(Il rêve.)* Mais comment?.... ah!.... *(à Malika.)* Tenez, ma mère... invitez les à souper sans façon.

MALIKA.

Avec quoi?

KOULOUF.

Comment, nous n'avons pas même...

(*Il fait le geste de manger. Malika répond par un signe négatif.*)

HIRCAN, *à Tazhin.*

Bon !

(*Tous deux ont prêté l'oreille et paraissent enchantés de cette découverte, dont ils se proposent de tirer parti.*)

KOULOUF.

C'est fâcheux.

HIRCAN, *qui paraît approuver ce que Tazhin vient de lui dire à voix basse.*

Très-bien.

KOULOUF, *un peu déconcerté, se tourne vers Hircan et Tazhin.*

Seigneur, je vous prie d'accepter...l'offre de mon amitié, et l'assurance que je ne vous oublierai point lorsque le sort aura réalisé mes espérances. Allez ; que Fo vous conduise et vous protège !

(*Hircan et Tazhin s'inclinent respectueusement.*)

HIRCAN, *bas à Tazhin.*

Viens, Tazhin.

TAZHIN, *bas à Hircan.*

Allons mettre au plutôt mon projet à exécution.

MALIKA.

Pardon, mes braves seigneurs ; vous le voyez, il est hors d'état de vous entendre. Je vous en conjure, ne dites point au grand Colao ce dont vous avez été témoins.

HIRCAN.

Je vous promets que nous ne lui en parlerons pas.

(*Hircan s'éloigne par la gauche avec Tazhin, Malika les re-*

conduit jusqu'au fond et les regarde avec inquiétude, tandis que Koulouf, revenu à son premier objet, s'aperçoit à peine de leur départ.)

SCENE XIII.
KOULOUF, MALIKA.

MALIKA.

Oh! vraiment, tu viens de faire de belles choses!

KOULOUF.

Qu'ai-je donc fait, ma mère?

MALIKA.

Malgré leur promesse, ces officiers ne manqueront pas de publier ce qu'ils viennent de voir, et leur récit te fera perdre un emploi sans lequel nous ne pouvons exister.

KOULOUF.

Que m'importe après tout, quand je perdrais cette modique place? tant que je vivrai dans cette obscure condition, puis-je aspirer à la main de Zalida? ne vais-je pas incessamment parvenir aux plus éminentes dignités?

MALIKA.

Insensé! avant que tout cela t'arrive, tu seras mort de faim.

KOULOUF.

C'est impossible.

MALIKA.

Cela ne commence pas mal.

KOULOUF.

Impossible, vous dis-je; un homme que les dieux protègent d'une manière aussi évidente, ne saurait être destiné à cette fin déplorable.

MALIKA.

Mais en attendant que tes beaux rêves se réalisent, où prendrons-nous de quoi souper?

KOULOUF.

C'est ce que je ne sais pas ; le grand astrologue ne me l'a pas dit. Mais, croyez, ma mère, que la fortune n'abandonnera point son favori.

MALIKA.

Pauvre fou ! la fortune se moque de toi comme de bien d'autres !... On vient ! ce sont des gens de la suite du Gouverneur. Ils viennent peut-être t'enlever !... Malheureux Koulouf !

SCENE XIV.

LES PRÉCÉDENS, KALEB, Esclaves.

(*Des esclaves arrivent lentement et en silence. Ils saluent respectueusement Koulouf et sa mère, celle-ci les regarde avec étonnement. Koulouf, dont l'imagination est frappée, les reçoit avec une dignité comique. Les esclaves apportent un brancard en bambou, des fruits, du thé, des liqueurs, etc.*)

KOULOUF, *considérant chaque objet l'un après l'autre pendant la marche.*

(*A Kaleb.*) Ne vous trompez-vous pas ?... (*tous font un signe négatif.*) C'est pour moi tout cela ?... (*tous font un geste affirmatif.*) Eh bien, ma mère! quand je vous disais tout-à-l'heure... vous voyez ! j'en étais sûr.

MALIKA.

Je ne reviens pas de ma surprise !

KOULOUF.

Le beau brancard ! (*il s'assied.*) On est fort bien là-dessus. (*A Kaleb.*) A qui dois-je tous ces présens ? (*personne ne répond.*) J'entends ! on vous a défendu de parler. C'est égal, profitons du bienfait, sauf à remercier le bienfaiteur quand il lui plaira de se faire connaître. Allons, ma mère, il y a place pour deux ; venez à mes côtés, et prenez votre part de la collation qu'un bon génie nous envoie.

MALIKA.

Voilà qui est bien extraordinaire.

KOULOUF.

Douterez-vous encore des prédictions du grand astrologue?... Il faut en convenir, c'est un très-habile homme que cet astrologue-là.

MALIKA.

Quel dommage que Ganem ne soit pas ici! Où donc est-il, ton frère?

KOULOUF.

Sans doute il a suivi la chasse. (*Aux esclaves qui ont étendu une natte devant Koulouf et sa mère, et qui sont rangés de chaque côté du brancard en attendant leurs ordres.*) Ne vous donnez pas la peine; posez tout cela par terre; nous sommes dans l'habitude de nous servir nous-mêmes. (*tous les esclaves s'asseoient.*) Ah! on vous a ordonné de rester?... (*tous font signe que oui.*) A la bonne heure, je ne m'y oppose plus.

(*Il prend de la main des esclaves des fruits qu'il présente à Malika et dont il mange lui-même.*)

Délicieux, en vérité!...

(*Kaleb, qui est auprès de Koulouf, verse de la liqueur dans un vase. Koulouf l'offre à sa mère, mais Kaleb l'arrête et lui fait signe que c'est pour lui.*)

Ah!... pourquoi donc pas?

(*Kaleb lui fait voir qu'un autre esclave présente à Malika une tasse remplie.*)

C'est différent. (*il boit tout d'un trait.*) O bienfaisante fortune! je te remercie. (*aux esclaves.*) Vous tous, prenez part à ma joie.

(*Les esclaves se lèvent. Les uns accompagnent Koulouf avec des instrumens, les autres dansent.*)

COUPLETS.

Que le plaisir remplace,
Efface,

Qu'il chasse
Pour jamais de ces lieux,
Tout souvenir fâcheux.
Partagez mon ivresse,
Qu'on n'entende en ces lieux
Que des chants d'allégresse
Et des refrains joyeux.
CHOEUR.
Que le plaisir remplace, etc.

KOULOUF.
Loin de moi soins et peines,
Ne troublez plus mes jours ;
Je ne veux d'autres chaînes
Que celles des amours.
CHOEUR.
Que le plaisir remplace, etc.

KOULOUF.
Désormais pour devise,
Je choisis la gaité ;
Plus rien qui me séduise,
Si ce n'est la beauté.
CHOEUR.
Que le plaisir remplace, etc.
KOULOUF.
Au chemin de la vie
Ne semons que des fleurs ;
Défendons à l'envie
D'en ternir les couleurs.
CHOEUR.
Que le plaisir remplace, etc.

SCENE XV.
LES PRÉCÉDENS, TAZHIN, *dans le fond.*
FINALE.
KOULOUF, *revenant s'asseoir sur le brancard.*

Eh mais !... d'où vient le froid que je ressens ?
Quoi ! le sommeil déja s'empare de mes sens !
MALIKA.
Quoi le sommeil s'empare de ses sens ?
KOULOUF.
Endormons nous au sein de l'espérance.
(Il s'endort.)

TAZHIN.
Montrons nous, il est tems.
MALIKA.
Mon bon seigneur...
TAZHIN.
Silence.
MALIKA.
Mais d'où vient?...
TAZHIN.
Paix ! silence !
CHŒUR des Esclaves.
Songes légers, venez à nos accens,
Et prêtez nous votre aimable assistance;
Enlacez le de vos bras caressans,
Ne lui montrez que des tableaux rians,
Tous embellis par l'espérance.
MALIKA.
Mon bon seigneur, apprenez moi...
TAZHIN.
Calmez-vous, soyez sans effroi.
(*Aux esclaves.*) Coupez dans ce boccage
Des branches de feuillage,
Puis au palais dans un moment,
Vous le porterez doucement.
MALIKA.
L'enlever !... non, jamais.
TAZHIN.
Oh ! point de résistance,
C'est par ordre du Gouverneur.
MALIKA.
Du Gouverneur !
Ceci redouble ma frayeur.
Mon pauvre fils !.. mais qu'en voulez-vous faire?
TAZHIN.
Laissez-nous faire,
Paix, bonne mère,
Pour vous et pour lui ce mystère,
Croyez-nous, n'a rien d'allarmant;
Bien au contraire.
(*Il s'approche de Koulouf, et lui chante à demi-voix, avec le ton prophétique de l'astrologue, les quatre vers suivans, extraits de sa prédiction.*)
Sous les plus brillantes couleurs,
Pour toi l'avenir se présente;
Tu parviens aux plus grands honneurs,
Et tu possèdes ton amante.
KOULOUF, *endormi.*
Viens ; Zalida, viens avec moi,

Ainsi notre destin l'ordonne;
Que seraient tous ces biens que le hasard me donne,
Si je les possédais sans toi ?

(*On enlève le brancard que les esclaves ont garni de feuillages, pour mettre Koulouf à l'abri du soleil.*)

MALIKA.

Mon pauvre fils !

LES ESCLAVES.

Paix, bonne mère !

MALIKA.

Etrange événement !

TAZHIN, *aux Esclaves.*

Transportez-le bien doucement.

MALIKA.

Je vous suis.

TAZHIN.

Non. Demeurez, bonne mère,
Ainsi le veut le Gouverneur.

LES ESCLAVES.

Obéissez au Gouverneur.

MALIKA.

J'obéis ; mais quelle frayeur !
Pauvre mère !

(*Les esclaves se divisent en deux parties. Les uns emportent le brancard, tandis que les autres, avec Tazhin, retiennent Malika, et la consolent.*)

TAZHIN, Partie du Chœur.

Rassurez-vous, laissez nous faire ;
Pour vous et pour lui ce mystère,
Croyez-le, n'a rien d'allarmant ;
Bien au contraire.

Laissez nous faire.

LES ESCLAVES, *qui emportent Koulouf.*

Songes légers, venez à nos accens,
Et prêtez nous votre aimable assistance ;
Enlacez le de vos bras caressans,
Ne lui montrez que des tableaux rians,
Tous embellis par l'espérance.

(*Le cortège se dirige vers la gauche. La toile tombe avant qu'il soit entièrement disparu.*)

Fin du premier Acte.

ACTE II.

Le théâtre représente un riche appartement dans le palais du Gouverneur. On voit au milieu une estrade surmontée d'une statue du dieu Fo, en avant de laquelle est un timbre. De chaque côté de l'estrade sont des portes fermées par des draperies. Au fond et dans la partie supérieure règne une galerie praticable. L'appartement est éclairé par des lanternes de différentes couleurs, placées çà et là d'une manière pittoresque. La galerie seule est obscure. Il y a deux portes latérales dont l'une conduit à la chambre à coucher d'Hircan.

SCENE PREMIERE.
TAZHIN, KALEB, Esclaves.

(*Les esclaves viennent d'apporter Koulouf endormi; il est revêtu d'habits très-riches et couché sur l'estrade.*)

TAZHIN, *à Kaleb.*

As-tu pris toutes les précautions nécessaires?

KALEB.

Le chef de la garde et moi nous avons donné partout les ordres les plus sévères : toutes les issues sont fermées. Cette galerie, (*il montre celle du fond.*) qui donne sur le jardin des femmes, est l'unique passage par lequel on pourrait s'introduire ; mais Hircan seul en a la clef.

TAZHIN.

C'est par là que Sélima, cette ambitieuse favorite, pouvait se rendre à toute heure près de lui sans être aperçue. Chut! le voici.

SCENE II.
LES PRÉCÉDENS, HIRCAN, ZALIDA.

TAZHIN, *allant au-devant d'Hircan.*

Vous le voyez, seigneur, tout est disposé.

HIRCAN.

Allons, mes amis, livrons nous à la joie. Aimable Zalida, et toi, mon cher Tazhin, pénétrez vous bien des rôles que vous devez jouer, afin de compléter l'illusion.

TAZHIN, à *Kaleb*.

Qu'on l'éveille. *(Kaleb met un flacon sous le nez de Koulouf qui éternue et se réveille peu-à-peu.)*

HIRCAN.

Eloignons nous.

TAZHIN.

Chut !

ZALIDA, *à part*.

Puisqu'il le faut, contraignons nous. *(Tous se retirent au fond et se tiennent cachés derrière les portières.)*

SCENE III.

KOULOUF, *à moitié endormi*.

Ma mère ! Ganem ! allons, à l'ouvrage. Il est grand jour, levons nous. *(Il se met sur son séant et paraît frappé de la plus vive surprise.)* Que vois-je ? *(Il regarde de tous côtés.)* Qu'est-ce que tout cela ? *(Il se lève.)* Est-ce un songe ? Je dors peut-être ! *(Il se frotte les yeux.)* Il me semble pourtant que j'ai les yeux ouverts. *(Il se mord un doigt.)* Hai ! hai ! oui, je suis bien éveillé. *(Il parcourt l'appartement.)*

RÉCITATIF.

Est-ce un enchantement ? Est-ce un rêve, un prestige ?
    Qui m'a couvert de ces riches habits ?
Ce que je vois m'étonne et confond mes esprits ;
Qui m'a conduit ici ? je m'y perds. Mais où suis-je ?
    Tant d'éclat... ce palais...
(L'orchestre répète le motif de la prédiction de l'astrologue, que l'on a entendue au premier acte et qui commence par ces mots : « Sous les plus brillantes couleurs. » Koulouf écoute et paraît frappé de la conformité de ces paroles avec ce qui lui arrive.)

C

Se peut-il !.. ô prodige !
L'astrologue a dit vrai; mon bonheur est certain.
Réjouis-toi, Koulouf, et rends grâce au destin !

AIR.

Non, ce n'est point un songe,
Une erreur, un mensonge ;
C'est bien la vérité.
Douce réalité !
Ma tête m'abandonne,
Mon esprit déraisonne ;
A cet état nouveau
Las ! mon faible cerveau
Ne pourra pas suffire ;
Quel transport ! quel délire !
De l'excès du plaisir,
D'ivresse il faut mourir.

CANTABILE

Aimable objet, dont mon âme est charmée,
Le sort, enfin, a comblé mes souhaits,
Viens avec moi ; viens, ô ma bien aimée,
Viens, avec moi, partager ses bienfaits.
Seule, en ces lieux, tu seras souveraine :
Ah ! trop heureux de conserver sa chaîne,
Ton esclave soumis ne la rompra jamais.
Mais, si c'était un songe ?..
(Il regarde encore une fois les objets qui l'environnent.)

Non, ce n'est point un songe,
Une erreur, un mensonge ;
C'est bien la vérité.
Douce réalité !
Ma tête m'abandonne,
Mon esprit déraisonne ;
A cet état nouveau,
Las ! mon faible cerveau
Ne pourra pas suffire ;
Quel transport ! quel délire !
De l'excès du plaisir,
D'ivresse, il faut mourir.

Ce qu'il y a de certain, c'est que je suis en Chine, car voilà la statue du dieu que nous adorons. *(Il monte les dégrés qui conduisent auprès de la statue, en fait le tour en examinant, avec une curiosité un peu niaise, les objets qui s'offrent à sa vue. Il se met dans la même attitude que l'idole; c'est-à-dire, accroupi, et les mains en l'air; puis, il touche ses vêtemens. Il regarde le timbre.)* A quoi cela sert-il? *(Il lève le marteau, et le laisse retomber, ce qui produit un son très-fort. Koulouf, un peu effrayé, descend précipitamment.)* Ah! mon dieu! *(On entend en dehors le commencement du chœur suivant. Koulouf écoute, sa surprise augmente.)* Quels sons mélodieux! quelle douce harmonie! *(On entend la suite du chœur.)* On vient. Est-ce le bruit que j'ai fait? Ou serait-ce déjà la fin de mon illusion?... Remettons-nous, et feignons de dormir, pour savoir au juste ce qu'il faut que je croie de toutes ces merveilles. Si c'est un rêve qui m'abuse, fais, ô mon dieu! que je ne me réveille jamais.

(Il se remet sur l'estrade dans la même attitude qu'il avait au lever du rideau, et feint de dormir.)

SCENE IV.

HIRCAN, TAZHIN, KOULOUF, KALEB, Eunuques, Femmes du palais.

(On lève les draperies qui ferment les portes du fond. Les Eunuques entrent d'un côté, les Femmes de l'autre.)

CHOEUR, *à voix-basse.*

Brillante aurore,
Sur son char radieux,
Déjà colore
L'azur des cieux,
Et le sommeil encore
Règne en ces lieux!
Seigneur, ouvrez les yeux.

KOULOUF, *à part*

Seigneur!... A qui parlent-ils donc? je crois vraiment que c'est à moi. Ecoutons; je me suis peut-être trompé.

(On s'approche de l'estrade et on répète un peu plus haut.)

Brillante aurore, etc.

KOULOUF, *se lève sur son séant, tout le monde se prosterne.*

(A part.) Je ne me trompe pas. *(haut.)* Que me voulez-vous ?

HIRCAN.

Seigneur...

KOULOUF.

(A part.) Seigneur !... *(Il se retourne et regarde de tous côtés avec étonnement.)* C'est bien à moi. *(Haut, et s'efforçant de prendre un air de dignité.)* Eh bien ?

HIRCAN.

Votre grandeur n'a pas coutume de dormir aussi tard...

KOULOUF.

C'est vrai ; je me lève ordinairement avec le soleil.

HIRCAN.

Et nous avons craint qu'elle ne fut indisposée.

KOULOUF.

Non pas ; heureusement, je me porte à merveille.

TAZHIN.

Que le ciel et les dieux protecteurs de cet empire soient loués ! nous avons bien long-tems tremblé pour vos jours.

KOULOUF.

En vérité ? *(se reprenant bien vîte.)* Je vous en remercie.

HIRCAN.

Il n'est pas un habitant de la province soumise à votre gouvernement, qui ne vous chérisse comme un père.

KOULOUF, *avec un accent pathétique.*

Comme un père !... Ah !...

TAZHIN.

Aussi, pendant cette longue et cruelle maladie, qui faillit vous ravir à notre amour, ils demeurèrent constamment plongés dans la consternation et la douleur.

KOULOUF.

Bah!...c'est singulier; je me porte si bien actuellement que je me souviens à peine de cette maladie dont vous me parlez.

HIRCAN.

Cela n'est pas étonnant, seigneur; elle a eu des suites fâcheuses; entr'autres, elle a tellement altéré votre mémoire, qu'il vous arrive quelquefois d'oublier les choses les plus récentes, et jusqu'au nom des personnes qui vous entourent et que vous affectionnez le plus.

KOULOUF.

Je m'en aperçois. Par exemple, je me souviens très-bien de vous avoir vus... mais dans ce moment, je serais fort embarrassé de dire qui vous êtes, et comment vous vous nommez.

HIRCAN.

Je me nomme Zareb; j'ai l'honneur d'être premier mandarin et votre favori.

KOULOUF, *avec assurance.*

Zareb! premier mandarin et mon favori; certainement. (*à Tazhin.*) Et vous, on vous nomme...

TAZHIN.

Narkim.

KOULOUF.

Narkim, c'est cela... Et vous êtes..

TAZHIN.

Ministre des plaisirs.

KOULOUF.

Ministre des plaisirs, c'est juste.

TAZHIN.

Autrement dit, chef des Eunuques.

KOULOUF.

Je sais ce que c'est. Vous m'avez rendu tous deux des services essentiels, aussi, croyez bien que désormais les noms de Narkim et de Zareb... *(Il se trompe, et s'adresse à Tazhin en parlant à Hircan, et à Hircan en parlant à Tazhin; mais ils le font apercevoir de sa méprise, et il se reprend.)* les noms de Zareb et de Narkim ne sortiront plus de ma mémoire.

HIRCAN.

Tant de bonté!...

KOULOUF.

Oh! vous la méritez. Mais, pendant que vous êtes en train de soulager cette ingrate mémoire, *(confidemment.)* ne pourriez-vous pas aussi me dire, (vraiment les effets de cette maladie sont bien étranges!) ne pourriez-vous pas aussi me dire qui je suis, comment je me nomme, et ce que je fais ici; car, sur mon honneur, je ne m'en souviens pas.

HIRCAN.

Votre grandeur plaisante!

TAZHIN.

Sans doute, elle veut se divertir aux dépens de ses fidèles serviteurs.

KOULOUF.

Non, c'est la vérité. Je puis vous dire cela à vous autres, puisque vous êtes attachés à ma personne; vrai, je n'ai là-dessus que des idées confuses, et je serais bien aise de savoir positivement à quoi m'en tenir.

HIRCAN.

Vous êtes grand Colao, et Gouverneur de la province de Chensi, qui est la plus considérable de l'empire de la Chine.

KOULOUF.

Je le sais.

TAZHIN.

Vous commandez à cinquante millions d'hommes.

KOULOUF.

Je le sais.

HIRCAN.

Vous vous nommez Hircan.

KOULOUF, *à part.*

Je m'en souviendrai. (*haut.*) Je le sais, vous dis-je, ce n'est pas là ce que je vous demande. Croyez-vous donc que j'aie perdu la tête au point de ne pas me rappeler que je suis Hircan, grand Colao, gouverneur de la Province de Chensi, qui est la plus considérable de l'empire de la Chine; que je commande à cinquante hommes...

TAZHIN.

Cinquante millions...

KOULOUF.

Cinquante millions d'hommes... et que je suis maintenant à...

TAZHIN.

Thiboul.

KOULOUF.

A Thiboul, dans...

HIRCAN.

Votre palais.

KOULOUF.

Dans votre palais.

HIRCAN.

Au milieu de vos esclaves.

KOULOUF.

Au milieu de vos esclaves. Vous concevez bien qu'il est impossible que j'aie oublié cela. (*à part.*) Je n'en saurais douter, l'astrologue avait raison, et voilà sa prédiction accomplie. (*haut.*) Cependant, il est un seul point sur lequel nous ne sommes pas d'accord.

HIRCAN.

Peut-être nous sommes-nous trompés.

KOULOUF.

Il me semble qu'avant que je fusse Hircan, le premier Mandarin se nommait Hoamby?

HIRCAN.

Il est mort. Et... c'est moi qui le remplace.

KOULOUF.

Ah! c'est différent. Il n'y a donc pas long-tems que tu es premier mandarin?

HIRCAN.

Non, seigneur.

KOULOUF.

(*A part.*) C'est comme moi. (*haut.*) Et qu'étais-tu auparavant?

HIRCAN, *hésitant.*

Seigneur, j'étais...

KOULOUF.

J'entends. (*à part.*) Il était peut-être comme moi. (*haut.*) Pour en revenir à ton prédécesseur, je crois me rappeler qu'il avait une fille charmante.

TAZHIN.

Vous vous trompez, seigneur.

KOULOUF.

Comment, je me trompe! oh! je vous assure qu'il avait une fille nommée Zalida, à qui j'ai sauvé la vie.

TAZHIN.

C'est encore là une de ces absences auxquelles votre grandeur est sujette depuis quelque tems.

KOULOUF.

C'est trop fort. Me direz vous aussi que ce n'est pas en terrassant un lion furieux, qui s'était élancé sur elle, que j'ai reçu cette blessure! (*Il montre une cicatrice qu'il a à la main.*)

HIRCAN.

Elle eut une cause bien plus glorieuse. Vous la reçûtes dans cette bataille sanglante que vous livrâtes au roi de Tonquin, et dans laquelle vous fîtes des prodiges de valeur.

KOULOUF.

Au roi de Tonquin !... je n'ai pas l'honneur de le connaître.

HIRCAN.

Il vous connaît bien, lui ! il se repentira long-tems de vous avoir offensé.

KOULOUF.

Tu crois qu'il s'en repentira ?

HIRCAN.

Comment votre grandeur ne se souvient pas ?...

KOULOUF.

Ah !... en effet...mais... certainement ! *(à part.)* Je veux mourir si je m'en souviens. Il faut que tout cela s'éclaircisse. *(haut.)* Vous dites que je suis le maître d'ordonner tout ce que bon me semble ?

HIRCAN.

Vos esclaves sont trop heureux que vous daigniez jeter sur eux un regard de bonté.

KOULOUF, *se tournant vers Tazhin.*

En ce cas, je t'ordonne d'aller, sur-le-champ, trouver une pauvre femme, nommée Malika, qui habite une humble chaumière dans mon parc de Thiboul, auprès de la vieille pagode. Elle a deux fils, c'est une famille très-intéressante et que j'aime beaucoup. Il y a là surtout un certain Koulouf pour qui je me sens une affection !... c'est un très-honnête garçon, dont je fais le plus grand cas. Je sais que cette famille n'est pas heureuse, et je désire lui faire du bien. Je veux me distinguer par de bonnes actions, parce que... on ne sait pas... enfin j'ai mes raisons. Dis-moi, Zareb; j'ai des trésors, n'est-ce pas ?

HIRCAN.

Oui, seigneur.

KOULOUF, *à part.*

Il me semblait bien que je devais en avoir. (*haut.*) Y a-t-il de l'argent dans mes trésors ?

HIRCAN.

De l'argent, de l'or, des pierreries.

KOULOUF.

Tout cela ! en ce cas, je puis bien faire un cadeau à ces braves gens ; qu'en penses-tu ?

HIRCAN.

Sans doute.

KOULOUF.

Qu'est-ce que je pourrais leur envoyer ? trente... cinquante... quatre-vingt... (*A chaque mot il regarde Zareb pour chercher son approbation. Voyant qu'il ne témoigne aucun mécontentement, il poursuit.*) Cent pièces d'or, hein ?

HIRCAN.

Mille, si vous voulez.

KOULOUF.

Tu crois que je puis leur envoyer mille pièces d'or, sans que personne y trouve à redire ?

HIRCAN

Deux mille même.

KOULOUF, *enchanté.*

Non. Mille... c'est assez. Oh ! comme ils seront contens !... (*il caresse Hircan.*) Tu m'as donné là un excellent conseil. (*à Tazhin.*) Narkim, va demander cette somme à mon trésorier, tu la porteras, de ma part, à cette bonne Malika.

TAZHIN, *à Koulouf.*

Mais, seigneur, il refusera de me la délivrer sans un ordre de votre main.

KOULOUF, *à Hircan.*

Zareb, donne lui ce qu'il demande ; je n'ai pas

l'habitude de me mêler de ces détails là. *(à Tazhin.)* Tu diras à cette bonne mère que j'ai le plus grand désir de la voir, et tu me l'amèneras.

TAZHIN.

Votre grandeur veut-elle aussi qu'on lui amène Koulouf?

KOULOUF.

Non, cela n'est pas nécessaire. Laissez-le, il est bien où il est. *(lisant l'ordre qu'Hircan vient d'écrire et qu'il lui présente.)* BON POUR DEUX MILLE PIÈCES D'OR. Ah! tu as mis deux mille!... tu es un brave garçon. *(il regarde la signature.)* HIRCAN. Ah! tu as signé pour moi! crois-tu que cela ne fera point de difficultés?

HIRCAN, *souriant.*

Je ne le crois pas.

KOULOUF, *donne l'ordre à Tazhin.*

Va et reviens vîte.

TAZHIN.

J'obéis.

(Tazhin s'incline respectueusement devant Koulouf qui lui rend son salut, et qui s'apercevant qu'il a fait une gaucherie, s'efforce de prendre un air imposant et protecteur. Tazhin sort en marchant avec gravité. Koulouf secoue la tête en le regardant aller.)

KOULOUF.

Il n'a pas l'air trop gai pour un ministre des plaisirs.

SCENE V.

LES PRÉCÉDENS, excepté TAZHIN.

KOULOUF, *remarque que les regards curieux des personnes qui l'entourent sont attachés sur lui, et il en paraît choqué.*

(A part.) Tous ces gens là me gênent. Comme

ils me regardent! on dirait que c'est la première fois qu'ils me voient. *(haut.)* Ecoute, Zareb, tes manières me plaisent.

HIRCAN.

Vous êtes trop bon!

KOULOUF.

Non, je le dis comme je le pense. Tu es doux, affable, généreux, enfin il y a entre nous je ne sais quel rapport, quelle sympathie qui fait que je t'aime mieux que cet autre qui sort d'ici. Je serais bien aise de causer avec toi; mais, dis moi, lorsque l'on est grand Colao, est-il absolument nécessaire que l'on soit entouré de ces importuns, dont les regards curieux...

HIRCAN.

Vous n'avez qu'à dire un mot et ils s'éloigneront.

KOULOUF.

Ah!... *(Il se tourne avec assurance du côté des esclaves et des femmes, puis il hésite et revient sur ses pas.)* Je n'ose pas. *(haut.)* Dis leur pour moi.

HIRCAN, *aux Eunuques et aux Femmes.*

Sa grandeur veut être seule. Eloignez vous.

KOULOUF.

Je vous demande pardon, vous reviendrez tout-à-l'heure si cela vous... *(il se reprend et dit avec dignité.)* Vous reviendrez quand je vous ferai appeler. *(à part en regardant Hircan.)* Il représente fort bien mon premier Mandarin! il a de la noblesse, une tournure distinguée. Il est agréable d'avoir des gens comme ceux là à son service.

(Les Eunuques et les Femmes s'éloignent.)

SCENE VI.
HIRCAN, KOULOUF.

HIRCAN.

Nous voilà seuls.

KOULOUF.

Puisque tu ès mon favori, il faut que je te mette dans ma confidence, car je présume que les grands n'ont rien de caché pour ceux qu'ils appellent ainsi.

HIRCAN.

J'écoute.

KOULOUF.

Mon ami, je suis amoureux fou.

HIRCAN.

Oserais-je vous demander, seigneur...

KOULOUF.

De qui je suis amoureux? d'un ange, mon ami.

DUO.

Trait pour trait,
Voici son portrait.

HIRCAN.

Tout comme lui, Hircan pourrait,
Trait pour trait,
Faire ce portrait.

KOULOUF.

La fleur qui, le matin, s'ouvre aux pleurs de l'aurore,
N'a pas plus de fraîcheur, un plus vif incarnat ;
Mais, si d'un vif éclat,
Sa beauté se colore,
Par sa douceur, par sa bonté,
Son enjouement et sa gaîté,
Elle charme bien plus encore.

HIRCAN.

Trait pour trait,
Voilà son portrait.

KOULOUF.

Un air affable.

HIRCAN.

Qui vous séduit.

KOULOUF.
Sourire aimable...
HIRCAN.
Qui vous ravit.
ENSEMBLE.
Dès qu'on la voit, il faut qu'on l'aime
D'amour extrême.

HIRCAN.	KOULOUF.
C'est bien là des amans	C'est bien là trait pour trait,
Bien tendres, bien aimans;	Oui, voilà le portrait
Le langage ordinaire.	De celle qui m'est chère.

HIRCAN.
Pardon, si je ne craignais de vous déplaire...
KOULOUF.
Et bien...
HIRCAN.
Je vous dirais que tout ceci me semble encore une vision.
KOULOUF.
Qu'est-ce à dire?
HIRCAN.
Oui, vous croyez aimer.
KOULOUF.
Comment! je crois. *(à part.)* Ils me feront perdre la tête. *(haut.)* Je te dis que depuis un an je l'aime éperduement.
HIRCAN.
Comment en croire votre grandeur, lorsqu'elle nous offre chaque jour le modèle de l'union la mieux assortie et la plus exemplaire?
KOULOUF.
De l'union!... Ne voudrais-tu pas me persuader maintenant que je suis marié?
HIRCAN.
Votre grandeur prétend railler, elle en est bien maîtresse; mais elle ne m'empêchera pas de lui dire que depuis qu'elle s'est engagée dans les nœuds de l'hymen, elle a constamment donné l'exemple de toutes les vertus conjugales.

KOULOUF.

Connais-tu ma femme, toi ?

HIRCAN.

Oui, seigneur.

KOULOUF.

(A part.) Il est plus avancé que moi. (Haut.) Et pourrais-tu me dire comment elle se nomme, ma femme ?

HIRCAN.

Tonkala.

KOULOUF.

Hein ?

HIRCAN.

Tonkala.

KOULOUF, *faisant la grimace.*

Est-elle jolie ?

HIRCAN.

Elle est belle par ses vertus.

KOULOUF.

Grande ?

HIRCAN.

Par son âme.

KOULOUF.

A-t-elle des grâces ?

HIRCAN.

Celles de son âge.

KOULOUF.

Quel âge a-t-elle ?

HIRCAN.

Vous le savez mieux que moi.

KOULOUF.

Non, ce sont là de ces choses que j'oublie le plus volontiers. Enfin, elle a...

HIRCAN.

Soixante ans.

KOULOUF.

Juste ciel !

HIRCAN.

Il est vrai que cette union peut paraître disproportionnée ; mais c'est un mariage de convenance.

KOULOUF.

Il ne me convient pas à moi. Je la répudie.

HIRCAN.

Vous ne le pouvez pas.

KOULOUF.

Comment, je ne le peux pas ? les lois permettent de répudier une femme, quand elle a passé quarante ans sans donner des héritiers à son époux.

HIRCAN.

Des héritiers ! mais vous avez le bonheur de posséder une famille nombreuse.

KOULOUF.

Allons ! j'ai des enfans, à présent !

HIRCAN.

Douze, seigneur.

KOULOUF.

Douze.

HIRCAN.

Les plus jolis et les plus aimables du monde.

KOULOUF.

Tu te moques de moi.

HIRCAN.

M'en croyez-vous capable ?

KOULOUF.

Eh bien, s'il le faut, je garderai les enfans ; mais quant à la mère...

HIRCAN.

Songez donc qu'elle est fille du roi de la Cochinchine, qui sera furieux d'un tel affront.

KOULOUF.

Tant pis pour lui.

HIRCAN.

Il vous déclarera la guerre.

KOULOUF.

Eh bien, je le battrai comme son camarade le Roi de Tonquin... tu sais... *(il montre sa main.)* Il n'a qu'à venir, le Roi de la Cochinchine... il n'a qu'à venir; il trouvera à qui parler. Ah! voici Narkim. *(à part.)* Que va-t-il m'apprendre?

SCENE VII.

LES PRÉCÉDENS, TAZHIN.

KOULOUF.

Eh bien, as tu vu ma m... Malika?

TAZHIN.

Oui, seigneur; elle vous remercie du magnifique présent que vous lui avez envoyé. Il lui est impossible de se rendre en ce moment à vos ordres; mais vous la verrez demain.

KOULOUF.

Demain! à la bonne heure. Maintenant, il me semble que c'est assez m'occuper des autres, et qu'il est tems de songer à moi.

HIRCAN.

Vous m'avez permis de vous présenter ma future épouse.

KOULOUF.

Est-ce que tu te maries?

HIRCAN.

Vous avez eu la bonté d'y consentir.

KOULOUF.

Ah!

HIRCAN.

Et vous avez daigné, en même tems, me témoigner le désir de voir celle que j'ai choisie.

KOULOUF.

J'espère que ce n'est pas un mariage de convenance que tu fais?

D

HIRCAN.

Pardonnez-moi.

KOULOUF.

Comment, c'est aussi une vieille femme?...

HIRCAN.

Vous en jugerez vous-même. Je vais la chercher.

KOULOUF.

Va.

HIRCAN, *à part.*

Quelle sera sa surprise en voyant Zalida!

(*Il salue et sort.*)

SCENE VIII.

KOULOUF, TAZHIN.

KOULOUF.

Vraiment, je l'aime beaucoup, ce Zareb!

TAZHIN, *avec une double intention.*

C'est fort heureux pour lui.

KOULOUF.

Il a je ne sais quoi de séduisant et d'aimable qui fait que l'on s'attache à lui sur le champ. Narkim! fais servir.

TAZHIN.

J'oserai représenter à sa grandeur qu'elle est dans l'usage de donner audience avant de prendre aucune nourriture.

KOULOUF.

Tu crois? *(à part.)* Je changerai cet usage-là.

TAZHIN.

Les mandarins attendent qu'il vous plaise de les faire introduire. Ils viennent soumettre à votre décision des affaires urgentes, indispensables.

KOULOUF.

Je n'en connais pas de plus urgente que mon amour et mon appétit. Qu'on me serve à l'instant même, je le veux en dépit de tous les usages.

TAZHIN.

Puisque vous l'exigez absolument, on va vous conduire à table.

KOULOUF, *à part.*

Il me tarde d'y être.

TAZHIN.

Vous n'avez point oublié qu'avant de commencer votre repas, vous avez coutume d'adresser une prière au dieu Fo; de passer ensuite dans la salle des ablutions, dans celle des parfums...

KOULOUF.

A quoi cela sert-il?

TAZHIN.

Ce sont d'anciens usages.

KOULOUF.

Oui! eh bien, tu feras la prière, tu feras les ablutions, tu respireras les parfums; moi, je vais me mettre à table. *(fausse sortie par la gauche.)*

―――――――――――――――――

SCÈNE IX.

LES PRÉCÉDENS, HIRCAN, ZALIDA.

HIRCAN, *entre par le fond à droite; il amène Zalida.*

Seigneur, voici mon épouse.

KOULOUF, *se retournant.*

Ah! parbleu, je suis curieux...

MORCEAU D'ENSEMBLE.

Que vois-je ! ô ciel ! Dieux !... la voilà !
TOUS.   ZALIDA, à part.
Seigneur, d'où naît cette surprise ? Hélas ! pour lui quelle surprise !

KOULOUF.

Je retrouve enfin Zalida.

TOUS.

Que dites-vous ? quoi ? Zalida !..
Qui donc ici
Se nomme ainsi ?
Mais, seigneur, c'est une méprise.

KOULOUF.

Non, ce n'est point une méprise.
C'est elle ; je la reconnais ;
C'est sa taille, ce sont ses traits.
O jour pour moi rempli d'attraits !
C'est elle ; je la reconnais.
Non, ce n'est point une méprise.

TOUS.

Défiez-vous d'un prestige trompeur.

KOULOUF.

C'est Zalida ; je le sens à mon cœur.
Je le sens aux transports de mon ame éperdue ;
C'est celle que, pour moi, las ! je croyais perdue.

HIRCAN.

Seigneur, c'est là ma prétendue.

KOULOUF.

(A Zalida.)

Ta prétendue, O ciel ! Est-il vrai ? répondez.

ZALIDA.

Seigneur, ce que vous demandez...

KOULOUF.

Il m'a trompé peut-être ?..

ZALIDA, *répond par un signe qui confirme ce qu'a dit Hircan. Puis à part.*

Pauvre Koulouf !

KOULOUF.

Zalida, regardez.
Me reconnaissez-vous ?

ZALIDA.

Pour mon seigneur et maître.

KOULOUF.

A ce point, Zalida, peux-tu me méconnaître ?
Ne te souvient-il plus de ton libérateur ?

HIRCAN, *bas à Zalida.*

Feignez...

ZALIDA, *à part.*

Qu'il en coûte à mon cœur !

ROMANCE.

Premier Couplet.

KOULOUF.

As tu perdu la souvenance,
De ce jour mille fois heureux,
Où le sort, propice à mes vœux,
Me fit embrasser ta défense ?
Hélas ! j'allais te secourir,
Lorsque l'amour, d'une main sûre,
Me fit au cœur une blessure,
Dont jamais ne pourrai guérir.

Eh quoi ? vous gardez le silence !

ZALIDA.

Seigneur !

HIRCAN.

Feignez.

ZALIDA, *à part.*

Quelle souffrance !

KOULOUF.

Ah ! rien n'égale mon tourment.

ZALIDA, *à part.*	KOULOUF.	HIRCAN, TAZHIN.
O mon cher Koulouf ! excuse ;	Est-ce un rêve qui m'abuse ?	Que son embarras m'amuse !
C'est malgré moi qu'on t'abuse.	Est-ce une erreur, une ruse ?	Il croit qu'un songe l'abuse.
Ah ! quel tourment !	Ah ! quel tourment !	Oh ! c'est charmant !

Second Couplet.

KOULOUF.

Je traîne partout, dès l'aurore,
Tous les feux du brûlant amour ;
Et quand vient le déclin du jour,
Mal d'amour me tourmente encore.
Hélas ! me faudra-t-il mourir
De la souffrance que j'endure ?
Mourir de cruelle blessure,
Quand d'un mot tu peux me guérir !

Et quoi ! toujours même silence !

ZALIDA, *à part.*
Ah ! quel tourment !
KOULOUF, *à part.*
Quelle souffrance !

ZALIDA, *à part.*	KOULOUF.	HIRCAN, TAZHIN.
Non, rien en ce moment,	Non, rien en ce moment	Non, rien en ce moment
N'égale mon tourment.	N'égale mon tourment.	N'égale leur tourment.
Pour moi quelle contrainte !	O ciel ! quelle contrainte !	Pour eux, quelle contrainte !
Va, ce n'est qu'une feinte,	Est-ce donc une feinte,	Mais ce n'est qu'une feinte,
Un prestige trompeur.	Un prestige trompeur?	Un prestige trompeur.
Ah ! je sens que mon cœur	Je le sens à mon cœur,	Zalida, je le vois, ton cœur
Partage ta douleur.	Ce n'est point une erreur.	Partage sa douleur.
Oui, ce prodige	Est-ce un prestige?	Va, ce prodige
N'est qu'un prestige.	Par quel prodige ?	N'est qu'un prestige.
Mais quel tourment	Ah ! quel tourment	Votre tourment
J'éprouve en ce moment.	J'éprouve en ce moment !	Finira dans un moment.

KOULOUF, *hors de lui.*

Au nom du ciel, Zalida, dites-moi la vérité ! c'est à genoux que j'implore cette grâce.

(il tombe aux genoux de Zalida.)

ZALIDA.

Que faites-vous, seigneur ?

TAZHIN.

Si Tonkala vous surprenait, vous seriez perdus tous deux.

HIRCAN.

Il est vrai qu'elle est extrêmement violente.

TAZHIN.

Elle vous aime avec une tendresse peu commune ; mais, si elle apprenait qu'une autre eût des droits sur votre cœur, vous auriez tout à redouter de sa jalousie.

HIRCAN.

Il n'est point d'excès auxquels elle ne se portât.

TAZHIN.

Le fer...

HIRCAN.

Le poison...

TAZHIN.

Le feu...

HIRCAN.

Elle est capable de tout employer.

KOULOUF.

Mais c'est donc un tigre, que cette femme-là?

TAZHIN.

A-peu-près.

HIRCAN, *regardant à la cantonnade à gauche.*
Juste ciel! la voici.

KOULOUF.

Ah! mon dieu! Narkim, je t'en prie, emmène cette aimable personne. *(à Zalida.)* Nous nous reverrons, belle Zalida. *(à Hircan.)* Toi, Zareb, cours au-devant de cette femme; fais en sorte qu'elle ne vienne pas jusqu'ici; dis-lui que je ne puis la recevoir en ce moment; dis-lui... enfin, dis-lui ce que tu voudras, pourvu que je ne la voie point.

HIRCAN.

J'y cours.

(il entre dans l'appartement à gauche.)

KOULOUF.

Ouf. *(à Tazhin qui rentre.)* Et bien, Zalida est-elle en sûreté?

TAZHIN.

Oui, seigneur, vous ne tarderez point à la revoir.

KOULOUF.

Je te remercie. *(à Hircan qui rentre.)* Et bien, Zareb...

HIRCAN.

Seigneur, votre épouse est furieuse: elle sait que vous étiez à l'instant même auprès d'une autre femme; « qu'il tremble l'infidèle, a-t-elle dit, » il apprendra bientôt ce que peut un amour ou- » tragé. »

KOULOUF.

Oh! la méchante femme! j'en suis tout tremblant.

TAZHIN.

Seigneur, vous êtes servi.

KOULOUF.

Cela vient à propos. (*à part.*) Je ne sais par où l'on passe, mais n'importe, n'ayons pas l'air d'hésiter.

(*il s'avance vers l'appartement de droite.*)

TAZHIN.

Où donc va votre grandeur?

KOULOUF, *avec assurance.*

Apparemment dans la salle du festin.

TAZHIN.

C'est là votre chambre à coucher.

KOULOUF.

Ah! oui. Cette femme m'a tellement troublé.

TAZHIN, *lui montrant la gauche.*

C'est par là...

KOULOUF.

C'est juste.

TAZHIN.

Vos Esclaves vont vous conduire.

KOULOUF.

J'irai bien tout seul.

TAZHIN.

Ce n'est pas l'usage.

SCENE X.

HIRCAN, TAZHIN, KOULOUF, KALEB, Eunuques, Femmes du palais.

(*Au signal donné par Tazhin, les Eunuques et les Femmes entrent par la porte du fond.*)

CHOEUR.

Salut, salut, honneur
A notre gouverneur !
Ce Prince aimable et sage
A droit à notre hommage !
Salut, salut, honneur
A notre Gouverneur !

(*Tazhin indique à Koulouf la place qu'il doit occuper dans la marche. Celui-ci se soumet à tout ce qu'on exige de lui. Mais, au moment de partir, il s'arrête, se tourne vers Hircan et Tazhin et leur dit familièrement :*)

KOULOUF.

Est-ce que vous ne venez pas ?

(*Hircan et Tazhin témoignent que le respect ne leur permet pas de l'accompagner sans en avoir reçu l'ordre.*)

KOULOUF.

Je vous permets de souper avec moi, pour aujourd'hui seulement, et sans conséquence.

(*Il sort entre deux rangées d'Eunuques et de Femmes qui le précèdent et le suivent en dansant et en jouant des instrumens. Il s'appuie sur l'épaule de deux officiers. Hircan et Tazhin viennent immédiatement après lui.*)

CHOEUR.

Salut, salut, honneur
À notre gouverneur ! etc.

(*Le cortège s'éloigne en chantant, et sort par la gauche pour se rendre à la salle des festins. En entrant les Esclaves ont ôté les lanternes qu'ils emportent, ensorte que le théâtre demeure dans la plus profonde obscurité, quand tout le monde est parti.*)

SCÈNE XI.

KIOUSS, Tartares de sa Suite.

(*Kiouss et les Tartares qui le suivent, paraissent sur la galerie du fond et la traversent de gauche à droite. Cette galerie n'est pas du tout éclairée. Ils marchent lentement.*)

CHŒUR DE TARTARES.

Sélima, tu vas être vengée;
C'est ici que tu fus outragée.
Point de bruit ! peut-être il veille encor,
Mais bientôt il recevra la mort.

(*ils disparaissent par la droite.*)

SCÈNE XII.

KOULOUF, HIRCAN, TAZHIN.

KOULOUF, *à la cantonnade.*

Laissez-moi; je veux être seul.

HIRCAN, TAZHIN.

Mais, seigneur...

KOULOUF, *entrant.*

Je veux être seul, vous dis-je.

HIRCAN, *lui montrant la porte latérale à droite.*

Tout est prêt pour vous recevoir, quand vous voudrez vous livrer au repos.

KOULOUF.

C'est bon.

HIRCAN, *bas à Tazhin.*

Laissons le s'endormir; puis nous le ferons reporter à sa chaumière pour jouir de sa surprise. Tu auras soin que personne ne vienne le déranger.

(*Ils s'inclinent et se retirent.*)

SCÈNE XIII.
KOULOUF.

(*Après s'être promené pendant quelque tems avec agitation.*)

Il semble que le sort prenne plaisir à épuiser sur

moi toute sa bizarrerie. Un hasard heureux me fait sauver la vie à une jeune personne charmante ; je l'aime avec ivresse, avec idolâtrie ; mais sans espoir.. Un prodige pouvait seul me donner le droit de prétendre à sa main. Au bout d'un an, ce prodige s'opère, et je me crois au comble de mes vœux. Combien je m'abusais ! On me dit que je suis tout puissant et je ne puis faire un pas sans consulter l'usage; je parle de mon amour, on me répond que je suis marié ; je retrouve ma maîtresse, elle feint de me méconnaître, et je me vois au moment d'être poignardé par une femme que je n'ai jamais vue, et qu'il leur plaît de nommer mon épouse. Pour me distraire de tant de contrariétés, je demande un bon repas; je vais me mettre à table, lorsqu'un avis fidèle *(il tire un rouleau de son sein.)* m'apprend que les mets, les liqueurs, les fruits même, tout est empoisonné, et que des ennemis secrets sont acharnés à ma perte. Pauvre Koulouf! je ne sais comment tout ceci finira, mais cet essai de la puissance n'est pas fait pour m'inspirer le désir de la conserver long-tems. Entrons dans cet appartement pour rêver en liberté à ma chère Zalida. J'espère que du moins on ne me troublera pas dans cette jouissance.

(Il s'avance vers la chambre à coucher. Il est près d'y entrer, quand l'orchestre joue la ritournelle du morceau suivant. Koulouf s'arrête.)

Hein ? qu'est-ce ceci ? J'entends du bruit... quelqu'un s'avance le long de cette galerie.

(Il va au fond et prête l'oreille.)

On parle de mort, de vengeance !... Allons, encore une crise !... Il est décidé que je n'aurai pas un instant de repos.

(Il se blottit dans un coin à gauche.)

SCENE XIV.
KOULOUF, KIOUSS, Tartares.
FINALE.

KIOUSS, LES TARTARES.
Tout dort dans ce palais,
Excepté la vengeance ;
La nuit et le silence
Secondent nos projets.

KOULOUF, à part.
Quels sont donc leurs projets?

KIOUSS, LES TARTARES.
Périsse l'infidèle !

KOULOUF, à part.
L'infidèle !
Serait-ce moi?

KIOUSS, LES TARTARES.
Signalons notre zèle,
Il faut qu'il meure, l'infidèle.

KOULOUF, à part.
Cela vous plait à dire ; Koulouf, en vérité,
N'en voit pas la nécessité.

KIOUSS, LES TARTARES.
Faisons ce sacrifice,
A l'amour outragé.

KOULOUF, à part.
A l'amour outragé !
C'est Tonkala, c'est elle,
Par qui le coup est dirigé.

KIOUSS, LES TARTARES.
Périsse l'infidèle !
Dans le sommeil il est plongé ;
Entrons, le moment est propice.

KOULOUF, à part.
Non pas ; heureusement
Le ciel qui m'est propice,
En ordonne autrement.

KIOUSS, LES TARTARES.
Entrons, frappons, que le traître périsse !

(*Quelques Tartares s'approchent de Koulouf; ils ont le poignard à la main.*)

KOULOUF, à part.
O ciel ! je meurs d'effroi !

KIOUSS, *les appelant et leur montrant la porte à droite.*
Par ici ! suivez-moi ;
Surtout point de faiblesse.

KOULOUF, *à part.*
Quelle scélératesse !
Un peu plus tard, las ! c'était fait de moi.
Décampons.
(Il quitte sa cachette et se dirige vers le fond en marchant sur la pointe du pied.)
KIOUSS, *qui était presque entré dans l'appartement, revient en scène et ramène avec lui les Tartares. Koulouf se cache de nouveau en exprimant la vive frayeur dont il est saisi.*

Mais, j'y songe ! on pourrait nous surprendre.
Il est, ce me semble, prudent
Que deux de nous dans cet appartement
Restent placés pendant l'événement.
KOULOUF, *à part.*
Me voilà bien !
LES TARTARES.
C'est très-prudent.
KOULOUF, *à part.*
La peste soit de l'incident !
KIOUSS.
Afin de tout voir, tout entendre.
(Kiouss va placer un Tartare en sentinelle à chacune des portes du fond. Il leur ordonne de regarder en-dehors. En effet, ils ont presque toujours le dos tourné pendant la scène suivante. Kiouss rejoint ses complices, et tous entrent dans la chambre où ils supposent qu'ils vont trouver Hircan endormi.)

SCENE XV.
KOULOUF.

Comment échapper à leurs coups ?
Où fuir ? par où ? par quelle issue ?
Dieu tout puissant, m'abandonnerez vous ?
(après un moment de réflexion.)
Inspirez moi... devant cette statue...
L'obscurité, ce vêtement...
Oui, tout me favorise.
Dans un danger aussi pressant,
Toute ruse est permise.
Les voici, plaçons nous.
Vite, en avant de la statue.
(Il remonte la scène avec précaution et va se placer devant la statue du dieu Fo qui est au-dessus de l'estrade. Il se met absolument dans la même attitude que l'idole.)
Dieu tout puissant, obscurcissez leur vue !

SCENE XVI.
KOULOUF, KIOUSS, les Tartares, *sortant de l'appartement.*

CHŒUR.

Il échappe à nos coups !
O désespoir ! ô rage !
Où chercher le volage ?
Où le trouverons-nous ?

KOULOUF, *à part.*

Nulle part, je l'espère.

KIOUSS, LES TARTARES.

Ah ! quel destin contraire
Le dérobe à nos coups ?
Où le trouverons-nous ?

KOULOUF, *à part.*

Demeurons immobile.

KIOUSS, LES TARTARES.

Quel abri, quel asile
Le dérobe à nos coups ?

(*Ils remontent la scène et s'adressent à la statue.*)

O toi, qui punis le parjure,
Des amans outragés, toi qui venges l'injure,
Fo, tu sais si notre courroux
Est juste, s'il est légitime ;
Dans cette nuit éclaire nous ;
Guide nos pas vers la victime,
Et qu'elle expire sous nos coups.

KOULOUF, *d'une voix terrible.*

Scélérats!

(*Il frappe en même tems très-fort sur le timbre qui est devant lui.*)

KIOUSS, LES TARTARES, *avec effroi.*

O terreur ! ô prodige !
Fuyons.

(*Ils courent çà et là, et s'échappent par la porte du fond à droite.*)

KOULOUF.

Au secours ! au secours !

(*Il frappe un second coup.*)

TAZHIN, Eunuques et Soldats, *en-dehors à gauche.*

Accourons.

KOULOUF.

On en veut à mes jours.

SCENE XVII.
KOULOUF, TAZHIN, Eunuques, Soldats, Esclaves *qui portent des lanternes.*

KOULOUF, *aux Eunuques et aux Soldats.*
Cherchez.

TAZHIN et le CHOEUR.
Qui donc ?

KOULOUF.
Cherchez par tout, vous dis-je.

TAZHIN et le CHOEUR.
(*à part.*)
Cherchez
Cherchons partout. Bon ! c'est quelque vertige.

(*Kiouss et les Tartares paraissent sur la galerie et la traversent précipitamment de droite à gauche. Au moment où les soldats se retournent, les Tartares se jettent à plat-ventre pour n'être pas vus.*)

TAZHIN et le CHOEUR.
On ne voit rien.

KOULOUF.
Cela m'étonne ;
Regardez bien.

TAZHIN et le CHOEUR.
Nous ne voyons personne.

(*Ils reviennent sur le devant de la scène, alors Kiouss et ses gens se relèvent et s'échappent vivement par la gauche.*)

SCENE XVIII.
LES PRÉCÉDENS, excepté KIOUSS et les Tartares.

TAZHIN.
Dites nous...

KOULOUF.
On en veut à mes jours.

TAZHIN.
Et qui donc ?

KOULOUF.
Tonkala, mon épouse.

TAZHIN et le CHOEUR.
Quelle horreur !

KOULOUF.
Elle veut, cette femme jalouse,
Me faire poignarder pour troubler mes amours.

TAZHIN.
Mais comment ?

KOULOUF.
Des assassins, vous dis-je.

TAZHIN.
Des assassins !
KOULOUF.
Je ne me trompe pas.
Je les ai vus.
TAZHIN et LE CHOEUR.
(*A part, en riant.*) Il les a vus ! bon ! quel vertige !
KOULOUF.
Ils étaient là, les scélérats !
A peine je respire.
TAZHIN et LE CHOEUR, *à part.*
Le moyen de ne pas rire !
(*Haut.*) Les scélérats !
KOULOUF, *à Tazhin.*
Narkim, en cette affaire,
Fais pour ma sûreté ce qu'il convient de faire.
TAZHIN, *à part.*
En apparence il faut le satisfaire.
(*Aux soldats.*)
Aux portes du palais,
Courez à l'instant même.
Qu'on en ferme l'accès ;
Le péril est extrême.

(*Koulouf répète chaque vers après Tazhin. Les soldats obéissent et sortent vivement.*)

KOULOUF.
Dans cet appartement, je ne veux pas rester.
Allons trouver Zareb ; je veux le consulter.
KOULOUF.
Ah ! je frémis de leur audace ;
Oui, des dangers que j'ai courus,
Tous mes sens sont encore émus.
O fortune ! je te rends grace.
TAZHIN, et une partie du Choeur.
Affrontons le danger,
Oui, bravons la mort même,
Pour défendre et venger
Un Prince qui nous aime.
L'AUTRE PARTIE DU CHOEUR, *à part.*
Il est fou ! le pauvre garçon !
Ah ! quel dommage
Qu'à son âge
Il ait perdu la raison !

Fin du second Acte.

ACTE III.

Le théâtre représente une galerie qui sert de vestibule à la grande salle d'audience. Cette salle est cachée par une draperie qui occupe tout le fond.

SCENE PREMIERE.
HIRCAN, TAZHIN.

HIRCAN, *qui entre par la droite, à Tazhin, qui vient par la gauche.*

Eh bien, Tazhin, que fait Koulouf dans son nouvel appartement ? Dort-il ?

TAZHIN.

Non, seigneur, au contraire, il paraît très-agité. Ainsi que vous l'aviez ordonné, j'avais fait placer près de lui, quelques fruits et un flacon de cette liqueur somnifère qui nous a si bien réussi hier soir ; mais il n'a eu garde d'y toucher.

HIRCAN.

Je le crois. Cependant, le jour approche ; d'autres soins nous appellent. Il est tems de le rendre à son premier état.

TAZHIN.

Si vous voulez, je vais le détromper.

HIRCAN.

Non ; il faut user de ménagemens. La vision qu'il a eue cette nuit, prouve que son imagination, déjà vivement frappée, est exaltée maintenant à tel point qu'il sera peut-être très-difficile de le dissuader.

TAZHIN.

Quel moyen ?...

E

HIRCAN.

Le plus sûr, pour y parvenir doucement et sans danger pour sa raison, serait de lui faire voir une personne de sa famille.

TAZHIN.

Justement, il s'est présenté tout-à-l'heure, aux portes du palais, un paysan nommé Ganem, qui se dit frère de Koulouf. Il a, dit-il, des révélations importantes à faire au grand Colao.

HIRCAN.

Sans doute il sait que son frère a été transporté dans ce palais. Où est-il?

TAZHIN.

Vos gardes ont refusé de le laisser entrer; mais il insiste, et dit qu'il veut absolument parler à sa grandeur.

HIRCAN.

Cette circonstance est trop favorable à nos desseins, pour n'en pas tirer parti. Va vîte, qu'on l'introduise. Il me tarde de le voir en présence de son frère.

KOULOUF, *en-dehors.*

Narkim! Zareb! où sont-ils donc?

SCENE II.

LES PRÉCÉDENS, KOULOUF.

TAZHIN, *à Koulouf.*

Nous voilà, seigneur.

KOULOUF.

A la bonne heure. *(à Tazhin.)* Laisse-nous, toi; c'est à lui *(montrant Hircan.)* que je veux parler.

(Tazhin sort en faisant un signe d'intelligence à Hircan.)

SCENE III.
KOULOUF, HIRCAN.

KOULOUF.

Je suis bien aise de te voir; j'ai à te communiquer certain projet que j'ai médité cette nuit, et qui te fera grand plaisir.

HIRCAN.

Votre grandeur paraît bien émue.

KOULOUF.

C'est vrai; écoute-moi. Mon ami, tout ce qui m'est arrivé depuis hier m'a fait faire de sérieuses réflexions, dont le résultat est pour toi de la plus haute importance.

HIRCAN, *à part.*

Voici du nouveau!

KOULOUF.

Je veux faire ta fortune.

HIRCAN.

Vous êtes trop bon.

KOULOUF.

Non, je ne suis que juste. Je te l'ai déjà dit, tu es un sujet distingué, précieux. Mais, avant que je m'explique, dis-moi : as-tu de l'ambition?

HIRCAN.

Celle qui doit animer tout homme sage, de ne rien faire qui ne soit utile à ses semblables.

KOULOUF.

(A part.) A merveille, je ne répondrais pas mieux. *(haut.)* Serais-tu bien aise de devenir un grand personnage?

HIRCAN.

Moi?... Je ne vous comprends pas.

KOULOUF.

Toi. Dis oui ou non.

HIRCAN.

Seigneur...

KOULOUF.

Oui, n'est-ce pas? Eh bien, mon ami, je te fais grand Colao.

HIRCAN, *à part.*

Je ne m'attendais pas à cela, par exemple. *(haut.)* Comment...

KOULOUF.

Oh! point de réflexions! C'est un parti pris, je renonce aux grandeurs, et c'est toi que je choisis pour me succéder.

HIRCAN.

Mais, seigneur...

KOULOUF.

Je te le répète; tu possèdes toutes les qualités nécessaires, et... après moi, je ne connais personne qui puisse mieux que toi remplir cette place difficile et glorieuse.

HIRCAN.

Croyez-vous que notre souverain approuve...

KOULOUF.

J'en fais mon affaire.

HIRCAN.

Avez-vous songé...

KOULOUF.

J'ai songé à tout. Ah! je vois ce que c'est... Tu crains d'être embarrassé dans les premiers momens... Sois tranquille, mon ami, je suis là; s'il se présente des circonstances difficiles, tu viendras me trouver et je t'aiderai de mes conseils.

HIRCAN, *à part.*

On n'est pas plus obligeant.

KOULOUF.

Ah ça, bien entendu qu'en acceptant ce poste éminent, tu te chargeras de celle qui, dit-on, le partageait avec moi, Tonkala...

HIRCAN.

Comment, vous voulez...

KOULOUF.

Ecoute donc, mon ami, les charges suivent les bénéfices.

HIRCAN.

Et celle que j'aime?

KOULOUF.

C'est différent, je l'épouse. D'ailleurs, sois franc; tu m'as dit toi-même que c'était un mariage de convenance, et je le romps. Eh bien, tu acceptes, n'est-ce pas?

HIRCAN.

Si vous l'exigez absolument.

KOULOUF.

Oui; cela te convient beaucoup mieux qu'à moi. Va tout disposer pour la cérémonie; c'est aujourd'hui même, en présence de tous les grands assemblés, que je veux te nommer mon successeur.

HIRCAN.

J'obéis. (*à part.*) Bon Koulouf!... Allons rejoindre Tazhin, et nous placer de manière à être témoins de la scène qui va se passer.

SCENE IV.

KOULOUF.

Réjouis-toi, Koulouf, tu viens de faire un bon marché!... Ce cher Zareb! quelle surprise agréable je lui ai causée! il était loin de s'y attendre!... Quant à moi, content de posséder Zalida, l'unique objet de tous mes désirs, de toute mon ambition, je renonce sans regret à ces dangereuses illusions. Je préfère une vie obscure et tranquille à ce vain éclat qu'il faut acheter par le sacrifice de son repos et de ses plus chères affections.

VIRELAI.

Vers ma chaumière,
Je m'achemine a petit bruit;
A ce palais, moi, je préfère,
Le modeste et joli réduit
De ma chaumière.

Dans ma chaumière,
Je goûte en paix un doux sommeil;
C'est la gaîté qui, la première,
Vient assister à mon réveil,
Dans ma chaumière.

Sur ma chaumière,
J'entends la foudre sans effroi;
Elle réduit tout en poussière,
Mais elle épargne l'humble toit
De ma chaumière.

De ma chaumière,
Je bannirai peine et soupirs;
J'aurai l'amour pour locataire,
Il me paiera tout en plaisirs,
Dans ma chaumière.

SCENE V.

KOULOUF, GANEM.

GANEM, *à part, dans le fond.*

Comme il est curieux ce mandarin! il n'en finissait pas avec ses questions. Il m'a dit que je trouverais le grand Colao dans cette salle; sûrement c'est lui que je vois.

KOULOUF, *se retourne.*

Qu'est-ce?

GANEM, *sans se donner le tems de regarder Koulouf, se jette à genoux et se prosterne contre terre. Il balbutie.*

Seigneur...

KOULOUF, *à part.*

Quelle voix !

GANEM.

C'est moi... je suis Ganem...

KOULOUF, *à part.*

Mon frère !

GANEM.

On en veut à vos jours... ce sont des Tartares.... ils m'ont arrêté dans le parc... je n'ai pu m'échapper plutôt... Mais, enfin, j'ai profité du premier moment favorable... j'ai couru... et me voilà...

KOULOUF, *le relève.*

Hé bien...

GANEM.

Hé bien, seigneur... *(Il regarde Koulouf. A part.)* Ah ! mon dieu ! qu'est-ce que je vois là ? *(Il se frotte les yeux.)*

KOULOUF.

Qu'as-tu donc !

GANEM.

Rien, seigneur, c'est que... *(à part.)* C'est lui ; mais, cependant, ce ne peut pas être lui.

KOULOUF.

Achève.

GANEM.

Pardon, seigneur ; mais vous ressemblez tant à mon pauvre frère qui est devenu fou.

KOULOUF.

Fou !

GANEM.

Pardon encore une fois ; mais je suis si troublé !... Je t'en prie, mon frère, dis-moi si c'est toi... *(se reprenant.)* Ah ! qu'est-ce que j'ai dit là.

(Il fait un mouvement pour se jeter à genoux.)

KOULOUF, *l'arrête.*

Eh ! oui, bon Ganem, je suis ton frère ! *(Il lui*

tend les bras.) Viens, te dis-je, je suis Koulouf.
(Ganem lui prend la main, s'incline; puis, se remet bien vîte à une distance respectueuse, comme s'il avait reçu une faveur distinguée.)

GANEM.

Comment, seigneur, tu es mon frère!... Ce que c'est que de nous, pourtant! qui m'aurait dit... Mais explique-moi donc... *(il se rassure et se rapproche.)*

KOULOUF.

Tu le sauras plus tard. Apprends-moi ce qui t'amène.

GANEM.

Tu as raison. Le plus pressé, dans ce moment, est d'aller trouver le grand Colao, pour lui raconter tout ce que j'ai vu.

KOULOUF.

Parle; tu es devant lui.

GANEM.

Allons donc!...

KOULOUF.

Du moins, c'est ce qu'on a voulu me persuader depuis hier.

GANEM.

On s'est moqué de toi.

KOULOUF.

Tu crois?

GANEM.

C'est sûr. Tu ne te nommes pas Hircan, toi; tu n'as jamais connu Sélima.

KOULOUF.

Sélima? non.

GANEM.

Et bien, ces Tartares que j'ai surpris dans le parc et qui m'ont emmené avec eux, sont envoyés par cette jalouse Africaine pour attenter aux jours du brave Hircan.

KOULOUF.

Se pourrait-il ?

GANEM.

Cette méchante femme a juré la mort de son amant pour se venger de son infidélité.

KOULOUF.

Quelle lumière! en effet, tout ce qui s'est passé hier soir devant notre chaumière... ces esclaves... cette liqueur dont j'ai bu seul... je n'en saurais douter, tout ceci n'était qu'un jeu. Mais ce qui n'est point imaginaire, d'après tout ce que j'ai entendu cette nuit, c'est le danger qui menace les jours du grand Colao. Dieu! sans moi c'était fait de ce bon prince.

GANEM.

Que veux-tu dire ?

KOULOUF.

Qu'ils ont effectivement pénétré dans le palais, et que par un hasard heureux je les ai mis en fuite.

GANEM, *transporté de joie.*

Oh! mon frère!... tu as fait là une bonne action. *(il l'embrasse.)*

KOULOUF.

Mais tant que ces misérables seront libres, nous devons trembler pour les jours d'Hircan. Il faut avertir.

GANEM.

J'y cours.

KOULOUF.

Non. On ne nous croirait pas. Si je pouvais, à la faveur de ces habits et de l'espèce de puissance dont je me trouve revêtu... Dis-moi, connais-tu leur retraite ?

GANEM.

Tout près d'ici.

KOULOUF.

Crois-tu qu'ils y soient encore ?

F

GANEM.

Sans doute. A peine ont-ils eu le tems de s'apercevoir de ma fuite.

KOULOUF.

Hé bien! viens avec moi, courons rassembler quelques amis, emparons nous de ces scélérats. Je veux avoir le plaisir de les livrer moi-même à notre gouverneur.

GANEM.

Oh! la bonne pensée! quelle gloire pour nous!

KOULOUF.

J'ignore pour quel motif on m'a transporté dans ces lieux, mais quelqu'il soit, ce jour sera le plus beau de ma vie, si j'ai le bonheur d'être utile au prince qui nous gouverne. Viens.

GANEM.

Partons, mon frère.

SCENE VI.

(*On entend en dehors des cris, une fanfare militaire, du tumulte.*)

LES PRÉCÉDENS, TAZHIN, *entre suivi de quelques soldats.*

TAZHIN.

Fidèles serviteurs, vos intentions sont remplies.

KOULOUF.

Comment?

TAZHIN.

Ganem m'a fait connaître l'asile de ces Tartares.

GANEM, *à son frère qui lui reproche son indiscrétion.*

On ne voulait pas me laisser entrer, il a bien fallu dire le motif qui m'amenait.

TAZHIN.

J'ai couru avec une partie de la garde; ils sont

tous en notre pouvoir, et, grace à vous, notre auguste maître n'a plus aucun danger à courir.

GANEM, *qui se désespère.*

Quel dommage que je n'aie pas été là !... je ne m'en consolerai jamais.

KOULOUF.

Tous mes vœux sont exaucés.

TAZHIN.

Venez, mes amis, Hircan vous attend ; il sait tout, et brûle de vous voir pour proclamer hautement le service qu'il vous doit, et vous témoigner sa reconnaissance d'une manière éclatante.

SCENE VII ET DERNIERE.

HIRCAN, TAZHIN, KOULOUF, MALIKA, ZALIDA, GANEM, KALEB, Mandarins, Eunuques, Femmes, Soldats, etc.

(*On ouvre la draperie du fond, et l'on voit Hircan sur une estrade magnifique; il est entouré des Mandarins civils et militaires, des Femmes du palais, d'Eunuques et de Soldats. Zalida et Malika sont près de lui.*)

CHOEUR.

Aux plus fidèles des sujets,
Offrons notre reconnaissance.
Que d'Hircan, l'amour, les bienfaits,
Soient aujourd'hui leur récompense !

KOULOUF, *se précipitant sur les degrés du trône.*

Seigneur, j'embrasse tes genoux !
Mon destin est digne d'envie.
Du sort je puis braver les coups,
Puisque j'ai conservé ta vie.

HIRCAN.

Approche, ô mon libérateur !
C'est ton maître qui te rend grâce.
Viens dans mes bras, viens sur mon cœur,
Auprès de moi, voilà ta place.

KOULOUF.

O mon maître ! je te rends grâce !

HIRCAN.

Ce jour, au plaisir consacré,
Pour toi, devient un jour de gloire ;
Il sera, tant que je vivrai,
Cher à mon cœur, à ma mémoire.

HIRCAN, KOULOUF.

Il sera, tant que je vivrai,
Cher à mon cœur, à ma mémoire.

HIRCAN, *montrant Malika, Zalida et Ganem*.

Voici près de moi réunis
Tous les objets de ta tendresse.

KOULOUF.

Oui, je vois ici réunis
Tous les objets de ma tendresse.
Il en est un sur-tout que j'aime avec ivresse !...
Mais la beauté que je chéris,
Ne sent pour moi qu'indifférence.

HIRCAN.

Zalida, rompez le silence.

ZALIDA.

Koulouf, c'est toi que je chéris....

MALIKA.

Vos cœurs étaient d'intelligence !

HIRCAN.

Qu'en ce jour, sa main soit le prix
Du courage...

ZALIDA.

Et de la constance.

HIRCAN.

Tendres amans, soyez unis.

KOULOUF.

Tombons aux pieds de notre maître.

TOUS.

Vive à jamais notre bon maître !

HIRCAN.

Je veux que votre hymen soit conclu sans délai.

KOULOUF, *à Malika*.

Eh bien, vous le voyez, l'astrologue a dit vrai.

GANEM.

Pour la première fois peut-être.

CHŒUR GÉNÉRAL.

L'amitié couronne l'amour,
Chantons cette aimable alliance.
L'amour est, dans cet heureux jour,
Le prix de la reconnaissance.

FIN.

L'ANGE TUTÉLAIRE

OU

LE DÉMON FEMELLE,

MÉLODRAME

EN TROIS ACTES ET A GRAND SPECTACLE,

Par R. C. GUILBERT-PIXERÉCOURT.

Représenté, pour la première fois à Paris, sur le théâtre de la Gaité, le 2 juin 1808.

Musique de M. A. PICCINI, attaché à la musique particulière de l'Empereur.

Ballets de M. HULLIN.

———

A PARIS,

Chez BARBA, Libraire, Palais-Royal, derrière le Théâtre Français, n°. 51.

1808.

PERSONNAGES.	ACTEURS.
ALPHONSE, duc de Ferrare.	M. *Tautin.*
AMALDI, son frère.	M. *Lafargue.*
VERNER, chef de la garde Allemande.	M. *Marty.*
GIANETTI, confident d'Amaldi.	M. *Frédéric.*
FLORA, jeune personne promise à Amaldi.	Mlle *Bourgeois.*
MARCO, intendant d'Alphonse.	M. *Pascal.*
DIABOLO, bandit subalterne.	M. *Duménis.*
ANDRÉA, SALVATOR, conjurés déguisés en Spadassins.	M. *Ferdinand*, M. *Lafitte.*
PÉDRO, SEBASTIANI, valets d'Amaldi.	M. *Beuzeville.* M. *Boulanger.*

Gardes.
Pages.
Conjurés.
Chasseurs.
Masques.

L'action se passe à Ferrare vers le milieu du seizième siècle.

Vu au Ministère de la Police générale de l'Empire, conformément aux dispositions du décret Impérial du 8 juin 1806. Paris, le 7 avril 1808. *Le Secrétaire général,*
SAULNIER.

L'ANGE TUTÉLAIRE
ou
LE DÉMON FEMELLE.

ACTE PREMIER.

Le théâtre représente une partie du palais des ducs de Ferrare. A gauche, une aile de bâtiment à laquelle on arrive par une galerie couverte et donnant sur des jardins que l'on voit à droite, ce qui ressemble beaucoup à un cloître. Cette galerie, fermée dans le fond par de grandes fenêtres garnies de vitraux, donne sur un canal au-delà duquel on aperçoit des bosquets. Un banc, à droite, devant une touffe de lilas et de chèvre-feuille. Il fait nuit. On entend gronder le tonnerre, et l'on voit des éclairs sillonner à travers les vitraux du fond.

SCÈNE PREMIÈRE.

FLORA, enveloppée, de la tête aux pieds, dans une mante noire, MARCO, une lanterne sourde à la main.

(*Ils arrivent le long de la galerie, et n'avancent qu'avec précaution.*)

MARCO, *précédant Flora.*

Paix !... n'avancez pas... J'ai cru entendre...

FLORA, *avec indifférence.*

Rien que la foudre qui gronde... Ah ! Marco, j'aime ce tems orageux. Qu'il peint bien la situation de mon ame ! Puisse la journée qui commence sous ces tristes auspices, voir, à son déclin, un ciel pur et sans nuages !

MARCO.

Pardon, madame ; l'entreprise que vous tentez...

FLORA.

Est périlleuse... téméraire même ; tant mieux ! Le succès en sera plus glorieux. Je veux prouver que rien n'est impossible à une femme animée par le désir de s'illustrer.

MARCO.

Les moyens que vous employez...

FLORA.

Sont bizarres ; c'est pour cela que je les ai choisis. Ils frapperont davantage.

MARCO.

Si l'événement trompait votre attente ?

FLORA.

Je mourrai avec le Duc, mais ce ne sera pas sans l'avoir vengé du perfide Amaldi.

MARCO.

Le monstre ! attenter aux jours de son frère !...

FLORA.

Il succombera, Marco... il le faut... Je le veux, pour la gloire de mon sexe. Demain Ferrare apprendra la chûte du traître, en même tems que ses projets criminels. Mais le tems presse ; attends, et veille pour moi pendant que je vais, par un dernier avertissement qu'il croit recevoir d'une ombre échappée au séjour de la mort, engager Alphonse à se tenir sur ses gardes. (*au moyen d'un ressort qu'elle fait mouvoir, le panneau de la porte du bâtiment occupé par le Duc, fait la bascule.*) C'est à toi, bon Marco, que je suis redevable de ce moyen ; l'amitié se chargera de te récompenser.

MARCO.

Sauvez mon maître, belle Flora ; c'est Marco qui vous devra de la reconnaissance. Craignez d'être surprise...

FLORA.

Je ne crains rien. En tout cas, si quelqu'accident imprévu nous sépare, nous nous retrouverons dans la chapelle antique, située au milieu de ces bosquets, et où nous avons tout disposé pour les grands événemens de cette journée..... Nous seuls en avons la clef, dès-lors nulle inquiétude. Ne t'éloigne pas, je reviens bientôt.

(*Elle entre en se baissant et Marco remet le panneau en place.*)

SCENE II.

MARCO.

Quelle femme extraordinaire ! quelle énergie ! En vérité,

ce projet de s'opposer seule au bouleversement de son pays
et de sauver les jours d'Alphonse, aux dépens de sa vie,
me paraîtrait un rêve de la part d'un être aussi faible, s'il
n'était inspiré par l'ame la plus noble et la plus courageuse!....
Oh! je la seconderai de toutes mes forces... Que n'en ai-je
assez pour renverser, d'un seul coup, tous ces misérables
armés en secret contre le meilleur des hommes!... Cher
Alphonse, mon respectable maître, pendant que tu jouis
du sommeil paisible, qui est toujours la suite des bonnes
actions, tu ignores que des méchans ont conspiré ta perte
et que tu n'as pour défenseurs qu'une femme et un vieillard...
Ah! si le ciel ne vient à leur aide, quel sera demain ton
sort et le nôtre! (*à genoux.*) Mais tu nous protégeras, ô
mon Dieu? Plus d'une fois tu t'es servi de la faible main
d'un enfant pour raffermir des trônes ébranlés par de vils
factieux; seras-tu moins équitable aujourd'hui? Non, sans
doute; tu connais le fond de nos cœurs, la pureté de nos
intentions; tu nous guideras à travers les écueils, et nous
aurons, grace à ton invincible bras, la douce satisfaction
d'avoir conservé les jours d'un homme vertueux, et pré-
servé notre pays des horreurs de la guerre civile. (*On entend le son d'une cloche, à droite, dans l'éloignement.*) Le
Duc appelle... imprudente Flora!... Mais, que dis-je?...
c'est ma faute... J'ai oublié de lui dire qu'Alphonse voulant connaître l'auteur de ces apparitions nocturnes, a fait
placer, ce matin, une petite cloche qui donne dans la chambre du chef de la garde Allemande et dans la mienne, afin
de nous appeler au besoin... On vient de ce côté.... que
dire?... que faire?... comment empêcher qu'elle ne soit surprise?... (*Il se tient à l'écart dans le bosquet à droite.*)

SCENE III.

MARCO, VERNER.

VERNER, *accourant par la galerie.*

Eh bien! eh bien! qu'est-il donc arrivé?...

(*Il va droit à la porte.*)

MARCO, *appelant Verner et se montrant avec sa lanterne.*

Monsieur Verner!

VERNER, *se retournant.*

Qui m'appelle?

MARCO, *à part.*

Donnons à Flora le tems de s'évader. (*haut.*) C'est moi,

Marco; venez, de grace, m'aider à retrouver la clef de l'appartement du Duc ; j'accourais, comme vous, au signal qu'il vient de nous donner, lorsque j'ai trébuché contre ce banc et la clef m'est échappée. (*pendant ce tems on sonne toujours.*)

VERNER.

Volontiers. Cherchons bien vîte, car il paraît qu'il y a urgence.

MARCO.

Je suis tout tremblant. (*il fait semblant de chercher, mais il a continuellement les yeux tournés vers la porte.*)

VERNER.

Oh ! cela se découvrira.

MARCO, *à part.*

J'en ai peur !

VERNER.

Tu as peur ?... allons donc... un ancien militaire avoir peur des esprits !

MARCO.

Il y en a de si méchans !

VERNER.

Baisse donc ta lanterne, je n'y vois pas.

SCÈNE IV.

Les précédens, FLORA.

(*Flora fait mouvoir le panneau de la porte et sort. Dans ce moment Verner se retourne vers Marco, qui regarde Flora: mais celui-ci, pour l'empêcher de voir ce qui se passe au fond, lui met la lanterne devant les yeux.*)

MARCO.

C'est que je regardais...

VERNER.

Qu'est-ce que tu fais ?... prends donc garde, tu vas me brûler la figure. (*Flora s'échappe et court vers le bosquet.*)

MARCO.

Pardon !... (*à part.*) Elle est dehors ! (*haut.*) La voilà, je la vois d'ici. (*il ramasse la clef qu'il avait laissé tomber auprès du banc.*) Venez, monsieur Verner... dépêchons.

VERNER.

Sans doute. (*ils vont ouvrir la porte de l'appartement d'Al-*

phonse. *Flora reparaît, passe devant le banc et se perd dans le bosquet.*)

SCENE V.

LES PRÉCÉDENS, Soldats, *avec des flambeaux arrivant par la galerie.*

VERNER, *à Marco.*

Entre toujours... je vais te rejoindre.... (*Aux soldats.*) Restez-là, vous autres ; vous attendrez que je vous app (*Comme il va pour entrer chez le Duc, celui-ci sort avec un air effaré. Il est en désordre, comme un homme qui n'a eu qu'à peine le tems de se vêtir.*)

SCENE VI.

LES PRÉCÉDENS, ALPHONSE.

ALPHONSE, *à Verner.*

Vous n'avez rien vu ?

VERNER.

Moi ! non, seigneur.

ALPHONSE.

Et toi, Marco ?

MARCO.

Non plus.

ALPHONSE, *avec humeur.*

Pourquoi ces flambeaux ?... ces soldats ?... ce tumulte ?....

VERNER.

D'après les ordres que j'ai reçus de vous hier, seigneur...

ALPHONSE, *avec humeur.*

Il suffit, qu'on s'éloigne... (*à part.*) Je n'ai déjà que trop de témoins de ma faiblesse. (*Les soldats sortent. Le jour commence à paraître.* (*à Verner qui s'éloigne.*) Ah ! pardon, Verner. Je suis injuste... demeurez. Et toi aussi, Marco. Mon cœur vous est ouvert. Où pourrai-je plus sûrement déposer mes peines que dans le sein de deux serviteurs, de deux amis aussi fidèles, aussi zélés que vous ?

VERNER.

Parlez, seigneur ; faut-il pour vous défendre affronter mille dangers, me précipiter au milieu des lances, des épées ?... J'y cours. J'y trouverai la mort sans doute, mais, morbleu ! quand je n'en tuerais que six, j'aurais diminué d'autant le nombre de vos ennemis, et les jours de Verner seraient trop payés.

ALPHONSE, *avec effusion.*

Brave homme! que de tels cœurs sont rares à la cour!

MARCO, *à part.*

Voilà du renfort. S'il est sincère, nous serons trois maintenant.

ALPHONSE.

Chers amis, vous méritez toute ma confiance, et je vais vous prouver que vous la possédez sans réserve...(*à Verner.*) Vous ignorez le motif des précautions que j'ai prises : je vais vous l'apprendre. Depuis quelque tems je reçois à peu près toutes les nuits, la visite d'une femme.

VERNER.

Je ne vois rien là de si effrayant pour votre Altesse.

ALPHONSE.

Du moins le son de sa voix, qui ne m'est pas tout-à-fait étrangère, me fait croire qu'elle appartient à ce sexe aimable.

VERNER.

Vous ne la connaissez donc pas?

ALPHONSE.

Je ne sais qui elle est, d'où elle vient, ni même comment elle pénètre chez moi.

VERNER.

Cependant cela ne peut-être surnaturel.

ALPHONSE.

Je n'y conçois rien. Mon appartement n'a d'autre issue que cette porte dont je garde ordinairement la clef. Hier, pour la première fois, je l'ai remise à Marco, afin qu'il pût entrer à mon premier signal.

VERNER.

Et par où donc s'introduit ce personnage mystérieux?

ALPHONSE.

Je l'ignore.

VERNER.

C'est quelque fourberie. Il fallait, dès la première visite, vous saisir de ce lutin et le forcer à vous mettre dans sa confidence.

ALPHONSE.

Sans doute : mais elle a tellement su frapper mon imagination ; j'ai même éprouvé (je ne m'en défends pas) tant de plaisir à l'entendre, que je n'ai pu lui refuser, dès la première nuit, de m'engager, par serment, à ne pas faire la moindre tentative pour la retenir ou m'approcher d'elle (car elle se tient toujours à une grande distance); à ne point épier sa sortie, et surtout à ne révéler à personne les avis importans qu'elle me confie.

VERNER.

La précaution n'est pas mal-adroite... Quel est le but de ces apparitions ?

ALPHONSE.

Elle me l'a expliqué : elle se nomme mon Ange Tutélaire. Elle vient, dit-elle, veiller sur moi, sur mon pays, parce que nous sommes tous deux menacés d'un grand malheur.

VERNER.

D'un grand malheur !... Morbleu, seigneur, vous avez été bien endurant.

ALPHONSE.

Qu'avais-je à redouter d'une femme ?

VERNER.

Je ne sais... mais pourquoi ces moyens bizarres ? Si ses intentions sont pures, si elle dit vrai, elle ne doit pas craindre de paraître au grand jour.

ALPHONSE.

Peut-être sait-elle que je fus toujours avide de choses extraordinaires. Dès lors, elle aura pensé que pour captiver ma confiance, il était à propos de séduire mon esprit par des illusions, qui, du reste, ne m'ont rien présenté d'alarmant jusqu'ici. D'ailleurs, je dois convenir qu'elle ne m'a pas trompé une seule fois. Tout ce qui m'est arrivé depuis huit jours, elle me l'avait annoncé la veille.

VERNER.

En vérité ?

MARCO, à part.

Cela n'est pas étonnant !

VERNER.

Oh ! oh ! ceci devient sérieux.

ALPHONSE.

Hier, ses confidences ayant pris un caractère plus inquiétant, je m'étais décidé, malgré ma promesse, à la surprendre cette nuit; mais comme elle est venue plus tard que de coutume, j'étais profondément endormi, et elle s'est encore échappée, après m'avoir dit quelques mots qui ont jeté le trouble dans mon ame.

VERNER, MARCO.

Que vous a-t-elle donc appris ?

ALPHONSE.

Elle m'a prévenu qu'aujourd'hui même on attenterait à ma liberté et peut-être à ma vie...

VERNER, MARCO.

O ciel !

ALPHONSE.

Dans la forêt.... pendant la chasse.

VERNER, MARCO.

Et vous irez ?

ALPHONSE.

Pourquoi pas ?

VERNER, MARCO.

Qui vous défendra ?

ALPHONSE.

L'amour de mon peuple. Ce serait leur faire injure que de témoigner des craintes pour ma vie, quand je suis au milieu de mes enfans ; mais ce n'est pas le coup le plus sensible que m'ait porté cette femme étonnante ; tout mon cœur a frémi, quand elle a désigné comme mon ennemi le plus acharné...

VERNER, MARCO.

Qui ?...

ALPHONSE.

Amaldi !... mon frère !...

VERNER, MARCO.

Grand Dieu !

VERNER.

Seigneur, ce dernier trait explique tout. Il est évident que c'est quelqu'ennemi de votre frère, qui veut troubler la tranquillité de ce pays, en armant l'un contre l'autre, deux hommes que la nature appelle à s'aimer et à se défendre. Je crois, moi, que le conseiller mystérieux est un traître, et je regrette fort que vous ne m'ayez point permis de veiller près de vous pendant une des nuits précédentes... Souffrez, monsieur le Duc, que Marco et moi, nous nous établissions ce soir dans l'intérieur de votre appartement ; fut-ce le Diable lui-même, je vous réponds qu'il ne pourra nous échapper.

ALPHONSE.

J'y consens.

MARCO, *à part*.

Heureusement, il ne s'en est pas avisé plutôt.

ALPHONSE.

Non, je ne puis croire qu'Amaldi soit coupable à ce point.

VERNER.

Je parierais ma tête que c'est une imposture. Je n'ai point l'honneur d'être attaché au seigneur Amaldi, par conséquent je le connais peu ; mais son goût pour la dissipation et les plaisirs, son caractère léger, frivole, ne s'allient point avec la réflexion et la profondeur qu'exigent les hardis projets enfantés par l'ambition. Ce n'est pas au milieu des fêtes, ce n'est pas au sein des voluptés que l'on conspire.

MARCO.

Sans vouloir aigrir ici son Altesse contre un frère, à qui elle n'a cessé de prodiguer les marques de l'amitié la plus tendre, qu'il me soit permis de hasarder quelques observations qui contribueront, je l'espère, à l'entretenir dans une juste défiance.

ALPHONSE.

Parle, bon Marco.

MARCO.

Pour quel motif le seigneur Amaldi s'est-il éloigné de la cour ? La véritable cause de son départ fut la jalousie qu'il ne pouvait plus dissimuler.

ALPHONSE.

La jalousie !...

MARCO.

Envain cherchait-il à la déguiser sous les transports de la joie la plus extravagante... Elle perçait dans tous ses traits le jour que vous succédâtes à votre père.

ALPHONSE.

Tu l'as jugé trop sévèrement.

MARCO.

Pendant les quatre années qu'il vient de passer à Messine, quelle a été sa société intime ? la comtesse Salviati, que vous crûtes devoir exiler de ce pays, pour obéir à la voix publique.

ALPHONSE.

Peut-être était-il attiré chez elle par le désir de voir Flora, sa fille.

MARCO.

Fort bien ! Mais depuis près d'un mois qu'il est de retour à Ferrare, quels hommes l'a-t-on vu fréquenter ?... un Piétro, un Vivaldi, un Taddéo, un Salvator et autres, tous plus méprisables et plus corrompus. Qu'est-ce enfin que ce Gianetti, auquel il semble avoir voué une affection particulière, sinon le vil rebut de la nature, un débauché, un lâche intrigant, dont les lois auraient fait justice depuis long-tems si elles frappaient tous ceux qui le méritent ?

ALPHONSE.

Je conviens que la conduite d'Amaldi peut paraître inconséquente, mais cela tient à son âge, à son caractère, et je me plais à croire que je n'ai jusqu'à présent aucun tort réel à lui reprocher. Cependant je ne négligerai pas entièrement les précautions que semble commander la prudence.

MARCO.

Oh! je vous en supplie, mon cher maître! ne rejetez pas ces avis salutaires. Conservez des jours précieux auxquels est attachée la félicité de tout un peuple.

ALPHONSE.

Sois sans inquiétude, mon brave et fidèle intendant. C'est à midi que nous partons pour la chasse, et je veux auparavant me rendre au conseil. On devait y discuter demain un projet qui intéresse un grand nombre de malheureux ; ils en attendent l'issue avec impatience, et je me reprocherais de prolonger leur peine, quand je puis l'abréger d'un jour. Verner, vous préviendrez mes pages.

VERNER, *qui a été rêveur pendant toute la dernière partie de cette scène.*

Oui, monsieur le Duc. (*Alphonse rentre chez lui.*)

SCENE VII.

VERNER, MARCO.

MARCO, *à part, regardant Verner qui est retombé dans sa rêverie.*

Je vais tout lui dire. Si c'est une imprudence, le motif qui me l'a fait commettre doit la rendre excusable. D'ailleurs, en sa qualité de chef de la garde Allemande, il peut nous être d'une grande utilité. (*haut et d'un ton pénétré.*) Monsieur Verner, vous êtes un honnête homme.

VERNER.

Je ne m'en glorifie pas ; c'est une obligation que nous contractons en entrant dans la société.

MARCO.

Vous êtes capable de garder un secret?

VERNER.

Autant vaut me demander si je suis fidèle à l'honneur.

MARCO.

Mais un secret duquel dépend le salut de l'état.

VERNER.

Plus il est important, plus il est sacré.

MARCO.

Il y a de la gloire à acquérir.

VERNER.

Tant mieux! c'est le but de toutes les grandes actions.

MARCO.

Peut-être aussi trouverons nous la mort.

VERNER.

Qui ne risque rien, n'a rien.

MARCO.

Quant à la récompense....

VERNER.

Vous m'avez parlé de gloire, cela suffit.

MARCO, *à part.*

Je n'hésite plus. (*haut.*) Tout ce que le Duc vient de vous raconter est vrai.

VERNER.

Vrai !

MARCO.

Il dort sur le cratère d'un volcan, dont l'éruption terrible va nous engloutir.

VERNER.

Morbleu !

MARCO.

Du calme! Monsieur Verner.

VERNER.

Du calme !

MARCO.

Il en faut, ou nous échouerons.

VERNER, *se modérent à peine.*

J'en aurai.

MARCO.

Cet Amaldi, que vous défendiez à l'instant, est un monstre.

VERNER.

La preuve ?

MARCO.

Vous l'aurez avant une heure... Tout est prêt, les postes sont assignés, les récompenses promises. C'est aujourd'hui qu'ils frappent le grand coup. Aujourd'hui le soleil éclairera la ruine de Ferrare...

VERNER, *avec beaucoup d'énergie.*

La mort des traîtres, Marco. Courons instruire le Duc.

MARCO.

Il ne nous croirait pas... Sa belle ame se refuse à supposer le mal. Il faut, pour le convaincre, des preuves parlantes, des preuves matérielles. La vue seule du danger peut le sauver en lui faisant connaître ses ennemis, et en le forçant à sévir contre eux.

VERNER.

Quelle digue opposer à ce torrent d'iniquités ?

MARCO.

L'adresse et un dévouement absolu. Jusqu'à présent, deux êtres faibles s'étaient chargés seuls du soin glorieux de veiller sur Alphonse ; mais une tête ardente et deux cœurs intrépides sont-ils des armes suffisantes à opposer à des scélérats capables de tout oser ?... Il nous manquait un bras vigoureux...

VERNER.

Le mien est à vous. Dirigez-le seulement ; il fera des prodiges.

MARCO.

Je ne crains plus rien... Le Duc est sauvé... (*Il se jette dans les bras de Verner, qui le presse affectueusement sur son sein.*)

VERNER.

Bon Marco, je mériterai ton choix !

MARCO, *regardant à droite.*

J'aperçois Amaldi.

VERNER.

Le monstre ! si j'en croyais ma fureur.

MARCO.

Modérez-vous, brave Verner : il n'est pas tems d'éclater. Gianetti l'accompagne.... Dérobons-leur notre intelligence. Allez prévenir les pages que le Duc va se rendre au conseil ; puis vous viendrez me trouver dans la chapelle du bosquet... c'est là que vous apprendrez tout ce que je n'ai pu vous dire encore ; c'est là que vous verrez l'Ange Tutélaire dont vous a parlé Monseigneur.

VERNER.

Quoi ! ce lutin prétendu...

MARCO.
N'est autre que Flora Salviati.

VERNER.
Quelle énigme !

MARCO.
Elle s'expliquera. Adieu.

VERNER.
Au revoir.   (*Il s'éloigne.*)

SCENE VIII.

AMALDI, GIANETTI, MARCO.

AMALDI, *gaîment.*

Eh bien ! Marco, mon frère est-il prêt ? partons-nous pour la chasse ?

MARCO.
Pas encore, Seigneur. Son Altesse doit aller d'abord au conseil.

AMALDI, *bas à Gianetti.*
Tant mieux ! (*haut et reprenant son ton léger.*) Le devoir avant tout... cela est d'un bon prince.

MARCO, *à part.*
Méchant homme ! tu n'agirais pas ainsi.

AMALDI.
Va lui dire cependant qu'Amaldi sollicite la faveur de le voir et de lui présenter son hommage.

MARCO.
J'obéis. (*il entre chez le Duc.*)

SCENE IX.

AMALDI, GIANETTI.

AMALDI, *changeant de ton.*

La faveur !... l'hommage ! Oh ! Gianetti, qu'il m'en coûte de proférer ces mots !

GIANETTI.
Patience, Seigneur. Demain ils s'adresseront à vous, et ils vous sembleront bien doux alors !... Demain vous verrez tout Ferrare à vos pieds.

AMALDI.
Flatteuse espérance !... Puisse-t-elle n'être pas déçue !

GIANETTI.

Notre plan est tellement hardi, il est si bien combiné, que toutes les précautions que l'on pourrait y opposer échoueraient infailliblement. D'ailleurs le Duc est sans défiance.

AMALDI.

O bonheur, dont la seule idée me ravit et m'enchante! Demain je posséderais Flora! je la verrais assise à mes côtés sur le trône de Ferrare! Ah! c'est trop peu sans doute! Qu'est-ce qu'une couronne pour celle qui mérite les hommages et l'amour de l'univers entier?

GIANETTI.

Flora est belle, il est vrai; mais l'amour, cette passion du vulgaire, mérite-t-il d'occuper la première place dans votre ame?.... L'ambition, seigneur, l'ambition! voilà le sentiment qui doit régner exclusivement sur un cœur tel que le vôtre.

AMALDI.

Tu ne connais pas les charmes de l'amour!

GIANETTI.

Quand vous aurez bu à longs traits dans la coupe de la volupté, tous ces prestiges s'évanouiront; au bout de quelques mois, cette Flora, tant aimée, rentrera pour vous dans la classe des autres femmes.

AMALDI.

Jamais! Gianetti.

GIANETTI.

Mais le charme du pouvoir, la domination absolue, le plaisir de voir tous vos vœux accomplis, même avant que d'être formés!... Cette supériorité si flatteuse pour l'orgueil, la libre disposition des trésors d'un état... Voilà... voilà des plaisirs véritables qu'aucun dégoût n'accompagne, et qui, loin de produire la satiété, s'augmentent encore par la jouissance, et sont une source intarissable de félicités.

AMALDI.

Qu'y a-t-il dans tout cela pour le cœur?

GIANETTI.

Le cœur!... expression banale dont on se sert pour justifier les faiblesses ou le manque d'énergie! l'or et la puissance sont les seuls biens réels.

AMALDI.

Ta morale est tout à fait édifiante!

GIANETTI.

Est-ce à vous de la blâmer, quand vous la mettez en pratique, quand vous allez lui devoir le bonheur et vos plus beaux jours ?... Je sais que les esprits faibles nous regardent comme des criminels... peut-être même iront-ils jusqu'à nous nommer scélérats! Mais je leur pardonne volontiers cette erreur.

AMALDI, *souriant.*

Il y a dans tes discours une force de raisonnement, une logique supérieure qui m'entraînent et ne laissent matière à aucune observation. D'ailleurs, à la haine violente que je conserve depuis l'enfance pour mon frère, et qui trouve sa source dans la préférence injurieuse que mes parens lui accordèrent en tout tems sur moi, à une soif ardente des honneurs et des richesses, se joint un amour sans bornes pour la belle Flora. Depuis huit ans Alphonse est duc de Ferrare; il est tems que je règne à mon tour; enfin la chûte de ce frère détesté est le prix que la mère de Flora met à la main de sa fille. Certes, tous ces motifs sont trop puissans pour que je veuille les combattre... Un coup hardi peut satisfaire à la fois mon ressentiment et mes vœux... Je n'hésiterai pas.

GIANETTI.

J'aime à vous voir dans ces nobles dispositions. Voici le Duc, cessons cet entretien.

SCENE X.

LES PRÉCÉDENS, ALPHONSE, MARCO.

(*Alphonse est en costume de cour.*)

AMALDI, *allant s'incliner devant Alphonse.*

Seigneur...

ALPHONSE, *le relevant et lui parlant avec bonté.*

Amaldi, pourquoi ce ton cérémonieux? d'où naît cette réserve, je dirais presque cet éloignement que vous marquez pour un frère qui vous aime? Gai, vif et sémillant avec tout le monde, vous ne m'abordez jamais qu'avec un air froidement respectueux, qui me blesse et m'afflige. Vous me connaissez mal, si vous pensez que le pouvoir dont je suis dépositaire ait altéré ma tendresse. Ce n'est pas le duc de Ferrare, c'est toujours Alphonse qu'Amaldi trouvera près de moi, quand il voudra se livrer aux sentimens affectueux qui doivent constamment régner entre deux frères.

AMALDI, *toujours avec le ton de la soumission.*

Mon Prince...

L'Ange tutélaire.   C

ALPHONSE.

Encore une fois, je suis Alphonse, ton ami, ton frère. (*il l'embrasse, Amaldi s'y prête à regret.*)

GIANETTI, *bas à Amaldi.*

Dissimulez !

ALPHONSE, *à part.*

Quelle froideur !... Cette femme m'aurait-elle dit la vérité ?

AMALDI, *se remettant et affectant un air de légéreté.*

Je venais savoir si nous partirons bientôt pour la chasse... Marco m'a dit...

ALPHONSE.

Que ma présence est nécessaire au conseil : mais je ne veux pas que mon devoir soit un obstacle à vos plaisirs. Allez ; nous nous retrouverons dans la vallée des Chênes, auprès des ruines du vieil aqueduc.

MARCO, *à part.*

Quelle imprudente opiniâtreté !...

AMALDI.

Il suffit, mon frère. (*Huit pages arrivent; ils sont de taille différente. Quelques-uns paraissent âgés de dix-huit à vingt ans.*

MARCO.

Seigneur, voici vos pages.

ALPHONSE, *tendant la main à son frère.*

Je vous quitte, Amaldi ; nous nous reverrons bientôt.

AMALDI.

Mon cœur s'en réjouit. (*Alphonse s'éloigne précédé de ses pages, Amaldi et Gianetti le regardent aller.*)

MARCO, *à part.*

La joie brille déjà dans ses regards homicides... Va, traître ! tu ne tiens pas encore ta victime. Allons trouver Verner. Il est tems d'agir. (*il salue Amaldi et entre dans le bosquet du côté où l'on a indiqué la vieille chapelle.*)

SCENE XI.

AMALDI, GIANETTI.

AMALDI.

Cette affectation de bonté me le rend toujours plus odieux. S'il fallait dissimuler plus long-tems, je n'en aurais pas la force.

GIANETTI.

Quelques heures encore et vous pourrez librement exhaler

votre haine. Mais n'oubliez pas que jusques-là, et dans ce palais surtout, la prudence doit diriger toutes vos démarches.

AMALDI.

A propos : tu ne m'a pas remis la clef dont je t'ai confié l'empreinte avant hier. N'est-elle point faite encore ?

GIANETTI.

Pardon, seigneur. La voilà.

AMALDI.

Donne.

GIANETTI.

Oserais-je vous demander ce que c'est que cette clef ?

AMALDI, *le conduit sur le banc qui est à l'entrée du bosquet, et lui fait signe de s'asseoir près de lui*)

C'est celle d'une armoire qui renferme une émeraude gravée qui sert de cachet à Alphonse, et de laquelle il empreint tous les ordres qui émanent directement de lui.

GIANETTI.

Et quel usage voulez-vous faire de cet anneau ?

AMALDI.

Le voici. Quoiqu'il entrât dans notre plan de perdre Alphonse, cependant, malgré l'aversion qu'il m'inspire, je ne veux répandre son sang qu'à la dernière extrémité. Mais pour n'avoir point d'ennemis à combattre, j'ai imaginé d'écrire au nom du Duc, d'abord à la garde Allemande de rester dans son quartier ; ensuite à ses amis, à ses serviteurs, enfin à tous ceux qui ne se sont pas déclarés pour nous, et qui pourraient traverser nos projets.

GIANETTI.

Bien !

AMALDI.

Cet ordre leur enjoint, pour des raisons d'un intérêt majeur, de ne point sortir d'ici à demain, et de ne s'immiscer en rien aux affaires publiques, quoiqu'il arrive. Quand ces lettres seront revêtues du cachet d'Alphonse, elles porteront un caractère d'authenticité auquel on ne pourra se refuser.

GIANETTI.

Très-bien !

AMALDI.

Je les envoie par un émissaire au moment où le Duc partira pour la chasse, et viendra se livrer sans défense aux mains de ses ennemis. Par conséquent nous n'avons pas la moindre opposition à redouter.

GIANETTI.

Et quel sort préparez-vous à ce cher Alphonse ?

AMALDI.

Je le force à signer une proclamation par laquelle il annoncera au peuple que de grands intérêts et un événement inattendu l'obligent à s'absenter de ses états, et qu'il me confie le gouvernement jusqu'à son retour. Content de cette acte d'obéissance, je lui laisse la vie et l'envoie sous bonne escorte dans un vieux château, situé sur les bords de l'Adriatique, et dont le commandant m'est dévoué.

GIANETTI.

Il faut être bien sûr de ceux que vous choisirez pour le conduire à sa destination ; c'est une commission difficile qui demande de l'adresse et du courage.

AMALDI.

Je n'ai jeté les yeux sur personne encore ; n'as-tu pas sur toi la liste de nos amis ?

GIANETTI.

Elle ne me quitte jamais.

AMALDI.

Voyons ; que je la consulte. (*Gianetti lui donne un papier.*) Toi, d'abord.... puis.... Bianco... Vivaldi... Pietro...

GIANETTI.

C'est plus qu'il n'en faut. Nous vous en répondons.

AMALDI.

Je vous recommande d'avance les égards.... (*Il lui rend la liste.*)

GIANETTI.

Sans doute... Si cependant il tentait de s'évader ?

AMALDI.

Alors...

GIANETTI.

Point de grace ?

AMALDI.

Je vous laisse les maîtres.

SCÈNE XII.

Les précédens, VERNER, *déguisé en mendiant. Il doit être défiguré par une barbe et un nez postiches, son costume est misérable, son aspect hideux.*

VERNER, *séparant les branches qui sont derrière le banc et plaçant sa tête entre celles d'Amaldi et de Gianetti.*

Bravo, camarades !...

AMALDI, *se levant avec effroi.*

Qu'est-ce ?

GIANETTI.

Nous sommes trahis! (*Il remet la liste dans sa ceinture.*)

VERNER, *sans se déranger.*

C'est dommage!

AMALDI.

Que faisais-tu là?

VERNER.

J'écoutais.

AMALDI.

Et tu as....

VERNER.

Tout entendu. (*il quitte sa place et vient entre deux.*) Mon intention n'était pas de me montrer; mais je n'ai pu résister au mouvement d'admiration que vous m'avez inspiré, et je me suis trahi.

GIANETTI.

Qui t'a conduit en ces lieux?

VERNER.

Le désir de voir de près deux grands coquins, et j'avoue que vous avez surpassé mon attente.

GIANETTI.

Misérable!...

AMALDI.

Et nous sommes sans armes!... Holà... (*Allant vers le fond.*)

VERNER, *l'interrompant d'une voix menaçante quoiqu'étouffée.*)

Paix!...

GIANETTI, *imitant le mouvement d'Amaldi.*

Soldats...

VERNER, *se jette au-devant d'eux, tire des pistolets de son sein et en menace Amaldi et Gianetti qui sont à sa droite et à sa gauche.*

Paix, vous dis-je; ou, foi de bandit, je vise au noir en vous perçant le cœur.

AMALDI.

Je suffoque de rage.

GIANETTI.

Tu ne nous connais donc pas?...

VERNER, *à Gianetti.*

Toi.... la justice t'attend.

AMALDI.

Quelle audace!...

VERNER, *se tournant vers Amaldi.*

Toi!... tu es parmi les hommes ce qu'est le tigre parmi

les animaux. La nature t'a produit dans un moment de colère, pour être le fléau de l'humanité.

AMALDI.

Je suis hors de moi ! Gianetti, cours...

VERNER.

Gianetti, je te défends de bouger. Croyez-vous d'ailleurs que le Duc ne me pardonnerait pas lorsque je lui découvrirais votre scélératesse ? Je ne voudrais d'autre avocat que ce papier... (*Il enlève adroitement la liste que porte Gianetti.*) que je prends pour mon instruction.

AMALDI, *faisant un mouvement pour s'élancer sur lui.*

C'en est trop !... rends-nous ce papier...

VERNER, *met la liste dans sa bouche, recule et fait mine de prendre ses pistolets.*

Encore !... vous voulez donc me forcer à vous tuer ?... Ce serait dommage ; vous n'êtes pas faits pour mourir obscurément... vous devez finir vos jours d'une manière éclatante et sur un plus grand théâtre...

AMALDI, *à part.*

Dissimulons. Nous ne sommes pas en force. (*Haut.*) Pour la dernière fois, que demandes-tu ? une aumône ; voilà ma bourse.

VERNER.

Garde ton or pour une bonne action, ce sera la première de ta vie.

AMALDI.

Que viens-tu faire ici ?

VERNER.

J'y viens comme ton ami, pour éclairer ton cœur, ou comme brigand, pour t'offrir mes services : choisis.

AMALDI.

Je n'ai besoin ni de tes conseils, ni de ton bras.

VERNER.

Tant pis pour toi, car tous deux te seraient fort utiles. Cela ne m'empêchera pas de te dire ce que je pense. Que vas-tu faire, Amaldi ?... Tu t'es mis à la tête d'une troupe de scélérats, pour attenter à la liberté et peut-être à la vie de notre souverain, de ton frère !... Vous conspirez contre un prince doué de mille qualités précieuses, car il n'est pas seulement le premier, mais aussi le meilleur de son peuple ; et s'il est dans l'ordre de la nature qu'un homme commande à d'autres, je ne connais personne qui en soit plus digne que lui. Et tu oses désirer d'être élevé à une place pour laquelle il faudrait réunir toutes les perfections d'un Dieu, toi, qui as tous les vices d'un homme !... Va, ton fol orgueil, ton ambition misérable ne mériteraient que pitié, si tu n'étais encore plus criminel qu'insensé.

AMALDI.

C'est assez.

VERNER.

Tu m'entendras jusqu'au bout. Sais-tu ce que c'est qu'un fratricide?... c'est un forfait inoui, épouvantable et qui fait frémir la nature... Le monstre qui s'en rend coupable, rejeté par les hommes, repoussé par le ciel, en horreur à lui-même, dévoré par les remords, ne trouve plus ni paix, ni repos... En s'éloignant des lieux témoins de son crime, il espère éprouver quelque soulagement; mais c'est sa conscience qu'il faudrait fuir, et il ne peut l'éviter... Partout, à chaque instant, il entend les cris de sa victime; son image le poursuit jusques dans le sommeil. Enfin après avoir traîné pendant quelque tems sa douloureuse existence, la mort qu'il appelle sans cesse, vient à son secours, et il expire dans d'horribles angoises. Trop heureux quand il peut se soustraire à l'échafaud qui le reclame. Tel sera ton sort demain, si tu réussis.

AMALDI.

Je savais tout cela; mais, en vérité, je ne m'attendais pas à entendre pareille morale sortir de la bouche d'un homme de ton espèce.

VERNER.

Nous avons changé de rôle. Tu parles et agis en brigand; il est tout simple que je parle et que j'agisse en honnête homme.

AMALDI.

Laisse-nous.

VERNER.

J'y consens.

AMALDI.

Rends-moi ce papier.

VERNER.

Non pas. Tu as refusé mes offres, mais je te servirai malgré toi : adieu. (*Il s'éloigne lentement.*)

AMALDI.

L'audace de ce coquin est bien extraordinaire. (*bas à Gianetti.*) Ne le perds pas de vue... Tu le feras arrêter dès qu'il sera sorti du palais... Pendant ce tems j'entre chez Alphonse pour y dérober ce cachet si précieux pour mes desseins.

GIANETTI.

Fiez-vous à moi. (*Amaldi entre dans l'appartement d'Alphonse.*)

SCÈNE XIII.
GIANETTI, VERNER.

GIANETTI.

Qui que tu sois, tu ne m'échapperas point. (*Il va pour sortir du même côté que Verner a disparu.*)

VERNER, *revenant brusquement sur ses pas.*

J'ai deviné ton intention. Où vas-tu?... Je n'aime pas qu'on me suive. Passe devant... Tu ne veux pas?... Sais-tu nager?

GIANETTI.

Oui, pourquoi?

VERNER, *ouvre une des croisées du fond.*

Voilà ton chemin.

GIANETTI.

Par cette fenêtre?

VERNER.

Oui.

GIANETTI.

Il y a un canal au bas.

VERNER.

Tant mieux! cela calmera ton sang... Allons, vite!

GIANETTI.

Mais...

VERNER.

Point de réflexions.

GIANETTI.

Conçoit-on que la témérité...

VERNER.

Allons... que de cérémonies! (*Il prend Gianetti par le bras et le fait sauter par la fenêtre.*)

SCÈNE XIV.
VERNER, ensuite MARCO, FLORA.

VERNER, *appelle de la main Flora et Marco qui sont en-dehors; ils paraissent. Flora est vêtue en Bohémienne. Amaldi est entré chez le Duc pour lui dérober son anneau.*

MARCO.

Je frémis de l'usage qu'il peut en faire. (*Il va écouter près de la porte.*)

FLORA.

I ne le tient pas encore!

MARCO.

Ecoutons. (*Pendant le moment de silence qui suit, Verner montre à Flora la liste qu'il a dérobée à Gianetti. Flora tire de son sein un papier qu'elle ploie de même.*) Il referme l'armoire. O ciel, ne permets pas qu'il consomme ses affreux projets!...

FLORA.

Eloignons-nous pour lui laisser le tems de sortir.
(*Tous trois s'éloignent et s'enfoncent dans le bosquet.*)

SCENE XV.

AMALDI, ensuite FLORA.

AMALDI, *sortant*.

Personne ne m'a vu!... Le ciel me sert à souhait... Je tiens la bague! (*il la met à sa main gauche.*) Hâtons-nous de la mettre en usage. (*il s'éloigne précipitamment ; mais il est arrêté par Flora qui vient à sa rencontre ; elle a la tête couverte d'un voile.*)

FLORA, *déguisant sa voix et baragouinant l'allemand*.
Bermettez, seignair...

AMALDI.

Pardonnez, belle dame ; mais je n'ai pas le tems.

FLORA, *le retenant*.

Ne bouvoir vous mé abbrendre où ché trouferai la seignair Amalti?...

AMALDI.

Ici. C'est lui que vous voyez... Que désirez-vous?

FLORA.

Rendre vous ein serfice signalé. Ché avé la poufoir té téfoiler lé afenir et te lire tans le main tes hommes, comme tans la lifre tes testins.

AMALDI.

J'entends ; tu es Bohémienne...

FLORA.

Ia, frelich!

AMALDI.

Et ce pouvoir tu voudrais l'exercer avec moi, n'est-il pas vrai?...Dans un autre moment.

L'Ange Tutélaire.   D

FLORA, *l'arrêtant.*

Di tout, di tout... Ti l'être pien bressé.

AMALDI.

Parle vîte, car j'ai hâte...

FLORA.

M'y foilà. Ti fiens d'être insilté par ein mentiant?

AMALDI.

Oui, une espèce de bandit.

FLORA.

Lui t'y a téropé ein babier d'imbortance.

AMALDI.

Il est vrai... qui t'a dit?...

FLORA.

C'était li-même. Cet prigand brétendu il être ein tes nôtres. Ché l'afé rencontré en endrant tans cette balais. Li aller borter cette babier au tic, tans l'espoir t'en tirer ein grand régombense... Mais pas di tout; moi, ché avé bien fite embêché l'i... il être amoureuse de moi peaucoup, et ché avé brofité té ma ascentant pour enlefer à lui cette babier, qui pouvé defenir peaucoup fatale.

AMALDI.

Dis-moi donc à qui je dois ce bienfait.

FLORA.

Yésus! d'apord à ton bon étoile, puis à Maria Bonaventura.

AMALDI.

Maria Bonaventura!

FLORA.

Ia, frelich.

AMALDI.

Oh! ce nom est à jamais gravé dans mon cœur par la reconnaissance. Ne me permettras-tu pas au moins d'admirer les traits qui récèlent une ame aussi généreuse?

FLORA.

Di tout, di tout. Ché vouloir qué toi m'aimer pour mes actions, afant té connaître mon fiquire.

AMALDI.

Sans doute, je t'aimerai... Hâte-toi donc de remettre en mes mains...

FLORA, *lui montrant de loin un papier qu'elle tient de la main gauche.*)

Lé foilà!... Mais quelle sera le régombense te le bauvre Bèmienne?

AMALDI.

Demande-moi tout ce que tu voudras. De l'or...

FLORA.

Mein Gott! Ce n'est boint afec té l'or qué l'on bayé eine bareille serfice.

AMALDI.

Que veux-tu ? Demande tout ce qui est en mon pouvoir.

FLORA.

Toi réfiser moi, bi-t'être?

AMALDI.

Non.

FLORA.

Hé pien, buisque ti bromettre té aimer moi bien, ché foudrais récéfoir te toi ein betite soufenir, bour rabeler à moi l'enqagement flatter qué ti condracter auchourthui. La sympole d'ein amidié sans pornes, li être ein betit anneau. Aussi la moins bréciése dé ceux qué t'y borté serait bour moi d'ein brix inestimable.

AMALDI.

Je te donnerais bien volontiers ce que tu me demandes, mais, de ma vie, je n'ai porté de bagues.

FLORA, *avec tristesse et en désignant la main d'Amaldi.*

Cebentant chen fois eine.

AMALDI.

Celle-ci ne m'appartient pas... D'ailleurs, elle a une destination particulière... Mais, pour te prouver que je suis sincère dans mes promesses, présente-toi demain à mon palais et l'on t'y donnera de ma part un riche anneau de diamans.

FLORA, *avec grace.*

Ah ! toi ne lavre pas borté... et c'est là sirtout...

AMALDI.

Aimable candeur !... je le porterai jusqu'au moment où tu viendras le chercher.

FLORA.

Ah ! ché suis pien hérése... Mein Gott !... Sois pien sire qué ché né manguerai bas ; merci, peaucoup ! mais afant dé quitter toi, ché foudrais té tonner ein betite chantillon te ma savoir faire... montrer à moi ton main... qauche... Ti méditer eine entreprise pien tanchérése... -

AMALDI.

Il est vrai.

FLORA.

Qué ti l'être toute brète à éxéquiter.

AMALDI.

Hé bien ?...

FLORA.

Il roussira.

AMALDI, *avec joie.*

Elle réussira !...

FLORA.

Ya, mein herr ; tut il annonce que ta sort il fa chancher, afant pé... démain, pi-t'être, ti recefras le chiste régombense de tas longues trafaux.

AMALDI, *avec transport.*

Suis-je assez heureux !

FLORA, *profite du moment où Amaldi fait cette exclamation pour tirer adroitement la bague de son doigt.*

Je la tiens !...

AMALDI, *se retournant vivement et courant après Flora qui fuit.*

Ma bague !...

FLORA, *lui jette un papier.*

Voilà ce que je t'ai promis.

AMALDI, *ramasse le papier, l'ouvre et le regarde.*

Soldats !... pages !... Marco !... Ruse infernale !... ce n'est point là ma liste... Je suis joué... trahi !... Vite.. vite... parcourez les bosquets ! cherchez partout... arrêtez une femme vêtue en Bohêmienne. (*Il a le dos tourné au fond et se tient à l'entrée du bosquet.*)

(*Flora qui était sortie par la troisième coulisse à droite, rentre par le fond, ôte rapidement sa robe, sa coëffe et son voile, fait de tout un paquet qu'elle jette par la croisée que Verner a laissée ouverte, et paraît en habit de page.*)

SCENE XVI.

LES PRÉCÉDENS, VERNER, *sous son premier costume*, MARCO, Soldats, Pages.

VERNER.

Qu'est-il arrivé ?...

AMALDI.

Courez sans perdre un moment. Elle ne peut-être loin. Une femme vient d'entrer chez mon frère et y a dérobé sa bague d'émeraude.

FLORA, *s'est mêlée aux autres pages ; elle vient sur le devant de la scène et dit à Marco et à Verner, en leur montrant la bague.*

La voilà !

TOUS.

Courons !... courons !... (*Tout le monde sort en courant vers le bosquet. La toile tombe.*)

Fin du premier Acte.

ACTE II.

Le théâtre représente la Vallée des Chênes. Sur le devant, à gauche, un petit tertre ombragé par une touffe d'arbustes. A travers les arbres qui garnissent le milieu du théâtre, on distingue dans le fond les restes d'un aqueduc, dont on voit à droite, au second plan, un regard à demi ruiné. C'est une construction en maçonnerie de quatre pieds carrés et couverte de mousse. Dans la partie qui est en face du spectateur, est une ouverture demi-circulaire, fermée par une grille.

SCENE PREMIERE.
FLORA.

(*Elle est déguisée en vieillard, avec une barbe, une perruque, etc. Elle arrive rapidement par le fond à gauche, en se glissant derrière des arbres, pour n'être point vue des chasseurs. Tout en approchant de l'avant-scène elle se déshabille et paraît vêtue en pâtre.*)

Je respire à peine!...Pourvu qu'il ne m'ait pas reconnue!... Cachée sous l'habit d'un vieillard, je m'étais approchée furtivement d'un groupe de chasseurs, au milieu duquel se trouvait Amaldi, afin de connaître le lieu du rendez-vous, lorsque ses regards sont tombés sur moi... Un froid mortel s'est répandu dans mes veines... Amaldi, qui parlait avec véhémence, s'est arrêté tout d'un coup, puis après m'avoir fixée pendant quelques instans avec inquiétude, il s'est avancé vers moi... La crainte d'être surprise m'a redonné des forces, je me suis élancée dans la forêt, et en me glissant rapidement d'arbre en arbre, je me suis bientôt dérobée à sa vue.... Mais je tremble!...

SCENE II.

FLORA, AMALDI, Chasseurs *dans le fond.*

AMALDI, *en-dehors.*

Cherchez... et qu'on arrête ce vieillard.

FLORA.

Il vient!... où me cacher?... (*elle se couche devant le tertre qui est à gauche.*) Mon Dieu ! lorsqu'un jour au plus suffit pour terminer le grand ouvrage auquel je travaille depuis deux ans, permettras-tu que j'échoue dans cette noble entreprise?

(*Des Chasseurs traversent la forêt de gauche à droite en regardant de tous côtés; on les perd de vue. Flora est cachée par les arbustes qui ombragent le tertre. Les chasseurs passent tout près d'elle.*)

AMALDI, *dans le fond, à un chasseur.*

Où donc est Gianetti ?

LE CHASSEUR.

De ce côté, seigneur. (*il montre la droite.*)

AMALDI.

Je vais le rejoindre. Rassemble nos amis, et que tous se dirigent vers la Fontaine du Sanglier... C'est-là qu'ils me trouveront... (*Le chasseur s'éloigne vers la gauche et Amaldi vers la droite.*)

SCENE III.

FLORA.

La Fontaine du Sanglier!... C'est ainsi que l'on appelle un des regards de l'aqueduc... il doit se trouver près d'ici. (*Elle se lève avec précaution et porte sa vue sur les objets qui l'environnent.*) Je me rappelle que dans mon enfance, je m'y cachai un jour. (*Elle aperçoit le regard à travers les arbres.*) Le voilà !... S'il pouvait m'offrir un asile en ce pressant danger! (*Ne voyant personne dans la forêt, elle court auprès du regard.*) La grille se lève !... il est à sec... Je n'ai ni le tems de la réflexion, ni le choix des moyens... (*Elle entre dans le regard, après y avoir jeté son habit de vieillard et baisse la grille.*)

SCENE IV.

FLORA, *cachée*, AMALDI, GIANETTI.

GIANETTI.

Quoi ! seigneur, vous penseriez que ce vieillard...

AMALDI.

Sa coiffure et sa barbe ne m'ont point permis d'examiner ses traits; mais il s'est troublé quand ma vue s'est arrêtée sur lui... J'ai voulu m'approcher, et il a pris la fuite avec une vivacité qui me prouve qu'il est tout autre que ce qu'il paraissait.

GIANETTI.

Il se pourrait que ce fût un espion envoyé pour surprendre nos secrets. Tenez, seigneur, tout ce qui nous est arrivé aujourd'hui ne me présage rien de bon.... Ce mendiant.... cette bohémienne...

AMALDI.

Je conviens qu'il y a dans tous ces événemens une bizarrerie...

GIANETTI.

Qui m'inquiète. Pardon, Seigneur; la question que je vais vous adresser vous semblera peut-être étrange, mais mon zèle devra lui servir d'excuse.

AMALDI.

Parle.

GIANETTI.

Êtes-vous bien sûr de Flora ?

AMALDI.

Pourquoi ?

GIANETTI.

C'est à regret que j'ose diriger mes soupçons sur celle que vous aimez; mais, d'après tout ce qu'on raconte de son caractère original, d'après ce que vous m'avez dit vous-même de la tournure romanesque de son esprit, il se pourrait que, maîtresse de tous vos secrets, elle en eût abusé.

AMALDI.

Quel intérêt pourrait la porter à me trahir ?

GIANETTI.

L'ambition se glisse par fois aussi dans le cœur des femmes.

AMALDI.

Que lui restera-t-il à désirer si je réussis, puisqu'alors elle deviendra mon épouse.

GIANETTI.

Est-il certain qu'elle le désire ?

AMALDI.

Tout me l'assure. La démarche qu'elle a faite en m'accompagnant à Ferrare n'est-elle pas la plus forte preuve d'amour qu'une femme puisse donner ? C'est elle qui a pressé sa mère d'y consentir.

GIANETTI.

Je n'en voudrais pas conclure...

AMALDI.

C'est assez. Je te défends de m'entretenir désormais de tes doutes injurieux.

GIANETTI, *à part.*

L'événement prouvera jusqu'à quel point ils étaient fondés.

SCENE V.

LES PRÉCÉDENS, Conjurés, *en chasseurs,* puis ANDRÉA, SALVATOR et DIABOLO.

AMALDI.

Approchez, fidèles amis... venez entendre les expressions de ma reconnaissance.

GIANETTI.

Ils n'ont rien fait encore pour la mériter.

AMALDI.

N'importe; je dois croire que leur zèle ne se serait pas démenti, si j'avais été forcé de le mettre à l'épreuve, et je leur sais gré de l'empressement qu'ils m'ont témoigné... Êtes-vous tous rassemblés ?

GIANETTI,

Pas tout-à-fait... Il nous manque les auxiliaires.

AMALDI.

Que veux-tu dire ?

GIANETTI.

Nous sommes convenus de nommer ainsi ceux qui doivent porter les grands coups.

AMALDI.

J'entends. Eh bien ! où sont-ils ?

GIANETTI.

Tout près d'ici.

AMALDI.

Fais les venir.

ANDRÉA, SALVATOR, DIABOLO,
(*paraissent, ils ont des figures horribles.*)

Nous voilà.

AMALDI.

Quels épouvantables coquins!...

ANDRÉA, SALVATOR, DIABOLO.

Grand merci!

AMALDI, à *Gianetti*.

Où donc as-tu rencontré ces figures patibulaires?

ANDRÉA.

Parmi tes amis.

AMALDI, *offensé*.

Hein? cette réponse...

SALVATOR.

Est exacte. Comment, tu ne nous reconnais pas?

AMALDI.

Je ne crois pas vous avoir jamais vus.

SALVATOR.

Tu plaisantes!...

ANDRÉA.

Eh! quoi... tu méconnais ton fidèle Andréa?

AMALDI.

Andréa!... se peut-il?

SALVATOR.

Ingrat!... ton cœur ne t'avertit pas que tu presses la main de Salvator, l'inséparable compagnon de tes plaisirs?

AMALDI.

Salvator!... en effet. Mais comment deviner, à travers ces formes hideuses et sous cet aspect effrayant, deux des plus fieffés libertins de Ferrare?... Je le donnerais au plus habile physionomiste... Et toi, (à *Diabolo*.) te comptai-je également parmi les aimables débauchés qui m'entourent?

DIABOLO.

Je n'ai pas cet honneur.

GIANETTI.

Non. Celui-là est tout-à-fait auxiliaire.

AMALDI.

Qui es-tu?

DIABOLO.

Tout ce qu'on veut pour de l'argent. Je connais toutes les ruses, toutes les ressources de mon état. Je suis prêt à tout faire, à tout entreprendre pour ton service... pourvu cependant que ce ne soit pas une bonne action... j'y suis gauche à faire pitié.

GIANETTI.

Sois tranquille. Ce n'est pas pour cela qu'on t'a mandé.

DIABOLO.

Je m'en doute bien.

L'Ange tutélaire.

AMALDI.

Comment t'appelles-tu?

DIABOLO.

Diabolo.

AMALDI.

Ce nom promet!

DIABOLO.

Je tiens parole.

AMALDI.

N'es-tu pas Sicilien?

DIABOLO.

Justement! Tu as pu entendre parler de moi à Messine; j'y ai fait des coups superbes.

AMALDI.

C'est cela!... Tu jouis d'une réputation brillante.

DIABOLO.

Je la mérite, et je fais de mon mieux pour la soutenir.

AMALDI.

Combien t'a promis Gianetti?

DIABOLO.

Je ne fais jamais mon prix d'avance... On me paye selon l'importance du sujet et la manière dont je m'acquitte de la commission.

GIANETTI.

Nous n'aurons point de contestations.

AMALDI.

Venons au fait... Mes dignes amis, je craignais que l'on ne nous opposât de la résistance, et j'avais pensé qu'il était prudent de vous réunir tous pour me seconder; mais, grace à la protection visible que le ciel nous accorde, votre secours m'est inutile, les auxiliaires seuls seront chargés d'agir.

DIABOLO.

Cela s'entend!

AMALDI.

Je vais vous communiquer le billet qu'Alphonse m'a écrit ce matin. (*il lit.*) « Amaldi, on cherche à vous perdre dans mon esprit. La calomnie veut nous désunir; on m'assure que vous avez formé le dessein criminel d'attenter à ma vie aujourd'hui même, pendant la chasse. Persuadé, comme je le suis, qu'un tel forfait ne peut entrer dans l'ame d'un frère, je crois ne pouvoir mieux vous venger de vos ennemis qu'en me remettant tout-à-fait entre vos mains... Je vous préviens donc que je me rendrai dans la forêt, sans suite et sans armes... »

DIABOLO.

J'aime mieux cela.

AMALDI, *continuant.*

» Je m'y croirai autant en sûreté, auprès de vous, que dans mon palais, au milieu de mes gardes. Au revoir. »

DIABOLO.

Voilà ce que dans le monde on appelle de la grandeur d'âme.

AMALDI.

Je n'en suis point la dupe. Cette confiance affectée, cette sécurité sans bornes, trouvent leur source dans un orgueil démesuré. Elles sont encore un nouvel outrage; mais celui-là sera le dernier. Qnoiqu'il en soit, je me réjouis de voir les événemens s'enchaîner de manière à combler tous mes vœux, sans exposer vos jours, ni même votre réputation. Gianetti, explique-leur notre nouveau plan... Je te laisse avec eux, et retourne à Ferrare pour disposer tout, comme nous en sommes convenus. Au revoir, chers amis, je vous attends avec impatience. (*Les conjurés paraissent mécontens. Ils le regardent aller et murmurent tout bas.*)

SCENE VI.

Les précédens, excepté AMALDI.

ANDRÉA.

Il me semble extraordinaire qu'Amaldi se sépare de nous au moment décisif. Nous ne sommes plus, sans doute, ces nobles conspirateurs dont il était beau de partager les périls... il ne daigne plus s'associer à notre gloire, et ne voit plus en nous que de vils meurtriers, dont il croira trop payer les services en leur jetant une poignée d'or ?

GIANETTI.

Tu te trompes, Andréa. Les circonstances ont changé, et avec elles les desseins d'Amaldi ; mais son cœur est toujours le même. De nouvelles réflexions, produites par des événemens inattendus, une entrevue avec Alphonse, la facilité avec laquelle celui-ci s'offre à nos coups, votre intérêt, le sien, tout enfin a déterminé Amaldi à un sacrifice entier et nécessaire. C'est à trois d'entre nous seulement qu'il confie l'exécution d'un projet pour lequel un seul homme déterminé suffirait.

DIABOLO.

Certainement ! je réponds qu'à moi seul...

GIANETTI.

Un reste de sensibilité, bien naturelle, ne lui a pas permis d'entrer avec vous dans ces détails ; mais il m'a chargé de vous les transmettre, et il espère que vous n'en tirerez aucune conséquence désavantageuse, ni pour son cœur, ni pour vos intérêts.

ANDRÉA.

C'est fort bien. Explique-nous donc le motif qui l'a fait nous quitter.

GIANETTI.

D'ici à une heure à peu près, le Duc doit se rendre dans cette forêt... pour n'en jamais sortir. Revenu à Ferrare, par un autre chemin, Amaldi va se montrer dans la ville ; une indisposition, sa légèreté connue, le moindre prétexte enfin suffira pour motiver cette fantaisie.... D'ailleurs, il donne une fête ce soir dans son palais ; on ne sera point surpris qu'il ait renoncé à la chasse afin de veiller aux préparatifs et d'inviter ses amis. Il compte se rendre lui-même chez Alphonse pour l'engager à honorer de sa présence cette réunion brillante, de laquelle nous serons tous. Cependant la nouvelle du fatal événement se répand dans la ville, la fête est interrompue ; on vient annoncer à Amaldi que son frère, qui était allé se promener seul dans la forêt, a péri sous les coups de quelques brigands... On le plaint, on le regrette ; mais personne n'est surpris de ce malheur, dont l'imprudence d'Alphonse paraît être seule la cause... L'État a besoin d'un chef, et dans la nuit même, sans secousses, sans orage, nous proclamons Amaldi duc de Ferrare, et chacun de nous reçoit du nouveau souverain le prix de son dévouement et de son zèle.

ANDRÉA.

Il faut en convenir, mes amis, ce plan est tracé de main de maître.

GIANETTI, *avec une fausse modestie.*

Il est mon ouvrage. Sans moi jamais Amaldi n'eut été capable d'une résolution aussi courageuse. A son exemple, nous allons retourner à Ferrare, séparément et par des routes opposées. Nous nous répandrons aussitôt dans la ville, afin d'écarter les soupçons qui pourraient naître dans l'esprit des nombreux partisans d'Alphonse. Nous aurons soin de publier que le Duc ne pouvant être de la chasse, à cause de la séance du conseil, ce qui est bien connu, elle a été remise à un autre jour. Cette circonstance doit ajouter, à la nouvelle de la mort d'Alphonse, un dégré de vraisemblance, un caractère de vérité, auxquels les plus soupçonneux même seront forcés de se rendre. Partons. Andréa, Salvator et toi, Diabolo, nous vous laissons... vous savez ce que vous avez à faire... c'est de ce côté qu'il arrivera... vous le reconnaîtrez à son manteau bleu... placez-vous de manière qu'il ne puisse vous échapper... Un ici... le second dans les ruines de l'Aqueduc... et le troisième dans le chemin creux. Outre les récompenses honorifiques qu'Amaldi se propose de distribuer entre tous ceux qui l'auront servi, celui de vous trois qui lui présentera le manteau d'Alphonse, recevra une prime de cinq cents ducats.

DIABOLO.

C'est comme si je la tenais !

GIANETTI.

Adieu. (*aux autres.*) Rendons-nous vite à Ferrare et par les sentiers détournés, afin de ne pas rencontrer Alphonse. (*il sort par la droite avec tous les conjurés.*)

SCÈNE VII.

FLORA, *cachée*, ANDRÉA, SALVATOR, DIABOLO.

ANDRÉA.

Or, ça, distribuons les postes.

DIABOLO.

Tenez, sans façon, moi, je reste où je suis. Je ne sais quelle inspiration secrète me dit que c'est le bon endroit. Vous autres grands seigneurs, la gloire vous suffit ; mais, moi, pauvre diable ! j'ai besoin de la prime. Oui, j'avoue que les cinq cents ducats me tentent furieusement. D'ailleurs, vos mains délicates et peu exercées, pourraient ne porter que des coups mal assurés, au lieu que moi... (*il fait le geste.*) C'est immanquable !

ANDRÉA.

Soit ! tu peux rester ici... Toi, Salvator, tu te cacheras dans les ruines... et moi dans le chemin creux.... Bonne chance !

DIABOLO.

Merci.

ANDRÉA, *revenant.*

Comme il serait possible que nous eussions mutuellement besoin de secours, prenons pour signe de ralliement Flora.

DIABOLO.

Vous serait-il égal d'en choisir un autre ?

ANDRÉA.

Pourquoi ?

DIABOLO.

Je n'aime pas ce nom-là.

ANDRÉA.

C'est cependant celui d'une charmante femme !

DIABOLO.

Flora, une femme !... dites donc un diable !... une jeune personne de vingt ans, qui s'habille en homme, monte à cheval, tire des armes à feu et manie une épée aussi adroitement que le plus habile spadassin des états de Rome ; et vous appelez cela une femme !... malheur à celui qu'elle choisira pour son époux !

ANDRÉA.

Nous ne pensons pas de même, et je voudrais de tout mon cœur être à la place de l'heureux Amaldi.

DIABOLO.

Quoi! le seigneur Amaldi veut l'épouser ?... je le plains !...

ANDRÉA.

D'où la connais-tu ?

DIABOLO.

Je la connais pour l'avoir vue une seule fois ; mais il m'en souviendra toute ma vie !... voyez-vous cette cicatrice à mon col ?

ANDRÉA.

Oui.

DIABOLO.

Eh bien ! c'est un cadeau de Flora... de cette charmante femme !

ANDRÉA.

Tu veux railler !

DIABOLO.

Non, vraiment, elle m'a déshonoré.

SALVATOR.

Déshonoré !

ANDRÉA.

Cela n'est pas possible !

DIABOLO.

C'est elle qui m'a forcé de quitter Messine, où, depuis plus de quarante ans, de père en fils, nous exercions notre profession avec un talent distingué et un succès prodigieux. Voici le fait. J'avais été chargé par un riche seigneur d'enlever une demoiselle très-jolie, qui refusait de céder à ses désirs. Sachant qu'elle était à la campagne, je m'introduis le soir dans le jardin de ma Lucrèce ; je l'aperçois qui se promenait avec une jeune personne, que j'étais loin de soupçonner devoir être un obstacle à mes desseins. Au détour d'une allée, je me présente brusquement et je veux forcer la belle à me suivre jusqu'à la voiture qui m'attendait à vingt pas... Jugez de ma surprise, lorsque je me sens arrêté !... Flora, (car c'était elle) par un mouvement plus rapide que la pensée,

s'était élancée vers moi et m'avait désarmé. D'une main elle tenait mon poignard et de l'autre mon épée, qu'elle m'avait passée au travers du col... « Misérable, me dit-elle, ap-
» prends que l'on n'outrage jamais impunément une femme
» en présence de Flora Salviati. Je pourais te tuer, tu n'en
» vaux pas la peine... te faire pendre, d'autres s'en charge-
» ront... je me contente de te laisser un souvenir de ma fa-
» çon : mais je t'ordonne de quitter la Sicile sous vingt-
» quatre heures; si j'apprends que tu y sois resté, quelque
» part que tu te caches, je punirai ta désobéissance. Va, et
» deviens honnête homme si la chose est possible. » Alors elle retire l'épée, la brise en plusieurs morceaux qu'elle me jette à la figure, et s'éloigne tranquillement avec son amie, en me laissant bien honteux, comme vous pouvez le croire.

ANDRÉA.

L'aventure est tout-à-fait piquante.

DIABOLO.

Oui, très-piquante, assurément !

ANDRÉA.

Il me paraît que tu n'as pas trop bien profité de ses avis; elle t'avait conseillé de devenir honnête homme.

DIABOLO.

J'ai fait tout ce que j'ai pu, mais inutilement. Les circonstances, un penchant naturel...

ANDRÉA.

Je conçois volontiers, d'après cela, que son nom ne te soit pas très-agréable à entendre.

DIABOLO.

Jugez par la frayeur qu'il m'inspire, de celle que j'éprouverais, si jamais le hasard me la faisait rencontrer. Quelque brave que l'on soit, on ne se fait point à de semblables manières, surtout de la part d'une femme.

ANDRÉA.

Eh bien ! au lieu de Flora, ce sera Diabolo.

DIABOLO.

Diabolo !... soit ! C'est convenu.

ANDRÉA.

Séparons-nous. Le tems s'écoule et le Duc ne doit pas tarder.

DIABOLO.

Allez, je suis ferme comme un roc... Adieu... à vous la gloire, à moi l'argent. (*Andréa et Salvator s'éloignent.*)

SCENE VIII.

FLORA, *cachée*, DIABOLO.

DIABOLO.

Me voilà seul... c'est de ce côté qu'il doit venir. (*il montre la gauche.*) Plaçons-nous en face, pour n'être pas pris au dépourvu... Les buissons qui ombragent cette ruine sont propres à me cacher... oui... (*il s'assied le dos tourné au regard.*) Je suis très-bien ainsi, et je jure...

FLORA, *toujours cachée, avec une voix sépulchrale.*

Ne jure pas!

DIABOLO.

Hein?... Qu'est-ce? on a parlé (*il écoute.*) C'est une plaisanterie... Je te connais.

FLORA.

Je te connais!

DIABOLO, *se lève.*

C'est un de mes acolytes qui veut éprouver ma bravoure... On ne m'intimide pas ainsi... Je ne suis pas un lâche.

FLORA.

Lâche!

DIABOLO, *qui a entendu la voix partir du devant de la ruine.*

Oh! que je suis simple... c'est l'écho, produit par cette cavité... Eh bien! je veux être un brigand...

FLORA.

Brigand!

DIABOLO.

Si tout autre que moi... Mais, par réflexion, la nymphe de cette fontaine, n'est pas du tout polie... On dirait qu'elle met de la malice dans le choix des mots qu'elle répète. (*Il fait le tour. Flora ouvre la grille et sort du regard, pendant que Diabolo est derrière. Quand il est arrivé près de l'ouverture, il se baisse pour voir dans l'intérieur. Flora profite de ce moment, d'une main elle le saisit au collet, et de l'autre elle lui prend son épée, dont elle le menace.*)

DIABOLO.

Haï!... haï!...

FLORA.

Paix!... me reconnais-tu?

DIABOLO, *la fixant, s'écrie, avec surprise.*

Flora!

FLORA.

Paix ! te dis-je... ou j'appelle quelqu'un qui saura te forcer au silence.

DIABOLO.

Ah ! vous avez là quelqu'un.....

FLORA.

Oui : à deux pas.

DIABOLO.

A deux pas... c'est bien près... (*à part.*) Oh ! que je suis fâché d'avoir changé le signe de ralliement... on viendrait à mon secours.

FLORA.

Te souviens-tu de ce que je t'ai promis si jamais tu retombais sous ma main ?

DIABOLO.

Oui. Mais je ne suis pas pressé de voir acquitter cette dette... Dailleurs , j'ai fidèlement rempli mes engagemens ; je suis sorti de la Sicile au jour dit... (*à part.*) Cette femme m'inspire une terreur que je ne puis vaincre.

FLORA.

Tu murmures, je crois ?

DIABOLO.

Du tout. Je me félicite au contraire de cette rencontre aussi heureuse qu'inattendue... Mais par quel hasard ?...

FLORA.

Ce n'est point par hasard ; tout ce que je fais est médité, prévu, calculé.

DIABOLO.

Je vous en félicite. (*à part.*) Si j'avais pu prévoir que je te rencontrerais...

FLORA.

Je sais que tu es ici pour assassiner le duc de Ferrare, scélérat !

DIABOLO.

Puisque vous le savez, il n'y a pas moyen...

FLORA.

Eh bien ! c'est une chose faite.

DIABOLO.

Faite ?

FLORA.

Oui.

DIABOLO.

Par qui ?

FLORA.

Par moi.

L'Ange tutélaire. F

DIABOLO.

Par vous !

FLORA.

Ou par mes ordres... cela t'étonne ?

DIABOLO.

Rien ne m'étonne de votre part.... seulement je regrette que vous ne m'ayez pas donné la préférence.

FLORA.

Tu n'as pas assez de caractère... Il me fallait un homme sûr, dévoué... un homme que rien ne pût corrompre.

DIABOLO.

Et vous l'avez trouvé !... Je vous en fais mon compliment. Mais oserais-je vous demander quelle raison a pu vous inspirer contre Alphonse une haine assez forte pour attenter à ses jours ?

FLORA.

Te dois-je compte de mes pensées ?

DIABOLO.

Ah ! bon... je devine... On dit que vous aimez Amaldi.... et l'ambition... c'est tout naturel. En attendant voilà une affaire qui me coûte cinq cents ducats, et vous conviendrez que c'est jouer de malheur... Car jamais je ne fus mieux disposé.

FLORA.

Tu me fais plaisir. Oui, je suis contente du zèle que tu montres pour mes intérêts.

DIABOLO.

Je vous demande pardon, c'était d'abord pour les miens.

FLORA.

Dans le fait, il n'est pas juste que tu perdes cette bonne aubaine, je veux que tu reçoives les cinq cents ducats.

DIABOLO.

Sans rien faire? J'ai trop de conscience...

FLORA.

Laisse-là ta conscience et attends moi... Tu vas voir de quoi je suis capable. (*Elle va au bord de la coulisse à gauche et fait des signes en-dehors.*)

SCENE IX.

DIABOLO, FLORA, VERNER, *habillé en brigand, comme au premier acte. Il tient un manteau bleu sur le bras.*

FLORA.

Approche, Barbaro.

DIABOLO.

Barbaro!... où diable a-t-elle été chercher ce monstre?.. il est encore plus laid que moi.

FLORA.

Diabolo, je te présente un confrère.

DIABOLO.

Enchanté de faire sa connaissance.

FLORA.

Vous êtes dignes l'un de l'autre.

DIABOLO.

Cela fait son éloge!

VERNER, *tendant la main à Diabolo.*

Bonjour, camarade!

DIABOLO, *avec timidité.*

Bonjour, camarade. (*A part.*) Le diable m'emporte si je voudrais le rencontrer seul dans un bois. (*Haut à Flora.*) C'est donc lui qui...

FLORA.

Oui ; voilà le manteau bleu que portait le Duc et auquel est attachée la récompense brillante que tu désires si vivement... Je n'en ai pas besoin... Je suis satisfaite. Barbaro a reçu le prix dont nous étions convenus... Prends ce manteau, et cours le porter à Amaldi... Tu lui diras que c'est toi...

DIABOLO.

Est-il possible que vous soyez assez bonne...

FLORA.

Tu orneras ton récit de toutes les circonstances que tu croiras propres à le rendre plus piquant... Je garde tes armes, tu seras censé les avoir jetées à dessein dans la forêt.

DIABOLO, *hésitant.*

Oui.... oui... (*Flora pose l'épée à l'entrée du regard.*) Mais il faudrait prévenir les camarades qui sont postés là-bas.

FLORA.

Sans doute, si tu veux partager avec eux?

DIABOLO.

Non, en vérité!

FLORA.

Tu as donc oublié que les cinq cents ducats appartiennent à celui qui apportera le premier la nouvelle?

DIABOLO.

Ah! ça, vous m'assurez qu'il est bien mort, n'est-ce pas?

VERNER, *le tirant vers la gauche.*

Viens le voir... à deux pas d'ici... sept coups de poignard, appliqués de main de maître.

DIABOLO.

Je m'en rapporte à toi, camarade!

VERNER.

Viens...

DIABOLO.

Non, c'est inutile. Je vois bien que tu n'es pas homme à faire les choses à demi. Signora, un bon procédé en vaut un autre... Si jamais vous avez quelqu'ennemi qui vous gêne, dites un mot, et je vous en débarrasserai... gratis!

FLORA.

J'espère n'avoir jamais besoin de toi. Adieu. Bàrbaro t'accompagnera jusques hors de la forêt... Je connais un sentier qui vous y conduira en quelques minutes... Je vais vous l'indiquer. (*ils s'éloignent par la droite en passant devant le regard.*)

SCENE X.

ALPHONSE, *il arrive lentement par la gauche; il est sans armes et porte un manteau bleu; il a les bras croisés et paraît absorbé dans ses réflexions.*

Me voilà parvenu, sans m'en apercevoir, au lieu du rendez-vous... et je ne vois personne! Pas le moindre bruit, rien qui annonce une chasse... A moins qu'elle ne se soit beaucoup éloignée. Ce calme, que rien n'interrrompt, ce silence absolu, qui laisse une libre carrière aux pensées, plaisent mieux à mon ame que les plaisirs bruyans dont ma cour est avide...J'aime à respirer le frais sous cet ombrage...il invite au repos...(*Il s'assied sur le tertre.*)La chaleur est accablante aujourd'hui.(*Il ôte sa toque et la pose sur une branche à sa gauche.*) Si je m'étais laissé intimider par les terreurs de Marco, ou par les avis mystérieux de mon sylphe, je ne serais pas venu ici,.. et cependant je n'y ai rien vu jusqu'à présent qui doive m'inspirer la moindre inquiétude, le plus léger soupçon sur mon frère. Comme le disait Verner, c'est quelqu'ennemi secret qui veut semer entre nous la division et la haine, dans l'espoir d'en tirer avantage. Il n'y parviendra pas, du moins de mon côté. Quelle raison pourrait armer Amaldi contre moi? Toute ma vie n'est-elle pas consacrée à faire le bien? Je n'ai d'autre pensée, d'autre but, que le bonheur de ceux qui m'entourent!... Je me suis dès long-tems pénétré d'une maxime, qui, si elle n'est pas généralement vraie, est du moins consolante pour l'humanité et encourageante pour l'homme de bien,... C'est que celui qui vit en repos avec sa conscience, n'a rien à redouter du sort. (*il appuie sa tête sur la main droite, s'étend sur le tertre et tombe dans une profonde rêverie.*)

SCENE XI.
ALPHONSE, FLORA.

FLORA, *revenant par la droite.*

Ils sont déjà loin ! Nous voilà sortis heureusement de la crise la plus dangereuse,... Il paraît que le Duc a renoncé au projet plus que téméraire... Que vois-je ? un manteau bleu ! (*elle approche.*) Grand dieu ! c'est lui,.. (*Elle regarde autour d'elle avec beaucoup d'inquiétude.*) Pourvu qu'il n'ait point été aperçu par Andréa et Salvator ! (*Elle tire des tablettes de son sein, et écrit sur un feuillet qu'elle déchire et qu'elle pose sur la toque d'Alphonse. Pendant qu'elle écrit, on voit Andréa traverser le fond, de gauche à droite. Quand Flora a fait ce qu'on vient d'indiquer, elle va soulever une pierre qui est au pied d'un chêne et y dépose la bague d'émeraude et la liste des conjurés, enveloppés dans un papier ; puis elle vient se placer à droite entre la ruine et un gros arbre, de manière à n'être point vue d'Alphonse. Alors elle appelle d'une voix douce : Alphonse ! Alphonse ! Elle est à genoux, l'inquiétude se peint sur tous ses traits ; elle porte alternativement ses regards vers le ciel et sur Alphonse.*)

ALPHONSE.

Qu'est-ce ?... il m'a semblé qu'on m'appelait... (*il se lève.*) Je ne vois personne. (*il veut prendre sa toque et aperçoit l'écrit de Flora.*) Quel est ce papier ? (*il le prend et lit.*) « Imprudent, c'est en vain que ton Ange tutélaire veille au-
» tour de toi pour écarter les dangers qui te menacent... Ta
» fatale incrédulité te met à deux doigts de ta perte. Soulève la
» pierre qui est au pied du vieux chêne placé derrière toi,
» et tu y trouveras la preuve des homicides projets de ton
» barbare frère. Adieu : fuis sans perdre un moment ; tu es en-
» vironné d'assassins. » (*il va soulever la pierre et prend le papier que Flora y a placé.*) Que vois-je ?... mon anneau ! qui me l'a dérobé ?... dans quelle intention ?... Quel mystère !... (*il déploie la liste.*) LISTE DES PERSONNES QUI SE SONT ENGAGÉS, PAR SERMENT, A PLA-

CER AMALDI SUR LE TRONE DE FERRARE. Gianetti ! Piétro ! Vivaldi ! Taddeo ! Bianco ! Andréa ! Salvator ! Les monstres ! que leur ai-je fait ? C'en est trop ; je ne puis résister à tant de preuves et je vais...

SCÈNE XII.

LES PRÉCÉDENS, ANDRÉA, SALVATOR.

ANDRÉA, *dans le fond.*

Hé ! j'aperçois le manteau bleu !

SALVATOR.

C'est Alphonse lui-même.

ALPHONSE, *voyant Andréa et Salvator qui approchent tous deux et paraissent disposés à lui barrer le chemin.*

Je vois trop tard que j'ai eu tort de négliger les conseils salutaires de mes amis.

ANDRÉA.

Où donc est Diabolo ! et comment n'a-t-il pas encore rempli sa tâche ?

SALVATOR.

Nous la remplirons pour lui.

ALPHONSE.

Et je suis sans armes !...

ANDRÉA, *de loin.*

Duc de Ferrare, dis adieu au monde.

SALVATOR.

Salue le ciel pour la dernière fois.

FLORA, *se lève, prend vivement l'épée de Diabolo et s'élance au-devant d'Alphonse.*

Brigands, avant tout vous aurez à faire à moi.

(*En se mettant en garde, elle prend son sifflet de la main gauche et siffle à plusieurs reprises. Andréa et Salvator fondent sur Flora, qui se défend avec intrépidité, mais en reculant ; on voit qu'elle ne tardera pas à succomber.*)

SCÈNE XIII.

LES PRÉCÉDENS, VERNER.

VERNER, *accourant.*

Me voici !... me voici !...

ANDRÉA, *s'arrêtant.*

Ah ! c'est un camarade.

VERNER.

Détrompez-vous, coquins, c'est vous que je viens combattre et jusqu'à la mort.

ANDRÉA.

Comme tu voudras.

(*Il s'engage un combat à quatre. Flora et Verner tiennent Alphonse au milieu d'eux et se battent de l'autre main. Andréa et Salvator les attaquent vigoureusement, mais ils tombent percés de coups mortels.*)

FLORA, *à Alphonse.*

Tu n'as plus rien à craindre.

ALPHONSE.

Intrépide jeune homme ! que je sache...

FLORA.

Il n'est pas tems encore... Va, retourne à ton palais ; fais ensorte d'y rentrer sans être aperçu. Tu y trouveras une invitation d'Amaldi pour une fête qu'il donne ce soir en réjouissance de la mort à laquelle il croit que tu n'as pu échapper.

ALPHONSE.

L'infâme !... et tu veux...

FLORA.

Tu t'y rendras. Il le faut pour l'entier accomplissement de mes desseins. C'est là que tu connaîtras tes ennemis, c'est là que je prétends te les livrer tous... Tu seras déguisé en magicien... je te reconnaîtrai à une plume rouge attachée sur ton bonnet ; n'y manque pas... Adieu, nous veillons sur toi.

(*Alphonse, étonné, s'éloigne par la gauche. Flora et Verner le suivent, en se tenant enlacés.*)

Fin du second Acte.

ACTE III.

Le théâtre représente une magnifique salle, dans le palais d'Amaldi ; dans le fond un jardin, terminé par une grille.

SCENE PREMIERE.
AMALDI, GIANETTI.

GIANETTI.

Cette particularité me semble bien étrange, Seigneur.

AMALDI.

Non, mon ami, Flora n'était point chez elle, lorsque je suis revenu de la chasse... je me suis présenté à son appartement pour l'instruire, comme je le fais tous les jours, de ce qui s'est passé entre nous, ses femmes m'ont répondu qu'elle n'était pas visible. J'y suis retourné une heure, deux heures après... Toujours même réponse.

GIANETTI.

Il fallait insister.

AMALDI.

Faire un éclat ! offenser celle que j'aime !

GIANETTI.

La prudence l'exigeait. La femme que demain vous devez conduire à l'autel, celle qui va recevoir de vous la couronne Ducale, n'aurait pû vous blâmer de vouloir connaître la cause d'un refus...

AMALDI.

Qui m'étonne d'autant plus, que je ne l'avais point encore éprouvé. Flora, venue secrètement avec moi, et cachée dans mon palais, a constamment paru recevoir mes visites avec un nouveau plaisir. Elle n'a cessé de me montrer l'empressement le plus flatteur. Pourrais-je supposer un autre motif que l'amour à sa touchante sollicitude, à cette curiosité sans cesse renaissante, qui lui fait désirer de connaître notre projet jusque dans les moindres détails, qu'elle écoute avec un intérêt toujours croissant ?... Me préserve le ciel...

GIANETTI.

Quelle raison a pû l'empêcher de vous recevoir?

AMALDI.

Je l'ignore.

GIANETTI.

Peut-être elle n'était point au palais!

AMALDI.

Sortie de Ferrare à l'âge de dix ans, elle n'y connaît personne.

GIANETTI.

Je n'ose approfondir...

AMALDI.

Ah! Gianetti! Si Flora me trahissait!... L'univers armé pour la défendre ne la déroberait point à ma vengeance... la mort, Gianetti!... une mort terrible! (*se remettant.*) Mais cela ne se peut pas.

GIANETTI.

Je suis loin de l'accuser, Seigneur. Je crois cependant que dans la circonstance où nous sommes, un demi-soupçon équivaut à une preuve, du moins quant aux mesures à prendre pour notre sûreté. Il est difficile que le Duc échappe au piège que nous lui avons tendu; mais si ce malheur arrivait, il faut qu'il trouve en ces lieux une mort inévitable. Nous devons donc être bien assurés du dévouement des personnes qui seront admises à la fête que vous donnez ce soir. Je vous propose, pour plus de tranquillité, de changer les cartes d'entrée que vous avez distribuées à vos amis. Cette précaution me paraît d'autant plus sage, que Flora les ayant eues à sa disposition, puisque tous vos projets lui sont connues, elle a pu en abuser, s'il est vrai que mes soupçons soient fondés.

AMALDI.

Je loue ta prévoyance, mon cher Gianetti; mais ce serait la pousser trop loin. D'ailleurs comment retrouver maintenant tous ceux que nous avons invités? Hé non!... Tes craintes sont puériles, elles sont injurieuses pour Flora. Bornons-nous à exécuter ponctuellement tout ce dont nous sommes convenus. Va donner un coup d'œil aux préparatifs. Place toi-même les gardes chargés d'admettre nos affidés, et reposons-nous du reste sur la fortune qui semble enfin décidée à me combler de ses faveurs.

GIANETTI.

Fiez-vous à mon zèle, Seigneur, je n'omettrai rien.

(*Comme il sort, Flora entre par la gauche, il la salue et s'éloigne.*)

L'Ange tutélaire. G

SCENE II.

AMALDI, FLORA, *parée*.

FLORA.

On vient de me dire, Seigneur, que vous vous êtes présenté plusieurs fois à mon appartement.

AMALDI, *froidement*.

Il est vrai, madame.

FLORA.

Pourquoi n'êtes-vous pas entré ?

AMALDI.

J'ai respecté vos ordres.

FLORA.

Vous savez bien qu'Amaldi est excepté de toutes les défenses que je puis faire. Je n'imaginais pas que vous dussiez revenir sitôt de la chasse, et pour n'être point distraite des grands intérêts qui m'occupent, j'avais fait fermer ma porte, afin de n'être point obligée de recevoir la visite de quelques-uns des jeunes seigneurs que vous avez admis dans notre confidence. Mais, encore une fois, cet ordre ne vous concernait pas. C'est un excès de zèle de la part de mes femmes, et je les ai sévèrement réprimandées de m'avoir privée du plaisir de vous recevoir.

AMALDI.

Quoi ! vraiment, Flora, vous vous occupiez de moi ?

FLORA.

Je vous jure, Seigneur, que vous n'avez pas cessé de m'être présent.

AMALDI.

Vous prenez donc un intérêt sincère aux événemens de cette journée ?

FLORA.

Oh ! plus grand mille fois que je ne puis vous le dire. J'y attache ma félicité, mon honneur, ma gloire, tout le charme de ma vie.

AMALDI.

Je vous remercie, Flora. (*à part.*) Cet enthousiasme part du cœur, on ne saurait s'y méprendre. Gianetti est un visionnaire, je suis aimé comme on ne le fût jamais.

FLORA, *à part*.

Je crois avoir entièrement détruit ses soupçons.

SCENE III.

LES PRÉCÉDENS, PÉDRO.

PEDRO.

Seigneur, un homme de très-mauvaise mine demande à être introduit près de vous; il s'agit, dit-il, d'un objet de la plus haute importance.

AMALDI.

Son nom ?

PEDRO.

Il a refusé de le dire.

AMALDI.

Fais entrer. (*Pédro sort.*) C'est sans doute un des auxiliaires. Ceci est encore une énigme pour vous, Flora, mais elle va bientôt s'expliquer. Rentrez, peut-être ce que cet homme vient m'apprendre vous serait pénible.

FLORA.

Au contraire, Seigneur, j'entendrai tout avec le plus vif intérêt.

SCENE IV.

LES PRÉCÉDENS, DIABOLO, *enveloppé d'un manteau noir.*

DIABOLO, *paraît surpris en voyant Flora ; celle-ci lui fait signe de se taire.*

(*A part.*) Comment, la voilà !... il faut que cette femme-là soit le diable en personne.

AMALDI.

Eh bien ! qu'y-a-t-il de nouveau ? (*Diabolo veut tirer Amaldi à l'écart.*) Tu peux parler devant la signora... elle sait tout... les mêmes intérêts nous unissent.

DIABOLO.

Ah ! c'est différent. (*il se place entre Amaldi et Flora.*) Seigneur, le Duc est mort.

AMALDI.

Andréa et Salvator...

FLORA, *bas, à Diabolo.*

Tués.

DIABOLO, *regarde Flora avec étonnement et répète.*

Tués. Du reste, rien qui mérite de vous être raconté.

AMALDI.

Comment ! Andréa et Salvator ont péri ?

DIABOLO.

Oui, Seigneur, ils sont morts glorieusement.

AMALDI.

Le Duc s'est donc défendu ?

DIABOLO.

Comme un lion !

AMALDI.

Il était armé ?

DIABOLO.

Jusqu'aux dents.

FLORA, *serre la main de Diabolo.*

(*A part.*) Bien !

AMALDI.

Il m'avait trompé.

DIABOLO.

Adossé contre un arbre, il a long-tems résisté à nos efforts; mais enfin la victoire s'est déclarée pour le parti de la justice.

AMALDI.

Et toi, n'es-tu pas blessé !

DIABOLO.

Pas la moindre égratignure. J'ai vraiment joué de bonheur dans cette affaire-là.

FLORA, *à part.*

A merveille !

DIABOLO, *montrant le manteau bleu, qu'il cachait sous le sien.*

Voilà la preuve....

AMALDI.

Suis-moi ; je vais te compter la somme convenue.

DIABOLO.

Très-volontiers.

AMALDI.

Mais, non... demeure. Il est inutile que l'on te voie au palais. Tu as un costume et un air trop remarquables pour ne pas faire sensation. Il vaut mieux....

DIABOLO.

Comme il vous plaira. (*bas, à Flora.*) Comment diable vous trouvez vous ici avant moi !

FLORA, *bas, à Diabolo.*

Je t'ai indiqué le chemin le plus long. (*haut, à Amaldi.*) Je vous suis, Seigneur.

AMALDI, *qui s'est arrêté au fond, revenant sur ses pas.*

Je fais une réflexion.

DIABOLO, *à part*

Haï ! haï !

AMALDI.

Je t'ai promis cinq cents ducats et te les promets encore.

DIABOLO, *à part*.

Ce n'est pas là mon compte.

AMALDI.

Tu les auras. En voilà déjà cent...

DIABOLO, *à part*.

Je ne perdrai pas tout.

AMALDI.

Dans cette bourse que le Duc a portée et dont il m'a fait présent. (*il lui donne une bourse.*)

DIABOLO.

Qu'à cela ne tienne, Seigneur ; gardez la bourse si elle vous fait plaisir, pourvu que vous me donniez l'argent.

AMALDI.

J'ai des raisons pour en agir ainsi. Ecoute-moi... Je veux me concilier l'estime du peuple... et je n'ai pas de moyen plus sûr pour y parvenir, que de prendre, en apparence, un grand intérêt à l'événement qui vient de se passer, et de montrer beaucoup d'empressement à connaître et à punir les auteurs de cet horrible attentat.

DIABOLO, *à part*.

Mauvais début ! (*haut.*) Certainement, Seigneur...

FLORA, *à part*.

Où veut-il en venir ?

AMALDI.

Tu vas sortir par une petite porte qui donne sur la campagne...

DIABOLO.

Tout de suite, Seigneur.

AMALDI.

Non pas... Attends que j'aie fini. Je te ferai suivre par deux de mes gens...

DIABOLO.

Cela n'est pas nécessaire, j'irai très-bien seul.

AMALDI.

Tu reviendras à Ferrare par le chemin qui conduit à la forêt.

DIABOLO.

Mais je ne vois pas...

AMALDI.

Avant d'entrer dans la ville, tu seras arrêté par mes deux valets, qui tu conduiront pieds et poings liés au tribunal de l'Inquisition.

DIABOLO.

Bah ! et pourquoi faire ?

AMALDI.

Ils déposeront entre les mains des juges le manteau du Duc et cette bourse que tu seras censé lui avoir dérobée.

DIABOLO.

Dans ce cas, j'aime autant que vous la gardiez.

AMALDI.

Non. Il faut que cela soit ainsi. Ils annonceront qu'ils viennent de trouver Alphonse mort dans la forêt et te dénonceront comme le meurtrier.

DIABOLO.

Ils feront là une belle chose... et puis ?

AMALDI.

On te conduira devant moi.

DIABOLO.

A la bonne heure. Je respire. Vous me renverrez...

AMALDI.

Au contraire. Je t'interrogerai... tu nieras tout.

DIABOLO.

Bien entendu !

AMALDI.

Alors je te renverrai par devant le tribunal qui te condamnera à mort.

DIABOLO, *avec effroi.*

Permettez, Seigneur...

AMALDI.

Sois sans inquiétude. Tout cela n'aura lieu que pour la forme... Un fidèle émissaire te procurera les moyens de t'évader, et te portera la récompense promise, sans compter ce que je te donne.

DIABOLO.

C'est comme si je n'avais rien, puisque cela sera déposé entre les mains de la justice... Permettez, encore une fois : si par hazard quelque circonstance, que vous ne prévoyez pas, empêchait l'effet de vos bonnes intentions... Si votre émissaire arrivait trop tard ?

AMALDI.

Sois tranquille.

DIABOLO.

Je ne suis pas tranquille du tout.

AMALDI.

Point de réflexions. Les hommes de ton espèce sont de vils instrumens que l'on brise quand on n'en a plus besoin. Songe que ta vie est entre mes mains. S'il t'échappe un mot, qui contrarie mon plan, je te livre à l'Inquisition, et ton supplice ornera mon triomphe.

DIABOLO.

Jolie perspective ! me voilà bien avancé !

FLORA, *bas, à Diabolo.*

Obéis et ne crains rien ; je te sauverai.

AMALDI, *dans le fond.*

Holà ! Pédro !... Sébastiani !...

DIABOLO, *bas, à Flora.*

Parbleu ! vous m'avez fait un joli cadeau ! Où est-il donc le camarade Barbaro ? je lui céderais volontiers ma place.

FLORA.

Tais-toi ! je te réponds qu'il ne te sera pas fait le moindre mal.

DIABOLO, *voyant entrer Pédro et Sébastiani.*

Ah ! ce sont-là mes écuyers... (*à part.*) Il n'y aura pas moyen de s'en débarrasser. Faisons contre fortune bon cœur.

AMALDI, *qui a parlé bas à ses valets.*

Suis ces gens... ils savent ce qu'ils ont à faire.

DIABOLO.

Oui, Seigneur... N'allez pas m'oublier au moins ?

AMALDI.

Sois discret.

FLORA, *bas, à Diabolo.*

Compte sur Flora. (*Diabolo sort en se grattant l'oreille, il est précédé par Pédro, et suivi par Sébastiani.*)

SCENE V.

AMALDI, FLORA.

(*On voit plusieurs personnes qui se présentent à la grille du fond.*)

AMALDI.

Maintenant, Flora, retournez à votre appartement. J'aperçois déjà des personnes qui se rendent à la fête ; il ne faut pas que l'on vous y voie. Vous ne vous montrerez que lorsque l'événement sera connu. Demain, j'espère pouvoir vous présenter à tous mes amis, comme mon épouse.

FLORA, *avec une double intention.*

Oh ! oui, demain tout sera terminé.

AMALDI.

A moins cependant qu'il vous soit agréable de revenir sous un déguisement que vous me ferez connaître.

FLORA.

Me déguiser, moi !... Non, je veux me montrer telle que je suis. Au revoir, Seigneur.

AMALDI.

Respect, amour pour la belle Flora. (*il lui baise la main ; elle s'éloigne par la gauche.*)

SCENE VI.

AMALDI, GIANETTI, Seigneurs et Dames.

GIANETTI, *amenant deux soldats qu'il place de chaque côté de la grille du fond.*

Songez à suivre exactement la consigne que je vous ai donnée. (*A Amaldi.*) Seigneur, j'ai fait tout ce dont nous sommes convenus. (*On ouvre la grille; les personnes qui se présentent montrent leurs cartes aux sentinelles qui les laissent passer. Les soldats ont leurs hallebardes croisées en forme de barrière.*)

AMALDI.

Bien ! A propos, Diabolo sort d'ici.

GIANETTI.

Eh bien !

AMALDI.

Plein succès.

GIANETTI.

Dieu soit loué !

AMALDI.

Nous avons perdu nos amis.

GIANETTI.

Tant mieux. C'étaient de mauvais sujets. On vient de me faire dire que ma présence est nécessaire chez moi, et j'y cours.

AMALDI.

Songe qu'elle ne l'est pas moins ici.

GIANETTI.

Je reviens bientôt. (*il sort.*)

SCENE VII.

AMALDI, Seigneurs et Dames.

AMALDI, *aux personnes qui sont entrées.*

Soyez les bien venus !... Seigneurs, et vous, Mesdames,

livrez-vous au plaisir; que cette nuit soit une nuit de délices; que les mets les plus délicats, les vins les plus recherchés soient servis avec profusion; qu'une musique harmonieuse écarte loin d'ici le sommeil, que des milliers de flambeaux chassent les ténèbres et devancent l'aurore en ces lieux; enfin que la joie soit universelle.
(*Les convives se disposent à la danse, on entend en-dehors une musique gaie et vive. On danse.* BALLET.

SCENE VIII.

LES PRÉCÉDENS, Deux MAGICIENS, *masqués.*

(*Peu-à-peu, il arrive des masques; il y en a de grotesques et qui fixent l'atttention; ils dansent à leur tour. On voit, vers la fin du bal, un masque vêtu en magicien, se présenter à la grille; il porte une plume rouge sur son bonnet. Il est bientôt suivi d'un autre masque dont le costume est en tout pareil au sien, à la plume près. Le second magicien suit le premier partout, dans les groupes, il ne le perd pas de vue. Parmi les masques, il y en a qui se promènent par petits groupes. D'autres qui se reconnaissent et qui paraissent s'entretenir à voix basse. Amaldi qui n'est point masqué, est arrêté par plusieurs personnes avec lesquels il cause.*)

SCENE IX.

LES PRÉCÉDENS, DIABOLO, *enchaîné et conduit par des soldats. Le chef de la garde remet un papier à Amaldi.*)

AMALDI.

De la part de l'Inquisiteur suprême!.... Pardon, Mesdames, il s'agit, selon toute apparence, d'un délit grave; consentez, je vous prie, à vous réunir dans la salle du festin, où je ne tarderai pas à me rendre, avec mes amis, pour en faire les honneurs. (*Les femmes sortent en dansant. Amaldi lit la lettre qu'on lui a remise et feint le plus grand étonnement. Aux gardes.*) Eloignez-vous un moment, que j'interroge ce monstre. Dis-moi, misérable, quel motif a pu t'engager à porter une main criminelle sur un prince justement adoré de tout son peuple. (*Quand il voit que les gardes se sont éloignés, il change de ton.*) Mes amis, le voilà, l'homme intrépide et courageux dont le bras a frappé notre ennemi. Alphonse n'est plus. (*Presque tous les conjurés se demasquent.*)

DIABOLO, *à Amaldi.*

Vous êtes donc bien sûr des personnes qui vous entourent pour oser?....

L'Ange tutélaire.

AMALDI.

Ce sont tous ceux que tu as vus tantôt dans la forêt. D'ailleurs, nos mesures sont bien prises.

DIABOLO, *avec assurance.*

Oui, Seigneurs, c'est moi qui suis cet homme intrépide. Je puis, sans vanité, vous dire que ceci est un des coups les plus étonnans que j'aie faits de ma vie. C'est au point que je n'y conçois rien moi-même. Enfin, Seigneur, tant il y a que j'ai réussi, et que vous devez être content de moi.

TOUS.

Assurément.

AMALDI.

Aussi seras-tu magnifiquement récompensé.

DIABOLO, *à part.*

Allons, cela commence à prendre une bonne tournure.

SCENE X.

LES PRÉCÉDENS, GIANETTI, *accourant.*

GIANETTI, *à Amaldi.*

Seigneur, Alphonse n'est pas mort.

DIABOLO, *à part.*

Haï! haï!

AMALDI, *et tous les conjurés.*

Il n'est pas mort.

GIANETTI.

Il est venu dans la forêt, sans armes, ainsi qu'il l'avait annoncé. Attaqué par Andréa et Salvator, il a été défendu et sauvé par deux inconnus de très-mauvaise mine, qui ont vaincu nos amis. Salvator est resté sur la place; mais Andréa, quoique grièvement blessé a pu se traîner jusqu'au bord de la forêt. Là, ses cris ont attiré qulques passans. Il s'est fait porter chez moi, et c'est de sa bouche que je tiens ces détails.

AMALDI, *à Diabolo.*

Traître! tu m'as donc abusé?

DIABOLO.

Écoutez, Seigneur. Je suis trop honnête homme pour vous tromper. Je crois bien que le Duc est mort; mais ce qu'il y a de très-certain, c'est que ce n'est pas moi qui l'ai tué.

AMALDI.

Et qui donc?

DIABOLO, *regarde autour de lui.*

Je vais vous le dire.

AMALDI.

Hé bien!... parleras-tu?

DIABOLO.

C'est que je regarde auparavant si je ne reconnaîtrais point parmi ces beaux masques, (*avec mystère.*) cette jeune dame... Pardon, Seigneur... cette jeune dame qui était ici quand je suis venu, y est-elle encore ?

AMALDI.

Qu'importe cette jeune Dame ?

DIABOLO.

Il importe beaucoup.

AMALDI.

Elle n'y est point... Réponds... qui a frappé le Duc ? qui t'a donné son manteau ?

DIABOLO.

Flora, sous l'habit d'un pâtre et accompagnée de Barbaro, un épouvantable coquin qu'elle m'a présenté comme le ministre de sa vengeance et de la vôtre. « Va, m'a-t-elle dit, je te veux du bien. Alphonse n'est plus... Voilà son manteau, Porte-le chez Amaldi, tu y recevras la récompense promise au meurtrier de son frère. Connaissant votre intimité, je l'ai crue sur parole, d'autant que le camarade avait bien l'air...

AMALDI.

Flora m'a trahi !... La perfide... elle mourra. Je vais la chercher. C'est devant vous, amis, que je veux...

GIANETTI.

Un moment. Flora ne peut nous échapper ; mais il est un autre point, non moins important, qu'il faut éclaircir avant tout. (*à demi-voix.*) Andréa m'a dit aussi que, d'après les ordres du plus jeune de ses libérateurs, le Duc devait se rendre au bal, déguisé en magicien et qu'on le reconnaîtrait à une plume rouge, placée sur son bonnet.

(*Dans ce moment les deux magiciens se sont approchés ; ils entendent ce que dit Gianetti, et avant qu'il ait fini, par un mouvement plus prompt que la pensée, le deuxième détache la plume rouge, qui est au bonnet du premier, et la place au sien.*)

AMALDI.

Une plume rouge !.. Voyons....

(*Amaldi et tous les conjurés regardent à gauche, puis à droite.*)

La voilà !...

(*Dans le mouvement qui s'est fait, quelques masques ont entouré le premier magicien et l'ont séparé de l'autre.*)

C'est le Duc !...

FLORA, *ôte son masque, son habit et paraît vêtue comme au commencement de l'acte.*

Vous vous trompez, ce n'est pas lui.

AMALDI, *reculant de surprise.*

Flora!... Perfide! ta dernière heure a sonné. Rien ne peut te soustraire à la mort, et c'est moi qui veux te la donner.

UN MASQUE, *d'une voix forte.*

Scélérat!

AMALDI, *s'élançait sur Flora, cette voix le frappe et il s'arrête.*

Mes amis, Alphonse est parmi nous. Il vient de se trahir! J'ai reconnu sa voix...

ALPHONSE, *se démasquant.*

Oui, monstre! il y est pour te punir.

AMALDI.

Point de pitié. Amis, nous tenons nos deux victimes, frappons-les à la fois.

(*Il s'avance vers Alphonse, tous les conjurés l'imitent; il se fait un mouvement général; Marco couvre Alphonse de son corps; Verner se place devant Flora. Une ligne entière de masques, qui garnissait les côtés et le fond de la salle jette habits et masques, et présente des soldats de la garde Allemande, qui renversent les conjurés, les désarment et sont prêts à les frapper. Tableau Général.*)

AMALDI.

Quoi, Flora! vous m'avez trompé?

FLORA.

Je m'en fais gloire. Ce jour est le plus beau de ma vie. Je n'ai feint d'entrer dans vos vues, que pour déjouer ce complot odieux. J'ai été plus d'une fois sur le point d'échouer; mais dans ce cas mon parti était pris. Je me serais percé le cœur, plutôt que d'appartenir à un vil meurtrier.

ALPHONSE.

Amaldi, et vous ingrats que je n'ai cessé de combler de bienfaits, vous vous êtes rendus indignes de pardon, je vous livre tous à la sévérité des lois; elles mettront un terme aux effets de votre perversité. (*On emmène Amaldi et tous les conjurés. A Flora.*) O mon Ange tutélaire! sans toi, je succombais aux pièges de ces brigands! Femme étonnante, que ne te dois-je pas? Quelle récompense...

FLORA.

En est-il de plus belle, de plus glorieuse que l'honneur d'avoir sauvé son pays!

FIN.

LA CITERNE,

MÉLODRAME

EN QUATRE ACTES, EN PROSE,

ET A GRAND SPECTACLE;

Par R. C. GUILBERT-PIXERÉCOURT;

Représenté, pour la première fois, à Paris, sur le Théâtre de la Gaîté, le Samedi 14 Janvier 1809.

Musique de M. Alexandre PICCINNI, de la Musique particulière de S. M. l'Empereur.

PARIS,

Chez BARBA, Libraire, Palais-Royal, derrière le Théâtre Français, N°. 51.

1809.

PERSONNAGES.	ACTEURS.
D. FERNAND, riche Seigneur espagnol.	MM. Lafargue.
D. RAPHAEL, père de Clara et de Séraphine.	Marty.
D. ALVAR, fils du Gouverneur de l'île Majorque, amant de Séraphine.	Frédéric.
CLARA, fille aînée de D. Raphaël.	Mlle. Caroline Soissons.
SÉRAPHINE, sa sœur.	Mad. Picard.
PICAROS, (*) aventurier, autrefois compagnon d'Octar.	Tautin.
GONZALÈS, majordome attaché à D. Fernand.	Genest.
LOUISA, fille de Gonzalès.	Mlle. Rivet.
D. MESQUINOS, vieux gentilhomme ridicule, amoureux de Louisa.	Perroud.
OCTAR, chef de corsaires barbaresques.	Ferdinand.
JENNARO. } corsaires.	Pascal.
SPALATRO. }	Camel.
Le Chef des Alguazils.	Lafitte.
Un Nègre.	Ledé.
Paysans, Paysannes.	
Alguazils.	
Corsaires.	

La scène est dans l'île Majorque.

Vu au Ministère de la Police générale de l'Empire, conformément aux dispositions du décret impérial du 8 juin 1806, et à la décision de son Excellence le Sénateur Ministre. Paris, le 8 décembre 1808.
Le secrétaire général, SAULNIER.

Vu l'approbation, permis d'afficher et représenter, ce 12 décembre 1808.
Le Conseiller d'État, Préfet de police, comte de l'Empire,
DUBOIS.

(*) Ce rôle appartient à l'emploi des premiers comiques.

LA CITERNE.

ACTE PREMIER.

Le théâtre représente une plage couverte de ruines moresques. La mer s'étend depuis le troisième plan jusqu'au fond ; elle doit offrir une étendue immense de tous côtés. A droite, au deuxième plan, un belveder en chaume, construit sur des ruines, et d'où l'on descend par une rampe qui conduit au bord de la mer. Ce belveder est censé à peu de distance du château de Belmonté, habité par Gonzalès. A droite et à gauche, au premier et au deuxième plans, des arcades, des restes de colonnes, des débris de divers monumens, au milieu desquels croissent des arbustes, des fleurs et des plantes rampantes. A droite, vis-à-vis le premier plan, est un sarcophage antique. Quelques pointes de rochers s'élèvent au-dessus de la mer, vers le milieu du théâtre. A gauche, au sixième plan, est un roc escarpé, couvert de broussailles. L'ensemble de cette décoration doit être très-pittoresque.

SCENE PREMIERE.
GONZALÈS, Paysans et Paysannes.

(Au lever du rideau, la mer est couverte de pêcheurs ; les uns jettent le filet, les autres le retirent, tandis que les femmes, dont une partie est sur les premières barques, et l'autre sur les degrés qui mènent au belveder, forment une chaîne, et se passent de main en main des paniers pleins de poissons, ce qui présente une suite de tableaux très-animés. Gonzalès au bord de la mer, donne des ordres et préside à tout).

SCENE II.
Les mêmes, Don MESQUINOS, *vêtu ridiculement et avec une grande rapière au côté.*

D. MESQUINOS.
Bonjour, seigneur Gonzalès.

GONZALÈS.
Salut à don Mesquinos. (*à part*). Nous avions bien à faire de cet importun.

D. MESQUINOS.
La pêche est-elle abondante ?

GONZALÈS.
Mais, pas mal, dieu merci.

D. MESQUINOS.
Tant mieux, je vous en fais mon compliment. C'est un plaisir que j'aime beaucoup ; j'y suis fort adroit, et sur-tout très-heureux; en général je brille dans tous les exercices du corps, particulière-

ment dans ceux qui demandent de la souplesse, de la force et de l'agilité. Ce n'est pas l'embarras.... je n'ai que des graces à rendre à la nature. Vous voyez, elle m'a vraiment traité avec une libéralité sans égale ; elle m'a tout donné avec profusion. Ah ! ça, dites-moi, quel est donc le motif de cette grande pêche ? vous n'avez pas coutume...

GONZALÈS.

Quoi! vous arrivez de la capitale, et vous ignorez que don Fernand, mon maître, marie dans trois jours sa pupille, la jeune Séraphine ?

D. MESQUINOS.

A don Alvar, fils du Gouverneur de l'île, n'est-ce pas ? effectivement, j'en ai entendu parler ; mais je ne croyais pas que D. Fernand osât prendre sur lui de conclure ce mariage avant de s'être bien assuré que le père de la jeune personne a cessé de vivre.

GONZALÈS.

Hélas ! il n'est plus permis d'en douter. Depuis quinze ans que le malheureux don Raphaël a été pris par les Africains et enmené en esclavage à Alger, avec Clara, la plus jeune de ses filles, il n'a donné aucun signe d'existence ; l'état a perdu là un marin distingué, et ce qui est plus encore, un brave homme qui lui a rendu de grands services et envers lequel le roi s'est montré bien ingrat. Quelle injustice ! flétrir par un édit infamant...

D. MESQUINOS.

Soit dit sans médisance, Gonzalès, on assure que don Fernand, sous l'apparence d'une amitié sincère, n'a pas peu contribué à la disgrace de don Raphaël, dans l'espoir de s'emparer de ses biens en se chargeant de la tutelle de la jeune Séraphine.

GONZALÈS.

Seigneur Mesquinos, je ne dois pas permettre...

D. MESQUINOS.

Vous avez raison ; j'oubliais qu'il est votre maître. Parlons d'autre chose ; du motif qui m'amène à Belmonte, par exemple ; de mon mariage avec votre charmante fille, la belle Louisa.

GONZALÈS.

Votre mariage ! C'est une plaisanterie. Je ne consentirai jamais à cette union.

D. MESQUINOS.

Songez que je suis riche.

GONZALÈS.

Je ne vends pas ma fille ; elle est douce, bonne, vertueuse, jolie...

D. MESQUINOS.

Ah! jolie.... ce n'est pas l'embarras... la plus jolie personne de l'île Majorque et des îles environnantes.

GONZALÈS.

Dites de toute l'Espagne. C'est pour cela qu'elle peut, qu'elle doit choisir.

D. MESQUINOS.

Vous me permettrez bien au moins de me mettre sur les rangs ?

GONZALÈS.

Je ne m'y oppose pas ; mais je suis tranquille.

D. MESQUINOS.

Vous ne connaissez pas tous mes moyens de séduction ; patience ! nous allons voir. (*Pendant cette scène les paysans et les paysannes sont descendus ; tous sont au bord de la mer.*)

SCÈNE III.

Les mêmes, LOUISA, *arrivant par le belveder ; elle apporte un panier rempli de provisions ; deux valets qui la suivent portent des outres pleines*).

D. MESQUINOS.

Ah ! la voilà. Arrivez donc, bel ange. Loin de vous je languis, je meurs, je dessèche ; regardez-moi plutôt.

LOUISA, *sans répondre à don Mesquinos et presque sans le regarder, passe devant lui et s'adresse à son père en lui montrant les paniers.*

Mon père, voilà ce que vous m'avez demandé.

GONZALÈS.

Bien, ma fille.

D. MESQUINOS.

Quel accueil ! quelle froideur ! après une absence de six semaines.

LOUISA.

Déjà six semaines? C'est singulier; je croyais qu'il y avait à peine trois jours que nous ne vous avions vu.

D. MESQUINOS.

Cruelle personne ! pouvez-vous déchirer ainsi le cœur de l'amant le plus épris, le plus tendre, le plus... Ah !.. dites, belle Louisa, quelle preuve vous faut-il de mon amour ?

LOUISA.

Que vous ne m'en parliez plus.

D. MESQUINOS.

Vous le voulez, ingrate ! eh bien ! je me résigne. Oui, je saurai réduire mon amour au silence, ce ne sera désormais que par mes regards, mes soupirs et mes actions que je vous entretiendrai de ma flamme.

GONZALÈS.

Bien cela, seigneur Mesquinos ; tel est le langage qui convient à un noble Castillan. (*aux paysans*). Allons, mes enfans, c'est assez travailler, reposez-vous, et venez...

D. MESQUINOS, *à Gonzales.*

Un moment, Gonzalès, un moment. Pour commencer à tenir parole, je vais donner à votre fille un échantillon de mon savoir faire. (*Il ôte sa rapière, son manteau, son chapeau, pose le tout sur une pierre, puis se tourne gravement vers Louisa, et lui dit avec un air important et ridiculement tendre*).

Je vais pêcher pour vous.

LOUISA.

Ne vous donnez pas la peine.

GONZALÈS, *à Louisa.*

Laisse-le faire.

(*Don Mesquinos entre dans une barque; il prend un filet et se dispose à le jeter. Tout le monde s'est rangé des deux côtés du théâtre; la rampe du belveder est couverte de curieux*).

D. MESQUINOS, *à des pêcheurs qui sont près de lui.*

Éloignez-vous, laissez-moi ; je veux avoir seul la gloire d'offrir à la dame de mes pensées le tribut de mon adresse.

(*Les pêcheurs s'éloignent et se tiennent à l'écart ; quand tout est disposé comme l'a demandé Mesquinos, il se place à l'extrémité de la barque et jette le filet ; mais le poids le fait chanceler, il perd l'équilibre et tombe dans la mer. Le premier mouvement des spectateurs est de rire*).

GONZALÈS, *aux paysans.*

Secourez-le.

(*Les barques se rapprochent ; quelques pêcheurs se jettent à l'eau. On laisse tomber un grand filet avec lequel on retire Mesquinos, tenant entre ses bras un énorme poisson.*)

MESQUINOS.

Je savais bien que je l'attraperais... Ce n'est pas l'embarras, il a voulu m'échapper, mais j'ai couru plus fort que lui, et le voilà. (*Il sort de la barque.*) Belle Louisa, je le dépose à vos pieds. (*Il présente le poisson à Louisa, qui recule en le voyant sauter.*) N'ayez pas peur, je suis là ; il n'osera pas vous faire de mal.

GONZALÈS, *bas à Mesquinos.*

Serait-ce là, par hasard, un de vos moyens de séduction ?

MESQUINOS.

Eh ! bien, il n'est peut-être pas joli ?.. Vous êtes difficile.

GONZALÈS.

Suivez-moi, seigneur ; je vais vous conduire au château, et vous donner d'autres vêtemens... Vous, mes enfans, livrez-vous à la joie. Après le travail vient la récompense, c'est trop juste.

MESQUINOS.

Vous voyez, belle Louisa, dans quel état m'a mis mon amour : je suis trempé de la tête aux pieds ; j'ai le corps transi, mais le cœur brûle toujours !...

GONZALÈS.

Eh bien ! venez-vous ?

D. MESQUINOS.

Adieu, tigresse. (*Il va rejoindre Gonzales, et monte au belveder.*)

SCÈNE IV.

LOUISA, Paysans, Paysannes.

(*Tous les Paysans sont redescendus à terre.*)

LOUISA.

Asseyez-vous, mes amis.

(*Tous s'asseyent, les uns à terre, les autres sur les ruines, d'autres le long de la rampe. Louisa et les deux valets qui l'ont suivie, distribuent à boire et à manger à tout le monde.*)

TOUS.

A la santé de la belle Louisa. (*Ils boivent.*)

LOUISA.

Je vous remercie. (*Apres un moment de silence pendant lequel tous mangent et boivent*) Quand vous voudrez, j'ouvrirai la danse ; nous commencerons par le Fandango.

TOUS. (*Ils se levent vivement.*)

Nous voilà prêts.   (*On danse*)

(A la fin du ballet, qui doit être court et très-vif, on entend un coup de tonnerre dans l'éloignement. Le ciel s'obscurcit ; en un instant la mer est couverte de nuages épais d'où jaillissent mille éclairs; les vagues se soulèvent et bientôt poussées avec violence par les vents furieux, viennent se briser contre les rochers.)

LOUISA.

Sauvons-nous, nous danserons à notre aise dans la grande salle basse du château.

TOUS.

Oui, oui, sauvons-nous.

(Tous remontent la rampe et fuyent par le belvéder ; les femmes ont relevé le derrière de leurs jupons pour s'en couvrir la tête.)

SCÈNE V.

(La tempête augmente, les coups de tonnerre se succèdent avec rapidité ; l'air est en feu, les flots amoncelés s'élancent à une hauteur prodigieuse. La grêle et la pluie tombent avec un fracas horrible; toute la nature est en convulsion. On aperçoit, dans l'éloignement, un vaisseau battu par la tempête, et qui fait des signaux de détresse ; il tire plusieurs coups de canon, dont on voit le feu et dont le bruit ne se fait entendre que long-tems après. Plusieurs petits bâtimens démâtés passent successivement; l'un d'eux fait explosion, et s'abîme à la vue des spectateurs.)

SCÈNE VI.

D. RAPHAEL.

(On le voit lutter contre les flots ; il cherche à atteindre à la nage une pointe de rocher qui s'élève au milieu de la mer ; mais il est souvent repoussé par les vagues ; enfin il y arrive ; son premier mouvement est de lever les mains vers le ciel.)

Dieu tout puissant, tu as daigné jeter un regard sur ta créature ; mais ce bienfait n'est rien, s'il ne s'étend point jusqu'à ma fille. Reprends, ô mon dieu, la vie que tu m'as conservée, si je ne dois plus revoir la fidèle compagne de mes malheurs..... Clara ! ma chère Clara ! es-tu perdue pour moi ?... Quel épouvantable cahos ! de tous côtés des abîmes sans fond, des gouffres entr'ouverts ! ô ma fille ! ma fille ! sans doute elle a péri.

CLARA, *dans l'éloignement à droite, et d'une voix faible.*

D. Raphaël ! mon père !

D. RAPHAEL.

Elle m'a répondu... Clara! me voici. Grand Dieu, soutiens encore un instant son courage et ses forces... (*Il se jette à la mer, et nage du côté où est venue la voix.*) Où es-tu ? réponds-moi...

CLARA, *de même.*

Secourez-moi, je meurs...

(D. Raphaël disparait un moment. La tempête redouble, la mer est plus agitée, plus furieuse qu'auparavant; mais le ciel moins sombre permet de distinguer ce qui se passe dans la partie qui est le plus près du bord de la scène.)

SCENE VII.
D. RAPHAEL, CLARA.

(On voit D. Raphaël soutenant sa fille d'un bras, et de l'autre faisant tous ses efforts pour gagner le roc escarpé qui est à gauche. Tour-à-tour portés jusque-là et repoussés par les vagues, ils parviennent cependant au bas de ce rocher ; un arbre à moitié mort et courbé par les vents, laisse pendre la seule branche qui lui reste vers la mer. Clara, aidée par son père qui la soulève, touche à l'extrémité de cette branche, s'en saisit, et gravit le rocher ; elle est presque parvenue au sommet, quand la foudre tombe sur l'arbre et le brise. Clara jette un cri, et retombe dans la mer avec la branche à laquelle elle était suspendue. D. Raphaël la ressaisit, et se dirige vers l'endroit le moins élevé ; là, il la place sur ses épaules, et en la soulevant par degrés, elle parvient à l'aide des broussailles auxquelles elle s'accroche, à gravir le roc. Quand elle est arrivée au sommet, elle aide à son père, qui gravit comme elle. Dès qu'ils se voient hors de danger, ils se jettent dans les bras l'un de l'autre, puis à genoux.)
(La tempête commence à se calmer; on n'entend plus le tonnerre que par intervalles et dans l'éloignement.)
(Après avoir rendu grace à la divinité, ils se lèvent.)

CLARA.

Où sommes-nous, mon père ? de quel côté porterons-nous nos pas ?
D. RAPHAEL.

Non loin de ce belveder, j'aperçois un édifice assez considérable ; mais comment feras-tu pour arriver jusques-là ?

CLARA.

En vous revoyant, mon père, j'ai recouvré mes forces. Je ne sens presque plus la fatigue.

D. RAPHAEL.

Dirigeons-nous vers cette habitation ; sans doute le ciel ne laissera point son ouvrage imparfait : il permettra que nous trouvions-là un asile et des secours. (*Ils s'enfoncent dans le taillis qui couvre le roc, et on les perd de vue.*)

SCENE VIII.
OCTAR, JENNARO, SPALATRO, Corsaires.

(Tous entrent par la droite ; ils sont chargés de butin.)

OCTAR.

Maudite soit la tempête qui nous a forcés de relâcher dans cette île.
SPALATRO.

Ma foi, capitaine, il est fort heureux que nous n'ayions point échoué comme trois ou quatre bâtimens que nous avons vu s'abîmer à demi-portée de canon. Corps et biens, tout a péri.

JENNARO.

Quel dommage ! si du moins nous avions pu leur faire une visite auparavant.

OCTAR.

Tu ne songes qu'au pillage.

JENNARO.

C'est le genre de commerce le plus facile et le plus répandu.

OCTAR.

Trêve de plaisanteries. Ces ruines ne nous cachent point assez pour ne pas craindre d'être découverts. Nous avions autrefois un grand nombre de retraites sur tous les points de l'île, mais ce coquin de Picaros les a toutes indiquées au Gouverneur pour obtenir sa grâce, et je n'en connais pas une seule maintenant où nous soyions en sûreté.

SPALATRO.

Pardon, capitaine, il en est une près d'ici que Picaros ne connaissait pas, du moins je le présume, et qui probablement vous est inconnue à tous. Le hazard la fit découvrir au fameux corsaire Machmoud sous les ordres duquel j'avais l'honneur de servir, avant que je fusse des vôtres. C'est une citerne spacieuse et profonde située près du vieux château de Belmonté, que vous voyez, sur la hauteur... à trois cents pas d'ici. Elle communiquait jadis au château, et avait été construite pour conserver de l'eau en cas de siége; mais aujourd'hui, elle est à sec et ne paraît avoir d'autre issue qu'un long souterrain qui aboutit sur cette plage.

OCTAR.

Fort bien !

SPALATRO.

L'entrée était pratiquée dans une espèce de sarcophage antique caché par des arbustes. (*Il regarde les ruines qui sont autour de lui.*) Il est très-possible qu'elle ait été découverte et comblée depuis. Eh ! m'y voila. En poussant la pierre qui le couvre, on trouvait une trappe à bascule, puis un petit escalier. (*Aidé d'un de ses camarades, il fait glisser la pierre qui couvre le sarcophage.*) C'est cela... vite ! un flambeau ! je vais reconnaître les lieux, et reviendrai bientôt vous dire s'ils sont en état de nous recevoir.

OCTAR.

Bien, Spalatro; tu es intelligent et brave, nous ferons quelque chose de toi.

SPALATRO.

Avec votre exemple, capitaine, on ne saurait manquer de réussir. (*On allume un flambeau avec du phosphore. Spalatro descend dans le souterrain.*)

OCTAR.

Trois hommes avec lui en cas d'événement. (*Trois pirates suivent Spalatro.*)

SCENE IX.

Les Mêmes, excepté SPALATRO.

OCTAR.

Si cette retraite nous convient, nous y passerons quelques jours pour nous remettre de nos fatigues, puis nous débarquerons nos prises pour en faire le partage et les déposer dans notre nouveau magasin. Qui sait? il est possible que cette citerne devienne bientôt un de nos meilleurs comptoirs. Que tiens-tu là Jennaro?

JENNARO.

Une cassette.

OCTAR.

Que renferme-t-elle?

JENNARO.

Je ne sais.

OCTAR.

De l'or, sans doute; car je te connais, tu t'attaches au solide.

JENNARO.

Non, capitaine; elle est enveloppée de toile cirée, sans doute de peur d'avarie, et cela n'annonce rien de bon.

OCTAR.

Où l'as-tu donc trouvée?

JENNARO.

Je ne l'ai pas trouvée, capitaine, c'est elle qui est venue s'offrir.

OCTAR.

La réponse est plaisante.

JENNARO.

Elle est vraie. Cette cassette flottait sur la mer; elle m'a été apportée par une vague qui a inondé la chaloupe au moment où nous allions aborder. Je me suis bien douté qu'un objet aussi léger ne pouvait être très-précieux; mais cependant, à tout hazard, et pour n'en pas perdre l'habitude, je l'ai prise. Elle appartenait sans doute à quelqu'un de ces malheureux qui ont péri sous nos yeux, à quelque pauvre diable qui est maintenant au fond de l'eau, et qui regrette son trésor.

OCTAR.

Tu n'y songes pas; s'il est au fond de l'eau, comment veux-tu?...

JENNARO.

Vous avez raison, capitaine. Ma foi, qu'il vive s'il lui plait, dussé-je restituer la cassette; foi d'honnête corsaire, je la lui rendrais de bon cœur.

OCTAR.

Voici Spalatro, son voyage n'a pas été long.
(La tempête s'est appaisée tout-à-fait; la mer est calme, l'horison s'est éclairci, tout est rentré dans l'ordre).

SCENE X.

Les mêmes, SPALATRO.

SPALATRO.

Je ne suis pas allé jusqu'au fond, capitaine; j'ai retrouvé les choses dans le même état où nous les avions laissées il y a trois ans, et je crois pouvoir vous assurer que nous serons à merveille dans cette demeure souterraine.

OCTAR.

Eh bien ! conduis-nous, allons prendre possession de notre nouvelle capitale. Toi, Jennaro, dont je connais la vigilance et l'adresse, tu resteras en sentinelle... ici... dans l'intérieur de ce monument ou aux environs, pour observer ce qui se passe et indiquer notre retraite à ceux de nos gens qui sont restés au vaisseau.

JENNARO.

En ce cas, il faudrait me laisser cet habit de mendiant qui nous sert pour aller à la découverte ; il pourra m'être utile. Qui de vous s'en est chargé ?

SPALATRO, *désignant un des pirates.*

Lui.

JENNARO.

Donne. Tout y est-il ? la barbe, la perruque, le manteau, le bâton, la mandoline ?

SPALATRO.

Tout, jusqu'à l'habit de matelot de mon petit conducteur. Nous nous en sommes servis avant-hier à Barcelone.

JENNARO.

Bon ! (*il prend le tout et le cache entre des pierres derrière le sarcophage*). Tiens, Spalatro, charge-toi de ma cassette ; tu me la rendras... sans l'ouvrir ?

SPALATRO.

Fi donc ! pour qui me prends-tu ?

Tous les corsaires conduits par Spalatro et Octar, descendent dans le souterrain, Jennaro descend le dernier.).

JENNARO.

Me voilà à mon poste, on vient, motus. (*Il entend parler à la cantonnade et baisse la pierre*).

SCENE XI.
Don MESQUINOS, LOUISA.

LOUISA, *de loin.*

Laissez-moi, don Mesquinos, laissez-moi.

D. MESQUINOS, *poursuivant Louisa qui descend précipitamment la rampe du belveder. Il tient un écrin à la main*).

Vous avez beau me fuir, cruelle Louisa, vous ne m'échapperez point ; je vous suivrai par-tout.

LOUISA.

Laissez-moi, vous dis-je ; vos éternelles poursuites me fatiguent.

D. MESQUINOS.

Vous me haïssez donc ?

LOUISA.

Je ne vous hais point, mais je ne vous aime pas.

D. MESQUINOS.

Et pourquoi ne m'aimez-vous pas ?

LOUISA.

Parce que vous ne me semblez point aimable.

D. MESQUINOS.

Touchante ingénuité ! ce n'est pas l'embarras, cette injuste prévention ne saurait durer.

LOUISA.

Toujours.

D. MESQUINOS.

Jolie perspective ! avec le tems et des soins assidus, vous changerez peut-être de sentimens à mon égard.

LOUISA.

Jamais.

D. MESQUINOS.

Flatteuse espérance ! tout ce que vous me dites est-il bien vrai, Louisa ? je ne saurais vous croire inhumaine à ce point.

LOUISA.

Croyez-le, don Mesquinos, car je ne mens jamais.

D. MESQUINOS.

Ingrate ! vous ne savez pas tout ce que vous refusez : indépendamment de mon cœur et de mon amour, présens bien précieux sans doute, je vous destinais un trésor. Voyez cet écrin...

SCÈNE XII.

Les mêmes, JENNARO.

(*Ici Jennaro soulève doucement la pierre du sarcophage. Don Mesquinos lui tourne le dos*).

LOUISA.

Que m'importe ?

D. MESQUINOS.

Il renferme tous les bijoux de ma mère, de mon ayeule et de ma bisayeule. (*Jennaro paraît convoiter l'écrin et rêver aux moyens de l'avoir en sa possession*). C'était vous, ingrate, que j'avais jugé digne de les porter ; mais vous les dédaignez, eh bien ! une autre moins difficile saura les prendre. (*Il pose l'écrin sur une pierre qui touche le sarcophage. Jennaro étend le bras, prend l'écrin et disparaît*). Une autre ! ah ! que dis-je ? (*Il se jette aux genoux de Louisa.*) Est-il en mon pouvoir de ressentir pour une autre ce feu dévorant, cette flamme inextinguible ? Cruelle Louisa ! prenez pitié d'un malheureux qui va périr à la fleur de l'âge, victime d'une passion funeste. Encore une fois, rendez-moi mon cœur ou prenez mon écrin. Voyez, admirez l'éclat de ces diamans, la blancheur de ces perles. (*il se retourne pour prendre l'écrin*). O ciel !... qu'est-il devenu ?... mon écrin ! mon cher écrin !

LOUISA, *effrayée*.

Que dites-vous, seigneur ?

D. MESQUINOS.

Il était là... je le jure. J'en prends à témoin le ciel, la mer, ces ruines et les ombres des Sarrazins qui les ont habitées. (*Jennaro soulève la pierre ; don Mesquinos qui est à la droite de Louisa, l'aperçoit et jette un cri perçant*). Ah ! mon dieu ! mon dieu !.. à moi ! à l'aide !

LOUISA.

Qu'avez-vous ?

D. MESQUINOS, *en fuyant.*

Un Sarrazin... non... c'est le diable !(*il se sauve à toutes jambes*).

SCÈNE XIII.
JENNARO, LOUISA.

LOUISA, *allant prendre un panier que l'on a laissé sur un monceau de ruines à droite.*

Vraiment le pauvre homme a perdu la tête.

JENNARO *à part.*

Si je pouvais prendre la fille aussi, elle en vaut bien la peine... essayons. (*il sort doucement du sarcophage, armé de deux pistolets; quand Louisa se retourne pour remonter au belvéder, elle se trouve presque nez-à-nez avec Jennaro, et pousse un cri d'effroi*). Ne craignez rien, la belle enfant, je ne veux vous faire aucun mal.

LOUISA *tremblante.*

Vous m'avez fait grand' peur.

JENNARO.

Si ce sont ces armes qui vous effraient, je vais les déposer. (*Il met ses pistolets sur la même pierre où don Mesquinos a posé son écrin*). Mais cette complaisance me vaudra-t-elle un baiser ? (*Il veut s'approcher, Louisa s'éloigne.*

LOUISA, *cherchant à s'échapper.*

Laissez-moi, monsieur le voleur, ne m'approchez pas, car vous me feriez mourir.

JENNARO.

Bah ! bah ! on n'en meurt pas. (*Il approche en étendant les bras pour lui barrer le passage*). Oh ! il n'y a rien à faire, il me faut un baiser.

LOUISA, *à genoux et les mains jointes.*

Oh ! je vous en prie, monsieur le voleur, ne m'embrassez pas.

JENNARO.

Vous prenez un mauvais moyen pour m'attendrir.

LOUISA.

Que faut-il que je fasse ?

JENNARO.

Ne soyez pas si jolie.

LOUISA.

Cela ne dépend pas de moi.

JENNARO.

Aussi me faut-il... (*il s'avance*).

LOUISA, *se lève et se blottit contre un monceau de ruines.*

Au secours !... ô mon dieu !.. au secours !

SCÈNE XIV.
Les mêmes; CLARA.

CLARA, *accourt, voit les pistolets, les prend, et se tenant en attitude menaçante*).

Scélérat ! Arrête ou tu es mort.

JENNARO, *se retournant, avec un air ironique et dédaigneux.*

Tiens ! ce petit bonhomme ! Il est drôle. Rends-moi ces armes, mon petit ami, tu vas te faire mal. (*il s'éloigne un peu de Louisa qui profite de ce moment pour s'enfuir*).

LOUISA, *en remontant les degrés du belveder.*

Merci, aimable jeune homme ! que le ciel vous le rende.

JENNARO.

Elle m'échappe. (*Il la poursuit jusqu'au bas de la rampe.*

CLARA.

Tu n'iras pas plus loin. (*elle tire un coup de pistolet sur Jennaro*).

JENNARO *avec un grand sang-froid.*

Ce n'est pas cela, mon ami, vise donc plus juste. (*Clara tire le second coup et le manque*). A mon tour maintenant. (*Il vient à la rencontre de Clara avec un air menaçant.*

CLARA.

Mon père ! mon père.

D. RAPHAEL, *en dehors.*

Me voilà.

JENNARO *à part.*

Ils sont deux ; je décampe.

(*Il s'échappe par la droite. Clara fait mine de le poursuivre, alors Jennaro, pour l'arrêter, lui jette le paquet qu'il a ramassé derrière le sarcophage*).

SCENE XV.

Don RAPHAEL, CLARA.

D. RAPHAEL *accourant.*

Qu'est-il arrivé ? Ces coups de pistolets... ces cris....

CLARA.

Ce n'est rien, mon père ; c'est moi qui ai voulu tuer ce méchant homme qui se sauve.

D. RAPHAEL.

Le tuer ! pourquoi ?

CLARA.

Il faisait violence à une jeune paysanne que j'ai délivrée de ses mains.

D. RAPHAEL.

Toi, ma fille !

CLARA.

Oui, en vérité. Je suis encore tout étonnée de ma bravoure.

D. RAPHAEL.

Dis donc de sa poltronnerie.

CLARA.

J'ai pris un air méchant, une grosse voix, cela lui a fait peur, je l'ai mis en fuite, et voilà le prix de ma victoire. (*Elle ramasse le paquet.*)

D. RAPHAEL.

Qu'est-ce que cela ? (*Clara défait le paquet.*) Un vieux manteau...

CLARA.

Un mauvais feutre...

D. RAPHAEL.

Une ceinture...

CLARA.

Une perruque...

CLARA, gaîment.

Un habit de matelot pour moi! oh! mon père, c'est un trésor que le ciel nous envoie.

D. RAPHAEL.

Nous cherchions tout-à-l'heure sous quel déguisement nous pourrions nous introduire chez D Fernand, pour revoir ta sœur et déjouer les desseins criminels de ce perfide ami...

CLARA.

Le voilà trouvé.

D. RAPHAEL.

Bien perfide, sans doute. Le traître serait le premier à me livrer à la justice s'il avait le moindre soupçon de mon existence. Grand Dieu! à quel abaissement tu me réduis! D. Raphaël contraint à se déguiser dans des lieux qui furent si souvent témoins de sa gloire! Ingrate patrie! Monarque plus ingrat encore!

CLARA.

Mon père, nous avons été bien malheureux, sans doute; mais toujours à côté de nos revers, j'ai trouvé des motifs de consolation.

D. RAPHAEL.

Quinze ans de captivité! Des traitemens barbares!

CLARA tendrement.

Mais Clara portait la moitié de vos chaines.

D. RAPHAEL.

Echappé par un miracle, trouver à mon retour mon nom flétri et placé parmi celui des traîtres!

CLARA.

Qu'importe le nom, mon père, quand la gloire vous reste!

D. RAPHAEL.

Mon épouse au tombeau!

CLARA.

Vous avez encore deux filles.

D. RAPHAEL.

Hélas! je n'en ai qu'une. (*Il presse Clara contre son cœur.*) Reverrai-je jamais Séraphine? lui sera-t-il permis d'embrasser son père?

CLARA.

Mon cœur me dit que nous trouverons ici le terme de nos douleurs.

D. RAPHAEL.

Comment veux-tu que je m'abandonne à ces illusions? la mer ne vient-elle pas d'engloutir mon dernier espoir, les preuves de mon innocence?

CLARA.

Des preuves! Vous en trouverez dans le cœur de tous vos compagnons d'armes; il doit battre encore au souvenir de vos exploits. Quel bruit se fait entendre? (*Elle regarde vers le belveder.*) Ce sont des paysans armés qui accourent de ce côté... Vite, vite, mon père, prenez ce déguisement... Là, derrière ces ruines... pour n'être pas vu... (*D. Raphaël disparaît un moment à gauche.*) Ah! encore un bâton, une mandoline... Hé! mais, j'y songe... feignez d'être aveugle... Vous vous nommez Ambrosio... moi, Carlo, votre petit conducteur... Comme une autre Antigone, je guide mon père à travers les écueils... Puissai-je, après tant d'orages, le conduire au port ! (*D. Raphaël ne tarde pas à revenir travesti. Il s'assied sur une pierre. Clara le quitte et disparaît à son tour pour se revêtir de l'habit de Matelot.*)

SCÈNE XVI.

Les Mêmes, GONZALES, D. MESQUINOS, *Paysans armés de fusils, de bâtons, etc.*)

D. MESQUINOS.

C'est là, derrière cette grosse ruine que je l'ai vu. Il avait une grande barbe noire et une figure... ah! mon Dieu, quelle figure ! Descendez, mes amis, cherchez par-tout ; vous le trouverez, ce coquin-là. Sur-tout ne manquez pas l'écrin. (*Il reste au haut du belveder, les paysans descendent. D. Raphaël et Clara s'avancent vers les paysans.*)

CLARA *chante en s'accompagnant avec la mandoline.*

ROMANCE.

Premier Couplet.

Un pauvre aveugle va périr
  De faim et de misère ;
Si l'on ne vient le secourir,
  C'est son heure dernière.
Ne refusez pas au malheur
  Une légère offrande,
Je prierai Dieu de tout mon cœur
  Afin qu'il vous le rende.

Deuxième Couplet.

Nous étions en captivité
  Sur des rives lointaines ;
Par un miracle, en sa bonté,
  Le ciel brisa nos chaînes.
Ne refusez pas au malheur
  Une légère offrande ;
Je prierai Dieu de tout mon cœur
  Afin qu'il vous le rende.

D. MESQUINOS.

Hé mes amis, n'allez pas plus loin. Voilà mon voleur. Ce n'est pas l'embarras, il a changé d'habit, mais c'est absolument la même tête.

GONZALÈS.

Vous venez de nous dire qu'il avait la barbe noire, et celle de ce bonhomme est blanche.

D. MESQUINOS.

Du blanc au noir, ce n'est pas l'embarras.. Je n'ai pas eu le tems d'y regarder de si près ; arrêtez-le toujours, quitte à le relâcher ensuite.

D. RAPHAEL.

Carlo, est-ce à nous qu'on en veut ?

CLARA, *aux paysans qui entourent D. Raphael et le menacent.*
Hélas! mes bons messieurs, vous vous trompez, mon maître est un pauvre aveugle.

D. MESQUINOS.
Peste! quel aveugle! Tu ne l'étais pas quand tu m'as volé mes bijoux.

CLARA, *à genoux.*
Mon père est incapable du crime dont on l'accuse.

D. MESQUINOS.
Tiens, comme il s'embrouille! Tout-à-l'heure, c'était son maître, à présent c'est son père.

CLARA.
Sans doute, puisque c'est lui qui me nourrit. Il se nomme Ambrosio, et moi, Carlo.

D. MESQUINOS.
Taratata! rébus que tout cela. Je veux qu'on nous confronte. Il faudra bien qu'il me reconnaisse.

GONZALÈS.
Vous êtes fou, D. Mesquinos, comment voulez-vous être confronté avec un aveugle?

D. MESQUINOS.
Vous avez raison, je n'y pensais pas. (*Il vient se placer derrière le sarcophage et se leve par degrés.*) Il était là... comme cela, derrière cette masse de pierres; je l'ai vu se lever doucement et me faire la grimace.

GONZALÈS.
Vous vous trompez, cet homme n'a point l'air d'un voleur.

D. MESQUINOS.
Raison de plus pour s'en méfier; ces gens-là savent prendre tous les airs possibles. Et certainement Gonzalès, majordome de D. Fernand....

D. RAPHAEL *bas à Clara.*
Entends-tu? D. Fernand!

D. MESQUINOS.
L'un des plus riches seigneurs de l'île Majorque, ne donnera point, le premier, l'exemple de l'infraction aux lois et... à la subordination que tout homme sage, prudent... enfin... suffit.

D. RAPHAEL.
Ce que je viens d'entendre est-il possible, seigneur Gonzalès? Vous appartenez à D. Fernand?

GONZALÈS.
J'ai l'honneur d'être majordome de Belmonté, l'un de ses châteaux, situé tout près d'ici.

D. RAPHAEL, *à part.*
Belmonté! quel souvenir ce nom me rappelle!..(*Haut.*) Votre maître habite-t-il ce château?

GONZALÈS.
Non. Quand il vient dans l'île, c'est à Palma, dans la capitale, qu'il fait sa résidence.

CLARA.
Y a-t-il encore loin d'ici à Palma?

GONZALÈS.

Environ quatre milles.

D. RAPHAEL.

C'est beaucoup.

D. MESQUINOS.

Soyez tranquilles, vous ne ferez point la route à pied ; nous vous camperons à cheval sur un mulet, et vîte en prison. Je me charge de les conduire, moi. Cette capture-là me fera honneur dans la ville. Ramener deux vagabonds... à mes risques et périls ; Gonzalès, vous me donnerez six de vos gens pour les contenir en cas qu'ils soient tentés de faire les mutins. Le corrégidor est mon parent, arrière petit cousin, rien que cela ; il sera flatté de voir que je me distingue.... Allons, marche.

CLARA.

Seigneur Gonzalès, ayez pitié de nous ; ne nous livrez point à ce méchant homme.

SCENE XVII.

Les Mêmes, LOUISA.

LOUISA, *du haut du belveder.*

Que vois-je, c'est lui ?

D. MESQUINOS.

N'est-ce pas que c'est lui ?... Là, vous l'entendez. La belle Louisa le reconnaît aussi. Venez, venez, je vous en prie, gentille signora, venez confondre ces incrédules.

LOUISA.

Et oui, c'est lui-même !

D. MESQUINOS.

Allons, vîte.

LOUISA.

C'est ce bon jeune homme qui m'a sauvé la vie, au moment où la lâcheté du seigneur Mesquinos m'avait mise au pouvoir d'un brigand.

D. MESQUINOS.

Hein ? merci !

GONZALÈS.

Que dis-tu ?

CLARA.

Oui, signora, j'ai eu ce bonheur. Je ne demande rien pour cela, mais ne souffrez pas du moins qu'on nous mène en prison.

LOUISA.

En prison ! et qui donc aurait cette méchanceté ?

CLARA *montrant D. Mesquinos.*

Ce vieux vilain monsieur que voilà.

D. MESQUINOS.

Ceci change la thèse...

LOUISA.

Mon père, au lieu de maltraiter ces bonnes gens, offrez-leur

plutôt une récompense. Ils semblent bien malheureux ; il faut leur donner l'hospitalité, les garder tant qu'ils voudront rester avec nous.
D. MESQUINOS *à part.*
Allons ! la voilà coiffée du petit bonhomme.
GONZALÈS.
Oui, oui, braves gens, ma fille a raison. J'ignorais quelles obligations j'ai contractées envers vous, et je brûle de m'acquitter ; venez au château, vous y serez bien reçus.
D. RAPHAEL et CLARA.
C'est trop de bonté !
CLARA, *bas à son père.*
Je ne puis résister à mon impatience, et au desir de voir ma sœur. (*Haut.*) Père Ambrosio, il n'y a pas loin d'ici à la ville ; si vous y consentez, j'irai voir ce brave capitaine qui nous a amenés... vous savez bien ?
D. RAPHAEL.
A quoi bon, mon enfant ?
CLARA.
Il nous a promis sa protection en cas d'événement, je lui conterai ce qui vient de nous arriver, et il pourra nous être utile.
D. RAPHAEL.
Demain, nous irons ensemble.
LOUISA.
Demain ! n'espérez pas que nous vous laissions partir sitôt. Carlo fera bien seul cette commission ; vous vous passerez de lui pendant deux heures.
D. MESQUINOS.
Certainement, qu'il s'en aille (*à part.*) au diable, et qu'il ne revienne plus.
CLARA *à D. Raphael.*
Vous n'avez pas besoin de moi, je vous laisse en bonne compagnie.
LOUISA.
Oh ! nous aurons bien soin de lui, soyez tranquille.
D. RAPHAEL.
N'est-il pas trop tard ?
CLARA.
J'ai de bonnes jambes, je serai de retour avant la nuit. Voulez-vous ? je vous en prie, laissez-moi aller. Vous le voulez bien, n'est-ce pas ?
LOUISA.
Sans doute.
D. RAPHAEL.
Va, mon enfant, puisque cela te fait plaisir. (*bas*) mais reviens vite.
CLARA.
Au revoir père Ambrosio... (*bas en l'embrassant*). Soyez sans inquiétude, mon père, je reviens bientôt. (*haut.*) Au revoir, aimable Signora... et vous, seigneur Gonzalès... au revoir tout le monde (*à don Mesquinos en lui faisant la grimace*). Adieu, méchant !
D. MESQUINOS.
On ne vous demande pas votre avis.

CLARA.

C'est égal, je le donne. A propos, de quel côté est il, le chemin de la ville?

LOUISA.

Là bas, toujours tout droit.

GONZALÈS.

Vous ne sauriez vous tromper.

CLARA.

Grand merci!

LOUISA, *à don Raphaël.*

Donnez-moi la main, bon homme, je vais vous conduire moi-même. (*à son père en montrant don Mesquinos*). Voyez donc quelle mine fait le seigneur Mesquinos!

D. MESQUINOS.

C'est bon! c'est bon! Rira bien qui rira le dernier.

(Tout le monde remonte au belveder. Clara sort par la gauche. D. Mesquinos monte le dernier, en témoignant sa mauvaise humeur.)

Fin du premier acte.

ACTE II.

(*Le Théâtre représente un joli pavillon d'architecture moresque; il est fait en rotonde, et laisse voir, à travers la colonnade qui le soutient, un jardin très-agréable, terminé par une grille qui donne sur la campagne.*)

SCENE PREMIERE.

PICAROS, (*seul*).

(Il entre mystérieusement par la petite porte du fond. Il est enveloppé dans un manteau, et a la tête couverte d'un grand chapeau. Il n'avance qu'avec précaution et en examinant bien les lieux.)

Le diable m'emporte si je sais où je suis, ni où je vais; mais c'est égal, je crois que me voilà arrivé. (*Il regarde autour de lui*). Oh! nul doute. Allons, Picaros, réjouis-toi; c'est sans doute encore ici une de ces brillantes aventures dont ta vie est semée. Celle-ci promet beaucoup, elle s'annonce d'une manière tout-à-fait originale et piquante. Surpris avec des pirates, que j'avais l'honneur de commander par intérim et pour la première fois, je tombe dans une embuscade; c'est jouer de malheur pour un début! Mes compagnons s'échappent à la faveur de la nuit et regagnent le bâtiment; moi seul je suis arrêté, coffré, interrogé et condamné. Je m'attendais, en conséquence, à figurer au premier jour dans un auto-da-fé, et je faisais tristement mes dispositions pour le grand voyage, quand ce matin j'entends ouvrir la porte de ma prison; un nègre vient à moi et me présente en silence un billet conçu dans ces termes : « Adroit » coquin! (c'est sûrement quelqu'un de connaissance qui m'é- » crit) tu m'intéresses, je t'envoie ta grâce et veux faire ta » fortune. (le style est laconique, mais il a son mérite). Ce soir,

» à cinq heures... à droite, en sortant de la ville.... une porte
» grillée, un jardin, un pavillon moresque, trois coups dans la
» main... et on t'introduira. Tu m'entends? Sois exact. » Après
m'avoir fait relire ce mystérieux écrit, qui s'est sans peine
gravé dans ma mémoire, mon nègre, toujours sans mot dire,
me l'arrache des mains, le déchire en mille morceaux, me
remet un autre papier qui contenait ma grâce, et sort en me
recommandant d'être discret. Alors, sans perdre le tems en réflexions inutiles et peut être dangereuses, je me lève; mon paquet
est bientôt fait, la justice ne m'a rien laissé. Je montre au geolier
l'ordre de mon élargissement; il fait la grimace, mais pour cette
fois je ne m'en fâche pas. Il m'ouvre la porte de la rue, je m'y précipite et me mets à courir à toutes jambes, de peur qu'il ne prenne
fantaisie au corrégidor de changer d'avis. Pauvre d'argent, mais
riche en espérances, je sors de la ville et je gagne une méchante hô-
tellerie, où moyennant quelques maravédis échappés à mon dé-
sastre, on me sert un mauvais repas, pendant lequel je me perds en
conjectures aimables sur le riant avenir qui m'attend. Enfin, j'entends sonner cinq heures, je vole, j'entre, et me voilà. Poursuivons
jusqu'au bout, car j'attends avec impatience l'issue de cette aventure. (*Il frappe trois coups dans la main*).

SCENE II.
PICAROS, UN NEGRE.
PICAROS.

On vient! (*Il regarde à la cantonnade*). Ah! c'est encore le
moricaud de ce matin!

(Le nègre entre, paraît satisfait de voir Picaros, va fermer la porte du
fond, revient à Picaros, et lui fait signe d'attendre là pendant qu'il va prévenir son maître de son arrivée).

PICAROS.

Jolie conservation! je n'y comprends rien.

(Il veut sortir avec le nègre; celui-ci l'arrête, le ramène par la main dans le
pavillon, lui donne un siège et l'invite à s'asseoir en attendant qu'on vienne
le trouver).

PICAROS.

Voilà qui commence à devenir plus clair. Il faut que je reste ici?
A la bonne heure. (*Le nègre sort, après lui avoir fait signe de ne
pas s'impatienter*).

SCENE III.
PICAROS, seul.

J'avoue que ce mystère pique furieusement ma curiosité... Ah!
qu'il me tarde de connaître l'héroïne d'un roman qui commence
aussi bien! Je dis l'héroïne, car ce ne peut être qu'une femme.
Oh! certainement, c'est quelque femme sensible qui m'aura vu
passer quand on me conduisait en prison, et qui aura été frappée

de mes manières et de ma tournure. Ma physionomie, certain air de noblesse, tout cela l'aura touchée. Elle n'est pas la première sur qui j'ai produit cet effet là. Quel dommage, aura-t-elle dit, de laisser périr ainsi, pour une vétille, un homme.. qui peut se rendre utile dans le monde; et de suite on aura résolu de me sauver. Voilà ce que c'est. Vivat ! Picaros ! Oh ! quelle bonne fortune !.. Paix ! .. j'entends marcher. (*il écoute.*) Qu'elle est légère ! son pied effleure à peine le gazon . . . Je vole au devant d'elle. (*Le nègre paraît le premier*). Ah ! mada . . . (*Il aperçoit D. Fernand, et s'arrête stupéfait*). (*A part*). Aye ! aye ! (*Il se mord les doigts*).

SCENE IV.
D. FERNAND, PICAROS.

D. FERNAND, *au nègre.*

Reste aux environs pour observer ce qui se passe, et m'avertir aussitôt que tu verras quelqu'un. (*le nègre se retire*).

PICAROS, *à part, sans le regarder.*

Je connais cette voix-là.

D. FERNAND.

Picaros....

PICAROS, *à part.*

Il sait mon nom.

D. FERNAND.

Je suis content de ton exactitude.

PICAROS.

(*En s'inclinant respectueusement.*) Seigneur, je viens déposer à vos pieds....

D. FERNAND.

Allons, trêve d'humilités. Quinze années m'ont-elles donc changé à tel point que tu ne reconnaisses pas D. Fernand, ton ancien maître ?

PICAROS.

Ah ! pardon !... Il me semblait en effet.... mais, soit dit sans vous fâcher, Seigneur; dans quinze ans, au train dont vous alliez, lorsque j'avais l'honneur de vous servir, on fait un furieux chemin dans la carrière de la vie.

D. FERNAND.

Fripon ! tu ne le cédais guère à ton maître, et cependant je te vois toujours le même.

PICAROS.

Oserais-je vous demander, Seigneur, comment vous avez su que j'étais dans les prisons de l'île Majorque ?

D. FERNAND.

Je me trouvais chez le Corrégidor, mon ami intime, lorsqu'on t'y amena, il y a huit jours ; et avant que d'entendre prononcer ton nom, j'avais déjà reconnu l'adroit Picaros qui m'a rendu de si grands services.

PICAROS.

Et qui est tout prêt à vous en rendre encore.

D. FERNAND.

Parles-tu vrai?

PICAROS.

Vous me connaissez, seigneur.

D. FERNAND.

Je suis sensible à ton attachement; mais je ne veux point enchaîner ce génie inventif et brillant qui t'appelle peut-être à de hautes destinées.

PICAROS.

A ne vous rien déguiser, Seigneur, je suis las de la vie errante et vagabonde que je mène depuis quelques années. C'était pour en finir, et assurer ma fortune par un coup hardi, que je m'étais enrôlé parmi ces pirates qui m'ont si lâchement abandonné.

D. FERNAND.

Tu t'en es bien vengé, en découvrant leurs retraites au Corregidor. Au reste, cet aveu n'a pas peu contribué à me faire obtenir ta grâce.

PICAROS.

Je ne me suis pas moins vu sur le point de payer pour tous; mais le danger que j'ai couru m'a fait faire de sérieuses réflexions, et décidément je change de conduite.

D. FERNAND.

Ah! (*à part.*) diable! tant pis.

PICAROS.

Oui, je veux me ranger dans la classe de ces hypocrites adroits qui ont l'art de se faire passer pour d'honnêtes gens, et que je nomme, moi, par modération, des demi-coquins. Vous savez ce que je veux dire. Ce sont ces caméléons obscurs, mais rusés, qui changent de forme vingt fois par jour, qui ne cherchent pas précisément l'occasion de faire le mal, mais qui ne la laissent point échapper quand elle se présente, surtout lorsqu'ils peuvent le faire dans l'ombre, qu'ils sont certains de l'impunité, et qu'il en résulte quelque bien pour eux. Modestes par orgueil, simples par calcul, moralistes sévères et censeurs impitoyables des actions d'autrui, blâmant en public les défauts et les vices auxquels ils se livrent en secret; ayant sans cesse à la bouche les grands mots de probité, de devoir, d'honneur, de vertu, quand ils ne connaissent et n'écoutent que le plaisir ou l'intérêt, seules idoles auxquelles ils sacrifient. Hein, que dites-vous de mon plan de réforme?

D. FERNAND.

Il est édifiant et me rassure.

PICAROS.

Comment?

D. FERNAND.

Tu m'as fait trembler d'abord. J'ai craint qu'il ne te prît fantaisie de devenir honnête homme tout-à-fait.

PICAROS.

Fi donc! c'est un métier de dupe.

D. FERNAND.

Tu aimes donc toujours l'argent?

PICAROS.

Demandez-moi plutôt si j'aime la vie. Plutus est de tous les dieux, celui qui trouve le moins d'inconstans.

D. FERNAND.

Eh bien, mon cher Picaros, pour ton début dans nouvelle carrière que tu veux parcourir, j'ai à te proposer une affaire d'or.

PICAROS.

Ce sont celles-là dont je me charge le plus volontiers. De quoi s'agit-il ?

D. FERNAND.

De gagner mille piastres.

PICAROS.

En cas de réussite. Mais si l'on échoue ?

D. FERNAND.

Entre tes mains le succès est infaillible.

PICAROS.

Je me sens enflammé du plus ardent désir de vous prouver mon zèle. Déjà mon imagination... l'enthousiasme... l'amour des piastres... je veux dire de la gloire... vous pouvez me payer d'avance.

D. FERNAND.

Il faut du moins que tu saches ce que tu auras à faire.

PICAROS.

C'est trop juste.

D. FERNAND.

Tu te souviens d'avoir vu souvent chez moi, lorsque j'habitais Carthagène, un marin distingué, nommé don Raphaël ?

PICAROS.

Je m'en souviens.

D. FERNAND.

Nous fumes liés d'une amitié... sincère...

PICAROS.

Oui, cela se dit ainsi.

D. FERNAND.

Jusqu'au moment où il fut fait prisonnier par des corsaires d'Afrique, et emmené en esclavage à Alger avec Clara, la plus jeune de ses filles. On l'accusa près du roi, et alors... je cessai...

PICAROS.

J'entends, vous l'abandonnâtes pour ne point déroger à l'usage. Je ne vois rien là que de très-ordinaire.

D. FERNAND.

Au bout de quelques tems il mourut dans sa captivité, ainsi que sa fille, du moins le bruit s'en répandit en Espagne, et le silence le plus absolu pendant quinze années a du le confirmer. La douleur que son épouse en ressentit ne tarda pas à la conduire au tombeau ; enfin il ne resta bientôt plus de cette famille qu'une orpheline charmante, appelée Séraphine, dont je fus nommé tuteur.

PICAROS.

Et dont vous êtes amoureux ?

D. FERNAND.

Tu te trompes, Picaros. Autrefois j'eusse attaché sans doute un grand prix à la possession d'une femme aimable et belle; mais l'âge et l'expérience m'ont enfin éclairé. J'abandonne à la jeunesse ces vains plaisirs, ces feux passagers qui, semblables aux météores, ne brillent qu'un moment, et ne laissent après eux que le vide et l'ennui. Mes vues sont plus sérieuses et mes goûts plus solides. Ce sont les biens de Séraphine que je desire; ils sont immenses, et je voudrais...

PICAROS.

Les avoir? Rien de plus simple; épousez-là.

D. FERNAND.

Je ne le puis.

PICAROS.

Qui vous en empêche?

D. FERNAND.

Un obstacle que je n'avais point prévu.

PICAROS.

Elle vous refuse peut-être?

D FERNAND.

Je m'y attendais; ce n'est pas là ce qui m'eût arrêté.

PICAROS.

Je m'en doute bien. Un rival!

D. FERNAND.

Mais un rival aimé, jeune, riche et puissant; D. Alvar, le fils du Gouverneur de cette île.

PICAROS.

En effet, cela me paraît redoutable. Y a-t-il long-tems qu'elle l'aime?

D. FERNAND.

Deux mois.

PICAROS.

Tant pis; il vaudrait mieux qu'il y eut deux ans, nous aurions plus d'espoir de l'en détacher.

D. FERNAND.

L'en détacher! ils se marient dans trois jours.

PICAROS.

Sans votre consentement?

D. FERNAND.

Je n'ai pu le refuser. Cette alliance est avantageuse sous tous les rapports, et je n'avais aucune raison valable à y opposer. Juge de la fatalité qui me poursuit! Pour triompher des refus de Séraphine, j'avais quitté l'Espagne sous prétexte que des affaires du plus grand intérêt exigeaient ma présence à Majorque; ne pouvant laisser ma pupille seule pendant mon absence, je l'avais emmenée avec moi. J'espérais que se trouvant ici sans amis, sans parens, entièrement livrée à mon autorité, et ne pouvant prendre conseil de personne, je parviendrais enfin à vaincre sa résistance. Fatale précaution! c'est elle qui m'a perdu. Elle voit D. Alvar...

PICAROS.

Et la même étincelle embrâse à l'instant ces deux cœurs.

D. FERNAND.

Le jeune homme avoue son amour à son père...

PICAROS.

Il obtient son agrément.

D. FERNAND.

Tous se réunissent pour solliciter le mien...

PICAROS.

Et vous l'accordez... en enrageant.

D. FERNAND.

En effet, si ce mariage se conclut, il faut que je rende compte à Séraphine de la gestion de ses biens, et comment le pourrai-je? tu sais que je hais le calcul, encore plus l'économie.

PICAROS.

C'est une justice à vous rendre.

D. FERNAND.

Comptant sur un mariage qui devait rétablir mes finances, je n'ai point mis de bornes à mon goût pour la dépense et le plaisir; enfin, le croirais-tu? j'ai dissipé cent mille piastres sur les biens de Séraphine.

PICAROS.

Vous en êtes capable.

D. FERNAND.

Toute ma fortune est engagée : si je ne l'épouse point, mes créanciers m'accablent, je suis déshonoré; perdu sans ressource; on me traîne en prison, et j'y meurs bientôt de désespoir et de honte.

PICAROS.

De tous les partis, c'est le dernier à prendre.

D. FERNAND.

Tu le vois, ma position est affreuse.

PICAROS.

J'en conviens.

D. FERNAND.

Eh bien! mon cher Picaros, il dépend de toi de la changer aujourd'hui même, et de me rendre à-la-fois la tranquillité, le bonheur, et cette brillante fortune après laquelle je soupire depuis si long-tems.

PICAROS.

Ordonnez, seigneur.

D. FERNAND.

Il faut rompre le mariage projeté, et me faire épouser Séraphine.

PICAROS.

Sans doute, c'est là le dénouement; mais comment y arriver?

D. FERNAND.

En recourant à une autorité plus forte que la mienne, et qui annulle le consentement que j'ai donné.

PICAROS, *réfléchissant*.

Or, je n'en connais point de supérieure à celle d'un tuteur, si ce n'est celle d'un père; donc il faut ressusciter le père.

D. FERNAND, *vivement*.

Tu m'as deviné. (*Il l'embrasse*) Oui, mon cher Picaros, c'est père, que l'on dit mort, que je prétends faire revivre dans ta personne. Oui, mon ami, c'est à toi que je destine ce rôle brillant et difficile.

PICAROS.
Quoique j'ai joué plus d'un père dans ma vie, ce rôle sera nouveau pour moi. Au reste, je m'en tirerai...

D. FERNAND.
Très-bien. C'est parce qu'il exige beaucoup d'art, de profondeur et d'audace, que je ne pouvais le confier en de meilleures mains.

PICAROS.
Il y a de tout dans cet éloge-là.

D. FERNAND.
Etranger dans cette île, tu n'y es connu que du corrégidor, du geolier et de ce nègre qui m'est dévoué. Séraphine n'avait que six ans lors du départ de son père, et n'en a conservé qu'une idée très-imparfaite. Tu peux donc te présenter hardiment, certain de ne point trouver d'incrédules. Tu arrives d'Alger; par un hasard miraculeux, un de ces coups du ciel...

PICAROS.
Comme on en trouve dans les romans...

D. FERNAND.
Tu es parvenu, au bout de quinze ans, à rompre ta captivité; tu vas te jeter aux pieds du roi pour le détromper et confondre tes accusateurs; mais tu veux que ta fille t'accompagne; tu comptes sur sa jeunesse et ses larmes pour fléchir le monarque. Voilà, j'espère, un motif bien légitime et plus que suffisant pour reculer le mariage. On t'oppose de la résistance, des pleurs...

PICAROS.
Ah! bien oui!

D. FERNAND.
Mais tu es inflexible.

PICAROS.
Inexorable!

D. FERNAND.
Tu pars ce soir même avec ta prétendue fille, tu t'embarques sur un vaisseau qui fait voile pour Valence, où je ne tarde point à me rendre pour y recevoir de tes mains une dot immense, une jolie femme, et te compter mille piastres, juste salaire du plus éminent service. Que dis-tu du projet?

PICAROS.
Vite à l'exécution.

D. FERNAND.
Certain d'avance de ton consentement, j'ai fait apporter dans un cabinet qui touche à ce pavillon tout ce qui t'est nécessaire. Chût! quelqu'un vient... c'est mon nègre.

SCENE V.
Les Mêmes, LE NEGRE.

D. FERNAND.
Que veux-tu? (*Le nègre exprime en pantomime l'arrivée de D.*

Alvar.) Il m'annonce que D. Alvar s'approche avec une suite nombreuse.
PICAROS.
Ah! diable, tant pis!
D. FERNAND.
Point du tout, c'est encore là une de mes dispositions. Tu conçois que cette reconnaissance faite vis-à-vis de moi seulement, pourrait paraître suspecte. Pour lui donner un caractère plus authentique, j'ai voulu qu'elle eût beaucoup de témoins. En conséquence j'ai engagé notre jeune amoureux à ménager une surprise à Séraphine, et c'est au milieu de la fête qu'il lui donne ce soir dans ce pavillon, que tu paraîtras.
PICAROS.
Honneur aux grands génies! je reconnais l'excellence du moyen, mais j'avoue que je ne l'aurais pas imaginé.
D. FERNAND.
Entrons, viens dans ce cabinet. Pendant que tu prendras ton nouveau costume, je t'instruirai de certains détails qu'il est à propos que tu connaisses pour n'être pas mis en défaut.
PICAROS.
Allons, Picaros, il y a ici de l'argent à gagner et de la gloire à acquérir; montre-toi digne de ta réputation.
D. FERNAND, *au nègre.*
Cours au port pour savoir à quelle heure le capitaine compte mettre à la voile. (*Ils entrent dans le cabinet à gauche. Le nègre sort et salue D. Alvar en passant.*)

SCENE VI.

D. ALVAR, *parlant à la cantonnade.*
Voici l'heure où chaque jour ma chère Séraphine vient se livrer dans ce pavillon, aux charmes de la lecture et de la musique. Secondez-moi, mes amis; n'oubliez rien... sur-tout beaucoup de précision... tenez-vous cachés dans les bosquets. Voici Séraphine... silence et attention. (*Il entre dans le cabinet de droite.*)

SCENE VII.
SÉRAPHINE.
(*Séraphine s'avance lentement et en lisant; elle suspend de tems en tems sa lecture pour soupirer et lever les yeux au ciel. Au moment où elle entre dans le pavillon, on voit descendre de la coupole un faisceau de guirlandes de verdure et de fleurs dont les extrémités viennent s'attacher aux colonnes du pavillon de manière à former un dôme. Séraphine jette un cri de surprise, regarde de tous côtés et ne voit personne.*)
SÉRAPHINE.
Cher D. Alvar, puis-je te méconnaître à ce nouveau trait de galanterie? la main de l'amour peut seule opérer de tels prodiges; ah! viens donc compléter mon bonheur.

SCENE VIII.
Les Mêmes, D. ALVAR, Bayadères, Nègres, Eunuques.

(Au même instant tous les personnages qui doivent exécuter la fête accourent et forment des groupes dans le fond. La surprise de Séraphine redouble; elle paraît enchantée.)

D. ALVAR, *sortant du cabinet et se précipitant aux pieds de Séraphine.*

Rien ne manque au mien, adorable Séraphine, puisque vous êtes sensible à ces témoignages de mon amour.
(Il fait asseoir Séraphine sur de riches carreaux que les nègres apportent.)
Vers la fin du ballet, on voit D. Fernand sortir furtivement du cabinet de gauche et gagner le jardin sans être aperçu d'aucun des personnages.)

SCENE IX.
Les Mêmes, D. FERNAND.

(D. Fernand rentre par le fond ; il paraît extrêmement agité ; il respire à peine, et vient tomber sur un siége à gauche.)

SÉRAPHINE, D. ALVAR, *quittant vivement leur place.*

Qu'avez-vous, seigneur ?

D. FERNAND, *comme suffoqué.*

Le saisissement...la joie... le bonheur dont vous allez jouir... Ah ! Séraphine, quel beau jour pour vous !

SÉRAPHINE et D. ALVAR.

Que voulez-vous dire ?

D. FERNAND.

Pardon, j'aurais du ménager votre sensibilité... peut-être une émotion trop vive... je n'ai pas été maître de modérer l'élan de mon cœur.

SÉRAPHINE et D. ALVAR.

Expliquez-vous.

D. FERNAND, *comme se parlant à lui-même.*

Après quinze ans d'absence !

SÉRAPHINE et D. ALVAR.

Quel soupçon !

D. FERNAND.

Ce cher ami !

SÉRAPHINE.

De qui me parlez-vous ?

D. FERNAND.

D'un homme qui vous est bien cher.

SÉRAPHINE.

Mon père...

D. FERNAND.

Lui-même !

SÉRAPHINE.

Auriez-vous appris ?..

D. FERNAND.

Il n'est pas mort.

SÉRAPHINE, *tombant à genoux.*

O mon dieu ! prends ma vie pour un si grand bienfait.

D. FERNAND.

Rendu à la liberté.

SÉRAPHINE!

Où est-il !

D. FERNAND.

Dans ce palais

SÉRAPHINE.

Conduisez-moi vers lui... mon père !.. mon père !..

D. FERNAND, *très-haut.*

Paraissez, don Raphaël, embrassez votre fille.

SCENE X.

Les mêmes, PICAROS, *vêtu en marin.*

PICAROS, *sortant du cabinet et se jettant dans les bras de Séraphine.*

Mon enfant !.. je te revois enfin. (*il l'embrasse à plusieurs reprises, tire son mouchoir, essuye ses yeux*).

SERAPHINE.

Mon père !..

D. FERNAND, *à part, avec transport.*

Oh ! que cela fait de bien !

PICAROS.

Que je t'embrasse encore !.. je le sens, tu m'auras bientôt fait oublier tous les maux que j'ai soufferts depuis notre séparation.

SERAPHINE.

Il est donc vrai que ma sœur...

PICAROS.

Ah ! ne me rappelle pas ce douloureux souvenir. Je n'ai plus que toi, ma Séraphine, tu es mon seul bien, mon unique espérance. Toi seule me tiendras lieu de tout ce que j'ai perdu. Voyez donc, Fernand, ce sont tous les traits, toutes les graces de sa mère Ma pauvre... (*Bas et vivement à D. Fernand, pendant qu'il feint d'essuyer ses larmes*). Comment s'appelait-elle, ma femme ?

D. FERNAND *bas.*

Camille.

PICAROS.

Cette chère Camille ! Mais écartons ces images lugubres..... Soyons tout entiers au plaisir de nous revoir. Tu ne t'attendais pas à cette agréable surprise ?

SERAPHINE.

Non, sans doute, j'étais loin de me croire aussi heureuse.

PICAROS.

Tout a été concerté entre ce bon ami et moi. Je lui avais annoncé mon retour, et il a tout disposé, comme tu viens de le voir, de manière à amener naturellement une reconnaissance qui eut été dangereuse peut être, (*par réflexion.*) pour toi, si nous ne l'avions préparée.

SERAPHINE.

Touchante attention !

PICAROS.

Cher D. Fernand, c'est à vos tendres soins que je dois le bonheur d'embrasser cette fille chérie.

D. FERNAND.

Croyez, D. Raphaël, que ce moment comble mes plus chères espérances.

SERAPHINE.

Mais racontez-nous donc, mon père, comment après avoir passé si long-tems pour mort, nous jouissons aujourd'hui…

PICAROS.

C'est une histoire extraordinaire, un roman tout entier. Je vous dois le récit de ce qui m'est arrivé depuis quinze ans, et je satisferai votre curiosité, mais dans un autre moment. Laisse moi, quant à présent, ma fille, ne m'occuper de toi, de ce qui t'intéresse plus particulièrement.

D. FERNAND *à Picaros.*

Mon ami, je vous présente D. Alvar, le fils du gouverneur de cette île; il recherche la main de Séraphine, et, croyant avoir le droit d'en disposer, je la lui ai promise.

D. ALVAR.

Puis-je espérer, seigneur, que vous ne refuserez pas votre approbation à une alliance…

PICAROS.

Certainement, je ne vois rien qui doive s'opposer à ce qu'a fait mon ami.

D. ALVAR.

Du côté de la naissance, de la fortune…

PICAROS.

Fi donc! parle-t'on de cela? Vous aimez ma fille, n'est-ce pas?

SERAPHINE.

Oui, mon père.

D. ALVAR.

Ah! je l'adore!

PICAROS.

C'est l'essentiel!… Touchez-la, jeune homme. (*Il tend la main à D. Alvar, qui lui donne la sienne respectueusement*). C'est une affaire terminée.

D. ALVAR.

Ah! seigneur!

SERAPHINE.

Mon père! que de bonté!

PICAROS.

Et quoi! mon enfant! cela t'étonne? As-tu donc imaginé que je venais ici pour contraindre le penchant de ton cœur, pour te tyranniser? Fernand connaît mes principes, il sait que je ne suis pas de ces pères… comme on en voit tant! Non, non, ma fille, tu ne m'auras point retrouvé pour maudire l'instant heureux qui nous a réunis.

SERAPHINE.

Je le bénirai jusqu'à mon dernier jour.

SCENE XI.
Les Mêmes, CLARA.

(On entend en dehors, sur la mandoline, la ritournelle de la romance chantée au premier acte).

PICAROS.
De la musique!... tant mieux! j'aime qu'on se réjouisse.

D. ALVAR, *qui regarde au fond.*
C'est un petit matelot qui est auprès de la grille.

(En effet, on voit Clara. Quand elle est sûre d'avoir été remarquée, elle pose sa mandoline à terre, et fait quelques pas de danse, en s'accompagnant avec ses castagnettes, puis elle passe la main à travers les barreaux de la grille).

SERAPHINE.
Il demande l'aumône, il faut le faire entrer.

(D. Alvar va ouvrir la grille et fait entrer Clara, qui s'avance avec timidité, en tenant son chapeau à deux mains et en faisant de grandes salutations à droite et à gauche; puis elle tire de sa ceinture un papier qu'elle présente à Séraphine. Picaros le prend, le parcourt, puis le donne à Séraphine.)

SERAPHINE *lit.*
« Ames charitables, prenez pitié d'un pauvre orphelin échappé » des prisons d'Alger, et privé de la parole, Dieu vous récompen- » sera. » Pauvre jeune homme!

PICAROS.
Ah! tu étais esclave à Alger? (*Clara fait signe que oui*).

PICAROS, *à part.*
Que le diable t'emporte!

SERAPHINE.
Mon père, que voilà, en arrive aussi; le connais-tu? (*Clara fait signe que non*).

PICAROS.
En effet, cette figure là ne m'est pas tout-à-fait inconnue.

SERAPHINE.
Vous l'avez peut-être vue, mon père, pendant votre captivité.

PICAROS.
Oh! probablement... de loin.

SERAPHINE.
C'est un motif de plus pour nous intéresser en sa faveur. D. Fernand, mon père, souffrez que je fasse une petite quête pour lui.

PICAROS.
Oui, ma chère Séraphine.

CLARA, *à part.*
Séraphine! c'est elle!

PICAROS.
Ce mouvement généreux est bien naturel, et je vois avec plaisir que ton cœur est sensible au cri de l'infortune. Voilà pour ma part.

CLARA, *à part.*
Quel est donc cet homme qui se dit son père?

PICAROS (*Il fouille dans ses poches*).
(*A part*). Ah! Diable, je n'ai pas le sou. (*Haut*). D. Fernand, voulez-vous acquitter ma dette?

D. FERNAND.

Voilà deux piastres.

D. ALVAR.

Autant pour moi.

SERAPHINE.

Il est juste, quand je retrouve un père, qu'un orphelin n'implore pas en vain mon assistance. Que ne puis-je les consoler tous de même !

CLARA, *à part.*

Ma pauvre sœur ! comment faire pour l'instruire ?

SERAPHINE.

Tenez, mon ami.

(Séraphine met l'argent dans le chapeau de Clara, qui le laisse tomber pour se précipiter sur la main de sa sœur, qu'elle baise à plusieurs reprises avec tous les transports de la plus vive reconnaissance.)

PICAROS.

Le petit bonhomme a le cœur tendre.

SERAPHINE.

Il m'intéresse vivement... Voilà pour moi maintenant.

(Elle donne une pièce d'or à Clara ; celle-ci la baise et la met sur son cœur, en indiquant qu'elle ne la quittera jamais. Elle témoigne ses regrets de ne pouvoir exprimer par la parole ce qu'elle sent ; mais elle proteste qu'elle n'oubliera jamais ce moment heureux.)

PICAROS, *à qui D. Fernand a fait signe de renvoyer Clara.*

C'est bien. Adieu, mon petit, tu as tout ce qu'il te faut, n'est-ce pas ? (*Clara s'incline*). Tu peux poursuivre ta route ; je souhaite qu'il t'arrive partout d'aussi bonnes aubaines.

D. ALVAR et D. FERNAND.

Adieu !

SERAPHINE.

Bon voyage.

(Clara baise encore une fois la main de Séraphine, et s'éloigne conduite par les gens de la fête, qui lui ouvrent la grille et la referment sur elle. Séraphine la regarde avec intérêt jusqu'à ce qu'elle soit partie ; on voit que Clara ne s'éloigne qu'à regret.)

D. FERNAND, *bas à Picaros, pendant cette pantomime.*

Picaros, une idée me vient qui nous était échappée. Vous aurez besoin d'une personne pour vous servir, soit pendant la traversée, soit après. Cet enfant muet vous garantit une discrétion à toute épreuve ; d'ailleurs, ayant été long-tems esclave à Alger...

PICAROS.

Bien vu !

D. FERNAND, *de même.*

Arrange cela toi-même, pour te donner auprès de Séraphine le mérite d'une bonne action.

PICAROS.

Hé !... petit !... Ecoute. (*Clara était sortie, la grille était fermée, et elle faisait, dans ce moment, un dernier adieu à tout le monde. Elle doute un moment que ce soit à elle que Picaros s'adresse*). Oui, c'est toi... Viens. (*Elle accourt en témoignant la joie la plus vive*). Où vas-tu ? (*Clara répond en pantomime qu'elle va où la providence la dirigera*). Où le ciel te conduira, j'entends. Qu'est-ce que tu sais faire? (*Clara répond : peu de chose, mais que son zèle et le desir de plaire suppléeront à son ignorance.*) Peu de chose ; mais son zèle et le désir de plaire, suppléeront à ce qu'il ignore. A merveille! Serais-tu bien aise d'entrer à mon service et à celui de ma fille? (*Clara se précipite aux pieds de Picaros, de D. Fernand et de Séraphine*). Oui, n'est-ce pas? Eh bien! voilà qui est décidé, tu nous appartiens dès ce moment. (*Clara exprime sa joie par les transports les plus vifs, par des sauts, etc.*). A propos, puisque tu ne parles pas, sais-tu écrire? (*Clara indique qu'elle sait écrire un peu.*) Un peu... Comment t'appelles-tu? (*Clara trace des lettres par terre avec le doigt. Tout le monde suit des yeux.*)

SÉRAPHINE, *épelant*.

Carlo.

D. FERNAND.

Il faut qu'il soit vêtu d'une manière conforme à son nouvel état. Carlo, mes gens vont te conduire au palais.

CLARA *remercie, puis elle dit à part*.

Cher D. Raphaël, quelle sera ton inquiétude en ne me voyant pas revenir!

D. FERNAND, *bas à Picaros*.

Congédie D. Alvar.

PICAROS, *à D. Alvar, pendant que D. Fernand paraît donner des ordres à ses gens, relativement à Clara.*

D. Alvar, la nuit approche et j'ai besoin de repos. Pardon, j'en use sans façon avec mon gendre ; permettez que nous nous séparions ce soir pour nous revoir demain de bonne heure, entendez-vous? Nous vous attendrons pour déjeûner.

D. ALVAR.

Ordonnez, seigneur ; votre fils respectueux et soumis se fera toujours un devoir de regarder vos moindres désirs comme des lois.

CLARA.

(Elle s'est approchée de don Alvar ; elle le tire par son manteau, et lui dit vivement et à voix basse, de manière à n'être entendue que de lui).

On vous trompe. Revenez dans une heure.

(D. Alvar se retourne et témoigne son étonnement ; mais Clara, pour obéir à D Fernand, qui lui fait signe de sortir, s'est déjà éloignée et sort accompagnée de tous les gens de la maison. D. Fernand et Picaros paraissent se réjouir du succès de leur ruse. D. Alvar baise tendrement la main de Séraphine, qui témoigne tous ses regrets de se séparer de lui. D. Alvar est très-agité, très-ému ; il se passe en lui quelque chose d'extraordinaire ; il craint de quitter Séraphine et revient deux fois auprès d'elle après s'en être éloigné. Enfin il sort suivi de tous les personnages de la fête. D. Fernand et Picaros ont eu continuellement les yeux sur les amans pour les empêcher de se parler. D. Fernand conduit D. Alvar jusqu'à la grille et la ferme. Tout dans cette scène de pantomime doit être mystérieux. Quand tout le monde est sorti, Séraphine fait un mouvement pour retourner au Palais; elle en est empêchée par Picaros qui la ramène dans le pavillon.)

SCÈNE XII.

D. FERNAND, SERAPHINE, PICAROS.

PICAROS, *à Séraphine, qui témoigne sa surprise.*

Je désire te parler sans témoins. (*A D. Fernand, qui fait mine de se retirer*). Demeurez, D. Fernand; mon ami ne saurait être de trop dans un entretien duquel va dépendre mon bonheur, et peut être ma vie.

SÉRAPHINE.

Vous m'effrayez, mon père.

D. FERNAND.

Si je n'étais persuadé que D. Raphaël ne peut rien vouloir qui soit contraire aux sentimens d'un bon père, j'avoue que ce ton mystérieux m'intimiderait aussi.

PICAROS.

Mon cœur gémit d'avance du coup que je vais vous porter; mais l'affreuse nécessité m'y contraint. Il faut nous séparer, ma fille.

SÉRAPHINE et D. FERNAND.

Qu'entends-je! à peine réunis, vous voulez...

PICAROS.

Je ne puis demeurer plus long-tems sans exposer mes jours.

SÉRAPHINE

Et qui donc oserait?....

D. FERNAND.

En effet... je n'avais pas songé... Ah, malheureux ami!

SÉRAPHINE.

Quel est donc ce revers qui nous menace?

PICAROS.

D. Fernand a dû te raconter comment après le fatal événement qui m'enleva à ton amour, je fus accusé, flétri, condamné...

SÉRAPHINE.

Hélas

PICAROS.

L'édit du roi subsiste encore.

D. FERNAND.

Il est vrai.

PICAROS.

Partout la mort m'environne... Elle plane sur ma tête... Avant une heure, peut-être...

SÉRAPHINE, *l'interrompant vivement*.

Oh! n'achevez pas mon père!

D. FERNAND.

Si du moins vous étiez ignoré dans ces lieux! Mais votre retour a eu tant de témoins! Fatale imprudence!

PICAROS.

D. Alvar lui-même, dans les transports de sa joie, ne manquera pas d'instruire son père...

SÉRAPHINE,

Le gouverneur est incapable d'abuser de cette confiance; il est humain, sensible, généreux. Allons nous jeter dans ses bras.

PICAROS, *à part*.

Je m'en garderai bien.

SÉRAPHINE.

Vous y trouverez un asile inviolable.

PICAROS.

Non, ma fille, cet acte de désobéissance le perdrait sans retour. Il est bien peu d'hommes qui soient capables d'un si beau dévouement. Je ne puis me le dissimuler, l'acharnement de mes ennemis est tel, que malgré l'union prochaine de nos familles, le père de D. Alvar serait contraint de déployer contre moi la plus grande sévérité.

D. FERNAND.

D'autant qu'il est inflexible sur tout ce qui tient aux devoirs de sa charge.

SÉRAPHINE.

Je frémis des dangers auxquels vous êtes exposé!

D. FERNAND.

Il est vrai qu'ils sont imminens.

PICAROS.

Je n'ai pu résister au désir de te voir, ma fille, mais maintenant je ne puis songer sans effroi...

SÉRAPHINE.

Grand dieu! je serais la cause de cet affreux malheur! Quel moyen? Que faire? Parlez, mon père. Quel est votre projet?

PICAROS.

De partir.

SÉRAPHINE.

A l'instant même.

PICAROS.

Je vais à Madrid me jeter aux pieds du roi.

SÉRAPHINE.

Vous ne partirez pas seul.

PICAROS.

Quoi! tu veux.....

SÉRAPHINE, *avec énergie*.

Vous suivre partout.. partager vos périls... votre sort quel qu'il soit... J'ai retrouvé mon père et je l'abandonnerais!... Non, non, je ne vous quitterai plus; la mort seule pourra nous séparer.

PICAROS, *jouant l'attendrissement*.

Charmante enfant! j'étais sûr de ton cœur.

D. FERNAND, *de même*.

La belle ame!....

SÉRAPHINE.

Comme vous j'embrasserai les genoux du monarque. Je l'attendrirai, mon père... je l'attendrirai... Il révoquera l'arrêt injuste, et je reviendrai dans ces lieux, heureuse et triomphante.

PICAROS.

Mais D. Alvar...

SÉRAPHINE.

Le ciel permettra que je le retrouve fidèle.

D. FERNAND.

N'en doutez pas. Ce beau dévouement ne pourra que vous rendre plus intéressante à ses yeux.

PICAROS.

Hé bien! mon enfant, j'accepte le sacrifice que tu me proposes,

et j'espère t'en récompenser en t'unissant bientôt à celui que ton cœur a choisi.
SÉRAPHINE.
Partons, mon père... car je tremble...
PICAROS,
(*A part*). Et moi aussi. (*Haut*). Le bâtiment qui m'a amené, fait voile dans une heure pour l'Espagne. Va rassembler tes effets les plus précieux. N'oublie pas tes diamans, tes bijoux...
D. FERNAND.
(*A part*). Il songe à tout. (*Haut*). A quoi bon, puisque vous devez revenir dans peu ?
PICAROS.
Il faut que la fille de D. Raphaël paraisse à la cour avec un éclat proportionné à son nom et au rang distingué qu'occupait son père. Va, ma fille. D. Fernand, (*bas*) ne la quittez pas. (*Haut*). J'ai besoin de mille ducats, vous me ferez plaisir de me les prêter ; nous réglerons à mon retour.
D. FERNAND.
Très-volontiers, je vais les chercher.
PICAROS, *à Séraphine.*
Hâte tes préparatifs et reviens vite me trouver ici.
SÉRAPHINE.
J'obéis.
PICAROS.
Sur-tout ne dis à personne...
D. FERNAND, *à part.*
Coquin ! il quadruple la somme et se fait payer d'avance. N'importe, je suis engagé, il faut aller jusqu'au bout. (*Il sort avec Séraphine.*)

SCENE XIII.
PICAROS, *seul.*

Ouf !.. respirons un peu... Ce rôle est fatigant en diable, et je ne suis pas fâché de pouvoir de tems en tems redevenir moi. (*Il s'assied.*) Le plus fort du danger est passé ; je craignais la reconnaissance, mais j'en suis quitte. La petite est vraiment charmante... Elle a mis dans tout ceci une grace, une sensibilité parfaites... C'est un ange. (*Il rit.*) Ah ! ah ! ah ! qu'il est simple, ce D. Fernand, de croire que j'enlèverai une jeune et jolie femme pour un autre ! Pendant qu'il me racontait son plan, je faisais le mien de mon côté. En arrivant à Valence, au lieu d'attendre complaisamment que le seigneur D. Fernand vienne jouir du fruit de mon adresse, je me dirige vers la France. Séraphine ne connaît point la route de Madrid : partant, nul obstacle. Je m'arrête au pied des Pyrénées, dans une de ces vallées riantes arrosées par la Garonne ; c'est là que je borne ma carrière. Je fais argent de tout : sous un nom supposé, j'achète une belle et bonne métairie. A force de soins, je parviens à plaire à la jeune personne, et... je l'épouse. Mes jours s'écoulent ainsi filés par la main du bonheur, et je vois enfin, après de longs orages, se réaliser les brillantes chimères de ma jeunesse, et renaître pour moi cet âge d'or tant vanté par les poëtes... à moins que le hazard, les circonstances, ou mon intérêt n'en ordonnent autrement. On vient! reprenons mon rôle de père...Ah! ah! c'est le petit muet.

SCENE XIV.

PICAROS, CLARA, *vêtue en jokei et apportant des cartons.*

PICAROS.

Peste! Carlo! te voilà magnifique! comment, diable, cet habit lui sied à merveille!.. il a tout-à-fait bonne mine la-dessous... Eh bien! mon ami, es-tu content d'être entré à mon service? (*Clara fait signe que oui.*) Tu seras docile et fidèle! (*Clara fait toutes sortes de protestations.*) C'est une bonne fortune pour toi que cette condition... Tu vas venir à la Cour, tu verras du pays.

CLARA, *à part.*

J'espère bien t'en faire voir aussi!

PICAROS.

Qu'est-ce que tu portes là?

(*Clara indique que ce sont des robes de Séraphine.*)

PICAROS.

Ce sont des dentelles à ta jeune maîtresse : pose tout cela là-dessus. (*Il lui montre une table à droite.*)

SCENE XV.

Les Mêmes, D. FERNAND.

(*D. Fernand arrive avec précipitation. Il tient un étui de pistolets qu'il pose sur la table. Il fait signe à Clara de s'éloigner : celle-ci feint d'obéir, mais elle reste cachée derriere une des colonnes du pavillon.*)

D. FERNAND.

Ah! mon cher Picaros, quel contre-tems!

CLARA, *à part.*

Ecoutons.

D. FERNAND.

Mon nègre arrive du port...

PICAROS.

Eh bien?

D. FERNAND.

Le capitaine me mande que les vents contraires l'empêchent de mettre à la voile, et qu'il ne prévoit pas pouvoir partir avant deux jours.

PICAROS.

Et que faire d'ici là?

D. FERNAND.

Tu ne peux demeurer ici.

PICAROS.

Tout serait bientôt découvert.

D. FERNAND.

Si D. Alvar a annoncé l'arrivée de D. Raphaël à son père, le maudit gouverneur s'empressera de venir nous féliciter.

PICAROS.

Diable! un moment.

D. FERNAND.

Il y a bien quelques rapports dans la taille, peut-être même une légère ressemblance dans la figure ; mais...

PICAROS.

C'est jouer trop gros jeu. D'ailleurs, cela pourrait nous mener loin. Si le gouverneur prenait sur lui de me faire rester dans l'île et d'écrire pendant ce tems à Madrid, pour demander la grace du prétendu D. Raphaël, adieu le voyage...

D. FERNAND.

La dot...

PICAROS.

La récompense...

D. FERNAND.

Nous serions perdus tous deux.

PICAROS.

Allons, morbleu! du courage!... C'est dans les revers qu'un grand cœur... N'avez-vous pas ici quelque chambre bien isolée, quelque retraite inconnue, où je puisse être en sûreté?

D. FERNAND.

Tu m'y fais songer : vous seriez à merveille à Belmonté.

PICAROS.

Qu'est-ce que c'est que Belmonté?

D. FERNAND.

Un vieux château à quatre milles d'ici... sur le bord de la mer.

CLARA, *à part.*

Belmonté! bon.

PICAROS.

Que ne parliez-vous donc? voilà bien notre affaire. Nous resterons là parfaitement ignorés, jusqu'à ce qu'il plaise à ce maudit vent, qui s'élève exprès pour nous contrarier, de nous permettre de partir.

D. FERNAND.

Cependant, j'annoncerai à tout le monde votre départ.

PICAROS.

Bien entendu!

D. FERNAND.

Puis, aussitôt que le tems le permettra, je vous enverrai un petit bâtiment qui vous prendra au pied du château, pour vous conduire en Espagne.

(Vers la fin de cette scène, on voit D. Alvar à la grille du fond. Clara l'aperçoit et lui fait signe de se cacher et d'attendre un moment.)

PICAROS.

Bravo! nous voilà en mesure. La nuit dérobera notre fuite.

D. FERNAND.

Je vais faire préparer ma chaise... C'est mon nègre qui te conduira ; il connaît le chemin... Je garderai Carlo pour te l'envoyer quand vous mettrez à la voile. Avant trois minutes, je suis à toi avec notre Hélène.

PICAROS.

Et les mille ducats?

D. FERNAND.

Tiens, fripon. C'est quatre fois plus...

PICAROS.

En proportion du danger.

D. FERNAND.

D'ailleurs, nous compterons.

PICAROS, *prenant la bourse.*

Fi donc! je m'en rapporte à vous.

D. FERNAND.

Que tu réussisses seulement, et je ne croirai pas t'avoir trop payé. Je ne crains pas que tu me trahisses, ton intérêt te commande d'être fidèle. Tu n'oublieras pas que si j'ai pû te faire mettre en liberté, je pourrais, à plus forte raison, te replonger dans les fers pour le reste de ta vie.

PICAROS.

Vous me connaissez, seigneur, c'est tout ce que j'ai à répondre. (*A part.*) Que j'aie seulement le pied en Espagne, et je ne te crains plus.

D. FERNAND, *montrant la boite qu'il a posée sur la table.*

Je t'ai apporté une boite de pistolets; ils sont chargés et en bon état. (*Clara doit voir le mouvement et entendre ce que dit D. Fernand.*)

PICAROS.

Utile précaution!

D. FERNAND.

Attends-moi. La chaise, Séraphine, mon nègre, deux mots à Gonzalès, majordome de Belmonté, et je suis à toi. (*Clara s'enfonce dans un bosquet pour laisser passer D. Fernand.*)

SCENE XVI.

PICAROS, CLARA, *dans le fond.*

PICAROS.

Je tiens les ducats, c'est l'essentiel; mais comme on ne sait pas ce qui peut arriver, je crois qu'il est prudent, à tout hazard, de me ménager une retraite et des moyens d'évasion; en cas d'événement, l'habit que j'ai laissé là-dedans, pourrait m'être utile: il m'aiderait à redevenir Picaros; j'abandonnerais la petite à sa destinée, et ne serais plus qu'un chétif prisonnier, sorti de sa cage en tout bien tout honneur, et n'ayant plus rien à démêler avec la justice. La prévoyance et l'audace... voilà les deux grands nerfs de l'intrigue... après l'argent. Allons chercher l'habit.

(*Il entre dans le cabinet de gauche.*)

SCENE XVII.

CLARA, D. ALVAR.

(*Clara suit tous les mouvemens de Picaros. Quand il est entré dans le cabinet et qu'il en a fermé la porte, elle court à la grille, l'ouvre et appelle D.*

Alvar, puis elle vient vivement ouvrir la boîte d'armes; elle en tire les pistolets dont elle ôte l'amorce.)
CLARA.
Otons l'amorce; du moins ils ne feront de mal à personne.
(Elle fait signe à D. Alvar de venir auprès d'elle: il accourt avec précipitation, elle l'arrête à l'entrée du pavillon et lui dit d'une voix concentrée et avec beaucoup d'émotion.)

D. Raphaël est un imposteur, D. Fernand est d'intelligence... on enlève Séraphine... prévenez votre père et courez au château de Belmonté.
D. ALVAR.
Que dis-tu?
CLARA.
Vîte... on vient... fuyez.
(D. Alvar se sauve. Clara remet les pistolets dans la boîte; quand tout est en ordre, elle prend un des cartons qu'elle a apportés précédemment, et paraît arriver dans le pavillon au moment où Picaros sort du cabinet avec son premier habit dont il a fait un paquet. Elle marche nonchalamment pour lui donner le change.)

SCÈNE XVIII.
CLARA, PICAROS.
PICAROS.
Ah! c'est toi, mon garçon!... Eh bien! j'ai changé d'avis, tu ne m'appartiens plus, je te laisse à D. Fernand; oui, tu resteras ici, et j'emmènerai son nègre à ta place...
(Clara paraît très-affligée, et supplie Picaros de l'emmener avec lui.
PICAROS.
Cela ne se peut pas, mon enfant. Ce doit être la même chose pour toi. (*Clara témoigne que c'est bien différent, et fait semblant de pleurer.*) Allons, ne pleure pas, mon petit... Il est vraiment gentil... C'est singulier, comme il s'est promptement attaché à moi. Console-toi, mon enfant!... (*Il essuie la figure de Clara avec son mouchoir.*) Il n'y a pas assez long-tems que nous sommes ensemble pour devoir t'affliger ainsi. Bah! bah! ton chagrin sera bientôt passé. (*Il ouvre la boîte où sont les pistolets, les prend et met à sa ceinture. Clara rit sous cape.*)

SCÈNE XIX.
D. FERNAND, SÉRAPHINE, CLARA, PICAROS, le Nègre.
D. FERNAND, à Picaros.
Partez, D. Raphaël. (*Il lui remet une lettre pour Gonzalès.*) Pour que Séraphine ne soit pas reconnue dans la route, ou au château, par quelqu'un de mes gens, ce qui pourrait compromettre la sûreté de son père... il est prudent qu'elle se couvre d'un voile, et qu'elle ne le quitte que lorsque vous serez seuls.
SÉRAPHINE.
Donnez, seigneur; rien ne me semblera difficile pour prouver à D. Raphaël ma tendresse et mon dévouement.
D. FERNAND.
Sortez par cette porte; vous trouverez ma voiture au bout de

l'avenue. (*Au nègre.*) Domingo, prends ces effets. (*A Clara, qui s'avance pour prendre un des cartons, espérant trouver le moyen de parler à sa sœur.*) C'est inutile, on n'a pas besoin de toi. Adieu. Puisse votre voyage être aussi heureux que je le desire.

PICAROS.
Nous nous reverrons bientôt.

CLARA, *à part.*
Plutôt qu'ils ne l'imaginent.(*Picaros et D. Fernand s'embrassent, Clara s'approche furtivement de Séraphine, et lui dit à voix basse.*) Adieu ma sœur !....
(Surprise de Séraphine, qui n'ose la témoigner. Clara lui fait signe qu'elle va la suivre. Picaros, Séraphine et le Nègre sortent par la petite porte du fond. D. Fernand les regarde aller, puis, quand il les a perdus de vue, il rentre avec Clara, et retourne au Palais.)

Fin du second Acte.

ACTE III.

Le théâtre représente une grande salle gothique, dans le milieu de laquelle est un piédestal carré, surmonté de la statue d'un guerrier armé de toutes pièces, et foulant aux pieds un Africain qu'il menace de son sabre. Deux portes latérales, deux tables et quelques sièges. Il fait nuit.)

SCENE PREMIERE.
SPALATRO, JENNARO, Pirates.
(On entend un bruit souterrain qui s'accroit par degrés. Le devant du piédestal s'ouvre et laisse voir Jennaro, Spalatro et deux ou trois de leur camarades, groupés et éclairés par une torche.)

SPALATRO, *à celui des Pirates qui tient la torche.*
Demeure sur l'escalier pour nous éclairer au retour. Cette lanterne nous suffit. (*Tous entrent dans la salle ; il referme l'entrée du piédestal.*) Je ne vous ai pas trompés en vous disant que la citerne communique au château de Belmonté ; nous voilà dans la grande salle basse.

JENNARO.
Fort bien. Y a-t-il quelque chose à prendre ici?

SPALATRO.
Toujours le même ! que diable espères-tu trouver dans un vieux château, abandonné par le propriétaire, et qui n'est habité que par un triste concierge et quelques valets ? du moins cela était ainsi quand j'y vins, il y a trois ans, avec mon ancien patron.

JENNARO.
C'était bien la peine de me déranger ! de me faire monter cent degrés au moins, au risque de me rompre le col !.. et tout cela pour rien.

SPALATRO.
Allons, allons, Jennaro ! tu ne dois pas être mécontent de ta journée, l'écrin de tantôt était assez bien garni.

Sans doute, s'il ne fallait point partager avec vous autres, gens inhabiles et maladroits, qui ne savez que donner des coups de sabre et en recevoir. Joli talent ma foi ! Faites comme moi, depuis plus de cinquante ans que je suis dans le commerce, je n'ai pas reçu la moindre égratignure. En revanche, j'ai pris tout ce qui s'est offert.

SPALATRO.

Et surtout ce qu'on ne t'offrait pas !

JENNARO.

Moyen sûr pour arriver à la fortune ! mais enfin pourquoi sommes-nous venus ici ?

SPALATRO.

Pour visiter ce château, qui, par sa position isolée sur le bord de la mer, nous offre une habitation commode et agréable. Machmoud avait conçu le projet de se l'approprier.

JENNARO.

Cela ne doit pas être difficile, d'après ce que tu dis.

SPALATRO.

Non, sans doute, en employant la force; mais nous serions bientôt débusqués par les sbires et les alguazils. Mon patron, plus adroit, voulait forcer les habitans à fuir en les effrayant par ces prestiges qui sont si puissans sur l'esprit de la multitude.

JENNARO.

C'est mieux, cela. Hé bien, à qui faut-il faire peur ? je m'en charge.

SPALATRO.

Paix !.. j'ai cru entendre... (*Il tourne sa lanterne, tous se blotissent dans les coins de la salle. Jennaro et Spalatro sont accroupis derrrière les tables.*)

SCENE II.

Les Mêmes, D. MESQUINOS,

D. MESQUINOS, *entrant avec un bougeoir à la main, il ouvre doucement la porte du fond, passe d'abord la tête et n'avance qu'avec précaution.*

Ce n'est pas l'embarras, si mamselle Louisa est jolie, il faut convenir qu'elle est bien maligne. Elle a toujours quelque niche à me faire. Par exemple, elle sait que je n'aime point à parcourir seul, la nuit, les longs corridors et les salles immenses de ce vieux château... parce qu'enfin la prudence... écoutez donc...

JENNARO *à part.*

C'est l'homme à l'écrin !..

D. MESQUINOS.

Hein !.. (*Il écoute.*) Il me semble toujours !.. Eh bien ! cette maudite espiègle me dit avec son petit air doucereux : « Allons, » seigneur Mesquinos, puisque vous voulez absolument me plaire, » faites donc le galant; vous savez que nous allons danser dans la » grande salle basse, et vous n'êtes point encore parti pour tout » disposer ! Courez, tâchez de faire le jeune homme.... » Des épigrammes, toujours des épigrammes... et moi d'accourir bien vite pour la satisfaire!.. Je vous demande un peu s'il n'était pas plus simple de charger de cette commission, quelqu'un de ces grands gaillards qui sont là bas. Elle avait à choisir entre cinquante au moins!.. car le château en est plein de ces maudits pêcheurs.

SPALATRO, *à part.*

Nous avons mal pris notre moment.

D. MESQUINOS.

Hein ? les oreilles me cornent... Ce n'est pas l'embarras, je ne suis pas rassuré du tout... Heureusement que personne ne me voit.

JENNARO *à part.*

Oui, heureusement !

D. MESQUINOS.

Mais je puis bien m'avouer cela à moi-même : je n'entre jamais dans cette salle, sur-tout la nuit, sans me sentir tout bouleversé. Cette grande statue blanche qu'on a campée là-haut, m'inspire une frayeur mortelle. C'est celle d'un fameux marin don... don.. don... le nom n'y fait rien...(*Il allume une lampe posée sur une table à gauche. A peine a-t-il le dos tourné, que Spalatro placé derrière la table, souffle la lampe.*) Et puis on dit que ce château a été habité jadis par les maures, et je ne sais pourquoi... ce n'est pas l'embarras, ces maures-là sont bien morts, ils ne reviendront pas exprès de l'autre monde pour m'effrayer... (*Il se retourne et voit la lampe éteinte.*) C'est singulier... je croyais... (*Au moment où il s'approche de la table pour rallumer la lampe, Spalatro se lève et lui montre une figure effroyable. La peur le suffoque, il n'a pas la force de crier ; il recule en tremblant, quand il est devant le piédestal, il se retourne et se trouve en face de Jennaro, qui lui fait une horrible grimace et souffle sa lumière ; il tombe à plat ventre en se cachant le visage, et en poussant des cris aigus.*) Hai ! hai ! à moi !.. je suis mort !..

SPALATRO.

Fuyons, nous reviendrons plus tard. (*Ils ouvrent la porte du piédestal et descendent dans la citerne.*)

SCENE III.
D. RAPHAEL, D. MESQUINOS, GONZALES, LOUISA,
Paysans, Paysannes. (*on accourt avec des lumières.*)

LOUISA, *avec une grosse voix.*

Téméraire Espagnol !..

D. MESQUINOS.

Je ne suis pas téméraire.

LOUISA.

Avoue donc que tu n'es qu'un lâche.

D. MESQUINOS.

Je l'avoue.

LOUISA.

Indigne de posséder jamais Louisa.

D. MESQUINOS.

A la bonne heure.

LOUISA, *gaîment et avec sa voix ordinaire.*

Mon père, je prends acte de sa déclaration.

D. MESQUINOS, *se relevant.*

Qu'est-ce que c'est?.. qu'est-ce que c'est?

(Tout le monde lui rit au nez. Louisa est restée en attitude menaçante. Plus Mesquinos paraît stupéfait, plus les éclats de rire redoublent.)

GONZALÈS.

Bravo, mon gendre! voilà un beau trait.

D. MESQUINOS.

Quand vous rirez jusqu'à demain!.. si j'avais su que vous étiez là, je n'aurais pas eu peur.

LOUISA.

En vérité?

D. MESQUINOS.

Certainement. (*On rit, il regarde Louisa.*) Comment, c'était vous?.. Allons donc, cela n'est pas possible... vous n'êtes pas si laide que cela... (*On rit.*)

GONZALÈS.

Voilà j'espère un compliment bien tourné...

D. MESQUINOS.

Ce n'est pas là ce que j'ai voulu dire... j'ai vu ici des maures...

GONZALÈS.

Allons, il a vu des morts, à présent!..

D. MESQUINOS.

Hé non, ce n'est pas cela! ce sont des maures vivans...

LOUISA.

Ce que c'est qu'une imagination vive!..

D. MESQUINOS.

Je n'ai point d'imagination, mamselle.

GONZALÈS.

D'accord.

LOUISA.

Mais, c'est assez nous occuper du seigneur Mesquinos.

D. RAPHAEL, *à part.*

Oh! ma chère Clara! pourquoi tarder autant à revenir?.... Je tremble.

LOUISA.

Dansons, c'est pour cela que nous sommes venus ici.

D. MESQUINOS.

Voulez-vous que je vous chante une ronde?

LOUISA.

Quoi, vous chantez, seigneur Mesquinos?

D. MESQUINOS.

Comment! si je chante!.. tel que vous me voyez, dans ma jeunesse je chantais comme un cigne... on m'appellait le rossignol de la contrée... mais...

LOUISA.

C'est juste, en hiver les rossignols ne chantent plus.

GONZALÈS.

Priez le père Ambrosio de vous chanter une ronde, il doit en savoir, lui.

LOUISA
Bon vieillard, savez-vous des chansons?

D. RAPHAEL.
Hélas, non, gentille Signora.

LOUISA
Et votre petit conducteur?

D. RAPHAEL.
C'est différent.

LOUISA
Mais, à-propos, où donc est-il? est-ce qu'il n'est pas encore de retour?

D. RAPHAEL.
Non, son absence est bien longue; ce retard commence à m'inquiéter.

GONZALÈS.
En effet, il y a plus d'une heure qu'il fait nuit.

D. RAPHAEL *à part.*
Lui serait-il arrivé quelque malheur?

D. MESQUINOS.
Je vous dis que vous serez forcée de vous adresser à moi, mais pour vous punir, je me ferai prier.

LOUISA.
Hé bien! pas du tout; nous nous passerons du rossignol, c'est moi qui chanterai.

D. RAPHAEL.
Nous ne perdrons pas au change, puisque nous entendrons la fauvette.

GONZALÈS.
Vous êtes galant, bon vieillard.

LOUISA *à D. Mesquinos*
Vous ne me diriez pas une chose comme celle-là, vous?

D. MESQUINOS.
Parbleu! ce n'était pas difficile à trouver; une fauvette, une alouette, une chouette... (*Tout le monde rit.*)

GONZALÈS.
Il est vrai qu'il ne fallait pas grand esprit pour trouver cela.

D. MESQUINOS.
Le naturel, c'est par-là que je brille. (*à part*) Chien d'aveugle! je t'en veux, va.

GONZALÈS.
Louisa, sans chercher plus loin, redis-nous les exploits du fameux guerrier dont nous possédons ici la statue, du malheureux don Raphaël.

(Don Raphaël oublie un moment son rôle et tourne involontairement la tête du côté de la statue).

D. MESQUINOS.
Don Raphaël, c'est cela! (*à part, il a remarqué le mouvement de don Raphaël*). Tiens! comme il a regardé juste! si celui-là est aveugle par exemple!..

D. RAPHAEL, *avec beaucoup d'émotion.*

Don Raphaël, dites-vous ?

GONZALÈS.

L'auriez-vous connu, cet intrépide marin ? vous êtes ému en prononçant son nom.

D. RAPHAEL.

Oui, nous avons servi long-tems ensemble.

D. MESQUINOS, *avec une maligne curiosité.*

Ah ! vous l'avez connu ! quel homme était-ce ? ressemblait-il à sa statue ? (*à part*). Voyons s'il recommencera.

LOUISA.

Belle question ! il faudrait que le père Ambrosio pût voir la statue pour la confronter avec l'original.

D. MESQUINOS.

Ce n'est pas là l'embarras.

GONZALÈS.

C'était un brave homme. Les habitans de cette île ne l'oublieront jamais : ils lui doivent une reconnaissance éternelle ; c'est lui qui les a délivrés des attaques continuelles des pirates d'Afrique. Ce château a été, il a vingt ans, le théâtre d'une de ses plus belles actions.

D. RAPHAEL, *embarrassé.*

J'étais à cette affaire... j'y combattis avec lui...

GONZALÈS.

Puisque vous avez été le compagnon d'armes de ce brave Espagnol, vous n'apprendrez pas sans intérêt que le maître de ce château, pour éterniser le souvenir de sa délivrance, a fait ériger dans cette salle une statue de D. Raphaël. D. Fernand qui en est maintenant propriétaire, l'a conservée précieusement par respect pour la mémoire de son ami.

D. RAPHAEL, *à part.*

De son ami ! le perfide !

GONZALÈS.

Tous les ans, nous célébrons une petite fête en l'honneur de ce héros ; j'y raconte ses exploits à nos jeunes gens pour les enflammer du désir de la gloire... Et, tenez, vous ne serez pas fâché d'entendre les couplets que l'on a composés dans le tems sur cette action brillante, dont je viens de vous parler... Bon Ambrosio, devant le piédestal, vous représenterez D. Raphaël... Chante, Louisa.

LOUISA.

Mais, mon père, je ne sais pas ces couplets-là.

D. MESQUINOS.

Je les sais, moi. (*il chante.*)

COUPLETS.

Le vieux château de Belmonté
Etait sans armes, sans défense ;
Un jour l'Africain indompté
De le surprendre eut l'insolence.

(*) Ces couplets peuvent être chantés indistinctement par D. Mesquinos, Louisa ou Gonzalès.

De cette insigne offense
Le châtiment fut prompt.
Ecoutez, et vous saurez comme
Par don Raphaël, ce grand homme
Fut vengé notre affront.

(*Les paysans répétent en chœur les trois derniers vers de chaque couplet.*)

De ces farouches ennemis,
Don Raphaël bravant le nombre,
Suivi de fidèles amis,
Vers le milieu d'une nuit sombre,
A la faveur de l'ombre,
Escalade le fort.
L'Africain, surpris dans son somme,
Veut combattre; mais le grand homme
A frappé : tout est mort.

L'astre du jour, en pâlissant,
Eclaire un horrible carnage;
De rage et d'effroi frémissant,
L'ennemi quitte ce rivage.
Ce haut fait, d'âge en âge,
A tous sera transmis.

(*En s'adressant à la statue devant laquelle est D. Raphaël.*)

On t'admire par-tout, grand-homme,
Mais le cœur ici te surnomme
Le sauveur du pays.

(*En répétant ces trois derniers vers, tout le monde se prosterne.*)

D. RAPHAEL *attendri.*

Quelle épreuve pour mon cœur !

GONZALÈS.

Vous pleurez ! tant mieux ; j'aime à voir couler des larmes des yeux d'un soldat, cela m'assure que son cœur n'est point fermé à la pitié, et qu'il ne sera pas sourd au cri de l'infortune, si jamais il s'élève devant lui. (*On sonne en dehors.*) Qui peut sonner à cette heure ? Allez voir. (*Un paysan sort.*)

D. RAPHAEL.

C'est sans doute ma... mon petit Carlo... (*à part*) Imprudent !

LOUISA

Oh ! sans doute, c'est lui... Soyez tranquille, Ambrosio, je vais bien le gronder de ne s'être pas trouvé ici, pour nous faire danser, et d'avoir inquiété son père nourricier. (*Elle va au fond.*) Mais, non, ce n'est pas lui. Voyez donc, mon père.

GONZALÈS, *regardant aussi.*

Le nègre de D. Fernand ! un étranger avec lui !

LOUISA.

Une dame couverte d'un voile !

D. MESQUINOS.

Oh ! oh !

SCENE IV.

Les Mêmes, PICAROS, SERAPHINE, le Nègre.

(*Picaros et Séraphine voilée entrent, précédés d'un valet qui porte un flambeau et de Domingo qui est chargé de leurs effets.*)

PICAROS, *à Gonzalès, qui vient à sa rencontre.*

Est-ce vous que l'on nomme Gonzalès?

GONZALÈS.

Oui, seigneur.

PICAROS.

Lisez cette lettre de votre maître. (*Gonzalès prend la lettre et lit.*) (*Bas à Domingo qui a déposé sur une table tout ce qu'il portait.*) Retourne à Palma; tu diras à D. Fernand que nous sommes arrivés sans accident, et que j'attends avec impatience qu'il me procure les moyens de mettre notre trésor en sûreté. (*Le Nègre sort.*)

D. RAPHAEL, *qui a entendu ces mots, a part.*

Que veut dire ceci?

GONZALÈS, *à Picaros, après avoir lu.*

D. Fernand me mande que vous êtes son meilleur ami; il m'ordonne de vous bien recevoir, ainsi que la Signora votre fille, et d'avoir pour vous, pendant le séjour que vous ferez dans son château, les mêmes égards qu'il aurait droit d'exiger pour lui-même. Croyez, seigneur, que je répondrai dignement à la confiance de mon maître. Je mettrai tous mes soins à vous plaire, et à vous rendre agréable cette demeure.

PICAROS.

J'en suis persuadé.

LOUISA, *s'approchant de Séraphine, et faisant le mouvement d'ôter son voile.*

Permettez, signora, que je vous débarrasse de ce voile qui vous gêne.   PICAROS, *vivement*

Ne vous donnez pas la peine; ma fille est dans l'usage de se servir elle-même.

LOUISA, *reculant.*

Je vous demande pardon.

D. MESQUINOS *a part.*

Je parierais que cette femme là est laide.

D. RAPHAEL *à part.*

Quel mystère! je me sens troublé... mon cœur bat avec force... Ce que j'éprouve est bien étrange.

PICAROS *regardant autour de lui, et voyant que son mouvement a excité la curiosité de tous ceux qui sont présens.*

Gonzalès, vous avez ici bien nombreuse compagnie. Mon ami m'avait annoncé que ce château isolé n'était habité que par vous et quelques domestiques.

GONZALÈS.

Il est vrai, seigneur; mais j'ai fait une grande pêche ce matin; ces gens que vous voyez sont, pour la plupart, des paysans des environs qui sont venus m'aider. Vous n'ignorez pas, sans doute, que D. Fernand marie dans trois jours sa pupille, la jeune Séraphine...

D. RAPHAEL, *à part.*

On marie ma fille! O ciel! qu'ai-je entendu?

PICAROS.

Je le sais.

7

SÉRAPHINE *à part.*

Hélas ! quand s'accomplira cet hymen ? (*Elle s'assied.*)

GONZALÈS.

La fête sera brillante, c'est pour cela qu'il m'a ordonné...

PICAROS.

Fort bien. Congédiez ces gens, ou faites-moi conduire dans un appartement où je puisse être seul.

GONZALÈS.

C'est trop juste, seigneur ; je vais donner des ordres pour que vous soyez promptement satisfait et que rien ne vous manque. (*Aux paysans*) Retirez-vous, mes amis ; allez prendre du repos.

(*Les paysans sortent. Gonzalès parle bas à Louisa, qui entre dans l'appartement de droite. Il paraît également donner des ordres à ses valets.*)

D. RAPHAEL, *à part.*

Cette femme voilée, cet homme m'inquiètent... tout cela m'inspire des soupçons ; si je pouvais... (*En feignant de n'y pas voir, il vient passer devant Picaros et Séraphine*).

PICAROS, *le repoussant.*

Prenez-donc garde, mon ami.

D. RAPHAEL, *à Picaros.*

Pardon, seigneur. (*à part*). Je ne te perdrai pas de vue.

D. MESQUINOS.

Gonzalès, envoyez donc coucher ce maudit aveugle !... il dérange tout le monde. De quel côté est sa chambre ?

GONZALÈS.

Là bas... au fond du corridor, tout près de la vôtre.

D. MESQUINOS, *à part.*

Tant mieux, cela me tranquillise ; il aura l'œil sur moi.

(*Gonzalès ordonne à un paysan de prendre une lumière et de conduire don Raphaël*).

GONZALÈS.

Bon soir, père Ambrosio, dormez bien. (*D. Raphaël sort*).

(*Gonzalès va et vient jusqu'à la rentrée de Louisa*).

SCENE V.

Les Mêmes, GONZALES, puis LOUISA.

GONZALÈS.

Dans un moment on vous servira.

PICAROS.

Quelques fruits seulement ; tu n'as pas besoin d'autre chose, n'est-ce pas, ma fille ?

SÉRAPHINE.

Non, mon père.

LOUISA, *rentrant par la droite.*

Tout est prêt pour vous recevoir.

PICAROS.

Entrons.

GONZALÈS.

Permettez que j'aie l'honneur de vous conduire ; je veux m'assurer par moi-même...

PICAROS, à *Louisa*.

Merci, belle enfant.

(Il donne la main à Séraphine et tous deux, précédés de Gonzalès qui les éclaire, entrent dans l'appartement de droite.)

SCÈNE VI.
D. MESQUINOS, LOUISA.

D. MESQUINOS.

Eh bien ! comment le trouvez-vous ? il ne me dit seulement pas bon soir.

LOUISA.

C'est affreux !

D. MESQUINOS.

Oh ! je sais bien que toutes les fois que l'on m'adressera un mauvais compliment ou que l'on me fera une malhonnêteté, vous serez de moitié.

LOUISA.

De moitié ? ah ! vous êtes trop modeste.

(Ici un valet entre portant des corbeilles remplies de fruit, qu'il pose sur la table à gauche.)

D. MESQUINOS.

Je vous dis, moi, que ce n'est pas grand chose que ce nouveau venu... Il y a quelque micmac là-dessous... un homme qui court les champs pendant la nuit avec une femme... qui ne quitte pas son voile...

LOUISA.

J'avoue que cette circonstance me paraît étrange.

D. MESQUINOS.

Je vous dis que cela m'a tout l'air d'un enlèvement.

LOUISA

Quelle idée !

D. MESQUINOS.

Et dans ce cas, savez-vous que votre père courrait de grands risques. Favoriser un rapt !

LOUISA.

Vous commencez à me faire peur.

D. MESQUINOS.

Il ne faut pas que cela vous effraye... mais c'est qu'il n'y va rien moins que de la vie.

LOUISA.

Allons, vous êtes fou !

D. MESQUINOS.

Nous verrons, nous verrons.

SCÈNE VII.
Les Mêmes, PICAROS, GONZALES.

PICAROS, *sortant de la chambre de droite*.

Je suis sensible à vos soins, Gonzalès ; vous avez l'air d'un brave homme.

GONZALÈS.

Je m'estime heureux, seigneur, d'avoir pu vous p.... ...
zèle.

PICAROS.

Maintenant que vous avez pourvu à tout, vous pou.... ...
seul. (*Il regarde sur la table.*) Bon, voilà ce qu'il me faut pour
écrire. (*Il pose ses pistolets.*)

GONZALÈS.

Nous allons donc nous retirer.

D. MESQUINOS, *bas a Louisa.*

Il s'en est allé sans me rien dire tout-à-l'heure, je vais lui rendre
la pareille.

PICAROS.

Bonne nuit.

GONZALÈS et LOUISA

Bon soir, seigneur.

(D. Mesquinos tourne brusquement le dos à Picaros qui ne s'en aperçoit
pas. D. Mesquinos qui croit l'avoir piqué, est enchanté de ce qu'il imagine
être une espieglerie. Picaros s'assied près de la table. Gonzalès passe d'un
côté du piédestal et Louisa de l'autre.)

D. MESQUINOS, *arrêtant Louisa comme elle passe devant l'appartement*
de gauche.

Eh bien ! il a été joliment attrapé.

LOUISA

Il n'a pas seulement fait attention à vous.

GONZALÈS.

Bonne nuit, seigneur Mesquinos.

LOUISA

N'allez pas rêver au spectre, du moins !

D. MESQUINOS.

Méchante ! vous connaissez mieux que personne le spectre qui
me lutine jour et nuit ; c'est vous.

GONZALÈS.

Charmant !..

(D. Mesquinos envoie un baiser à Louisa et entre dans le corridor à gauche.
Gonzalès et Louisa sortent par le fond.)

SCENE VIII.

PICAROS.

(Dès que D. Mesquinos est sorti, Picaros se lève, va à toutes les portes, regarde en dehors, écoute un moment, puis revient en scène.)

Tout est calme, et j'espère que la nuit se passera sans événement. Jusqu'à présent, rien n'a retardé ma marche... je devrais
être satisfait... et cependant je ne sais quelle inquiétude vague...
j'ai dit à Séraphine que l'agitation de mes esprits ne me permet-
tant pas de me livrer au repos, je passerais la nuit à écrire...
La vérité est que je ne suis point tranquille... qu'il me tarde
d'être à demain ! car j'espère qu'enfin il me sera possible de quitter cette île... Je ne serai certain de ma proie, qu'après avoir
mis la mer entre le crédule D. Fernand et moi. O mon étoile !

toi qui m'as si souvent guidé dans des entreprises difficiles, et qui toujours m'as conduit au port, ne m'abandonne pas aujourd'hui. (*On sonne en dehors, il écoute et paraît inquiet.*) Et bien, mon cœur, paix donc... pourquoi tressaillir ainsi?.. je ne me reconnais plus; que sont devenus cette froide intrépidité, ce courage presque stoïque qui ne me quittèrent jamais?.. Allons, Picaros... songe aux mille ducats... à ta fortune enfin!.. car c'est là ton seul but... Un jour encore et tu renonces pour jamais à l'intrigue.

SCENE IX.

PICAROS, GONZALES, Le Nègre.

GONZALES, *introduit le nègre et lui montre Picaros.*

Le voilà.

(*Le nègre remet une lettre à Picaros, en indiquant qu'il vient de la recevoir près du château.*)

PICAROS.

Je te remercie. (*Il leur fait signe de sortir.*)

SCENE X.

PICAROS.

(Dès qu'il est seul, il ouvre la lettre et lit avec beaucoup d'émotion.)

« Tout est découvert, mon cher Picaros. Je ne puis concevoir
» comment D. Alvar a su que tu n'es pas le père de Séraphine; mais
» à peine étiez-vous partis que l'on est venu, de la part du gouver-
» neur, me constituer prisonnier dans mon palais. Le jeune homme
» est parti lui-même pour Belmonté, à la tête d'une troupe d'al-
» guazils. L'amour et le désir de la vengeance lui donneront des ailes,
» et peut-être y arrivera-il aussitôt que vous. Il vous est donc impos-
» sible de songer à la fuite; vous seriez infailliblement arrêtés. En
» tout cas, fais bonne contenance, ne te déconcerte pas, soutiens
» hardiment que tu es D. Raphaël; il ne reviendra pas de l'autre
» monde pour prouver le contraire. Enfin gagnons du tems, c'est
» l'essentiel; je ferai jouer ici tous mes ressorts pour te tirer d'affaire.
» Je soupçonne fort le petit muet... Il a disparu peu de tems après
» ton départ; je te le recommande, si le hazard te le fait rencontrer.

« P. S. (*) Par réflexion, je pense qu'il est prudent de ne
» pas te trouver en présence de l'ennemi; commence donc par te
» mettre en sûreté, nous verrons après ce que nous aurons à faire.
» Sous une des cours du château est une vieille citerne qui n'est
» connue que de moi; la porte en est pratiquée dans le piédestal
» d'une statue placée dans la grande salle basse.... Elle s'ouvre au
» moyen d'un ressort caché sous la corniche, au côté gauche de la
» statue.... Descends dans cette retraite.... Fais ensorte d'y porter
» quelques provisions.... Entraînes-y Séraphine et qu'elle y meure
» s'il le faut, plutôt que de retomber au pouvoir de mon rival. »

Qu'elle y meure!.... un moment. Je pourrais bien partager

(*) Le *Post scriptum* doit être au verso du feuillet. Il faut que Picaros le tourne visiblement pour lire.

son sort, et je ne m'en soucie pas. Cherchons, cependant ; le cas échéant et à défaut d'autre ressource, j'employerai celle-là. (*Il parcourt la lettre.*) Dans le piédestal, sous la corniche.
(Il fait le tour du piédestal, en commençant par la gauche du spectateur, passe les mains partout et regarde avec la plus grande attention. La lettre lui échappe et tombe entre le piédestal et la porte du corridor de gauche.)

SCENE XI.
PICAROS, D. RAPHAEL, puis D. MESQUINOS.

D. RAPHAEL, sortant avec précipitation de l'appartement de gauche pendant que Picaros cherche du côté droit du piédestal, ce qui les empêche de se voir.

On a sonné et je n'ai pu résister au désir de savoir si ma fille est enfin de retour. (*Ses regards tombent sur la lettre qui est à terre. Il la ramasse pour la mettre sur la table.*) Que vois-je ? mon nom ! celui de Séraphine écrits de la main de D. Fernand ? (*Il parcourt rapidement la première page de la lettre en donnant tous les signes de la plus grande surprise.*)

PICAROS.
Ah ! je l'ai trouvé !
Il pousse un ressort qui fait entrouvrir le devant du piédestal.

D. MESQUINOS, *en habillement de nuit, sort de l'appartement de gauche ; il tient un bougeoir à la main.*
Où va-t-il donc ce chien d'aveugle ? je l'ai vu marcher tout seul. (*Il aperçoit D. Raphael, vient en tapinois derrière lui, et lui frappe sur l'épaule.*) Ah ! tu ne diras pas maintenant que tu es aveugle !

PICAROS, *effrayé, quitte sa place.*
Qu'est-ce ? (*Il voit sa lettre entre les mains de D. Raphael, se précipite sur lui, et là lui arrache.*) Misérable !

D. MESQUINOS.
Haï ! haï !... (*Il se sauve dans sa chambre.*)

SCENE XII.
PICAROS, D. RAPHAEL.
D. RAPHAEL.
O contretems ! (*il cherche à s'évader*)

PICAROS *le poursuit et l'arrête.*
Qui es-tu ?... Quel intérêt te porte à épier mes démarches ? Réponds... as-tu lu cette lettre ?

D. RAPHAEL.
Oui, je l'ai lue....

PICAROS.
Traître ! tu es mort.
(Il court prendre ses pistolets, et en menace D. Raphael.)

SCENE XIII.
Les Mêmes, CLARA.
CLARA *entrant avec la rapidité de l'éclair, s'écrie du fond.*
Ne craignez rien, D. Raphael.

PICAROS, *à part et changeant de visage.*

D. Raphael!

CLARA.

Les pistolets sont vides.

D. RAPHAEL, *embrassant sa fille.*

O providence!

PICAROS *un moment déconcerté, mais se remettant bien vite.*

(*A part*) Rusons. (*Haut avec dignité,*) Jeune homme, croyez-vous que je veuille faire usage de ces armes contre un vieillard sans défense? Mon intention n'était que de l'effrayer.(*Il jette les pistolets.*)

CLARA, *à D. Raphael.*

Ma sœur est ici.

PICAROS.

(*A part.*) C'est Clara... Maudit Jockei!

CLARA.

D'accord avec D. Fernand, ce misérable l'enlevait sous votre nom... mais j'étais là, je veillais sur eux.

D. RAPHAEL.

O secours inattendu!

CLARA.

D. Alvar m'accompagne avec une escorte nombreuse.

D. RAPHAEL.

Où est ma chère Séraphine? Il me tarde de l'embrasser.

PICAROS.

Respectez son sommeil.... Songez au danger d'une telle secousse... l'émotion qu'elle a éprouvée ce soir, est trop vive pour la renouveller sans ménagement.

D. RAPHAEL.

Malheureux! c'est toi...

PICAROS, *avec un ton patelin.*

Je l'avoue, je dois vous paraître bien coupable; mais quand vous connaitrez les circonstances étranges qui m'ont conduit ici, vous verrez qu'il m'a été impossible de résister à l'ascendant de l'homme adroit qui ne m'a tiré de prison que pour me faire l'instrument de ses astucieux projets. Le ciel sait si mon cœur répugnait à cette fourberie!.. mais j'ai été séduit, entrainé par ses prières, ses menaces.

D. RAPHAEL.

Dis plutôt par son or.

PICAROS, *jettant la bourse loin de lui, mais regardant où elle tombe.*

Le voilà, cet or méprisable, je le déteste, puisqu'il m'allait faire commettre une action lâche et deshonorante. (*Il se jette à genoux et prend les mains de D. Raphael.*) Cher D. Raphaël!.. croyez-en ma franchise, mon repentir sincère... je bénis le hazard qui nous réunit, et me procure le moyen d'être utile à un illustre infortuné. Accordez-moi la vie, c'est l'unique récompense que je sollicite pour prix de l'important service que je vais vous rendre.

D. RAPHAEL.

Je te la promets.

(*Picaros se relève, s'essuie les yeux, donne toutes les marques du plus sincère attendrissement; il parait suffoqué par la reconnaissance; mais à part, il sait indiquer que tout ceci ne tend qu'à tromper D. Raphael en surprenant sa bonne foi.*)

PICAROS.

Le roi a révoqué l'arrêt injuste qui vous condamne.

D. RAPHAEL et CLARA.

Il se pourrait !..

PICAROS.

Votre grace est entre les mains de D. Fernand.

D. RAPHAEL et CLARA.

Entre ses mains !

PICAROS.

Il me l'a montrée.

D. RAPHAEL et CLARA.

O bonheur !

PICAROS.

Il faut la lui dérober.

CLARA.

Mais comment ?

PICAROS, *à part.*

Tâchons de les éloigner. (*Haut.*) Faites venir D. Alvar sans escorte, sans suite... (*D. Raphael et Clara paraissent concevoir de l'inquiétude.*) Je suis repentant, désarmé... vous êtes en nombre... comment pourrais-je inspirer la moindre défiance?.. je veux apprendre à ce jeune seigneur dans quel lieu D. Fernand cache le trésor que nous voulons lui enlever, et je crois qu'il serait imprudent de rendre trop de témoins dépositaires d'un tel secret. Cependant si vous l'exigez, je suis prêt à faire cet aveu publiquement.

D. RAPHAEL, *après avoir réfléchi.*

Non, la prudence exige que nous en soyons seuls instruits.

PICAROS.

D. Alvar m'accompagnera à Palma; nous irons chez D. Fernand; soit par ruse soit par force, nous obtiendrons de lui cet écrit précieux, qu'il ne manquerait pas d'anéantir s'il avait le moindre soupçon de votre existence et sur-tout de votre retour.

CLARA.

Venez, mon père, courons chercher D. Alvar. (*Ils s'éloignent.*)

PICAROS, *à part.*

M'en voilà débarassé !

CLARA, *revenant sur ses pas.*

Mais non, mon père, allez seul au devant de lui. Pendant ce tems, je vais trouver ma sœur, elle m'a vue tantôt chez D. Fernand, elle me croit attachée à son prétendu père, et ma présence sera sans danger pour elle. Je la préparerai doucement au bonheur dont elle va jouir.

PICAROS *à part.*

Me voilà pris encore une fois.

D. RAPHAEL.

Va, ma fille, je te rejoins à l'instant. (*Il sort.*)

PICAROS, *qui a réfléchi.*

(*A part.*) Bon! (*Haut.*) Oui, venez aimable personne, venez embrasser votre sœur. (*Il prend une lampe et montre à Clara, la porte latérale à gauche.*) Par ici... quel plaisir pour mon cœur sensible, de vous voir réunies après tant de revers et de calamités... quels doux transports! quels tendres épanchemens! (*Clara passe la première.*)

SCENE XIV.

PICAROS, puis SERAPHINE.

(*A peine Clara a-t-elle passé la porte, que Picaros la tire et la ferme à double tour. Il court ensuite fermer les verroux de celle du fond, puis vient ramasser la bourse.*)

PICAROS.

N'oublions rien. (*Il prend le paquet qui renferme son premier habit, puis il entre dans l'appartement de droite, d'où il ramène Séraphine tremblante et sans voile.*) Je suis découvert!.. le château est investi... fuyons, ma fille.

SERAPHINE.

Je vous suivrai par-tout.

(*Il pousse le ressort du piédestal, ouvre la porte de la citerne et y descend avec Séraphine. Ils emportent une lampe et un panier de provisions qui est resté sur une des tables. Pendant ce mouvement qui doit être extrêmement rapide, Clara ne cesse de frapper à la porte et d'appeler D. Raphaël.*)

SCENE XV.

D. RAPHAEL, D. ALVAR, CLARA, GONZALES, D. MESQUINOS, LOUISA, Alguasils, Paysans et Paysannes.

D. RAPHAEL, *en dehors, faisant des efforts pour ouvrir la porte du fond.*

Ma fille!

D. ALVAR.

Séraphine!

(*Voyant que la porte résiste à leurs efforts, ils enfoncent les croisées et sautent dans l'appartement, suivis d'Alguasils, D. Raphaël va ouvrir à Clara.*)

GONZALÈS *conduisant D. Alvar à l'appartement de droite.*

C'est de ce côté. (*D. Alvar y entre avec Louisa et des femmes.*)

D. RAPHAEL, *à Clara.*

Où est-il, ce traître?

CLARA.

Je ne sais; sans doute il a fui.

GONZALÈS

Par où?... je ne connais pas d'issue.

D. ALVAR et LOUISA, *sortant de l'appartement de droite.*

Personne!

D. RAPHAEL.

O désespoir!

D. ALVAR.

O rage!

8

CLARA.

Ma sœur !

D. RAPHAEL.

Courons, cherchons, visitons partout... Mes amis, si vous avez conservé quelque reconnaissance pour D. Raphael, ce marin qui vous protégea plus d'une fois contre les entreprises des farouches Africains, donnez-lui en des preuves aujourd'hui en l'aidant à retrouver sa fille.

GONZALÈS et D. ALVAR.

Quoi! vous seriez ?

D. RAPHAEL *jettant son costume d'aveugle*.

D. Raphael lui-même.

CLARA.

Oui, c'est mon père. (*Tout le monde se prosterne devant D. Raphael.*)

D. RAPHAEL.

Jurons de retrouver Séraphine, ou de nous ensevelir sous les ruines de ce château. Amis, répétez avec moi, vengeance.

Les Alguasils et les Paysans, armés de diverses manières, viennent en tumulte sur l'avant-scène, en agitant leurs armes.

Vengeance !

(*Tout le monde répète le même cri, puis on sort en courant de tous côtés.*)

D. MESQUINOS, *à qui on a donné une escopette, la tient d'une main, et de l'autre son bougeoir. Il sort lentement, et crie d'une voix tremblante.*

Vengeance !..

Fin du troisieme acte.

ACTE IV.

Le théâtre représente une vaste citerne construite en briques et à demi-ruinée. L'intérieur est tapissé de mousse, de lierre, et autres plantes rampantes. Au premier plan à gauche, dans la partie du mur qui fait face aux spectateurs, sont deux grandes croisées ogives, garnies de barreaux et à travers lesquelles on voit un escalier tournant intérieur, qui est censé communiquer au piédestal que l'on a vu au troisième acte. Cet escalier aboutit à une porte de fer qui donne dans la citerne. On aperçoit çà et là des blocs de briques et de pierres qui se sont détachées de la voûte, et qui attestent la vétusté de cette construction. Tout le fond est occupé par un couloir élevé et horisontal garni d'une rampe de fer, et qui conduit à l'ouverture du souterrain; au bout de ce couloir, à droite, est un escalier à deux rampes douces, dont la première va de droite à gauche et la seconde de gauche à droite jusqu'au sol. Cette décoration doit être entièrement fermée. Dans le haut de la voûte et à peu près dans la ligne parallele au troisième plan, est une ouverture qui servait jadis à l'écoulement des eaux de la pluie.

SCENE PREMIERE.

OCTAR, Pirates.

(*Au lever du rideau la rampe est baissée; quelques torches allumées et placées çà et là, éclairent d'une maniere pittoresque les groupes de pirates que l'on voit dans différentes attitudes, mais tous endormis. Octar est étendu sur le petit escalier de gauche. Les uns sont assis sur des blocs et dorment appuyés sur leurs camarades; d'autres sont couchés par terre sur les rampes du grand escalier et le long du couloir.*)

SPALATRO, *par l'ouverture du haut.*

Capitaine ! capitaine !

(Au second cri, plus fort que le premier, tous les pirates se réveillent, et lèvent la tête sans se déranger. Ils écoutent.)

OCTAR.

Eh bien ! que veux-tu, Spalatro ?

(Il se met au-dessous de l'ouverture, et prête l'oreille.)

SPALATRO, *de même.*

Je viens d'entendre une fusillade du côté de l'entrée du souterrain.

OCTAR.

Serions-nous trahis ?

SPALATRO, *de même.*

Je vais à la découverte pour savoir ce que ce peut être ; mais je crois que vous ne feriez pas mal de sortir pour soutenir nos gens en cas d'attaque.

OCTAR.

Il a raison : Jennaro n'a tout au plus avec lui qu'une douzaine d'hommes. Alerte, camarades ! volons à la défense des braves qui veillent pour nous.

Tous les pirates étaient descendus insensiblement pour mieux entendre Spalatro. Octar se met à leur tête ; tous remontent et sortent en ordre ; ils emportent les torches qui éclairaient la citerne, de sorte qu'il y règne la plus profonde obscurité après leur départ.

SCENE II.

PICAROS, SERAPHINE.

(A travers les croisées ogives qui sont à gauche, on voit descendre Picaros et Séraphine par l'escalier intérieur. Picaros tient la lampe d'une main et de l'autre soutient Séraphine qui porte le panier de provisions.)

SÉRAPHINE.

Où me conduisez-vous, mon père ?

PICAROS, *à part.*

Ma foi ! je ne le sais pas moi-même. (*Haut.*) Tu le sauras bientôt, mon enfant, mais tu ne dois rien craindre ; n'es-tu pas avec ton meilleur ami, ton premier défenseur ?

SÉRAPHINE.

Aussi je ne crains rien.

PICAROS.

Cependant tu trembles ?

SÉRAPHINE.

Cette émotion est bien naturelle.

PICAROS.

Il est vrai que tu as éprouvé aujourd'hui bien des sensations différentes... mais il ne faut qu'une crise heureuse pour nous mettre tout-à-fait à l'abri des revers... jusques là, mon enfant, de la patience, du courage !

SÉRAPHINE.

J'en aurai.

Tout ce dialogue a eu lieu pendant la descente, alors ils sont en face de la porte de fer. Picaros l'ouvre avec la clef qui était en dedans et ils se trouvent sur le palier.

PICAROS *regardant de tous côtés.*

C'est cela, nous voilà arrivés.

SÉRAPHINE.

Où sommes-nous donc?

PICAROS.

Dans une vieille cîterne, qui n'est connue d'aucun des habitans de ce château, et où nous n'avons rien à redouter des poursuites de mes ennemis.

SÉRAPHINE.

Que le ciel vous entende, et qu'il exauce les vœux que je forme pour votre bonheur! (*Ils descendent les dégrés.*)

PICAROS, *à part.*

Voilà un joli logement que D. Fernand m'a indiqué... je commence à me repentir de m'être mêlé de cette affaire... cependant mille ducats!.. cela mérite considération... (*Haut à Séraphine, qui s'est assise sur un bloc de pierre, et qui paraît accablée par la fatigue et l'inquiétude.*) Allons, mon enfant, ne te laisse point abattre. Tu tiens là de quoi remettre tes esprits et te rendre des forces; profites en pendant que je vais reconnaître ces lieux.

SÉRAPHINE.

Quoi! vous me laissez seule?

PICAROS.

Sois tranquille, je ne m'éloigne pas... D'ailleurs, quand j'en aurais la volonté, je doute que cela me fût possible... mais qui sait, je découvrirai peut-être quelque issue par laquelle nous pourrons nous échapper.

SÉRAPHINE.

Si vous le permettez, je préfère vous accompagner.

PICAROS.

Eh! non, te dis-je, demeure, tu es fatiguée.

SÉRAPHINE.

J'obéis, mais n'oubliez pas que loin de vous, je n'aurai pas un instant de repos.

PICAROS.

Calme-toi, mon enfant. (*Il l'embrasse et monte le grand escalier du fond.*) Ce corridor souterrain a sans doute une ouverture dans la campagne, voyons.

SÉRAPHINE.

N'avancez qu'avec précaution. (*Picaros s'enfonce dans le couloir, et on le perd de vue.*)

SCÈNE III.

SÉRAPHINE, *seule.*

Quelle affreuse demeure! que deviendrions-nous, grand dieu! s'il fallait l'habiter pendant plusieurs jours?.. cet acharnement à poursuivre D. Raphaël, me paraît bien étrange.... Cependant, quinze années d'esclavage et de malheur auraient dû, ce me semble, ralentir l'animosité de ses ennemis... Non, le père de celui que j'aime ne saurait être cruel à ce point... Que signifient ces mots échappés au jeune Carlo : *adieu ma sœur*... se pourrait-il en effet que ce fût là cette Clara que je n'ai jamais vue ?.. mais pourquoi ce mystère, ce déguisement ?.. O ciel ! quel horrible soupçon vient troubler mon âme ! si tout ce qui s'est passé depuis quinze heures, n'était que la suite d'une combinaison perfide... d'une trame ourdie par D. Fernand... si ce méchant tuteur, trompé dans son espoir, et forcé de me donner à un autre, n'avait inventé cette ruse que pour me livrer sans défense au pouvoir de quelque misérable vendu à ses honteux projets !.. Ah ! malheureuse Séraphine !

SCENE IV.
SERAPHINE, PICAROS.

(On entend du bruit, et l'on voit bientôt Picaros traverser le couloir et descendre précipitamment les deux rampes.)

SÉRAPHINE, *qui était retombée sur le bloc de pierre, se lève avec inquiétude, et va au devant de Picaros.*

Quel bruit ! c'est lui !.. comme il paraît agité... qu'avez-vous ?

PICAROS, *cherchant à se contraindre.*

Ce n'est rien, mon enfant, ce n'est rien... (*à part.*) Où la cacher ? si ces misérables la voyent, c'est fait d'elle.

(Il regarde de tous côtés. Pendant cette scène et la suivante, on entend une musique sourde qui peint la marche des pirates et annonce leur approche.)

SÉRAPHINE.

Vous m'effrayez... que vous est-il arrivé ?.. qu'avons-nous à craindre ?

PICAROS.

Nous sommes tombés dans un repaire de bandits, je les ai reconnus...

SÉRAPHINE, *avec effroi.*

Reconnus !

PICAROS.

Je veux dire que je les ai vus à la lueur des flambeaux qui les guident... ils approchent... entends-tu le bruit de leur marche, répété par l'écho de ces longues voûtes ?.. dans un moment, ils seront ici.

SÉRAPHINE.

Grand dieu ! prends pitié de moi !

PICAROS *à part.*

Oh ! mon génie, ne m'abandonne pas... jamais je n'eus plus grand besoin de tes conseils... (*Il se frappe la tête et paraît accueillir une idée qui lui vient.* C'est cela... dans une crise difficile, il faut choisir le parti qui laisse une porte ouverte à l'espérance. Ma fille, vite, prends cette lampe.. ce panier... remonte et reste cachée là...

SÉRAPHINE.

Oui, oui.

PICAROS.

Quelque chose que tu entendes, n'en sois ni effrayée, ni surprise.

SERAPHINE

Est-ce que vous ne venez pas avec moi?

PICAROS.

Non, je reste. Il le faut pour ton salut. (*A part.*) et le mien.

SÉRAPHINE.

Quel mystère!

PICAROS.

Il se dévoilera... sois immobile... adieu.
(*Il souffle la lampe et ferme la porte quand Séraphine est entrée. Il remet la clef dans sa ceinture et descend précipitamment.*)

SCÈNE V.

PICAROS, *seul*.

Pauvre enfant!.. que deviendra-t-elle si je péris?... Maudite soif de l'or, que tu m'as fait faire de sottises! oui, je voulais être riche, et c'est ce qui m'a perdu, comme tant d'autres, car j'étais né pour être honnête homme... le sort ne l'a pas voulu... quand donc se présentera-t-il une circonstance où je pourrai.... (*Il prête l'oreille.*) Ils sont tout près... ce sont eux... Fatale rencontre! ils doivent être furieux contre moi, et j'ai tout à redouter de leur vengeance. Allons, Picaros, dis adieu au monde... car pour cette fois, il est impossible que tu échappe à ta destinée... mais... j'y songe! (*Il regarde le paquet qui renferme son premier habit, et qu'il a posé sur une pierre.*) Cet habit... utile prévoyance!... un mensonge hardi!.. je n'ai que ce moyen pour les attendrir... s'il ne réussit pas, c'est fait de moi... Destin, providence, hasard, qui que tu sois, puissance invisible qui régis ce vaste univers, fais que cette fois encore j'échappe à la mort, et je promets de réparer mes erreurs, en réunissant une famille infortunée... les voilà! (*Il s'enfonce dans une cavité et on le perd de vue.*)

SCÈNE VI.

PICAROS, OCTAR, Pirates.

(*A mesure que les pirates paraissent, la citerne est éclairée par les flambeaux qu'ils portent : il faut bien ménager les effets de lumière dans cet acte; on peut en tirer parti.*)

OCTAR.

Pas moyen de sortir, nous n'étions pas en force, les ruines sont remplies d'alguasils... je ne conçois pas comment on a découvert cette nouvelle retraite... à moins que ce coquin de Picaros, qui peut être la connaissait, ne l'ait indiquée au gouverneur avec les autres... Oh! le traître!.. si jamais il tombe entre nos mains, quel plaisir j'aurai à lui plonger ce poignard dans le cœur. Jurez de m'imiter, camarades ! comme votre chef, je réclame l'honneur de le frapper le premier ; mais il est juste que chacun de vous contribue à la punition du perfide, vous le frapperez tous.

Les Pirates, d'une voix sombre et tirant leurs poignards.
Tous !

(En faisant ce mouvement, les pirates se sont approchés d'Octar et ont formé un demi cercle, de manière qu'ils tournent le dos à Picaros. Celui-ci profite de ce moment pour quitter sa cachette et monter le grand escalier du fond ; mais il ne le peut qu'avec les plus grandes précautions.)

OCTAR.

En attendant que nous puissions nous mesurer avec la Sainte-Hermandat, prenons quelques minutes de repos. Jennaro est allé faire une reconnaissance ; à la faveur de la nuit, il se glissera jusqu'aux environs du château pour savoir ce qui se passe et découvrir les forces de l'ennemi. Le drôle est adroit ; sans doute il ne tardera pas à nous apporter quelque nouvelle. (*Picaros est sur le couloir, et indique qu'il se croit sauvé.*) Cependant nous pouvons être tranquilles, nous ne serons point surpris sans défense ; quatre des nôtres veillent à l'entrée intérieure du souterrain, ainsi, nul espoir pour les transfuges ou les traîtres ! (*Ici, Picaros s'arrête en témoignant que la fuite lui est interdite, il paraît indécis, incertain.*) Les compagnons d'Octar ne peuvent ni fuir, ni se rendre ; ils ne doivent songer qu'à combattre et à effacer par une mort courageuse les taches qui ont souillé leur existence.

TOUS.
Tu seras content de nous, capitaine.

OCTAR.
J'y compte. (*Tous s'asseyent.*)

PICAROS *à part.*
Arrive qui pourra, je n'ai que ce parti à prendre. (*haut.*) Eh ! les voilà ces chers amis ! parbleu ! je savais bien que je les trouverais.

OCTAR.
Picaros !

TOUS
Picaros !
(Ils se lèvent en portant la main sur leurs poignards ou leurs cimeterres, tous sont en attitude menaçante et attendent le signal d'Octar.)

OCTAR.
Traître ! c'est donc toi ! tu vas payer cher ta perfidie !

PICAROS, *leur montrant la bourse de mille ducats qu'il tire de sa ceinture.*
Pas si cher que je l'ai vendue... voilà mille ducats que je vous apporte.

OCTAR.
Mille ducats !
(Les pirates remontent la scène, Picaros tient la bourse en l'air et la laisse tomber. Les pirates regardent Octar pour savoir ce qu'ils doivent faire.)

OCTAR, *après un moment d'hésitation.*
Prenez. (*Il remet son poignard. Les pirates en font autant,*

se jettent sur la bourse et la partagent entr'eux. A Picaros.) Descends, et viens te justifier si tu le peux.

PICAROS.

Cela ne me sera pas difficile. (*Il descend.*) Bonsoir, mes chers camarades. (*a part.*) mes pauvres ducats! dans quelles mains je vous vois! c'était bien la peine... (*haut*) Ouf! je l'ai échappé belle, Si vous saviez combien j'ai couru de dangers!... j'en tremble encore!.. Depuis que nous ne nous sommes vus, j'ai failli à être brûlé vif, rien que cela. J'étais condamné, et la sentence allait être mise à exécution, quand le corrégidor me fit dire, que j'obtiendrais ma grace et la liberté, si je voulais indiquer les retraites que nous occupions dans l'île. Je savais que vous étiez repartis pour voler... à de nouvelles conquêtes, et j'acceptai ses offres en y mettant toutefois la condition expresse qu'il me serait compté une somme de mille ducats. Le ciel sait si je vous les destinais! aussi je n'en ai pas distrait un maravedis. Marché conclu de part et d'autre, je me mets en route sous bonne escorte, et je conduis les sbires dans toutes nos cachettes, du moins ils le croyent; mais j'ai eu la sage précaution d'en conserver une sur chaque point de l'île, et comme vous pouvez croire, celle-ci est du nombre.

OCTAR.

Comment pouvais-tu la leur montrer? Tu ne la connaissais pas?

PICAROS.

La preuve que je la connaissais, c'est que j'y suis venu seul et de mon plein gré.

OCTAR.

Les rapports de nos espions te présentent comme un traître, et nous avons juré ta mort. J'avoue que j'ai peine à te croire exempt de reproche. Quelle preuve peux-tu nous offrir de ta sincérité?

PICAROS.

Quelle preuve, capitaine! vous en faut-il d'autre que mon retour près de vous? si j'avais voulu fuir, vous tromper enfin, qui m'en eut empêché? cet or était plus que suffisant pour m'assurer partout une existence heureuse et indépendante. Mais j'ai préféré à tout l'honneur de vous appartenir et de combattre sous vos ordres avec de braves camarades que j'aime, que j'estime comme ils le méritent. Au reste, si ma conduite passée a pu vous inspirer quelque défiance, je jure, sur ma tête, d'en changer à l'avenir, et de mériter désormais l'approbation générale.

OCTAR.

C'est bien! je suis satisfait.

PICAROS *à part.*

M'en voilà quitte!

OCTAR.

Mais ces alguazils que nous venons de voir rôder dans les ruines.

PICAROS.

Ne songent point à nous, Ils sont à la poursuite d'une jeune fille que j'ai enlevée pour plaire à un seigneur qui m'avait témoigné quelqu'intérêt pendant ma détention. C'est une aventure singulière... Je vous en régalerai à notre premier repas.

SÉRAPHINE, *sur l'escalier, à part.*

Je ne m'etais pas trompée. Je suis la dupe de ces deux misérables. Oh! mon dieu! quel sort m'est réservé?

***

SCENE VII.

Les Mêmes; CLARA, JENNARO, D. MESQUINOS.

(On entend du bruit en dehors.)

JENNARO, *sans être vu et de loin.*

Marcherez vous?

CLARA, *d'une voix ferme.*

Non.

D. MESQUINOS, *d'une voix tremblante.*

Non.

OCTAR.

Ah! voici du nouveau... J'ai entendu la voix de notre fidèle Jennaro.

JENNARO, *plus près sans être vu.*

Il n'y a rien à faire, il faut que je vous conduise au quartier général.

D. MESQUINOS, *à l'entrée du couloir.*

Eh bien! il est joli! je vous en fais mon compliment... C'est une vieille cave. Ce n'est pas l'embarras, il se pourrait bien que ce fût ici le quartier général des hiboux de la contrée.

JENNARO, *les montrant.*

Capitaine, je t'améne deux prisonniers.

PICAROS, *à part.*

Ah! diable! c'est l'imbécile et la petite sœur! pourvu qu'ils n'aillent pas occassionner ici quelque quiproquo qui déconcerte mes projets.

D. MESQUINOS.

Ils ne vous ont pas couté cher ces prisonniers-là! Ils sont tombés sur nous comme des bombes; ils étaient au moins douze; ce n'est pas l'embarras, ils ont bien fait de s'y prendre de cette manière, parce que...

PICAROS, *à part.*

Il faut que je me débarrasse de ce nigaud. (*Haut.*) Oui, camarades, vous avez bien fait, car le seigneur D. Mesquinos est un lion dans le combat.

D. MESQUINOS.

Tiens! il sait mon nom, celui-là! eh mais, je ne me trompe pas: c'est l'homme de tantôt. Oh! le coquin!

OCTAR, *à Picaros en souriant.*

Il me parait que tu es en pays de connaissance.

CLARA.

Infâme ravisseur! scélérat!

PICAROS.

Comme vous voyez, capitaine. Du moins aux douceurs qu'ils m'adressent, on ne nous accusera pas d'être d'intelligence.

CLARA.

Qu'as-tu fait de Séraphine ?

OCTAR.

Quelle est cette Séraphine ?

PICAROS.

C'est cette jeune personne dont je vous parlais à l'instant.

CLARA.

Qu'en as-tu fait ? réponds.

PICAROS.

Il est drôle, ce petit bonhomme, il m'interroge, je crois ?

JENNARO, *à Clara.*

Paix ! regarde, écoute, et tais-toi.

SÉRAPHINE, *à part.*

On m'a nommée ! (*elle regarde*) C'est Carlo.

PICAROS, *venant à la droite de Clara.*

Il a raison, le camarade ; regarde. (*Bas*) A droite.

CLARA, *pousse un cri de surprise en voyant sa sœur.*

Ah !

PICAROS, *à Clara, d'un ton sévère et en lui pressant la main.*

Ecoute, et tais-toi. (*A ses camarades.*) Oui, mes amis, vous voyez dans Mesquinos, le plus vaillant, le plus intrépide seigneur de toutes les Espagnes.

D. MESQUINOS.

Moi ? Allons donc ; on voit bien que vous ne me connaissez pas.

JENNARO.

C'est singulier, il s'est rendu sans faire la moindre résistance.

D. MESQUINOS.

N'est-ce pas, je me suis rendu tout de suite ?

PICAROS.

Ruse que cela ! je le connais très-bien, vous dis-je, et je vous assure, moi, que nous n'avons pas d'ennemi plus dangereux. Capitaine, je t'engage à ne pas le perdre de vue... Eh ! mais ! vraiment, j'imagine un moyen de le rendre utile. (*Il parle bas à Octar.*)

OCTAR, *à Picaros.*

Bonne idée ! (*A D. Mesquinos.*) Dis-moi, l'ami, connais-tu les détours de cette plage ?

D. MESQUINOS, *à part.*

On va peut-être me relâcher. (*Haut.*) Parfaitement, monsieur le voleur.

OCTAR, *avec un ton menaçant.*

Hein ?

D. MESQUINOS.

Excusez, je ne sais pas votre nom. Comme je vous disais donc, il n'y a pas un coin dans les ruines que je n'aie visité cent fois.

OCTAR.

Pourrais-tu nous indiquer un sentier qui nous conduisît sans danger près du cap Pédro ?

D. MESQUINOS.

Oh ! certainement, un joli petit sentier à travers les rochers, où vous ne serez vus de personne. (*A part.*) Chemin faisant, je me sauverai.

OCTAR.

Qu'on le deshabille.

D. MESQUINOS, *avec effroi.*

Pourquoi donc faire ?

OCTAR.

Et qu'on lui mette des vêtemens pareils aux nôtres ; puis nous le placerons à l'avant-garde.

D. MESQUINOS.

A l'avant-garde !..moi ?

OCTAR.

Tu nous serviras de guide.

JENNARO.

Bien vu. Je me charge de le tuer au moindre mouvement qu'il fera pour s'enfuir.

D. MESQUINOS.

Miséricorde !

OCTAR.

Adopté.

JENNARO.

Vite.

(On emmène D. Mesquinos dans le fond, et on le force à se revêtir d'un habit de Pirate.)

PICAROS, *montrant Clara.*

Quant à ce petit mutin, qui a l'air de nous braver, je suis d'avis pour le réduire et le rendre plus doux, de le laisser ici jusqu'à notre prochain voyage.

CLARA, *avec assurance.*

Je ne demande pas mieux.

OCTAR.

Avant de partir, nous aurons soin de fermer l'entrée, de manière qu'il ne puisse s'échapper.

PICAROS.

A moins qu'un génie protecteur n'opère quelque miracle en sa faveur... (*en souriant ironiquement*), ce qui pourra bien arriver.

CLARA.

Peut-être.

OCTAR.

Oui, compte là-dessus.

PICAROS, *à part.*

Bon, j'ai réussi.

OCTAR.

Mais j'y songe, Picaros : tu t'es montré loyal et fidèle ; tu as généreusement partagé entre tes camarades mille ducats qui t'appartenaient.

JENNARO.

C'est un beau trait.

PICAROS.

Tout autre, à ma place, en eût fait autant.

JENNARO.

Cela n'est pas sûr.

OCTAR.

Il est juste que tu aies ta part des prises que nous avons faites pendant ton absence. Et la voici. (*Il va prendre la cassette que Jennaro a montrée au premier acte.*)

JENNARO, *bas à Octar.*

Joli cadeau que tu lui fais là !

PICAROS.

J'accepte avec reconnaissance, quoique cela soit un peu léger. Tout ce qui vient de vous, capitaine, ne peut que m'être infiniment cher et précieux.

(*Les pirates rient sous cape et se regardent malignement pendant qu'il ouvre la cassette*).

CLARA, *à part.*

O Ciel ! ce sont les papiers de mon père !

PICAROS *prend un papier qu'il déploie, et lit* :

« D'Alger, le ,... etc.

« Le consul d'Espagne à Sa Majesté très-Catholique. (*Tous
» éclatent de rire.*) Qu'est-ce que c'est donc que cela, Ca-
» pitaine ? »

OCTAR.

Ce sont des papiers qui attestent l'innocence d'un certain D. Raphaël...

JENNARO.

Que probablement la mer a englouti, car c'est pendant la tempête que j'ai fait cette belle trouvaille.

PICAROS.

Je t'en fais mon compliment.

JENNARO, *ironiquement.*

Comme tu vois, le capitaine ne pouvait mieux te récompenser.

PICAROS.

Non, certainement, et je lui en sais autant de gré, que s'il m'avait donné ma part d'une tonne d'or.

JENNARO.

Toujours facétieux, le camarade !

OCTAR.

C'est vrai, il n'a pas perdu sa gaîté.

PICAROS.

Jamais, capitaine, jamais. La gaîté, morbleu ! c'est le premier bien de la vie ; et je la conserverai jusqu'à mon dernier soupir, à moins que les circonstances...

(Il lève la main comme pour indiquer qu'il pourrait être pendu.)

JENNARO.
Fi donc! ne parle pas de cela.
PICAROS.
Ecoutez donc, on ne sait pas ce qui peut arriver. Mais tout cela n'empêche pas d'être généreux. Un beau trait en amène un autre. Nous allons peut-être nous battre; les chances de la guerre sont incertaines : je puis être pris, tué... que sais-je? et je ne veux pas mourir sans avoir fait une bonne action, qui me réconcilie avec moi-même et avec les autres.
OCTAR.
Où veut-il en venir?
JENNARO.
Quelque plaisanterie.
PICAROS, *donnant la cassette à Clara.*
Tiens, mon petit, c'est pour toi cela. (*tous les pirates rient.*)
OCTAR.
Le beau présent!
PICAROS.
C'est ce que je puis te donner de mieux.
JENNARO.
Quelle générosité!
CLARA, *prenant la cassette, et avec un accent pénétré.*
Merci, mon bon seigneur.
JENNARO.
Il remercie vraiment comme si cela en valait la peine ! Ah! ah! c'est très-plaisant!
(Clara est au comble de la joie, sa figure exprime la plus vive reconnaissance; elle semble demander pardon à Picaros de l'avoir outragé. Elle serre la précieuse cassette contre son cœur).
OCTAR.
Mais, mon ami, tu ne comprendras rien à tout cela?
CLARA.
Oh! que si fait, monseigneur le capitaine : cela n'est pas si difficile, d'après tout ce que j'ai déjà vu et entendu.
PICAROS.
D'ailleurs il cherchera la clef, cela l'occupera.
(Il tire de sa ceinture la clef de la porte de fer et la montre furtivement à Clara.)
CLARA.
Certainement, j'espère bien la trouver.
(Elle entr'ouvre la cassette et fait signe à Picaros de mettre la clef dedans en passant auprès d'elle; mais il en est empêché par le mouvement de ses camarades et par Octar qui demeure constamment entre deux. Clara fait l'inventaire des papiers contenus dans la cassette).
JENNARO, *qui est allé au fond revient en scène tenant D. Mesquinos par la main. Le costume effrayant qu'on lui a donné doit contraster plaisamment avec sa figure.*
Capitaine, je te présente notre nouveau camarade.
OCTAR.
Il est très-bien!

PICAROS.
Bel homme tout à fait.

D. MESQUINOS, *avec un air piteux*.
Ah ! mon dieu ! que dirait mon parent le corrégidor s'il me voyait affublé de la sorte ?

JENNARO.
Hein !... quoi !... qu'est-ce qu'il dit ?

OCTAR.
Ah ! vous êtes parent du corrégidor ?

JENNARO.
C'est bon à savoir.

PICAROS, *à part*.
Peste soit du bavard ! il va déranger mon plan.

OCTAR.
Comment donc ! C'est un personnage très-intéressant que le seigneur Mesquinos.

JENNARO.
Assurément, et cette découverte doit changer tout-à-fait nos dispositions à son égard. Je pense, capitaine, qu'il faut le garder ici pour nous servir d'ôtage.

PICAROS, *à part*.
Voilà ce que je craignais. Tâchons de détourner ce coup imprévu. (*haut*.) Le camarade a raison, il faut le garder, et si le capitaine y consent, je m'en charge, moi. On peut être tranquille, je réponds qu'il ne s'échappera pas sans que je le veuille bien.

OCTAR.
Je préfère que ce soit Jennaro. Tu peux nous rendre des services plus essentiels.

PICAROS.
Comme vous voudrez, capitaine.

OCTAR.
Entends-tu, Jennaro ? je t'établis gardien de ces deux prisonniers jusqu'à notre retour.

JENNARO.
Ah ça, un moment ; comme votre retour peut être fort éloigné, vous n'oublierez pas de nous laisser des vivres ?

OCTAR.
Sans doute.

PICAROS, *à part*.
Comment remettre la clef à cette aimable enfant et l'instruire de ce qu'elle doit en faire ?

SPALATRO, *par l'ouverture du haut*.
Camarades ! êtes-vous là ?

OCTAR.
Oui, qu'est-ce ?

SPALATRO.
Les alguazils sont rentrés au château. Vous pouvez sortir.

OCTAR.
Bon !

PICAROS, *qui témoigne sa surprise.*

Si je ne me trompe, c'est la voix de Spalatro?

JENNARO.

Précisément! Il nous sert de sentinelle avancée.

PICAROS.

Voilà un moyen de correspondance tout-à-fait original. (*il regarde Clara du coin de l'œil.*) Effectivement... ce trou servait jadis à l'écoulement des eaux de la pluie... si je m'en souviens bien, il est pratiqué...

JENNARO.

Dans le petit bois.

PICAROS.

Certainement, dans le petit bois... là au-dessus... parbleu!

JENNARO.

Près des murs du château.

PICAROS.

Je vois cela d'ici.

JENNARO.

A deux pas de la grande tour.

PICAROS.

Oui, à l'angle même?

JENNARO.

Non pas; en face.

PICAROS.

Je sais.

JENNARO.

Il était masqué par une grosse pierre que nous avons dérangée pour établir nos communications.

OCTAR.

Picaros sait tout cela aussi bien que toi.

JENNARO.

Oui, capitaine; mais je le lui répète, parce qu'en cas d'événement imprévu, je ne serais pas fâché de savoir ce qui se passe.

OCTAR.

Sois tranquille.

PICAROS.

Je me charge de te prévenir. (*il regarde Clara avec intelligence.*) Il faut prendre garde à ce trou. (*comme tous les yeux sont dirigés sur lui, il change d'intention et s'adresse à D. Mesquinos.*) Entendez-vous, seigneur Mesquinos? Il pourrait vous tomber quelque pierre sur la tête, et vous savez que cela rend...

D. MESQUINOS.

Oh! je ne suis pas dans ce cas-là.

PICAROS.

C'est vrai!

OCTAR.

Allons, mes amis, profitons de l'avis que nous a donné Spalatro pour tenter une sortie. Jennaro, tu seras instruit sous peu du parti que nous aurons pris. Le mot d'ordre.

PICAROS, *bas et vivemet à Clara.*

Comptez sur moi.

(Les pirates se rangent sur une ligne qui part de la droite de la citerne, occupe les deux rampes et le couloir. Picaros est à la tête, Jennaro est à gauche avec Clara et D. Mesquinos. Octar donne le mot d'ordre à Picaros qui le rend à son camarade de droite ; celui-ci le transmet à son voisin, ainsi de suite. Ce mouvement de tête doit être rapide et régulier).

D. MESQUINOS, *à genoux.*

Monseigneur le capitaine.

OCTAR.

Paix !

(Les pirates sortent sur une marche très-mesurée, ils emportent les flambeaux, on n'en laisse qu'un à Jennaro, avec un panier qui est censé contenir des provisions. D. Mesquinos les regarde aller avec un air piteux.)

SCENE VIII.
CLARA, JENNARO, D. MESQUINOS, SÉRAPHINE, *cachée.*

D. MESQUINOS.

Ce n'est donc pas pour rire ?

JENNARO.

Nous ne rions jamais.

D. MESQUINOS.

Ce n'est pas l'embarras, nous voilà bien lotis.

CLARA.

Bah ! bah ! il faut prendre son parti, cela ne durera pas longtems.

JENNARO.

Tu crois ?

CLARA.

J'en suis sûre.

JENNARO.

C'est ce que nous verrons.

CLARA.

C'est tout vu.

JENNARO.

Mais l'entendez-vous ? comme il raisonne.

CLARA.

On ne vous fera pas ce reproche là.

JENNARO.

Hein ? il me semble qu'il fait l'insolent. Ne t'avise pas de me manquer.

CLARA.

Cela m'est arrivé ce matin à mon grand regret, mais j'espère bien prendre ma revanche à la première occasion.

JENNARO.

Oui, oui, attends l'occasion, je te le conseille.

CLARA.

C'est ce que je fais.

JENNARO.

Allons, silence ! qu'est-ce que c'est que cela ? on a bien de la peine a réduire ce petit mutin.

CLARA.

Vous n'y êtes pas. Je compte bien vous donner de l'occupation.

D. MESQUINOS.

Ce n'est pas comme moi, je suis pacifique et benin. (*il est assis sur un bloc de briques à droite. Jennaro vient près de lui.*)

JENNARO.

Oui, tu es un bon enfant, toi.

D. MESQUINOS.

Oh ! bon enfant... Ce n'est pas l'embarras, si je m'abandonnais à la pétulance de mon caractère, je vous ferais trembler.

JENNARO.

Je ne crois pas cela.

D. MESQUINOS, *à part.*

Ni moi non plus ! (*haut.*) C'est une manière de parler. Mais c'est pour vous dire que je suis abattu par le malheur. Oui, les revers ont glacé mon courage et anéanti mes facultés... Imaginez-vous, monsieur le pirate, que tel que vous me voyez, j'étais venu dans ce château, qui est tout près d'ici, pour épouser une jeune et jolie fille qui ne veut pas de moi, ce n'est pas l'embarras... mais c'est égal. Je lui avais apporté, pour la séduire, un écrin rempli de bijoux, dont l'origine remonte à huit ou dix générations.

JENNARO, *à part.*

Il ne m'a pas reconnu. (*haut.*) Eh bien ?

D. MESQUINOS.

Eh bien ! pendant que je causais avec ma prétendue, le diable est venu me les enlever.

JENNARO.

Oh ! le diable est bien fin.

D. MESQUINOS.

Quand je dis le diable, ce n'est pas l'embarras, je crois bien plutôt que c'est quelque coquin de votre bande.

JENNARO.

Cela pourrait bien être. (*à part.*) Ah ! la bonne dupe ! (*haut.*) Oh ! oui, voilà ce que c'est.

(Pendant ce dialogue, Clara a écrit quelques mots sur des tablettes, puis elle est montée sur un monceau de ruines qui se trouve au-dessous des croisées ogives, et là elle les présente à Séraphine. Clara se lève sur la pointe des pieds, Séraphine se baisse et prend les tablettes. Clara saisit sa main et la baise tendrement).

CLARA, *sautant à terre.*

Oui, voilà ce que c'est.

JENNARO.

Encore ?... je te conseille pour la dernière fois de filer doux, parce que je n'entendrais pas raillerie.

(On voit descendre de la voûte, par l'ouverture du milieu, une petite corde à laquelle est attachée une clef enveloppée d'un papier.)

CLARA, *qui s'en aperçoit craint que Jennaro ne se retourne.*

Allons, faisons la paix, seigneur Jennaro, mon intention n'est pas de vous fâcher.

JENNARO.

A la bonne heure. (*Clara s'approche de lui, se place à sa droite, et s'appuie familièrement sur son épaule. Jennaro de son côté est appuyé sur celle de Mesquinos.*) Ah ça, mais ce que vous me dites là me semble bien singulier. Comment est-il possible qu'on vous ait pris ces bijoux ?

D. MESQUINOS.

Ce n'est pas l'embarras, je n'y connais rien. C'était là haut... dans les ruines... au pied du belveder... je pose l'écrin sur une pierre auprès de moi... je me jette aux genoux de mon inhumaine...

(Il se tourne à droite et se met à genoux, ce qui rompt l'équilibre de Jennaro qui trebuche).

JENNARO.

Oui, supposons que je sois l'inhumaine.

D. MESQUINOS.

Et pendant que je cherche à l'attendrir... crac ! c'est autant de pris. Ah ! mon dieu, il n'a pas fallu plus de tems que j'en mets à vous le raconter.

CLARA.

(Elle a profité de ce mouvement pour se saisir adroitement de la corde avec la main droite ; elle détache la clef et le papier et serre le tout dans sa veste. Picaros retire vivement la corde.

(*A part.*) Comment faire usage de cette clef et lire ce billet? Ah ! Picaros, ta bonne volonté demeure sans effet, si tu n'imagines pas quelque ruse pour éloigner mon gardien.

PICAROS, *par l'ouverture du haut.*

Jennaro ! Jennaro !

JENNARO.

Eh bien ?

PICAROS.

Sauve toi, mon ami, sauve toi vite.

D. MESQUINOS.

Ah ! mon dieu ! mon dieu ! encore une alerte !

PICAROS.

La citerne est cernée par les alguazils... ils vont la démolir ou la faire sauter.

D. MESQUINOS, *courant çà et là comme s'il craignait que les pierres ne lui tombassent sur la tête.*

Démolir !... sauter !...c'est mon dernier jour.

JENNARO.

Sauvons-nous.

D. MESQUINOS.

Sauvons-nous.

CLARA.

Oui, sauvons-nous.
(Elle laisse passer D. Mesquinos et Jennaro, tous deux la devancent. A mesure qu'ils courent, elle ralentit sa marche, ensorte qu'elle se trouve seulement à moitié de la première rampe quand les deux autres ont disparu.)

SCENE IX.
SÉRAPHINE, CLARA.

CLARA, *elle revient vivement en scène, monte le petit escalier et ouvre la porte de fer en appelant.*

Séraphine ! ma sœur !

SÉRAPHINE, *se jette dans les bras de Clara.*

Oh ! ma chère Clara !

CLARA.

Voyons ce que dit Picaros. (*elles redescendent après s'être embrassées, Clara tire de son sein le billet de Picaros et lit.*) « Remontez l'escalier qui mène au piédestal : je cours au château « prévenir votre père et vous ouvrir la porte. » Viens, ma sœur.

SÉRAPHINE.

Je te conduirai. (*elles remontent l'escalier intérieur.*)

SCENE X.

JENNARO, *puis* D. MESQUINOS, *revenant sur leurs pas et poursuivis par deux ou trois alguazils.*

D. MESQUINOS, *fuyant.*

Encore une fois, messieurs, je vous répète que je ne suis pas de la bande... je suis le parent du corrégidor !... c'est un mauvais tour que ces coquins là m'ont joué... ils m'ont forcé de mettre un de leurs habits... mais je vous demande si j'ai l'air d'un pirate... Au secours ! au secours !

(Les alguazils descendent et courent l'arme haute sur D. Mesquinos et Jennaro ; mais ils sont bientôt obligés de se défendre contre plusieurs pirates qui paraissent sur la galerie, et descendent après avoir fait feu. Il s'engage un combat pendant lequel Mesquinos se cache derrière des blocs de pierre.)

JENNARO, *à un de ses camarades en lui montrant la porte de fer que Clara et Séraphine ont laissée ouverte.*

Une porte ouverte !... vois donc ce qu'est devenu le petit bonhomme !

(Pendant que les pirates et les alguazils se battent dans la citerne, celui des pirates à qui Jennaro a parlé, a monté l'escalier intérieur. Les alguazils sont obligés de céder au nombre et de se replier. Ils remontent en combattant, et on les perd de vue. Cependant le pirate a atteint Séraphine et l'enlève malgré ses cris. Il redescend l'escalier intérieur en l'emportant dans ses bras. Clara suit de près le ravisseur en le menaçant.)

CLARA.

Misérable ! rends-moi ma sœur.
(Mesquinos a ramassé une arme qui est restée sur le champ de bataille, et la tient à la main en tremblant de tous ses membres.)
Oh ! si j'avais une arme !

D. MESQUINOS.

En voilà une. (*il donne l'épée à Clara qui attaque le pirate. Celui-ci forcé de se défendre, lâche sa proie et combat Clara. Mesquinos appelle Séraphine.*) Par ici... là... mettez vous devant moi. (*il excite Clara de la voix et du geste.*) Bien.... c'est cela !... fort !... n'ayez pas peur !... en avant.... tuez le, ce coquin là... voilà ce que c'est.... (*effectivement, le pirate tombe percé d'un coup mortel, alors D. Mesquinos quitte sa place, et dit d'un air fanfaron :*) Enfin nous l'avons donc tué !... Victoire !

CLARA.

Profitons en pour échapper, s'il se peut, à nos ennemis. Remontons au château et tâchons de seconder les vues de Picaros.
(*ils se disposent à remonter.*)

SCENE XI.

LES PRÉCÉDENS, SPALATRO, Pirates.

SPALATRO *paraît sur la galerie suivi de sept ou huit de ses gens.*
Non, non, vous n'irez point au château... vous ne rejoindrez pas cet infâme Picaros. Envoyez leur la mort.
(Il fait un signe à ses gens qui tirent sur Mesquinos, Clara et Séraphine. Tous fuient, en poussant un cri d'effroi et se jettent devant l'escalier tournant, ce qui les soustrait à un trépas inévitable. Dans le même moment on entend une explosion terrible. Le mur du fond s'écroule, les rampes de l'escalier s'affaissent et se rompent. La galerie n'étant plus soutenue, s'abîme avec un fracas horrible, entrainant avec elle Spalatro et ses gens. On voit dans le fond les cours du château éclairées par les torches, les flammes, et remplies de combattans. Par suite de cette même secousse, le devant de la citerne, à droite, s'ébranle, des blocs énormes se détachent et laissent voir un bois rempli d'alguazils et d'ouvriers qui travaillent à démolir ce repaire. Pendant qu'on agrandit l'ouverture, des alguazils attachent des cordes à des troncs d'arbres, et se laissent glisser dans la citerne en se suspendant aux branches et aux jointures des pierres. Le groupe qui est devant l'escalier s'est mis à genoux.)

SCENE XII ET DERNIÈRE.

LES PRÉCÉDENS, D. ALVAR, puis D. RAPHAEL, PICAROS, GONZALES, LOUISA, Paysans, Paysannes Alguazils.

(D. Alvar descend un des premiers par la brèche que l'on a faite à droite : a mesure que les alguazils arrivent dans la citerne, ils s'élancent au fond pour combattre les pirates. On se bat artout avec acharnement. D. Alvar et Clara sont devant Séraphine, et combattent pour la protéger. La victoire est long-tems disputée, enfin un nouveau renfort vient la décider.)

PICAROS, *descendant le premier par l'escalier tournant.*

Par ici ! par ici !... seigneur D. Raphaël, suivez-moi. Puissions nous arriver à tems pour les sauver !

(On voit descendre précipitamment par cet escalier D. Raphael, Gonzalès, des alguazils et des paysans portant des flambeaux.)

PICAROS.

Bas les armes, coquins !

(Les alguazils couchent en joue les pirates à travers les croisées, d'autres alguazils qui paraissent à l'extrémité de la galerie, en font autant ; on en voit sur le palier, dans le bois, sur la brèche : enfin de tous côtés on présente la mort aux pirates, qui, ne voyant aucune espèce de salut, se rendent et mettent bas les armes.)

D. RAPHAEL.

Mes enfans !

CLARA, SÉRAPHINE, *volent dans les bras de leur père.*

Mon père ! (*Tableau général.*)

PICAROS.

Ah ! voilà ce que c'est ! Enfin nous en sommes venus à bout.

D. MESQUINOS.

Ce n'est pas l'embarras, j'ai eu bien peur.

PICAROS, *à D. Raphaël*

Seigneur, je me remets entre vos mains, j'ai eu bien des torts !...

D. RAPHAEL.

Je les oublie en embrassant mes enfans.

LE CHEF des Alguazils, *à Picaros.*

Au nom du Roi, je vous fais mon prisonnier.

D. RAPHAEL, *à Picaros qui implore son appui.*

Obéis, mais sois tranquille. Nous partons demain pour Madrid.

CLARA, D. ALVAR, SÉRAPHINE.

Nous vous suivrons tous.

GONZALÈS et les Paysans.

Tous.

PICAROS.

Seigneur...

D. RAPHAEL.

J'intercéderai pour toi. Mais que la soif de l'or ne t'écarte plus du chemin de l'honneur. Rentres-y aujourd'hui pour ne le quitter jamais.

FIN.

www.ingramcontent.com/pod-product-compliance
Lightning Source LLC
Chambersburg PA
CBHW050918230426
43666CB00010B/2233